이스라엘의 역사

History of Israel

엮은이 · 김 근 식

엘 맨

이스라엘의 역사(History of Israel)

엮은이 · 김근식

초판 1쇄 · 2012 10월 25일

펴낸이 · 채주희

등록번호 · 제10-1562호(1985. 10. 29)

펴낸곳 · 엘맨출판사

　　　　서울시 마포구 신수동 448-6

　　　　T. (02) 323-4060 F. (080) 088-7004

　　　　E.mail : elman1985 @ hanmail.net

정가 : 18,000원

<고대근동아시아 왕조연대표>

<메소포타미아>

아시리아	
나람신(Naram-Sin)	주전 2213-2176
:	:
에리숨(Erishum)	
샴시-아다드1세(Shamshi-Adad)	주전 1808-1776
이쉬메-다간(Ishime-Dagan)	주전 1775-?
:	
앗수르-우발리트1세(Assur-ubalit)	주전 1363-1328
엔릴-나라리1세(Enil-nirari)	주전 1327-1318
아릭-덴-일리(Arik-den-ili)	주전 1317-1306
아다드-니라리1세(Adad-rirari)	주전 1305-1274
살만에셀1세(Shalmaneser)	주전 1273-1244
투쿨티-니누르타1세(Tukulti-Ninurta)	주전 1243-1207
앗수르-나딘-아플리(Assur-nadin-apil)	주전 1206-1203
앗수르-니라리3세(Assur-nirari)	주전 1202-1197
엔릴-쿠두리-우쭈루(Enil-kudurri-ujur)	주전 1196-1192
니누르타-아필-에쿠르(Ninurta-apil-Ekur)	주전 1191-1179
앗수르-단1세(Assur-dan)	주전 1178-1133
무타킬-누스쿠(Mutakkil-Nusku)	
앗수르-레사-이쉬1세(Assur-resha-ishi)	주전 1132-1115
디글랏빌레셀1세(Tiglath-pileser)	주전 1114-1076
아사리드-아필-에쿠르(Asharid-apil-Ekur)	주전 1075-1074
앗수르-벨-칼라(Assur-bel-kalra)	주전 1073-1056
에리바-아다드2세(Eriba-Adad)	주전 1055-1054
삼사-아다드4세	주전 1053-1050

아시리아제국	
앗수르나찌르팔1세(Assurnajirpal)	주전 1049-1031
살만에셀2세	주전 1030-1019
앗수르-니라리4세	주전 1018-1013
앗수르-라비2세(Assur-rabi)	주전 1012-972
앗수르-레샤-이쉬2세(Assur-resha-ishi)	주전 971-967
디글랏빌레셀2세	주전 966-935
앗수르-단2세	주전 934-912
아다드-니라리2세	주전 911-891
투쿨티-니누르타2세	주전 890-884
앗수르나찌르팔2세	주전 883-859
살만에셀3세	주전 859-824
삼시-아다드5세	주전 823-811
아다드-니라리3세	주전 810-783
살만에셀4세	주전 782-773
앗수르-단2세	주전 772-755
앗수르-니라리5세	주전 754-745
디글랏빌레셀3세	주전 745-727
살만에셀5세	주전 727-722
사르곤2세	주전 722-705
산헤립(Sannacherib)	주전 705-681
에살하돈(Esarhaddon)	주전 680-669
앗수르바니팔(Assurbanipal)	주전 668-627
앗수르-에틸-일라니(Assur-etil-ilari)	주전 627-623
신-샤-이쉬쿤(Sin-sar-ishkun)	주전 622-612
앗수르-우발리트2세	주전 611-?

바벨론	
수무아불(Sumuabur)	주전 1894-1881
수무라엘(Sumulael)	주전 1880-1845
사비훔(Sabium)	주전 1844-1831
아필-신(Apil-Sin)	주전 1830-1813
신-무발리트(Sin-mublit)	주전 1812-1793
함무라비(Htamumurabi)	주전 1792-1750
삼수일루나(Samsuilunai)	주전 1749-1712
아비-에슈(Abi-eshu)	주전 1711-1684
암미디티나(Ammidtana)	주전 1683-1647
암미사두카(Ammisaduqa)	주전 1646-1626
삼수디티나(Samsudtana)	주전 1625-1595
:	
카디쉬만-엔릴1세(Kadashman-Enir)	주전 13747-1360
부르나부리아쉬(Burnaburiash)	주전 1359-1333
카라-하다쉬(Kara-hardash)	주전 1333
나지-부가쉬(Nazi-Bugash)	주전 1333
쿠리갈주 2세(Kurigalzu)	주전 1332-1308
나지-마루타쉬(Nazi-Maruttashi)	주전 1307-1282
카다쉬만-두르구(Kadashman-Turgu)	주전 1281-1264
카다쉬만-엔릴2세(Kadashman-Enir)	주전 1263-1255
쿠두르-엔릴(Kudur-Enir)	주전 1254-4246
샤가라크티-슈라이쉬(Shagarakti-Shuriash)	주전 1245-4233
카쉬틸리아슈4세(Kashitilashu)	주전 1232-1225
엔릴-나딘-슈미(Enil-nadin-shumi)	주전 1224
카다쉬만-하르베2세(Kadashman-Hatbe)	주전 1223
아다드-슈마-이다나(Adad-snima-iddina)	
아다드-슘마-우쭈르(Adad-shuma-ujur)	주전 1216-1187
멜라-시파크(Meli-Shipak)	주전 1186-1172
마르둑-아플라-이디나1세(Marduk-apla-iddna)	주전 1171-1159
지바바-슈마-이다나(Zababa-shuma-iddna)	주전 1158
엔릴-나단-아하(Enil-nadin-ahi)	주전 1157-1155
:	

바벨론제국	
나보폴라사르(Nabopolassar)	주전 625-605
느부갓네살(Nebuchadnezzar)	주전 605-562
에윌므로닥(Evil-Merodach)	주전 561-560
네르글리살(Neriglissar)	주전 559-556
라바쉬-마르둑(Labashi-Marduch)	주전 556(3개월)
나보니두수(Nabonidus)	주전 555-539
벨사살(belhazzar)	주전 536
페르시아제국	
테이스페스(Teispes)	대략 주전 650-620
고레스1세(Cyrus)	대략 주전 620-590
캄비세스1세(Cambyses)	대략 주전 590-559
:	
고레스2세	주전 538-530
캄비세스2세	주전 529-522
바르디아(Bardya)	주전 522(6개월)
느부갓네살3세	주전 522(2개월)
느부갓네살4세	주전 522(3개월)
다리우스1세(Darius)	주전 522-486
크세르크세스(Xerxes)	주전 486-465
아르닥사스다(Artaxerxes)	주전 465-424/3
다리우스2세	주전 423-405
아르닥사스다2세	주전 405-359
아르닥사스다3세	주전 359-338
아르닥사스다4세	주전 338-336
다리우스3세	주전 336-330

\<주전 2000년대 고대 이집트왕조 연대표\>

이집트(이집트 연대표는 학자에 따라 차이가 있음)

Ⓐ 고대왕국 BC3000

Ⓑ 피리미드시대 BC2900~2600

Ⓒ 힉소스시대(중간시대)

Ⓓ 중왕국 12왕조 :　아메네헤트1세(Amenemhet)　　주전 1991~1962

　　　　　　　　　센보스레트1세(Senwosret)　　주전 1971~1926

　　　　　　　　　아메네헤트2세　　　　　　　주전 1929~1892

　　　　　　　　　센보스레트2세　　　　　　　주전 1897~1878

　　　　　　　　　센보스레트3세　　　　　　　주전 1878~1841

　　　　　　　　　아메네헤트3세　　　　　　　주전 1844~1797

　　　　　　　　　아메네헤트4세　　　　　　　주전 1799~1787

　　　　　　　　　네푸르소벡(Nefrusobek)　　주전 1787~1783

　　　　17왕조 : 힉소스지배 BC1700~1550

　　　　　　　　　카모스(힉소스를 쫓아내려함)

Ⓔ 신왕국 18왕조 :　아호모세(Ahmoses)　　　　주전 1550~1525

　　　　　　　　　아멘호텝1세(Amenhotep)　주전 1525~1504

　　　　　　　　　투트모세1세(Tuthmoses)　주전 1504~1492

　　　　　　　　　투트모세2세　　　　　　　주전 1492~1479

　　　　　　　　　하셉수트(Hatshepsut)　　주전 1473~1458

　　　　　　　　　투트모세3세　　　　　　　주전 1479~1425

　　　　　　　　　아멘호텝2세　　　　　　　주전 1427~1401

　　　　　　　　　투트모세4세　　　　　　　주전 1401~1391

　　　　　　　　　아멘호텝3세　　　　　　　주전 1391~1353

　　　　　　　　　아멘호텝4세　　　　　　　주전 1353~1335

　　　　　　　　　스멘하카레(Smenkhakare)주전 1335~1333

　　　　　　　　　투탄하문(Tutankhamun)　주전 1333~1323

　　　　　　　　　아야(Aja)　　　　　　　　주전 1323~1319

　　　　　　　　　호렘헵(Horemheb)　　　　주전 1319~1307

　　　　19왕조 : 람세스1세(Ramses)　　　　주전 1307~1306

　　　　　　　　　세티1세(Seti)　　　　　　주전 1306~1290

　　　　　　　　　람세스2세　　　　　　　　주전 1209~1224

　　　　　　　　　메르넵타(Merneptah)　　주전 1224~1214

20왕조 : 람세스3세   주전 1194~1163
          4세   주전 1163~1156
          5세   주전 1156~1151
          6세   주전 1151~1143
          7세   주전 1143~1136
          8세   주전 1136~1131
          9세   주전 1131~1112
         10세   주전 1112~1100
         11세   주전 1100~1070

\<달력\>

현재의 달력	구약의 달력	메소포타미아의 달력
3월	첫째달(정월)	니산(Nisannu)월
4월	둘째달	아야르(Ayaru)월
5월	셋째달	시마누(Simanu)월
6월	넷째달	타무즈(Tamuzu)월
7월	다섯째달	아부(Abu)월
8월	여섯째달	엘룰(Ellul)월
9월	일곱째달	타슈리투(Tarsuritu)월
10월	여덟째달	아라흐삼누(Arahsamnu)월
11월	아홉째달	카슬리무(Kislimu)월
12월	열째달	테베투(Tebetu)월
1월	열한째달	샤바투(Sabatu)월
2월	열두째달	아다르(Abbaru)월

<북이스라엘과 남유다의 왕조연대표>

	북 이스라엘	남 유다
1왕조	1. 여로보암	1. 르호보암
	2. 나답	2. 아비얌
2왕조	3. 바아사 (칼)	3. 아사
	4. 엘라	4. 여호사밧
3왕조	5. 시므리 (칼)	5. 여호람
4왕조	6. 오므리 (칼)	6. 아하시야
	7. 아합	7. 아달랴
	8. 아하시야	8. 요아스
	9. 여호람	9. 아마샤
5왕조	10. 예후 (칼)	10. 웃시야
	11. 여호아하스	11. 요담
	12. 요아스	12. 아하스
	13. 여로보암2세	13. 히스기야
	14. 스가랴	14. 므낫세
6왕조	15. 살룸 (칼)	15. 아몬
7왕조	16. 므나헴 (칼)	16. 요시야
	17. 브가히야	17. 여호아하스
8왕조	18. 베가 (칼)	18. 여호야김
9왕조	19. 호세아 (칼)	19. 여호야긴
		20.시드기야

※ 괄호 안의 (칼)은 칼로 망한 왕조임

목   차

제8장 약속의 땅을 정복 (수1: -24:)

제 9 장 사사시대 (士师时代 Judges)
(삿 1: -21:, 룻1:-4:, 삼상 1: -8:)

제10장 최초의 왕 사울(扫罗 Saul)
(삼상9: - 31:)

제11장 다윗 왕(大卫王 King of David)
(왕상1: 1 - 2: 1 대상12: 29)

제12장 솔로몬(所罗門 Solomon)

(주전970 - 930 왕상2: 12-45, 대하1: - 9: 31)

제13장 북 이스라엘(北以色列 Israel)

(왕상 12:-22:, 왕하1: 17:)

제14장 유다(犹大 Judah) 왕국

제15장 포로기와 귀환

글 머리에 부치는 말

이 책은 중국 선교사와 한국에서 선교사를 양성하기 위한 신학 교재로 만들었습니다.

책 머리에서 분명히 밝히는 것은 이 책의 내용들과 학설 지식들은 내 것이 아니고 이사야 선지자 (사 28: 13) 의 말씀처럼 여기서 조금 저기서 조금씩 필요한 것들을 발췌한 것이기에 부끄럽고도 죄스런 마음을 금할 수 없습니다. 목회 현장에서 은퇴한 후 1998년부터 중국의 각 도시에 한국인 선교사들이 세운 신학교에 서 이스라엘 역사, 지리, 배경사를 강의한지 어언 15년 세월을 넘기고 있습니다.

내 인생길에서 날마다 나의 짐을 져 주시고 그 굳센 손으로 붙잡아 주신 하나님의 은혜가 감사하여 제 남은 삶의 황혼을 바울사도가 말한 것 같이 예수 그리스도의 복음을 전하는데는 자신의 생명을 조금도 아깝지 않게 여겼던 것 같이 나의 생명을 관제로 쏟으려는 결단으로 선교의 길을 나섰습니다.

나이들은 여선교사를 어느 교단과 교회도 외면했던 외로운 길이었으나 그 길에서 동행해 주신 주님으로 말미암아 영혼의 기쁨이 넘쳤습니다. 선교 현장에서마다 그릿 시냇가의 엘리야를 찾았던 까마귀는 오늘날도 찾아와 주며 사렙다 과부의 가루통과 기름병의 이적은 오늘도 나타나고 있었습니다.

선교현장에서 여러 해를 머물다 보니 전하는 선교사들이나 배우는 신학생들의 지식과 영적 준비가 절대 필요함을 느껴 고명하신 학자님들의 지식을 발췌하여 교재로 사용해야겠다는 사명감에 용기를 내었습니다.

선교현장에서 특히 부족한 학문이 이스라엘의 역사, 성서적 지리, 성경의 배경사였습니다.

그런 이유에서 오랜 세월 동안 심혈을 기울여 연구하신 학문들을 발췌하는데 2년, 고유명사를 중국 간자체로 번역하는데 1년 여년의 시간이 흘렀습니다.

이 책의 내용은 거의 대부분 레온우드의 이스라엘 역사에서 약간, 존 브라이트의 이스라엘역사에서 발췌하였고 저의 은사이신 문희석 박사님께 배웠던 강의내용과 구약 배경사에서 모은 것입니다.

또한 본 교재의 지도는 성서와 함께사의 출간의 〈성서지도〉에서 발췌하였음을 밝혀 둡니다.

2010년 3월, 2011년 3월, 2012년 2월에 배우는 사람들에게 무료 교재로 배부했습니다. 선교의 도구로 꼭 필요하여 출판한다는 의미에서 무가 교재로 하였습니다. 보석같이 빛나는 책들을 쓰신 학자님들의 높으신 학문에 흠집을 내는 일이 없기를 소원합니다.

이 책이 나오기까지 교정과 중국어 도움을 주신 정옥화 목사님, 이진호 전도사님께 깊은 감사드립니다. 그리고 동창 고문자 권사, 최은경 권사님 내외분, 정도선 집사의 기도와 물질적 도움에 감사합니다. 아무쪼록 이 교과서를 통해 우리 예수 그리스도의 복음이 왜곡됨 없이 전해지길 소망하여 저의 고향 평북 영변에 까지 전해지길 간절히 소원하면서 머리말을 가름합니다.

구룡산 자락 염통골에서

2012. 9. 17 작은 종 김근식

서 언

이스라엘(以色列 Israel)의 역사를 대부분의 학자들은 출애굽(出埃及)에서 느헤미야 (尼希米 Nehemiah)까지를 말하지만 우리는 족장시대부터 이스라엘 역사를 공부하고자 한다. 그 이유는 이스라엘(以色列)은 애굽(埃及)에 거주할 때부터 그 조상 야곱(雅各 Jacob)으로부터 아브라함(亚伯拉罕 Abraham)까지 거슬러 올라가는 역사를 이미 가지고 있었기 때문이다. 야곱(雅各 Jacob)에게서 열두지파의 머리가 태어났고 아브라함 (亚伯拉罕)은 자신의 후손에 대한 특별한 약속을 하나님께 받은 사람이다.

제1장 이스라엘(以色列 Israel) 이란?

1. 이스라엘(以色列 Israel)의 역사 자료

이스라엘(以色列)의 역사자료는 구약 성경 속에 충분히 담겨 있다. 당시 이스라엘 국가 주변에는 이스라엘보다 더 위대하고 찬란한 문화를 가진 막강한 대국들이 있었지만 그들의 가치를 후세에 남기지 못하였다. 그 이유는 역사의 기록을 남겨놓지 못했기 때문이다. 반면 이스라엘(以色列)은 구약성경을 통해 자세한 기록들을 남겼기에 그 가치가 그 모든 나라들보다 우수한 존재로 빛나게 된 것이다. 왜냐하면 고고학 연구가 그 나라들의 사건과 이야기들을 자세하게 탐구한다 할지라도 그 역사들을 다 설명할 수는 없기 때문이다.

구약 성경에 비길만한 자료는 더 이상 없다.

구약성경은 이스라엘(以色列) 조상의 배경에 대해 말해 주고 또 애굽(埃及Egypt) 땅에서의 민족으로 형성하는 과정과 가나안 땅에서의 각 지파의 태동, 이 지파들이 하나의 왕국으로 연합된 일, 왕국을 다스린 왕들의 이름, 통치기간, 즉위 때의 연령, 사망 때의 연령, 주요 활동, 바빌론의 포로가 되었던 일, 포로의 원인이 죄로 인한 하나님의 징계였으며, 여러 가지의 신앙적 체험을 겪은 후 포로에서 돌아오는 백성들에 관하여 말하고 있다.

여기에는 역사뿐 아니라 율법, 철학, 보고서, 설교 등도 포함되어 있으며, 우리는 이스라엘(以色列) 백성들이 행한 것뿐 아니라 그들이 어떻게 생각하고 말하고 활동했는가 하는 것을 배우면서 성경의 기록되어 있는 사람들과 시대를 뛰어넘어 우리는 가까이서 그분들과 함께 호흡하며 행동을 하게 되었다. 구약성경의 주 목적이 역사를 기록하는데 있는 것은 아니지만 성경은 역사에 대한 풍부한 자료를 제공하고 있다. 그러나 구약성경은 일반적인 역사책이 아니라 하나님께서 죄 중에 있는 인간을 구원할 목적으로 세상에 주신 것이 구약성경이다. 구약성경은 예수 그리스도에 이르러 하나님의 목적과 섭리가 절정을 이룬다. 그 구원의 섭리를 하나님이 어떻게 예비하고 어떻게 역사하시는가 하는 것을 이스라엘(以色列) 나라를 통해 나타내신 것이다. 바로 이 구약성경에 나타난 구원의 섭리 속에 포함된 일부분이 이스라엘 (以色列)의 역사이다. 따라서 이 구원의 준비에 적당한 역사적 자료는 포함시켰고, 하나님의 구원의 역사와 관계가 미약한 것은 보통 제외하여 기록하였다. 이런 이유에서 비록 이 역사가 완전하다해도 빠진 부분들이 더러 있는데 다행히 이 제외된 부분들을 채워주는 다른 자료가 있다. 그 일반적인 배경을 보충해 주는 자료가 바로 고고학 연구이다.

성경에 대한 고고학적 연구는 오랫동안 끊임없이 계속하여 옴으로 해마다 상당한 결실을 거두고 있다.

2. 이스라엘(以色列 Israel)의 중요성

이스라엘(以色列)은 기독교 이전 시대에 가장 작은 나라들 중에 하나였다. 그러나 그 역사는 세계에 큰 영향을 주었다. 이보다 더 큰 영향력을 가지고 있던 나라는 없었다고 하는 것이 옳을 것이다. 모세(摩西 Moses)를 통해 이스라엘(以色列)과 같이 작은 규모를 가진 나라에 하나님이 직접 이스라엘(以色列)에 적합하고도 온전한 법으로 율법을 허락하신 것이다. 그 율법을 주신 이래로 이 세상 모든 세대 세대와 각 나라의 법률가들에게 사람이 준수하여야 할 법의 기본 원리와 지침을 제공해 주고 있다. 당시 가장 위대한 철학자들이나 저술가들은 이스라엘(以色列)의 예언자들 속에 있었다. 이스라엘(以色列)의 예언자들의 저술과 비교할 수 있는 것으로 '아푸-웨르(朴卫 Ipu-Wer)'와 애굽(埃及)의 '네펠-로후(弗洛唿 Nefer-Roh)' 메소포타미아(米所波大米 Mesopotamia)의 마리(马里Mari)예언자 또 그의 '왕과의 대화' 또는 앗수르(亚述Assyria)의 '아벨라(亚尔伯拉 Arbella)의 연설'이 있다. 그러나 실제로 그 종류나 다양성, 영향력에 있어서는 이스라엘(以色列)의 대표적 저술들과 감히 견줄 만한 것은 없다.

이스라엘(以色列)의 지혜문학에서는 하나님과 세계 삶에 관한 이 백성들의 관점이 보다 철학적인 뼈대를 갖추고 나타났다. 여기에서는 사고(思考)뿐 아니라 감정이나 의지에 대한 호소와 함께 대화, 극, 시, 격언 등도 있다. 지혜서와 예언서에는 하나님을 마음 중심에 두고 그의 법을 지키며 사는 것이 인생의 최고의 삶이며 본분이라는 신관과 인생관, 사회 정의에 대한 메시지가 그 시대 이래 계속 중요한 의미를 지녀오고 있다. 구약성경의 영속적 가치는 주로 종교적, 도덕적인 데 있지만 그 예술적 특징도 간과할 수 없다. 사실 욥기(约伯记 Job)나 시편(诗篇 Psalms) 또는 이사야(以赛亚 Isaiah)서는 그 어느 시대를 막론하고 가장 훌륭한 것에 속한다.

이 글들은 그 시대 이래 어디에서나 작가들의 영감을 불러 일으켰으며, 작가들만이 아니라 음악가, 미술가, 조각가 그리고 거의 모든 분야의 예술가들이 감동을 받고, 고금을 막론하여 많은 음악, 미술, 조각가들이 구약성경에서 그 주제를 찾았다는 것을 그 누구도 부인 할 수 없을 것이다. 로마시대(罗马时代 Roma) 이후 기독교의 역할과 기능은 지배적이었고, 이 역할을 이끌어 오는데 구약성경은 거대한 영향을 끼쳤다.

3. 이스라엘(以色列 Israel) 위치의 중요성

이스라엘(以色列)이 중요하게 된 것은 그 전략적 위치 때문이다. 서쪽은 지중해 (西没地中海 Mediterranean), 동쪽으로는 아라비아 사막(阿拉伯沙 Arabian desert)을 끼고 있는 이스라엘(以色列)은 영토는 매우 좁고 작으나 남 북 교통의 유리한 통로를 제공해 주는 중요한 위치에 있다. 남쪽으로는 나일 강(尼罗河 Nile River)을 의존하여 구약 시대를 통해 큰 힘을 행사한 애굽(埃及 Egypt)이 위치하고 있었다. 이 애굽은 나일 강이 해마다 넘쳐 흘러 사막에 물을 제공하여 농경에 필요한 기름진 토양을 만들어 줌으로 나일 강 덕택에 일찍이 문화가 발달하여 부강한 나라가 되었다. 이스라엘의 북쪽의 나라들과 상인들은 애굽과 무역하기 위해서는 이스라엘을 반드시 통과해야하는 교통의 요충지대에 이스라엘이 놓여있다.

또 북쪽에는 초생달 모양의 기름진 땅인 메소포타미아(米所波大米)가 있다 이 지역은 유브라데스 강과 티그리스 강을 의존하여 발달되었다. 본래 이 강들은 알메니아(亚美尼亚) 산맥에서부터 흘러오다가 남동쪽으로 둘로 갈라져 티그리스 강과 유브라데스 강이라 불려졌다. 이 두강은 흘러내리다가 페르시아 만(波斯湾 Persian Gulf) 근처에서 다시 합류한다.

티그리스 강(底格里斯河)은 흐르면서 앗시리아(亚述)의 수도 앗수르(亚述)와 나중에 수도가 된 니느웨(尼尼微)의 번영을 가져다주었고, 유브라데스 강(幼发拉底河)은 좀 더 완만히 흐르면서 서쪽으로 앗시리아(亚述 Assyria), 바벨론(巴比伦), 알메니아(亚美尼亚 Armenian) 그리고 미타니(美坦尼 Mitanni)로 가는 중요한 교통로를 제공하였다. 이 나라들은 남쪽에 번영한 애굽(埃及 Egypt)과 무역을 하고자 가나안(迦南 Canaan) 상인들은 물론 먼 북방 아나돌리아(亞拿陀利亞) 상인들까지 이스라엘(以色列)의 긴 땅을 통로로 이용 하였다.

4. 팔레스타인(巴勒斯坦 Palestine)의 지리

팔레스틴(巴勒斯坦 Palestine)이라는 이름은 "블레셋 인(非利士人)이 사는 땅"(Philistine)이라는 뜻을 가진 '필리스티아(非利士 Philistia)'에서 유래한다. 필리스티아(非利士)는 본래 블레셋 인(非利士人)이 살았던 땅인 남 서쪽만을 일컬었는데 변형된 형태로 이스라엘(以色列) 모든 땅에 적용하게 되었다. 팔레스틴(巴勒斯坦)은 큰 땅이 아니었다. 이곳은 동 지중해(地中海) 연안에 남쪽 부분을 차지해 남북으로 241km동서로 96km 조금 넘게 펼쳐져 있으며 삼면으로 제한을 받는다. 동쪽으로 수리아(叙利亞)-아라비아의 거대한 사막, 남쪽으로는 사막과 비슷한 네게브(南地) 지역, 서쪽으로는 지중해(地中海)가 있다. 북쪽으로 연결된 지역이 농경지로 지중해(地中海) 연안의 페니키아(腓尼基 Phoenician)와 내륙 쪽의 아람-다마스커스(亞兰大马士革) 두 나라가 놓여 있었다.

페니키아(腓尼基)는 해상 권력을 잡고 있었다. 페니키아는 이스라엘(以色列)과 평화적 관계를 지속함으로 이스라엘은 무역의 혜택을 받게 되었다. 반면 아람-다마스커스(亞兰大马士革Aram-Damascus)는 대부분 황무지로 이루어진 가난한 나라여서 더 나은 지역을 차지하고자 자주 이스라엘(以色列)을 침범하였다.

1) 요단(约但 Jardan) 계곡

팔레스틴(巴勒斯坦) 지형에서 가장 두드러진 특징은 땅 표면이 유난히 갈라져 요단(约但) 계곡을 형성하고 있는 것이다. 이 거대한 틈을 통해 요단 강(约但河)이 헤르몬 산(黑门山 M.t Hermon)기슭의 91m높이에서부터 지구상의 가장 낮은 장소인 해저366m 지점인 사해로 흘러 떨어지고 있다. 이 계곡은 가파른 경사로 이어져 있으며 가끔 날카로운 절벽을 이루기도 한다.

요단 강(约但河)은 4개의 작은 지류(The Bareighit, the Hasbany, the Laddan, the Banias) 등 〈이 지류들은 길이가 16km에서부터 21km까지 다양하다〉으로 형성되었으며, 이 지류들은 64m높이에 있는 메마른 훌레 호수(呼勒湖 Lake Huleh) 북쪽에서 합쳐진다. 이 요단 강(约但河)은 〈갈릴리는 남북의 길이21km 동서의 폭이 12km 넓이 약 170km2 호수 둘레는 약 50km〉 갈릴리 호수(加利利海)로 흘러 들어간다. 이 갈릴리 호수 (加利利海)는 유난히 푸르르며, 잔잔한 수면이 갑자기 큰 풍랑을 일으켜 폭풍우로 변하는 것으로 유명하다.

요단(約但) 계곡은 갈릴리에서 사해(死海)까지 대략 112km나 뻗어 있다. 요단 강(約但河)은 평균 넓이 27m~30m와 평균 깊이 약1m~3m로 계곡을 따라서 구부러져 흐르는데, 홍수철이 되면 1.6km넓이로 강둑이 넘치게 된다. 갈릴리는 넘쳐 사해(매일 평균 400만톤)로 흐르는데 사해는 세계에서 가장 독특한 물 중에 하나로 이 바다에 농축된 화학물질은 이스라엘 국가에 큰 경제력을 제공하지만 어떠한 생물도 살 수는 없다. 사해에서 축출한 칼륨은 오늘날 이스라엘(以色列)의 중요한 소득원이 된다. 사해는 남북의 길이가 약 76km, 동서의 폭의 넓이는10~14km며 둘레는200km, 넓이는950km^2 북쪽의 3분의2는 매우 깊어 366m나 된다. 사해는 리산(利珊 Lisan)에 의해 두 부분으로 나누어진다. 이 리산(利珊 Lisan)은 남북 폭4km로 뻗어 나온 장화 모양의 반도이다. 사해 남쪽에는 아라바(亞拉巴 Arabah)라고 불리는 큰 계곡이 이어진다.

이 계곡은 아카바 만(亞咯巴海湾 Gulf of Agaibah)까지 177km거리로 펼쳐 있다. 서쪽의 네게브(南地) 산맥과 동쪽의 에돔 산봉우리에 의해 밀폐된 이 좁은 계곡은 이따금 비가 내릴 뿐 매우 뜨겁고 마른 지역이다.

이 곳을 솔로몬(所罗门 Solomon) 시대에 구리 광산으로 개발하여 제련소를 건축함으로 경제적으로 매우 중요한 곳이 되었다. 솔로몬(所罗门)은 또한 아카바 만(亞咯巴海湾)근처의 에라스(以拉他 Elath) 항구를 이용하여 광석을 실어 날라 남쪽 나라들과 무역하였다.

2) 요단(約但 Jordan) 동편

요단(約但) 계곡의 동쪽에는 트랜스 요단(外約但)이 있다. 이 곳은 높은 초원지대이나 봄, 가을에 뜨거운 바람(Siroccos)이 농작물을 태워버리고 겨울에는 차가운 사막바람이 덮치기 때문에 농사가 거의 되지 않는다. 그러나 요단(約但) 계곡으로부터 펼쳐지는 높은 산마루는 공기를 차갑게 해 상당량의 강우량을 가져와 4개의 주요한 강을 이룬다. 그 강들은 얍복 강(雅博河 Jabbok), 야르묵 강(Yarumk), 아논 강(亞嫩河), 제레드 강(撒烈溪 Zered)인데 그 강들은 다시 요단 강(約但河)으로 흘러간다. 야르묵(雅姆克)의 북쪽 지역은 고란(哥兰) 바산(Bashan)으로 이곳은 비옥한 지대이며, 이스라엘(以色列)과 아람-다마스커스(亞兰大马士革) 사이에 6일 전쟁 후 오랫동안 논쟁의 근원이 된 곳이다. 고지대에는 경사진 절벽이 좋은 수풀로 덮어 있었다. 길르앗(基列Gilead)은 바산(巴珊)에서 남쪽으로 모압(摩押)까지 펼쳐 있고 아논 강으로 인해 농사를 지을 수 있는 곳이다. 지대가 높아 북쪽으로는 약 609m~ 732m이며 남쪽으로 내려가면서 1,200m 이상의 높은 지대로 올라간다. 제레드 강(Zered) 남쪽에는 에돔이 좁고 길게 펼쳐 있다. 이 곳은 아라바(亞拉巴)의 동쪽 구릉지대로 성경에는 세일(Seir 털이 있는 산)이라 기록 된 곳이다. 이 산은 붉은 뉴비아 모래로 되어진 산으로 높이가 1,500m 이다. 이 산 둘레에 쌓여 있는 페트라(旧彼特拉old Petra)는 세계에서 가장 특이한 도시로서 절벽으로 깎아져 있으며 '식'(细克 Sik)이라 불리는 길고 좁은 골짜기를 통해서만 들어 갈 수 있다.

3) 중앙 산맥(中央山脉)

요단(约但) 서쪽은 소위 팔레스틴(巴勒斯坦) 본토의 등뼈라고 불리며 3구간으로 나눈다.

북쪽 구간은 갈릴리(加利利Galilee) 지방으로 구약시대로부터 오늘에 이르기까지 농경지대로 팔레스틴의 곡창지대인 유명한 이스르엘(耶斯列)이 중간 구획과 구별시킨다. 갈릴리(加利利)의 높은 지역은 910m에 달하며 반면 낮은 지역은 609m 가량으로 봉우리에서 계곡까지의 사이가 농사짓기에 적합한 넓이로 펼쳐져 있다. 중간 구간은 처음에 에브라임 산(以法莲山 Mt. Ephraim)으로 불리다 나중에는 사마리아(撒玛利亚 samaria)로 불렀다. 에브라임(以法莲)이란 지명은 이 남쪽 반을 차지했던 에브라임(以法莲) 지파의 이름에서 나온 것이다. 북부의 산맥들은 남부 만큼 높지 않고 다시 골짜기에 의해 구별되는데, 중간에 세겜(示剑 shechem)이 있고 에발 산(以巴路 Ebal)과 그리심 산(基利心 Gerizim)이 남북으로 놓여있는 매우 중요한 곳이다. 남쪽 구간은 유대(犹太)로 이곳의 경사는 가파르지만 구약시대부터 계단식 방법으로 농사를 지었다. 그러나 사해 쪽으로 가면서 이 땅들은 메마르고 황폐한 소위 말하는 유대(犹太) 광야를 형성한다.

엔게디(隐基底 En-gedi)같은 오아시스와 몇몇 소소한 정착지를 제외하면 이 광야는 영구적인 거주지로는 적합하지 않다. 1947년에 발견된 사해사본이 나온 쿰란이 이 지역에 있다.

4) 해변 지역(海边地域)

팔레스틴(巴勒斯坦) 본토 산맥들과 지중해(地中海) 사이에는 해안 평야가 놓여 있다. 해안선 자체는 변하기 쉬운 모래언덕이 특징이나, 내륙 쪽으로 조금 들어가면 좋은 농경지대가 있다. 해안 평야는 지중해(地中海)에 이르기까지 감멜(迦密山巃 Canmel) 산마루에 의해 갈라지는데 이 산 마루는 갈릴리 호수(加利利海)와 대략 같은 위도상에서 지중해(地中海)쪽으로 돌출되어있고, 감멜 산(迦密山 Carmel)북쪽은 이스르엘(耶斯列 Jezreel) 골짜기가 동서로 각을 지고 펼쳐있으며, 남쪽으로는 현대의 텔아비브(特拉维夫 Tel aviv)에 이르기까지 샤론 평야(沙崙平原 Sharonplain)가 있는 곳으로 오늘날에는 좋은 과수원들이 많이 있다.

샤론 평야(沙仑平塬) 밑에는 블레셋 인(非利士人)에 의해 오랫동안 점령되어 온 아주 좋은 땅이 있으며, 여기에서 지중해(地中海)가 서쪽으로 펼쳐지기 시작하여 넓은 평야를 만들어 가는데 이곳에 대부분의 땅이 질 좋은 충적토(冲积土)여서 풍성한 수확을 거두게 한다. 강우량은 남쪽으로 가면서 점점 작아지지만 그래도 가자(Gaza) 지역에서는 농사짓는데 그 양이 충분하다. 구(旧) 가자(迦萨) 지역은 약간 북쪽으로 있으며 항구도시 아스글 론(亚实基伦 Ashkelon)과 함께 지역의 도시 문화를 형성했던 곳이다. 해안 평야와 중앙 산맥(中央山脉)들 사이의 점점 높아지는 지대를 세블라(스펠라 示非拉Shephelah 낮은 지대)라고 부른다. 이 곳 역시 농사에 적합하다.

지중해(地中海)는 서쪽 팔레스틴(巴勒斯坦)의 아래로 길게 뻗어 있지만, 이 곳 항구는 팔레스틴(巴勒斯坦) 사람들의 생활에 편리한 어떠한 영향도 준적이 없다. 그 이유는 해안이 유난히 일직선을 이루고 있어서 아스글론(亚实基 Ashkelon), 욥바(约帕 Joppa), 돌(多珥Dor), 악고(亚柯 Acco)에서만 약간의 하역이 있을 뿐이다. 이스라엘(以色列) 인들은 좋은 항구들을 갖고 있는 북쪽 페니키아(腓尼基)와의 협상으로 두로(推罗Tyre), 시돈(西顿), 비블로스(比布罗 Byblos) 등의 항구를 이용함으로 부족함이 없었다.

5) 기후(气候)

팔레스틴(巴勒斯坦)은 아열대 지역에 속한다. 예를 들어 이 곳은 밀감류(柑橘类), 오렌지(如橘子), 레몬(柠檬) 포도(葡萄) 열매 등을 재배하는데 적절하다. 1년을 우기와 건기로 나누어지며 11월에서4월까지가 우기이다.

처음 11월에 비가 내리기 시작하여 12월, 1월, 2월에 보다 많은 겨울비가 내리고 3월과 4월초에는 점점 줄어든다. 우기가 끝날 즈음에는 강한 사막바람(열풍)이 불기 시작하여 6개월 동안 비가 오지 않아 그 땅은 빠르게 건조된다. 식물은 곧 갈색으로 변하고, 강우량은 지역에 따라 다양하다. 해안 지역과 북쪽 고원지대에 비가 가장 많이 오며 많은 개울들은 우기에만 물이 흐르는 계절천(Wadi)이다. 단지 야르묵 강(雅姆克 Jarmuth), 얍복 강(雅博河 Jabbok), 아논 강(亚嫩河Arnon), 제레드 강(撒烈溪 Zered), 얄루드 강(Jalud) 등이 연중 요단 계곡으로 흐르고 야르곤 강(Yarkon)은 텔 아비브쪽의 지중해로 흐른다. 그러나 이런 강들도 건기에는 조금 밖에 흐르지 않는다.

제2장 족장들의 배경(族长们的背景)

1. 족장들의 역사는 정확하게 기록되었다.

고고학 연구로 나타난 증거들은 많은 자유주의 학자들로 하여금 구약 성경이 역사적으로 정확함을 확인하게 했으며 그들의 견해를 바꾸게 하였다. 다른 어느 것보다도 족장시대에 관해서는 더 더욱 그 변화가 크다.

최근에까지 아브라함(亚伯拉罕 Abraham), 이삭(以撒Lsaac), 야곱(雅各Jacob)의 행적 뿐 아니라 인간으로서의 그들의 존재까지 의심했던 자유주의학자들이 오늘날 족장들의 존재에 대하여 의심 없이 받아들어지고 있으며 족장시대에 대한 구약 성경의 기록들의 많은 부분이 일치한다고 믿어지게 되었다 .이런 새로운 견해를 불러일으킨 고고학의 증거는 광범위하다.

1) 이름

창세기에 사용된 족장들의 이름이 과연 그 시대의 이스라엘의 어근에서 나온 이름들인지를 고대 자료에 나타난 이름들에서 찾은 것이다. 한 예로, 야곱(雅各)이라는 이름은 북부 메소포타미아(米所波大米 Mesopotamia)의 차가-바자르(查加巴沙 Chage-bazar)에서 나온 주전18세기 자료에 사람을 지칭하는 '야콥-엘(Ya'qob-el)' 에서 나타났으며, 또한 투트모스 3세(杜得模西士 三世Thutmose)의 명단에는 팔레스틴(巴勒斯坦)의 한 장소를 지칭한 것으로도 나타났다. 한편 힉소스(许克所斯 Hyksos)의 이름으로서 야곱할(Ya'qobhar)이란 이름으로 나타났다. 아브라함(亚伯拉罕)이라는 이름은 주전 16세기 바벨론(巴比伦)자료에서 아밤람(Abmram)으로, 또 마리(马里 Mari) 자료에서는 다른형태로 발견되었다. 마리는 하란(哈兰)근처의 도시이름이며 아브라함(亚伯拉罕)의 형 이름인 나홀(拿鹤)을 나쿨(Nakhur)로 사용하고 있다.

마리 자료는 바나-야미나(Bana-yamina 베냐민便雅敏)라고 부르는 사람을 언급하고 있으며, 갓(迦得), 단(但), 레위(利未)(Gad, Dan, Levi), 와 같은 이스라엘(以色列)과 같은 어근으로 이루어진 이름들을 사용하고 있다. 후기 앗수르(亚述)자료들에 두 도시를 틸-투라키(Til-turakhi)와 사루기(Sarugi)란 이름에 대해 말하고 있는데, 이것은 아브라함(亚伯拉罕)의 아버지 데라(他拉 Terah)와 스룩(西鹿 Serug)에 해당하는 이름이다. 이런 이름들과 비슷한 다른 이름들은 모두 주전 1,500년경의 자료에서 발견 되었다. 구체적인 성경의 이름과 지명을 나타내는 증거가 부족하긴 하지만 이것들은 창세기(创世记)에 기록 한 이름들이 당시의 술어들이란 것을 나타내준다.

2) 풍습(风俗)

다음 증거는 그 시기의 풍습에 관한 것이다. 조상들의 몇 행적들은 모세(摩西) 율법과 그 후에 율례에서 벗어난 것으로 보이지만, 특히 누지 문서(Nuzi 努斯文件)에서 나타난 주전 2,000년대의 풍습에서 본다면 충분히 이해 할 수 있다. 한 예로 아브라함(亚伯拉罕)은 그의 종 엘리에셀(以利以谢 Believer)이 아들 대신 그의 상속자가 될 것 같아서 하나님께 아뢰었는데(창 15:1-4) 창세기(创世记)에 나타난 아브라함의 염려는 그 당시 근동의 풍습으로서는 능히 정상적이었다는 것을 알 수 있게 된다. 누지 자료(努斯文件 Nuzi)는 바로 이러한 경우를 보여준다.

이 자료(努斯文件)에 의하면 자손이 없는 내외는 종을 아들로 입양할 수 있으며, 친아들이 태어나지 않는다면 입양된 아들은 평생 그 부모를 섬기다가 임종시 그의 상속자가 된다. 또한 사라(撒拉 Sarah)가 여종 하갈 (夏甲 Hagar)을 아브라함(亚伯拉罕)에게 첩으로 넘겨준 것도(창16: 1-4) 누지 자료(努斯文件)에서는 그러한 율례가 그 당시에는 당연한 것으로 나타나고 있다. 이 자료에서는 그 때에 본처에게서 아들이 태어난다 해도 종과 입양된 아들은 집 밖으로 쫓아버릴 수가 없다고 기록되었다, 이것은 사라(撒拉)가 하갈(夏甲)과 이스마엘(以实玛利 Lshmael)을 쫓아내라고 요청했을 때 아브라함(亚伯拉罕)이 마지못해 한 것(창 21:9-11)에 대한 이유를 제공하고 있다. 이 후에 라헬(拉结 Rachel)과 레아(利亚 Leah)도 그 종들을 같은 방법으로 야곱에게 넘겨주었다(창30: 1-13). 라헬(拉结)이 아버지의 드라빔 곧 집안의 우상(家神)을 훔쳤던 것도 누지(努斯)에서 설명을 찾을 수 있다(31:19-34, 35). 그 우상은 상속권을 의미한 것이었다. 라반(拉班 Laban)은 야곱(雅各)을 가족으로 받아 드린 후에 자기 아들을 낳았다(창 31: 1). 라헬(拉结)이 라반(Laban)의 드라빔을 훔친 것은 야곱이 주 상속자임을 주장하여 야곱(雅各)의 권리를 찾으려 한 것이다. 누지 문서(努斯文件)에는 구두(口头)축복이 서명 계약과 동일한 효력이 있음을 알게 해준다. 한 가지 발견된 법정 기록을 보면 법원이 계약을 거행한 것으로 그 속에는 아들에 대한 아버지의 구두축복이 포함되어 있었다. 이것은 비록 야곱(雅各)이 거짓말을 했지만 야곱(雅各)에게 준 축복을 자기에게도 달라고 한 에서(以扫)의 간절한 부탁을 이삭(以撒)이 거절한 사실에 대해 설명해준다. 이것 역시 노아(挪亚 Noah 창10: 25-27)와 야곱(雅各)이 축복한 것처럼 보통 창세기(创世记)에 나오는 축복에 대하여 특별한 권위를 두려고 한 것이다.

3) 당시 팔레스타인(巴勒斯坦 Palestine)의 상황

세 번째 증거는 족장 시대와 같은 시대의 가나안(迦南) 상황에 관한 것이다. 아브라함(亚伯拉罕)은 목축에 필요한 땅을 사용하는데 아무런 제한이나 간섭 없이 장막을 치고 남다른 자유를 누리며 이동할 수 있었다.

그는 사라(撒拉)가 죽었을 때 장사하려고 막벨라(麦比拉 Machpehah)를 살 때까지 토지를 사야 할 필요를 느끼지 않았다. 아브라함(亚伯拉罕)은 목축에 필요한 땅을 조카 롯과 나눈 때가 있었는데(창13: 5-12), 그것은 본 거주자의 압박은 아니었다. 이 내용은 북쪽 세겜으로부터 남쪽 브엘세바(Beersheba)까지 아브라함이 이동한 지역

에 인구가 거의 없었다는 것을 의미한다. 팔레스타인의 고고학 연구와 애굽의 저주 문헌(Execration)은 모두 아브라함(亚伯拉罕), 이삭(以撒), 야곱(雅各)이 살았던 정확한 시기 곧 주전 22-19세기는 특히 그런 상황이었다는 것을 증언한다. 또한 주전20세기의 Tale of Sinuhe(辛奴亥)에서도 아브라함(亚伯拉罕)은 반 유목민의 형태로 많은 양떼를 거느리고 가나안(迦南) 지역을 자유로이 이동한 사람으로 표현되고 있다. 더욱 조상들 이야기에 언급된 도시들 도단(多坍 Dothan), 세겜(示剑), 벧엘(伯特利 Bethel), 예루살렘(耶路撒冷 Jerusalem)등이 모두 그 때 존재했다는 것과 또한 롯(罗得)의 이야기에서 나타난 것처럼(창13: 1-12) 사해 근처 요단(约但) 계곡에 많은 도시들이 있었다는 것을 고고학이 증거하고 있다.

4) 족장들의 장거리 이동

마지막 증거는 족장시대의 근동지역에서 광범위한 이동이 존재했다는 것이다. 이것은 조상들의 이야기에서 나타난 것과 똑같이 나타난 것이다. 아브라함(亚伯拉罕)은 갈대아 우르(迦勒底的吾珥 Chaldees Ur)에서 남쪽 가나안(迦南)까지(창11: 31-12:9) 1,600km 이상이나 여행하였다. 나중에 그는 그의 종 엘리에셀(以利以谢)을 아들 이삭(以撒)의 신부를 구하기 위해 북쪽으로 640km이상 되는 메소포타미아(米所波大米)의 하란(哈兰)으로 보냈다(창24: 1-10). 야곱(雅各)은 에서를 피하여 도망쳐 이 지역을 여행하다가 가족과 재산을 얻어 남쪽 가나안(迦南)으로 돌아왔다(창28: _33:). 고고학 연구의 많은 자료들은 이런 종류의 여행이 당시에 흔한 일이었음을 보여준다. 마리 자료에서 나온 편지를 보면 사신들은 팔레스타인(巴勒斯坦)의 하솔(夏琐 Hazor)에서 남쪽 메소포타미아(米所波大米) 또는 엘람(以拦 Elam)까지 여행한 것으로 나타난다. 더 오래된 자료로 소아시 아의 가니스(迦尼斯 Kanish)에서 나온 카바도기아(加帕多家 Cappadocian) 자료는 앗수르(亚述)와 힛타이트(赫 Hittie성경에는 헷 족으로 기록)간의 광범위한 무역관계에 대해 언급하고 있다. 앗수르(亚述) 상인들의 무역중개소가 힛타이트(赫)속에 있었으며, 거기에서 앗수르(亚述) 상품과 그 나라 상품이 교환된 것이다.

또한 남 메소포타미아(米所波大米)에서 아카디아(Akkadian) 시기의 사르곤(撒珥根 Sargon)과 그 손자 나람신 (拿蓝辛 Narim-sin)은 아브라함보다 3세기 먼저 존재한 사

람이다. 그들은 멀리 지중해(地中海) 연안까지 군사행동을 취했으며 가끔 거기서부터 중앙 페르시아(波斯)까지 통치권을 행사하기도 했다.

2. 아브라함 (亚伯拉罕Abraham) 부름의 중요성

아브라함(亚伯拉罕)의 부름은 하나님이 인간을 택하는데 있어 한 변법(变法)을 사용했다. 지금까지 하나님은 보편적인 방법으로 모든 인간을 대하여 왔다. 다른 어떤 것과 구별하여 한 나라나 인물을 선택하지 않았다. 따라서 인류가 불순종하였을 때 인류는 홍수로 벌을 받기도 하였다. 아브라함(亚伯拉罕)의 부름으로 이 세계 인류에게 하나님의 접근하는 방식이 바뀌었다. 이제 하나님은 보편적이 아니라 특정적으로 말씀하셨다.

하나님께서는 오직 한 인간을 택하셨고, 그를 다른 사람과 구별하여 개별적인 지시를 하셨다. 하나님의 의도는 새로운 인간으로 택한 아브라함(亚伯拉罕)을 조상으로 한 새로운 나라를 세우려는 것이었다. 많은 사람들은 하나님의 방법을 거절하였고 그리하여 한 동안 그들은 구원의 기회를 상실하였다.

하나님께서는 특별한 한 사람을 통해 구원계획을 효과적으로 역사하셔서 하나님이 아브라함을 선택하여 태어난 그 백성을 통하여 성경, 곧 쓰여 진 말씀이 생겨나게 하셨고, 그들을 통해 때가 되었을 때 예수 그리스도께서 태어나게 하셨다. 아브라함을 선택한 방법으로 이 세상이 사악함에도 불구하고 구원의 섭리는 실현되고, 이 구원의 섭리가 완성되었을 때 하나님은 다시 모든 인간에게 보편적으로 역사하실 것이다.

3. 아브라함 (亚伯拉罕Abraham)의 연대

성경과 성경 외적인 자료 모두가 아브라함(亚伯拉罕)의 연대를 갖고 있다.

이 자료들을 평가하는데 있어서 보수주의자와 자유주의자 사이에 상당한 차이가 있다. 자유주의 학자들의 결론은 주전 20세기 때로는 주전 15세기까지 다양하다. 보수주의 학자들은 그 이전 연대를 주장하여 아브라함(亚伯拉罕)의 출생을 주전 22세기 중반부터 주전20세기로 보고 있다. 이 사실은 세 가지 결정에 의거한 것이다.

즉 이스라엘(以色列) 백성들이 출애굽(出埃及)한 연대와 이스라엘(以色列) 백성이 애굽(埃及)에 머문 기간과 아브라함(亚伯拉罕)이 이삭을 낳았을 때와 이삭이 야곱을 낳은 후 가나안에 머문 기간에 근거를 둔 계산법이다.

1) 성경적 증거

성경은 이 세 가지의 문제에 대해 많은 것을 말해 주고 있다. 아브라함(亞伯拉罕 Abraham)의 연대에 대해서는 전혀 의심 없이 답해준다. 아브라함(亞伯拉罕)이 이삭(以撒)을 낳았을 때 100세였고(창 21:5), 이삭(以撒)이 야곱(雅各)을 낳을 때 60세였으며(창 25:26), 야곱(雅各)이 애굽(埃及)으로 내려갔을 때 130세였으므로(창47: 9) 총 290년이 되는 셈이다.

(1) 출애굽(出埃及)의 연대

출애굽(出埃及)연대의 첫 문제는, 보수주의자들은 거의 확실한 대답을 주고 있다. 즉 출애굽(出埃及)은 주전15세기 중반부 바로 다음에 일어났다고 하는 것이다. 보통 주전 1446년으로 보고 있는 이 연대는 주전 13세기 중의 어느 기간이라고 주장하는 '후기 연대'와 대조하여 '전기 연대'라 불린다.

(2) 전기 연대를 뒷받침하는 네 가지 사항을 간단히 적어보면

① 출애굽(出埃及)은 솔로몬(所罗门Solomon)이 성전을 짓기 시작한 때(주전966년)보다 480년이나 앞섰다고 진술한 열왕기 상 6: 1 (스7: 1-5)

② 사사기(士师记) 11: 26의 입다(耶弗他 Jephthah)의 진술에서 이스라엘(以色列)이 가나안을 정복한 후 300년 동안 가나안 땅을 소유했다는 사실.

③ 사사들이 다스린 기간은 후기 연대가 계산하고 있는 것보다 더 많은 기간을 필요로 한다는 분석에서 볼 때에

④ 출애굽(出埃及)이 관련되어있는 일련의 애굽(埃及)의 역사 사건들은 주전13세기가 아니라, 주전 15세기가 성경 말씀의 기록과 일치한다는 사실이다.

(3) 애굽(出埃及) 체류기간

둘째 문제인 애굽(埃及) 체류기간은 보수주의 학자들 사이에도 큰 의견의 차이가 있지만, 여기서는 비교적 확실한 결론에 도달할 수 있다. 즉 애굽의 체류기간은 430년 동안 지속되었다는 것이다. 이와 상반되는 견해는 215년으로 보고 있다. 먼저 430년을 주장하는 사항들을 알아보자.

① 기간이 430년 동안 계속되었다고 진술한 출애굽기(出埃及记 Exodus) 12: 40

② 하나님이 아브라함(亞伯拉罕 Abraham)에게 예언한 것으로(창 15:13) 그 자손들이 타국에서 '400년' 동안 핍박을 받을 것이라는 것.

③ 스데반(司提反 Stephen)이 사도행전 7: 6에서 400의 숫자를 언급한 사실.

④ 야곱(雅各)의 가족들이 실질적으로 430년보다 짧은 기간 안에서는 200만 백성이 되는 국가로 증가할 수 없다는 사실이다. 이런 사항들에 비추어 볼 때 아브라함(亞伯拉罕)의 출생일은 쉽게 계산된다.

솔로몬(所罗门)의 성전을 건축하기 시작한 주전 966년에다 열왕기 6: 1에 있는 출애굽(出埃及) 이후 간격으로 480년을 더한다. 여기에 이스라엘(以色列)이 애굽(埃及)에 체류한 430년을 더한 후 아브라함(亚伯拉罕)이 이삭을 낳았을 때와 이삭이 에서와 야곱을 낳았을 때, 그리고 야곱(雅各)이 애굽(埃及)으로 내려가기까지 가나안에 머문 기간들을 합하면 966+480+430+290=2166 그러므로 아브라함의 연대는 주전 2166년이 되는 것이다.

2) 성경 외적 증거

성경의 외적 증거 또한 실질적인 증거를 제공한다. 여기에서는 세 가지 면이 주목된다.

(1) 가나안인의 상황

첫 번째 증거로, 아브라함(亚伯拉罕)이 주전 2166년에 태어났다면 그가 가나안(迦南)에 75세 때 도착했으므로(창12: 4) 가나안(迦南) 도착연대는 주전 2091년이 된다. 창세기(创世记)에 나타난 가나안(迦南)의 상황은 고고학적 연구가 제시하는 것과 일치하는가? 란 질문에, 물론 일치한다고 고고학자들은 답한다. 예로 그 당시 가나안(迦南)에는 인구가 거의 없었다는 점에서도 일치하며, 또한 아브라함(亚伯拉罕)의 이야기는 이 때의 상황을 나타낸 것이라고 여겨지는데 특히 아브라함(亚伯拉罕)이 세겜(示剑 Shechem)과 브엘세바(別是巴 Beersheba) 사이를 자유로이 이동하며 장막을 치고 목축을 하였다는 점도 팔레스틴의 그런 상황을 설명한 것으로 본다.

고고학은 특히 아브라함(亚伯拉罕)이 이동하면서 통과했던 내륙 지역에 대해 창세기의 아브라함 시기와 거의 비슷하게 증언되고 있다. 그러나 요단(约但) 서쪽의 많은 도시들은 주전19세기 어느 시기에 사람들이 다시 살게 되었으므로 인구가 희박했던 상황은 오래 지속되지는 않았다. 이것 또한 의미 있는 사실인데, 왜냐하면 이삭(以撒)과 야곱(雅各) 역시 그 땅에서 비교적 자유로운 이동을 할 수 있었고 이것은 아브라함(亚伯拉罕)이 도시가 건설되기 전에 살았다는 것을 의미하기도 한다. 그러므로 위의 연대기에서 드러난 것처럼 주전 21세기가 타당하다고 본다. 또한 아브라함(亚伯拉罕) 시대에 소돔(所多玛 Sodom)과 고모라(峨摩拉 Gomorrah) 지역에 많은 인구가 존재했다는 점에서도 일치한다. 비록 아브라함(亚伯拉罕)이 팔레스타인(巴勒斯坦) 고지대인 비교적 한산한 지역을 자유로이 이동했지만, 롯(罗得)은 요단(约但) 평야에서 수많은 도시를 찾을 수 있었다(창13: 12,14:2-7,19:29).

Nelson Glueck(葛鲁克)의 연구는 이 도시들이 주전 20세기 또는 주전 19세기에 멸망되었다고 보고하였다. 그는 지적하기를 팔레스틴(Palestine) 본토에서 '아모리(亚魔利)족'이 멸망하기 전에는 요단(约但) 동쪽은 네게브(南地)와 같이 인구가 밀집되어 있었는데, 조금 지난 후 요단 서쪽과 동쪽이 어떤 이유인지 모두 파괴되었다고 연구결과를 기록하였다. 이것은 아브라함(亚伯拉罕)과 롯(罗得)이 고지대가 멸망된 이후 가나안에 왔던가, 또는 요단평야의 도시들이 멸망되기 이전 어느 기간에 살았음을 의미한다. 다시 말해 주전 2,100년과 주전 1991년에 가나안에 살았다는 의미가 된다.

(2) 애굽(埃及)의 상황

두 번째 증거는 19세기 초 애굽(埃及)<애굽은 후에 '마간' 이라 불렸다>의 역사(주전1876)가 야곱(雅各)이 그곳으로 건너간 성경 이야기의 상황과 부합 되는가? 하는 것이다 물론 그 대답은 긍정적이다.

<다음의 두 가지 내용을 주목할 필요가 있다>

① 가나안(迦南)과 애굽(埃及)사이의 자유로운 이동 문제이다.

야곱(雅各)의 아들들은 양식을 얻으러 두 번씩이나 애굽(埃及)의 국경을 건너는데 아무런 불편을 겪지 않았고, 그 후 야곱(雅各)은 그의 전 가족을 애굽(埃及)으로 데리고왔다(창 46장). 이전에 아브라함(亚伯拉罕) 역시 기근이 왔을 때 애굽(埃及)으로 여행하였다(창12: 10-20) 이런 사건들은 당시 두 나라 사이의 이동이 흔한 일이였음을 암시하는 것으로 고고학도 이와 비슷하게 증언하고 있다. 특히 중요한 것으로 주전 1900년 경의 애굽(Egypt)의 무덤벽화에는 야곱(雅各)과 아브라함(亚伯拉罕)처럼 한 무리의 반 유목민들인 셈 족(闪族)이 애굽(埃及)으로 들어가는 장면이 그려져 있다. 이런 벽화가 37개나 되며 애굽埃及)의 흰 의복과는 대조적으로 색깔이 있는 옷을 입은 모습이다. 이런 그림이 무덤에 그려진 것은 이 사실이 애굽(埃及)에 잘 알려져 있음을 의미하고 있다.

② 다른 한 가지는 성경에서 표현하듯 "요셉(约瑟)을 알지 못한(출1:8) 새 바로"의 존재 문제이다.

그는 요셉(约瑟) 후에 있었던 사람으로 이스라엘(以色列)백성을 노예화 했다.

성경 이야기는 그가 누구이든간에 이스라엘(以色列)과 친교를 나누었던 전 왕조와는 다른 새 왕임을 암시한다. 이 시기에 애굽(埃及)에 그런 왕이 있었는가? 하는 의문에 대한 답 역시 긍정적이다.

실제로 두 가지 증명을하면, 하나는 외국인 셈 족(闪族)계통인 힉소스(Hyksos) 족이 바로가 되었을 경우이다.

이 침략자들은 주전 1730년경에 본 왕조인 함 족(含族)을 몰아내고 새 왕조를 세웠다. 그들은 증가하는 이스라엘(以色列) 백성을 경계하여 새로운 정치적 조치를 취했을 것이다.

③ 또 한가지는 제18왕조의 첫 왕인 아모스(阿摩司 Ahmose)로 힉소스 족을 애굽(埃及) 밖으로 몰아내고 함 족(含族)인 애굽왕조를 다시 세운 왕이다. 힉소스(许克所

斯)족은 애굽을 침략하여 지배했으므로 쫓아내고, 힉소스와 같은 셈 족(閃族)인 이스라엘(以色列)은 노예로 부리려고 새 법령을 내렸을 가능성이 있다는 것이다.

(3) 바로왕(法老王 Pharaoh)의 정체

세 번째 증거는 "요셉(約瑟 Joseph)을 알지 못한" 이 바로 왕(法老王)은 구체적으로 누구였나? 하는 것이다. 우리는 바로의 보편적인 모습에 부합하는 두 통치자 중에서 하나를 선택해야 하는데, 힉소스(许克所斯 Hyksos) 통치기간으로 한다면 야곱(雅各Jacob)이 애굽(埃及)에 내려간 연대는 주전 19세기가 된다. 힉소스 족 (许克所斯)이 애굽(埃及)을 침입한 때와 야곱(雅各)이 애굽(埃及)에 내려간 시간과 요셉(約瑟)이 죽기까지의 기간을 염두에 두어야하고, 또 새 통치자가 그들을 노예화 할 필요를 느낄만큼(출1: 18-11) 야곱(雅各)의 후손이 증가하는데 필요한 기간을 염두에 두어야 하기 때문이다.

야곱(雅各)이 애굽(埃及)에 내려간 것과 힉소스 족(许克所斯)의 즉위 사이에 1세기 반이라는 기간을 두어야 이런 사건이 전개되는데 필요한 기간이며, 그것은 결코 많은 기간은 아니다. 반면 힉소스 족(许克所斯)을 몰아내고 제 18왕조를 세운 아모스(阿摩司 Amosis)가 바로였다면 야곱(雅各)이 애굽(埃及)에 내려간 것을 힉소스(许克所斯)왕의 기간으로 봐야 한다.

<다음 네 가지 요소가 "요셉(約瑟)을 알지 못하는"바로가 힉소스(许克所斯) 왕조의 첫 번째 왕이었을 가능성을 제시한다 >

① 바로를 위하여 노예화된 이스라엘(以色列)에 의하여 세워진 애굽(埃及)도시 비돔(比東 Pithom)과 라암셋(兰塞 출1: 11 Raamses)은 아모스(阿摩司)가 살았던 제 18왕조 전이나 후에 건축되었음에 틀림없다.

왜냐하면 고고학적 증거가 제18왕조 기간 중에 비돔(比東)과 라암셋(兰塞)이 건축되지 않았다고 지적하기 때문 이다. 구 라암셋의 수도인 아바리스(Avaris)의 폐허를 탐사해 본 결과 제 18왕조의 특징은 전혀 나타나지 않았다.

G .E Wright(赖恩尼)는 출애굽(出埃及)의 후기 연대에 대한 증거로 이 사실을 사용하고 있으며, 제 19왕조의 라암셋(兰塞 1304-1238) 2세에 의해 이 도시가 건축되었다고 믿고 있으며 또 제 18왕조 전, 힉소스(许克所斯) 왕조 때 였음을 뒷받침할 때에도 증거로 사용된다.

힉소스(许克所斯)왕들은 당시 수도인 라암셋(兰塞)을 건축하고 확장하는데 분명히 관심을 두었을 것이다. 도시에서 제 18왕조때의 아무 흔적도 찾을 수 없다는 사실은 그 도시를 세운 왕조가 아모스(阿摩司)나 그 후계자들이 아니였음을 나타내고 있다. 사실 G. E Wright (赖恩尼)은 "이 도시는 제 18왕조의 아모스(阿

摩司)에 의해 파괴 되었고 그후 주전 14세기 말까지 사람들이 거주하지 않았다"고 한다.

② 출애굽기(出埃及记)의 "요셉(约瑟)을 알지 못한" 바로 왕(法老王)이라는 말은 바로가 제 18왕조의 왕이 아니라 힉소스(许克所斯)족의 왕이였다고 할 때 쉽게 이해할 수 있다.

"이 백성 이스라엘(以色列)자손이 우리보다 많고 강하도다. 우리가 그들을 대할 때 지혜롭게 하자 두렵건대 그들이 더 많아지면 전쟁이 일어날 때에 우리 대적과 합하여 우리와 싸우고 이 땅에서 갈까 하노라(출1: 9-10)"고 말한 "요셉을 알지 못하는 바로"의 말에 주목 할 것은 만일 아모스(阿摩司)가 한 말이라면 전체 애굽(埃及)인과 비교해서 한 말이므로 큰 과장이 될 것이다. 그러나 힉소스 족(许克所斯)의 통치자가 한 말이라면 힉소스(许克所斯)백성의 수는 많지 않고, 주요 요직만 잡고 있었으므로 그 말이 해당될 수 있다. 또 한가지 문제는 이 통치자는 이스라엘(以色列) 백성이 그들의 적과 합할까 봐 두려워 한 점이다. 고로 이 말은 힉소스 족(许克所斯)의 말이어야 정확하게 맞는 것이다. (아모스(阿摩司)는 힉소스 족(许克所斯)을 애굽(埃及)에서 쫓아낸 막강한 능력을 가진 왕이며 제 18왕조를 세운 바로이다.)

③ 하나님께서 창세기 15:13에 아브라함(亚伯拉罕)에게 하신 말씀을 견주어 볼 때 이스라엘(以色列)을 노예화한 바로가 18왕조 보다 힉소스(许克所斯 Hyksos)왕조 때 일어난 것이라고 해야 더욱 어울린다.

이 말씀은 "너는 정녕히 알라 네 자손이 이방에서 객이 되어 그들을 섬기겠고, 그리고 그들은 400년 동안 고통을 당할 것이다"(창15: 13. 참고 행7: 6)란 말씀은 야곱(雅各)이 애굽(埃及)으로 내려갔을 때 몇 년 동안은 고통을 당하지 않았다. 이 고통은 "요셉(约瑟)을 알지 못한" 바로가 왕이 되었을 때에 시작되었다. 그러나 이 바로 왕(法老王)이 아모스(阿摩司 주전1584_)라면 노예상태는 1세기 하고 3분의 1밖에 지속되지 않아 400년에서 훨씬 부족한 기간이 되므로 위의 말씀과 부합하지 않는다. 그렇지만 힉소스(许克所斯) 왕조의 첫 바로였다면 이 노예상태는 300년 가까이 지속하였기에 이 이론이 부합된다고 볼 수 있다.

④ 아시아족인 힉소스(许克所斯)를 애굽(埃及)에서 쫓아낼 때 왜 같은 아시아계인 이스라엘(以色列) 백성을 동시에 몰아내지 않았을까? 하는 의문이 남는다.

이스라엘(以色列)을 노예화한 첫 왕조가 제 18왕조라고 믿는 사람들은 어찌하여 한 집단은 쫓겨났고 한 집단은 남아서 노예가 되었는가? 하는 의문이 남을 것이다.

거기에 대한 설명이 미흡하여 많은 의문을 갖게 한다. 그러나 힉소스 족(许克所斯)이 애굽을 핍박했다면 힉소스 족(许克所斯)과 이스라엘(以色列)을 구별하여 애굽을 점령하였던 힉소스 족은 추방하고 노예로 있었던 이스라엘을 여전히 노동에 동원한다면 큰 힘을 얻게 될 것이라고 판단하였다면 의문이 풀릴 것이다.

4. 아브라함(亚伯拉罕)이 살던 땅

하나님이 아브라함(亚伯拉罕)을 처음 불렀을 때의 말씀은 "너는 네 본토와 친족을 떠나라" 는 것이었다.

하나님이 떠나라고 한 땅은 어떤 땅이었나? 에 대한 의문이 생겨난다. 이 부름은 갈대아 우르(迦勒底的吾珥 Ur of Chaldeans)에서 주어졌는데, 이곳은 보통 남 메소포타미아(米所波大Mesopotamia)계곡의 잘 알려진 우르(吾珥 Ur)로 인정되고 있다. 그런데 최근에 북 메소포타미아(米所波大米)의 우르(吾珥)일 것이라는 주장이 있었으나 증거가 미약하다. 아브라함(亚伯拉罕)이 살았던 주전 22세기의 남 메소포타미아(米所波大米)의 상황을 살펴보겠다.

1) 우르(吾珥 Ur)의 셋째 왕조

연구를 하는데 있어서 다행히 성경 외에 이 사건과 관계 된 문헌자료가 있었다. 그것은 우르(吾珥)의 셋째 왕조의 집권 기간이 108년 동안 지속되었고 우르(吾珥)는 전체 남 메소포타미아(米所波大米)의 수도였다.

이 기간이 포함되는 시기는 우리가 관심을 갖고 있는 주전22세기 말(末)을 포함하거나 또는 바로 그 후로 본다.

결론은 많이 논란되고 있는 함무라비(汉摩拉比 Hammurabi) 연대에 달려있는데, 이 함무라비 연대로부터 이 기간을 환산할 수 있다. 함무라비(汉摩拉比)가 집권을 시작한 연대에 대해 학자들은 세 가지 연대를 제기한다. 즉 주전1728년의 '늦은 연대' 주전1792년의 '중간' 그리고 주전1848년의 '빠른 연대' 이다.

우르의 셋째 왕조 시작에 도달하려면 이 연대에 340년을 더해야 한다. 아브라함(亚伯拉罕)이 주전 2166년에 태어났고, 주전 2100년에 이주했다하면 늦은 연대를 기초로 할 때, 우르 셋째왕조가 시작되기 30년 전에 아브라함(亚伯拉罕)이 우르(吾珥Ur)를 떠났다는 것을 의미하며, 중간 연대나 빠른 연대를 기초로 한다 해도 이 기간들 사이에 살다가 이주했다는 의미가 된다. 어느 것이 가장 적합 한가 선택하는 것은 쉽지 않다. 아브라함 (亚伯拉罕)이 떠난 몇 년 뒤에, 이 기간이 시작 되었다 해도 이 기간 동안의 상황은 크게 변하지 않았을 것이다.

우르(吾珥Ur)의 셋째 왕조 때의 상황은 수메리안(苏美 Sumerian) 문명의 고전 시기로 수메리안(苏美) 문화가 최고조로 발전했던 기간이다.

수메리안(苏美) 문화는 앞의 초기 왕조 기간동안 최고로 발전되었으나, 아카드 족의 세력과 셈 족 문화의 위력〈아카디아어가 당시 상용어였다〉으로 약 2세기 전에 빛을 잃었다. 수메르가 힘을 잃게 된 것은 아카드의 통치자 사르곤(撒珥根 Sangon) 왕이 에렉(伊勒赫 Erech), 혹은 우룩(伊勒赫 Uruk)의 왕인 강력한 루갈자기시(鲁加沙基西 Lugal-zaggisi)를 물리쳤을 때 일어났다(그 때 에렉의 왕은 남 메소포타미아(米所波大米)를 통합하는 데 성공한 직후였다). 사르곤(撒珥根)은 아카디아(亚略得)왕들의 명단에 셈 족(闪族)의 영향이 있었음을 나타내는 몇 개의 셈 족(闪族)의 이름을 밝혔다.

사르곤(撒珥根)왕조가 일어나서 한창 꽃피던 수메리아(苏美)의 문명 위에 아카디아의 위대한 문화를 빛나게 하였다. 사르곤(撒珥根)왕조의 지배한 기간은 1세기 이상이 되었고 이 아카디안의 문명은 자그로스 산(撒哥洛 Zagros)으로부터 이 지역을 침범한 야만인 구티(古梯 Guti)에 의해 끝이 났다. 그 결과 암흑기가 되었으나, 우르(吾珥Ur) 제 3왕조에 의해 수메르 문화가 다시 일어나서 구티의 정권을 멸망시켰다. 그 왕은 에렉(伊勒赫)의 우타 헤갈(乌杜赫加 Utahegal)이였으며, 다시 우르-남무(吾珥南模 Ur-nammu)가 일어나 우타 헤갈(乌杜赫加)을 물리치고 우르(吾珥 Ur) 제 3왕조를 세웠다.

2) 통치자

우르(吾珥Ur)는 아카디아(亚略得 Akkadia)만큼 많은 땅을 지배하지는 못했다. 그러나 이 나라 왕들은 자신들에게 '수메르와 아카드의 왕들' '세계의 네 지역의 왕들'이라는 칭호를 붙이면서 사르곤(撒珥根 Sargon) 제국을 이어갔다. 그들은 북방으로 앗수르(亚述)까지 그리고 남방 메소포타미아(米所波大米) 전부를 지배한 것으로 보인다. 5명의 알려진 통치자는 18년을 통치한 우르-남무(吾珥南模 Ur-nammu), 48년을 통치한 술기(舒尔基 Shulgi), 9년을 통치한 수신(舒辛 Shu-sin), 아마르신(亚马辛 Amar-sin)은 9년을 통치하고, 25년을 통치한 이비신(伊比辛 Ibbi-sin) 등이 있다.

이비신(伊比辛)의 집권 때 국력이 약해져 동쪽에서 내려온 엘람 인(以拦 Elamites)에 의해 점령되었다.

첫 통치자 우르-남무(吾珥南模)는 법전을 만든 것으로 유명하다. 이 법전은 가장 오래된 것으로 완전한 법전으로 알려진 함무라비(汉摩拉比 Hammurabi)의 법문보다 더 오래 된 것이다. 그의 짧은 법문에는 법이 기록되었으며, 우르-남무(吾珥南模)는 난나신(拿拿神 Nanna)의 명으로 우르(吾珥)를 통치 한다는 것과 정직하지 못한 법령을 제거하고, 부자들에게 과부와 고아들이 착취 당하지 못하도록 조문화 하였다고 전해진다. 대부분의 법 자체들은 명료하지 않아 읽기 어려우나 함무라비(汉摩拉比)법전과 새겨진 모양이 비슷하다. 아브라함(亚伯拉罕)은 당시 가장 선진화 된 문명사회에서 살았다.

3) 아브라함(亚伯拉罕)이 살던 땅의 종교

훌륭한 종교 건축물과 매우 잘 보존된 고대 신전(金字塔型神殿 Ziggurat)의 표본이 이 시기에 세워진 것으로 보아 아브라함(亚伯拉罕)의 시대는 종교적 지배사회였음을 알 수 있다. 우르-남무(吾珥南模)의 이름과 표제가 신전의 벽돌에 새겨져 있으며, 그가 이 건축의 대부분을 감독했음을 보여 준다. 이 신전은 먼저 세워졌던 작은 신전 꼭대기에 세워지고, 그 윗부분은 후에 신바벨로니아(新巴比伦 NeoBabylon)의 나보니두스(拿波尼度 Nabonidus)의 작품이다. 완성된 신전은 가로 60m세로 45m높이 21m로 측정 되는데, 당시의 신전의 관례로 알려진 사각형의 피라미드(金字塔)모양이다. 발굴 당시에는 꼭대기에 신전이 없어진 상태였지만 그 윗부분을 덮었으리라고 여겨지는 몇 개의 수장 벽돌이 거기에 있었다. 이 육중한 신전을 밝힌 C. L. Woolley(C. L. 乌雷)는 신전의 여러 단계의 나무들과 관목이 심어져 있었을 것이라고 한다. 이 신전은 기술적으로 걸작품이었으며 당시의 고도의 기술을 증명하고 있었다. 이 신전 주위에는 다른 신전들이 있었으며 그 중의 하나가 난나신(拿拿神)의 부인이며 달신인 닌갈(宁格儿 Ningal)의 신전이고 다른 부속 건물들은 제물을 저장하는 창고와 사제들의 사택이다. 이것들만이 신전 앞에 67.5m에 걸쳐 벽돌이 깔린 뜰을 둘러싸고 있었다.

4) 생활 환경

일반적인 생활환경에 대해서는 우르(吾珥 Ur)의 다른 통치자들 보다도 구데아(古地亚 Gudea)에 의해 남겨진 공예품 라가스(Lagash 拉革施)에 있는 엔시(ensi 安细)에서 자세히 알 수 있다. 구데아(古地亚)는 중간시기의 통치자보다 막강한 권력을 갖고 216,000명의 부하를 거느렸다. 구데아(古地亚)는 수메리아(苏美)의 언어가 최고조로 발전했음을 보여주는 많은 송가(颂歌)와 기도문을 남겼으며, 이중 하나는 닌기르수 신(宁格苏 Ningisu)이 구데아(古地亚)에게 라가스(拉革施 Lagash)신전 에닌루(亚玛奴 Eninnu)를 재건하라고 내린 지시에 대해 말하고 있다. 구데아(古地亚)는 둥근 판에 새겨진 많은 법령을 남겼는데, 이것들은 당시 기술의 놀라운 예술성을 드러낸다. 이 때는 대체로 번창한 시기로 광범위한 지역에서 발견된 10만 개의 사업용 서류들은 대부분 이 시기에 관한 것으로써 여기에서 우리는 도움될 만한 힌트를 찾을 수 있다.

곡물, 야채, 과일, 짐승, 노예 그리고 다른 생활품의 거래에 대하여 이 서류는 그 당시의 가격과 사업 방법을 보여주고 있다. 인플레이션은 알려지지 않았지만 안정되었던 것으로 보인다. 또한 종교가 백성들의 생활에 많은 부분을 차지하고 있었으나, 주요 세력은 종교의 지도자가 아니라 민간 통치자가 갖고 있었다.

문화적 진보와 번영의 증거로는 잘 새겨진 돌 도장(질그릇)과 야금술의 탁월함을 보여주는 금속 장신구에서 나타난다. 아브라함(亚伯拉罕)이 하나님으로부터 부름을 받았을 때는 이러한 모든 것들이 그의 세계를 구성하고 있었다. 그것은 문화적 혜택이 현저한 진보된 세계였고 예술과 건축이 발달 되었으며 산업도 번영한 좋은 시대였다. 달신 난나(拿拿神)숭배를 중심으로 종교는 매우 중요했으며 저술도 혼하였고, 기술과 여러 과목을 가르치는 학교가 분명 있었다고 본다. 아브라함(亚伯拉罕) 역시 이런 교육적 기회를 잘 이용 하였을 것이다.

5) 아브라함(亚伯拉罕 Abraham)의 부르심

이러한 모든 혜택은 아브라함(亚伯拉罕)으로 하여금 그곳을 떠나고 싶지 않게 만들었을 것이다.

창세기(创世记)에 그려진 그의 모습은 쉽게 행동하는 기질이 아니었으며 그는 침착한 성격으로서 자신의 고향과 좋은 조건의 환경들과 친구들이 있는 곳을 떠나고 싶지 않았을 것이 분명하다. 그러나 하나님의 부름에 응한 것은 그의 놀라운 신앙심을 보여주고 있다. 하나님께서는 왜 아브라함(亚伯拉罕)으로 하여금 떠나게 하셨을까? 하는 의문이 생긴다. 가나안(迦南)이 아니라 남 메소포타미아(米所波大米)에 '이스라엘' 이라는 국가를 만들 수는 없었을까? 하는 질문에 대답은 세 가지 면으로 볼 수 있다.

① 절대적 충성을 방해할지도 모르는 친구들과 환경으로부터 아브라함(亚伯拉罕)이 격리되어야 한다는 것이다.

② 출발 자체는 앞으로의 신앙 발전을 나타내는 첫 단계이다. 그가 우르(吾珥Ur)를 떠남으로 하나님께 복종한다면 후에 더 어려운 문제에 있어서도 그렇게 순종 할 수 있을 것이다.

③ 이 역사적 중요시기에 하나님 역사의 중심을 남 메소포타미아(米所波大米)에서 전략적 위치인 가나안 (迦南)으로 옮길 필요가 있었던 것이다. 아브라함(亚伯拉罕)의 후손들은 중동 무역의 교차로가 될 수 있는 이 좁은 땅에 거주 해야만 했었다.

5. 아브라함(亚伯拉罕 Abraham)이 가나안으로 출발

창세기(创世记) 11:3 에 "데라(他拉)가 그의 아들 아브라함(亚伯拉罕)을 데리고 갈대아 우르(迦勒底的吾珥 Ur Of the Chaldeans)에서 떠났다" 고 기록되었다. 이 말씀은 출발을 주도한 사람이 아브라함(亚伯拉罕)이 아니라, 그의 아버지 데라(他拉 Jerah)였음을 의미한다. 그러나 사도행전 7:2에서 스데반(司提反 Stephen)은 하나님이 아브라함(亚伯拉罕)에게 나타났다고 말함으로써 데라(他拉)에 대하여는 언급을 하지 않고 있다. 아마도 아들이 아버지가 동행하도록 설득한 다음 당시 가부장적 우선권에 따라 아버지가 가족의 지도자가 된 것 같다. 아브라함(亚伯拉罕)이 우르(吾珥)를 떠날 때 그의 목적지를 알고 있었는가? 하는 의문이 생긴다.

창세기(创世记) 11:31에는 그 일행이 가나안(迦南) 땅으로 가려고 떠났다고 기록되었으나, 히브리(希伯来)서 11: 8에는 아브라함(亚伯拉罕)이 "그가 가는 곳을 알지 못한 채" 우르(吾珥)를 떠났다고 말한다. 아마도 후자는 구체적인 장소에 대하여, 전자는 보편적인 지역에 대해 말하고 있는 것 같다. 아브라함(亚伯拉罕)은 가나안(迦南)으로 가야 한다는 것을 알았지만, 그 당시 그는 지중해(地中海)근처 서쪽의 한 나라 라고만 알았지 그 지역의 정확한 장소는 몰랐던 것 같다. 일행은 데라(他拉)와 아브라함(亚伯拉罕)의 부부, 아브라함(亚伯拉罕)의 조카(该隐)인 롯 (罗得 Lot) 아브라함의 형제 하란(哈兰)과 나홀(拿鶴 Nahor)인데, 하란(哈兰 Haran)은 먼저 죽고(창11: 28) 나홀 (拿鶴)은 이 일행과 동행하지 않고 북쪽 하란(哈兰)에 머물렀다(창24: 10,15).

1) 하란 (哈兰 Haran) 으로 되 돌리다

네 명의 여행자는 가나안(迦南)에 도착하기 전 중간에서 멈추었다. 하란(哈兰)은 우르(Ur)에서 1,120km되는데, 이 곳에서 일행은 거취를 하란으로 정하였다. 하란(哈兰)은 빌릭 강(Bilikh river 毕利克河)에 있는 지역으로 유브라데스 강(幼发拉底河) 북쪽으로 96km떨어져 있는 곳이다. 아브라함 일행은 전체 거리 2/3를 와서 북쪽으로 되돌아 간 것이다. 하란(哈兰)이란 이름은 '도로'를 뜻하는 것으로, 이 도시는 다마스커스(大马士革 Damasucus) 와 애굽(埃及)과 동쪽의 도시들을 연결하는 주요도로에 위치하였다. 이곳을 점령한 많은 나라들에 의해 전략적 위치로 간주 되었으며 따라서 당시의 서신이나 서류에 자주 등장하는 지명이다.

아브라함(亚伯拉罕)은 데라(他拉)가 죽을 때까지 여기에 머물었다(행7: 4).

2) 여행을 멈춘 이유

아브라함(亚伯拉罕)의 목적지는 가나안(迦南)이었으므로 유브라데스(幼发拉底)를 따라가는 그의 여행 노선에서 북으로 96km 떨어진 이곳은 그의 여행 목적지가 아니었다. 그러므로 왜 아브라함(亚伯拉罕)이 이곳에 한 동안 머물었는가에 대한 의문이 생긴다. 한 학설은, 하란(哈兰)에 그의 친척이 있고 우르(吾珥)같이 달신을 숭배함으로 그의 아버지가 여기서 여행을 중단하자고 아브라함을 설득하였을 것이며, 아브라함(亚伯拉罕) 역시 오랜 여행으로 신앙심이 약해졌을 것이다. 란 설이 있다. 그러나 이 설명은 데라가 달신인 난나(拿拿神)를 숭배하였을 것이라는 가정에 근거한 것이다. 이 가정을 뒷받침하는 것으로 여호수아(约书亚) 24:2에는 특별히 데라(他拉)라고 부르면서 이스라엘(以色列)의 "아버지들이" "다른 신들을 섬겼다"고 기록 되어있다. 이 신들 속에는 확실히 난나(拿拿神)가 끼어 있었을 것이다.

그러나 이 설명도 의심되는 부분이 있다. 아브라함(亞伯拉罕)자신은 야훼(耶和华)를 섬겼으며, 데라는 야훼 하나님에 대하여 얼마간 가르침을 받았을 것이다. 그런데 그의 아버지가 거짓 신 난나(拿拿神)를 섬겼다면 이해가 되지 않는 부분이다. 데라(他拉)자신도 아브라함(亞伯拉罕)이 섬기는 하나님께 충성하지 않았다면 문화적으로 진보된 우르(吾珥)를 떠나는 일에 아들의 말에 동의하지 않았을 것이다. 그러므로 이 설도 부합하지 않는 학설이다. 성경에 잘 부합되는 다른 설명이 요구되는데 만일 데라(他拉)가 여행 도중 병이 나서 하란(哈兰)으로 갈 수밖에 없었다. 라고 한다면 이해가 된다. 아브라함(亞伯拉罕)은 하란(哈兰)이 우르(吾珥)와 문화적으로 연관성이 있음을 알고 늙은 아버지에게 보다 익숙한 환경을 제공하기 위해서 원래의 노선에서 96km나 방향을 바꾸었을 것이다. 거기에서 데라(他拉)는 원기를 되찾거나, 얼마 남지 않는 마지막을 보냈을 것이다 란 설이다.

이런 설명을 뒷받침하는 것은 우르(吾珥)를 떠날 때 데라(他拉)가 매우 늙었고 아브라함(亞伯拉罕)과 함께 하란 (哈兰)에 있었을 때 또 그곳에 도착한 지 오래지 않아 데라(他拉)가 죽었다는 사실이다. 이런 설명은 아브라함 (亞伯拉罕)이 아버지인 데라(他拉)와 함께 있어야 했던 이유를 제공하고 있다.

데라(他拉)가 단지 난나신(拿拿神)을 경배하려 했다면 아브라함(亞伯拉罕)은 방향을 바꾸지 않을 뿐 아니라 하란 (哈兰)에 오래 머물지도 않았을 것이다. 여호수아(约书亚) 24: 2의 설명과 같이 데라(他拉)는 젊었을 때부터 야훼(耶和华)뿐 아니라 난나신(拿拿神)이나 다른 신들을 섬겼으나 나중에는 야훼신으로 바꾸었으며 아브라함(亞伯拉 罕)과 같이 유일신 신앙에 이르지는 못하였다고 하여도 아브라함(亞伯拉罕)이 야훼(耶和华)신앙을 아버지에게 가르쳤을 것이고, 아들인 아브라함(亞伯拉罕)이 우르(吾珥)를 떠나자고 했을 때 그런 신앙심으로 데라는 이 여행에 응했을 것이다.

제3장 아브라함(亚伯拉罕 Abraham 창12: 1-25: 10)

1. 새로운 땅

아브라함(亚伯拉罕)에게 약속한 가나안(迦南) 땅의 이름은 이곳에 정착하여 살던 함의 후손 가나안의 이름에서 온 것이다. 가나안은 창세기(创世记) 10: 19에 정의된 것처럼 시돈(西顿 Sidon)에서 남쪽 가사(迦萨 Gaza) 지역까지 동쪽은 소돔(所多玛 Sodom)과 고모라(蛾摩拉 Gomorrah)까지 북쪽 라사(위치는 알려지지 않았음)까지 펴져 있는 수리아(叙利亚)-팔레스틴(巴勒斯坦)에 포함되었다. 아마르나 서신(亚马拿泥版 Amarna Letter)에서 '가나안(迦南)'을 애굽(埃及)의 도시로 팔레스틴(巴勒斯坦)지역에 해당하는 것으로 언급하고 있다.

그러나 그곳은 시돈(西顿)의 북쪽의 팔레스타인을 지적한 것이다. 아브라함(亚伯拉罕)이 도착한 땅은 후에 팔레스타인(巴勒斯坦)이라 불린 남쪽 가나안(迦南)이었다.

1) 가나안(迦南 Canaan)

가나안(迦南)은 주전 3000년대 수 세기 동안 초기 청동기 시대에 번창했었다. 그곳에서 발굴된 유적은 초기 청동기인들이 도시국가 통치 형태로 놀라운 발전을 하였다는 것을 증명해준다.

므깃도(米吉多 Megiddo), 벧산(白善 Bethshan), 세겜(示剑 Shechem), 아이(艾城 Ai), 여리고(耶利哥 Jericho), 라기스(拉吉 Lachish) 같은 도시들은 이미 튼튼한 요새를 자랑하며 세워져있었다. 주민들은 대다수 가나안(迦南)인 이였다. 그들은 가나안(迦南)인의 언어를 가지고 있었으며, 이 언어에서 히브리(希伯来 Hebrew) 어가 발전되었다. 주전 3000년대 후기 아브라함(亚伯拉罕)이 가나안(迦南)에 도착하기 훨씬 전부터 반유목민들이 이곳으로 밀려 와 크게 변한 것이다. 초기 청동기 시대의 많은 도시들, 므깃도(米吉多), 아이(艾城), 여리고 (耶利哥)등이 주전 2200년경에 파괴되었다. 처음 영향을 받은 곳은 요단(约但) 서쪽이었으나 주전 2000년경에 동쪽도 파괴되었다. 그리하여 도시들은 숫자도 적고 인구도 희박하였다. 이것을 알게 된 것은 주전20-19세기 연대로 여겨지는 팔레스틴(巴勒斯坦 Palestine)의 유적과 '애굽(埃及 Egypt)의 저주 문헌(诅祷文 Execrationtexts)에 의해 증명된 것이다. 이런 변화를 나타낸 사람들은 그들의 도시와 이름에서 발견할 수 있었다.

이들은 아모리족(亚摩利 Amorites)들로 아브라함(亚伯拉罕)이 도착하기 전 이 곳으로 이동하여 반 유목민으로 살다가 차츰 정착생활을 하면서 도시들을 재건하였다. 팔레스틴(巴勒斯坦)의 문화 수준은 애굽(埃及 Egypt)과 수메리아(苏美 Sumeria)를 제외 하고는 세계 다른 지역에 비하여 꽤 높은 수준이었다.

2) 애굽(埃及 Egypt)

족장시대에 가나안(迦南)도 역시 대국인 애굽(埃及)의 영향을 받았고 아브라함(亚伯拉罕)은 애굽(埃及)과 직접 관계를 했기 때문에 이 시기의 애굽(埃及)을 우리는 알아야 한다. 주전 3000년대에 애굽(埃及)은 놀라운 발전을 하였다. 고 왕국시대(古王国时代) 제 1왕조와 2왕조(주전29세기-주전27세기까지)의 바로들에 의해 애굽의 기초가 놓여졌다. 제 3왕조(주전2600년경)가 일어나서 고전적 개화기로 발전되었으며, 이 시대에 애굽의 특징들이 형성되었다. 이 시기가 피라미드(金字塔) 시대이며 애굽(埃及)의 첫 황금기였다. 제 3왕조의 창시자 소제르(所左尔 Sdzer)가 첫 번째 피라미드(金字塔)인 계단식을 멤피스에 세웠고, 제 4왕조의 카프레(卡弗芮 Khafre)는 지금 남아있는 기제의 가장 큰 피라미드를 세웠다. 둘째 번 것은 그의 아들 케프렌(客弗南 Khefren)과 쿠프렌의 아들 멘쿠레(缅固芮 Menkure)가 가장 남쪽의 피라미드(金字塔)를 세웠다.

제5 왕조와6왕조(주전25세기-주전23세기)의 바로들도 피라미드를 세웠는데 이때 세운 피라미드 (金字塔)들은 제4왕조가 세운 피라미드에 비해 작은 것들이지만, 피라미드(金字塔)의 많은 자료가 발견된 곳으로 유명하다. 이 자료는 바로의 미래의 삶을 보장한다는 마술적인 문구를 포함하고 있다.

애굽(埃及)역시도 주전 22세기- 주전18세기 사이에 첫 중간시기(First nter-mediate Period)라고 부르는 때에 민족적으로 어렵고 또한 혼란한 시기였다. 왕권을 노리는 바로의 경쟁자가 나타났고 지방 관리들은 영주가 되었으며, 많은 도시들은 권력과 상관없이 독립적으로 행동하였다. 팔레스틴(巴勒斯坦)을 침범했던 사람들과 동일인으로 보이는 아시아의 반 유목인들이 이곳으로 몰려와 혼란을 가중시켰다. 경제적 궁핍과 기근이 퍼져 백성들에게 절망과 불안을 가져다주었고 이런 상황에서도 문학작품들이 나왔다. 종교가 백성들 생활에 주된 역할을 담당하였지만 애굽(埃及) 전반을 지배하는 힘이 아니라 각 공동체에 따라 특별한 지방 신을 섬기며, 국가 신은 정치적 변화에 따라 다양하였다. 사제가 큰 힘을 장악하고 백성들은 사제들을 두려워하였다.

2. 세겜(示剑 Shechem), 벧엘(伯特利 Bethel)
그리고 애굽(埃及Egypt)(창12: 4-13: 18)

1) 세겜(示剑 Shechem)에 도착 (창12: 4-9)

아브라함(亚伯拉罕)은 예루살렘(耶路撒冷 Jerusalem)에서 북쪽으로 35마일 떨어진 세겜(示剑)에 도착하였다. 여기서 하나님은 "네 후손에게 이 땅을 주겠다"(창12: 7)는 말로 아브라함(亚伯拉罕)에게 목적지에 도달했음을 알려준다. 드디어 아브라함(亚伯拉罕)의 여행이 끝났다. 아브라함은 하나님이 그를 위해 예비한 곳에 왔음을 알고 감사의 제단을 쌓고 그는 남쪽으로 내려가 벧엘(伯特利 Bethel)과 아이(艾城 Ai) 사이에도 제단을 쌓고 계속 남쪽으로 내려갔다.

2) 애굽(埃及 Egypt)으로 내려감 (창12: 10-20)

아브라함(亚伯拉罕)이 가나안(迦南)에 도착한지 얼마 안되어 기근이 일어났고 아브라함(亚伯拉罕)은 애굽(埃及)으로 건너갔다. 그가 처음 우르(吾珥)를 떠날 때 생각해 두었던 속임수(창 12:13, 20: 13)를 사용한 것은 신앙적 긴장상태에 있었기 때문일 것이다. 아름다운 사래(撒莱)로 인해 죽임을 당할까 염려하였던 일이 실제로 생겨 사래(撒莱 Sarai)는 바로궁으로 끌려갔고, 바로궁에 하나님께서 병을 내리는 간섭을 함으로 사래(撒莱)는 놓여났다. 아브라함(亚伯拉罕)은 땅과 더불어 선물들을 바로에게서 받았다. 사실 이 때의 아브라함(亚伯拉罕)의 행동은 비난을 받아야 옳다. 새로운 나라의 조상이 되게 하려고 머나먼 우르(吾珥)에서 부터 그를 이끌어 인도하신 하나님이 애굽(埃及)인의 손에서 보호해 주실 것이라고 믿었어야 했다. 또한 애굽(埃及)에서의 그런 상황을 두려워하였으면 하나님께서 기근을 이기게 해 주실 것을 믿고 가나안(迦南)에 머물러 있어야만 했다.

3) 롯(罗得 Lot)과의 분리 (창13: 1-18)

아브라함(亚伯拉罕 Abraham)이 가나안(迦南)으로 돌아왔을 때 새로운 문제가 그를 기다리고 있었다(창 13:1-18). 아브라함(亚伯拉罕)과 롯(罗得)은 많은 가축들을 소유하고 있었으며, 바로에게서 선물을 얻은고로 더욱 풍성하게 되어(창12: 16) 불가불 분리할 수밖에 없었다. 아브라함(亚伯拉罕)은 땅을 택하는데 있어서 관대하게 롯(罗得)에게 우선권을 주었고, 롯(罗得)은 당시 목축이 번성한 요단 강(约但河 Jardan river)지역의 도시를 선택했다. 아브라함(亚伯拉罕)은 외부 영향에서 벗어난 지역을 택하였는데 그곳은 마무레(幔利 Mamae) 평야이다.

3. 롯(罗得 Lot)의 구출(창14장)

1) 아브라함 (亚伯拉罕Abraham)의 용감한 구출

롯(罗得)은 그의 새로운 환경에서 몇 달을 지내지 못하여 아브라함(亚伯拉罕)의 도움이 필요하게 되었다. 남 메소포타미아(米所波大米)에서 엘람(以拦 Elam)왕 그돌라오멜(基大老玛 Chedar-laomer)이 이끄는 네 왕의 동맹국이 소돔(所多玛 Sodom)과 고모라(蛾摩拉 Gomorrah)및 그 지역의 다른 도시들을 습격하여 롯(罗得)과 그 가족들을 포함한 많은 사람들을 포로로 잡아갔다. 그 소식을 들은 아브라함(亚伯拉罕)은 그의 집에서 훈련한 318명과 아브라함(亚伯拉罕)과 동맹을 맺은 마무레(幔利 Mamae), 아넬(亚乃 Anery), 에스골(以实E schlo)과 함께 그들을 쫓아가서 적을 물리치고 포로들을 석방하고 잃었던 재물을 되찾았다.

아브라함(亚伯拉罕)은 여기서 하나님을 신뢰하는 자의 용기와 능력을 보여주었다.

2) 성경외의 증거

이 이야기는 족장 시대의 다른 어떤 것보다 더 최근까지 자유주의 학자들에 의해 역사적 가치를 도전 받아온 이야기다. 그 이유는 남 메소포타미아(米所波大米 Mesopotamia)의 멀리 있는 왕들이 팔레스타인(巴勒斯坦 Plestine)까지 군사적 원정을 하지 않았을 것이라는 생각에서다. 그러나 고고학적 연구는 오늘날 이런 생각에 큰 변화를 가져오게 되었다. 이 사건은 아브라함(亚伯拉罕) 시대의 조건과 잘 부합하는 것으로 나타난다.

한 예로, 아카디(亚略得 Akkadi)의 사르곤(撒珥根 Sargon)과 그의 손자 나람신(拿藍辛)은 아브라함(亚伯拉罕)보다 3세기 전에 지중해(地中海)까지 정복하여 그 해안 일대를 장악하였다. 마차를 빌리는 조건에 대해 기술하고 있는 아카드 자료 (亚略得文献 Akkadi text)는 서쪽으로의 여행이 빈번했음을 나타내고 있다.

이 자료에 나타나 있는 조건은 키팀(基提 Kittim) 땅으로는 마차를 끌고 갈 수 없다는 것인데 키팀(基提)은 지중해(地中海) 연안 땅을 말한다. 장소뿐 아니라 왕의 이름들도 당시의 명명 법에 잘 부합된다.

두 왕의 이름이 바벨론(巴比伦)역사의 인물과 동일인물일 것이라고 주장하는데, 그 왕은 아므라벨(暗拉非 Amraphel)과 함무라비(Hammurabi) 그리고 마리(Mari) 자료에 나오는 아리욱(亚里 Arriwuk) 같은 인물이다.

그리고 이 지역에는 에돔(以东 Edom)과 미디안(米甸 Midian)이 살았으며 그곳은 구리와 망간이 나왔다. 사해의 아스팔트(柏油)와 왕의 대로(王道 King's Highway민20: 17)가 있어서 먼 남 메소포타미아(米所波大米)까지도 올 수 있다는 주장이다.

4. 소돔 (所多玛 Sodom 창18:- 19:1-38) 의 멸망

1) 롯(罗得 Lot)을 위한 아브라함(亚伯拉罕 Abraham)의 중보기도

몇 년이 지나서 롯(罗得)은 다시 아브라함(亚伯拉罕)의 도움이 필요하게 되었다. 하나님께서 소돔(所多玛 Sodom)과 고모라(蛾摩拉 Gomorrah)를 멸망시키려는 계획을 아브라함(亚伯拉罕)에게 알려주었고 아브라함(亚伯拉罕)은 소돔(所多玛), 고모라(蛾摩拉)를 위하여 중보기도를 하였으며, 소돔(所多玛)과 고모라는 의인 10명이 없어서 결국 유황불에 멸망하였다.

2) 소돔(所多玛 Sodom)에서 구출된 롯(罗得 Lot) (창19 :)

소돔(所多玛)으로 간 두 천사는 롯(罗得)의 청함을 받고 그 집으로 들어갔다. 그 도시의 사악한 무리들이 롯 (罗得)의 가정으로 침입하여 악행을 함으로 롯(罗得)의 가족은 천사들의 권유로 도시를 떠나 소알(琐珥 Zoah)로 피했다. 아브라함(亚伯拉罕)의 기도로 롯(罗得)의 가족은 구원을 받을 수 있었던 것인데 롯(罗得)의 처는 천사의 권유를 듣지 않고 뒤를 돌아보았으므로 소금기둥(盐柱 창19: 26)으로 변하였다. 롯(罗得)의 두 딸들은 소돔 (所多玛)에서의 사악한 생활을 보고 자란 영향으로 그 아비를 술로 취하게 한 후에 아비와 동침하여 모압(摩押 Moab)과 벤암미(便亚米 Ben-ammi)가 태어났다.

3) 소돔(所多玛 Sodom)의 멸망 (창19: 23-29)

소돔(所多玛)의 멸망은 "유황과 불"이 비같이 내림으로 멸망했다고 성경말씀에는 기록되어 있다. 그러나 학자들은 지질학상의 근거가 없는 것이라 하며 화산작용은 없었다고. 말한다.

반면 많은 학자들은 거대한 폭발을 가져온 지진이 있었다고 한다.

(1) 이런 주장을 뒷받침하는 몇 가지 요인을 살펴보면

① 유황과 불은 폭발의 결과로서 도시에 퍼부어진 방화물질을 암시한다. 또 다른 표현은 "뒤엎었다" (창19: 29)는 말인데 이것은 지진이라는 말과 부합된다.

② 아브라함(亚伯拉罕)이 도시 쪽에서 일어나는 연기를 본 것은 그것이 불이었음을 의미하며 이 지역에는 발화하기 쉬운 아스팔트(柏油 역청 沥青)가 많이 있었다는 것은 오랫동안 알려져 있는 사실이다.

③ 고대의 기록은 강한 유황냄새에 대해 말하고 있으며 이는 과거에 이곳에 유황이 많았음을 암시한다.

④ 요단(约但) 계곡은 지구 표면에 거대한 단층을 구성하고 있다. 이것 역시 지진의 조건으로 보인다. 그렇다면 하나님이 이 때를 지진의 시간과 기적적으로 맞추었다고 볼 수 있는데 많은 양의 가스, 소금과 혼합된 유황의 방출, 또 아스팔트(柏油 沥青)의 유출이 상당히 증가되었을 것이다. 천둥은 모든 물질을 점화시켰을 것이고, 그 결과로 도시는 멸망했을 것이다 하나님은 목적을 달성하기 위해서 자연을 동원한다는 것을 성경에는 명백하게 수 없이 나타내신 것을 우리는 익히 알고 있다. 하나님은 소돔(所多玛)과 고모라(蛾摩拉)에도 그렇게 하셨을 것이다. 주전2000년이 시작된 직후 아브라함(亚伯拉罕)과 롯(罗得)의 시대에 생겨진 사건인데도 사해 근처의 요단(约但 Jodan)은 아직까지 황무지에 풀의 방향이 사방으로 뻗어서 자라고 있다. 소돔(所多玛)과 고모라 (蛾摩拉)의 폐허는 발견되지 않았지만, 그 도시들은 사해의 남쪽 끝 습지대 밑에 깔려 있는 것으로 알려져 있으며 이 곳은 이 시대 이후 차츰 물이 고여서 사해를 형성한 것이다.

5. 계 약(契約 Contract)

1) 하나님은 아브라함(亚伯拉Abraham)과 여러 번 약속을 하셨는데 이것을 종합하면

(1) 아브라함(亚伯拉罕)이 약속된 땅에 도달하기 전(창12: 1-3)

(2) 아브라함(亚伯拉罕)이 롯(罗得) 과 결별한 후(창13: 17)

(3) 아브라함(亚伯拉罕)이 4명의 왕으로부터 롯(罗得)을 구출한 후(창15: 1-21)

(4) 소돔(所多玛)의 멸망 직전 곧 아브라함이 99세였을 때(창17: 1-22)

(5) 이삭(以撒 Isaac)을 바치라는 하나님의 명령이 지난 지 몇 년 후(창22: 15-18)

2) 하나님이 다섯 번이나 말씀하신 것을 분석해 보면 약속을 세 가지 면으로 구분할 수 있다.

① 아브라함(亚伯拉罕)의 후손이 큰 나라로 성장하여 하나님의 특별한 백성이 될 것이다(창12: 2-13: 16, 15: 2-5, 17: 4-6, 22: 17)

② 하나님이 아브라함(亚伯拉罕)을 불러낸 이 땅이 그 나라의 본토가 될 것이다(창 13: 14-17, 15:18- 19, 17: 8)

③ 그의 후손이 전 세계에 축복의 근원이 될 것이며, 그로 말미암아 모든 나라들이 축복을 받게 될 것이다(창12: 2-3, 18: 18, 22: 18). 창세기(创世记) 15: 6은 아브라함(亚伯拉罕)이 "야훼(耶和华)를 믿었고 야훼(耶和华)는 이것을 그의 의로 여겼다"(롬4: 1-4). 아브라함(亚伯拉罕)이 하나님께서 약속하신 것을 믿었기 때문에 의인으로 보아준다고 성경은 증언한다.

6. 약속 된 아들을 기다림(창16: 1-18:15)

아브라함(亚伯拉罕)의 후손에 대하여 하나님께서 약속하신 때는 아브라함(亚伯拉罕)의 나이 75세로 약속의 땅에 들어가기 직전이었다. 그런데 10년이 지난 후에도 약속은 성취되지 않았다. 사래(撒莱)는 자신의 여종 하갈(夏甲 Hagar)을 아브라함(亚伯拉罕)에게 첩으로 주며 하갈을 통하여 아들을 얻으라고 했다(창16: 1-4). 그것이 하나님의 약속을 이루는 한 방법일 것이라 그들은 생각하였다. 하나님은 하갈(夏甲)을 통하여 약속한 아들이 태어나는 것이 아니라 사래(撒莱)로 말미암아 약속이 이루어짐을 알려주셨다.

아브라함(亚伯拉罕)이 99세 되었을 때(창17: 1) 하나님은 이삭(以撒)에 대하여 특별히 말씀해 주셨다(창17: 15-19,18: 10-15). 그러나 많은 세월이 흘렀고 두 사람 다 늙었으므로 아브라함(亚伯拉罕)과 사래(撒莱 Sarai)는 웃었으나 하나님께서는 이들의 생애에서 이 사건을 기념하기 위하여 이름을 바꾸게 하였다. 아브람(亚伯兰 Abram)은 아브라함(亚伯拉罕 창17: 5)으로, 사래(撒莱)는 사라(撒拉 Sarai창17: 15)로, 이제 아브라함(亚伯拉罕)은 진실로 "열국의 아비"로 사라 (撒拉)는 "열국의 어미"(또는 여왕)가 되는데 그 의미가 있었다.

또한 하나님께서는 "아브라함(亚伯拉罕)과의 계약의 징표"로서 아브라함(亚伯拉罕) 집안의 모든 남자는 할례(割礼)를 받으라고 지시하셨다. 이삭(以撒)의 탄생은 계약- 여러 약속 중 처음으로 뚜렷한 형태로 나타난 것이다.

1) 하나님께서는 왜 아브라함(亚伯拉罕)으로 25년을 기다리게 하셨는가?

(1) 오랜 시간을 기다리는 동안 아브라함(亚伯拉罕)의 신앙을 시험한 것이다.

(2) 이 시간적 경과가 아브라함(亚伯拉罕)자신에 의해서가 아니라 하나님에 의해서 성취됨을 깨닫도록 하였다. 아브라함(亚伯拉罕)과 사라(撒拉)에게서 이삭(以撒)은

태어났지만, 초자연적으로 태어났음을 그들 자신이 인정하지 않을 수 없었다. 이것을 히11: 12에서는 "죽은 자와 같은 한 사람으로 말미암아" 라고 표현하였다.

7. 아비멜렉(亚比米勒 Abimelech)과 블레셋(非利士人 Philistina) 족속(창20: -21:)

1) 사라(撒拉 Sara)에 관한 두 번 째 거짓말 (창 20장)

이삭(以撒)의 탄생소식을 하나님께 듣고 난 후 아브라함(亚伯拉罕 Abraham)은 또 다시 사라(撒拉)에 대하여 두번째 거짓말을 하였는데 브엘세바(別是巴 Beersheba)의 서쪽 도시 그랄(基拉耳 Gerar)왕 아비멜렉(亚比米勒)에게 25년 전 바로에게 했던 거짓말을 또 하였다. 하나님께서는 사라(撒拉)를 보호하기 위하여 다시 이 사건에 개입 하셨다. 아비멜렉(亚比米勒)에게 사라(撒拉)가 아브라함(亚伯拉罕)의 아내임을 꿈으로 나타내 보이신 것이다.

2) 초기의 블레셋(非利士人 Philistina) 족속

창세기(创世记) 21: 32, 34절에는 아비멜렉(亚比米勒)이 살았던 땅이 "블레셋 족속의 땅" 으로 불러워졌으며 후에 이삭(以撒)이 이 지역에 관계되었을 때는 블레셋(非利士人 Philistina)이 팔레스틴(巴勒斯坦 Palestine)족속으로 불리워졌다(창 26: 1, 8, 14, 18,). 실제로 이 사람들이 후에 이스라엘(以色列 Israel)이 정복한 같은 이름의 팔레스틴(巴勒斯坦)의 조상일까? 에 대한 의견은 자유주의 학자들과 보수주의 학자들이 서로 다르다.

자유주의 학자들은 시대적으로 맞지않는 것으로 보고, 보수주의자들은 적어도 부분적으로 믿을만한 이유를 제기했다. 주전 1190년 애굽(埃及)의 라암셋(兰塞 Raamses) 3세에 의해 쫓겨난 많은 수의 블레셋(利士 Philistina)족속이 팔레스틴(巴勒斯坦)땅에 들어온 것은 사실이다. 그러나 그 이전에 블레셋(非利士 Philistina) 족속이 들어와 살았던 것도 배제할 수 없다. 그들이 팔레스타인(巴勒斯坦)에 살았던 것을 실제로 고고학 증거가 보여주고 있다. 팔레스틴(巴勒斯坦)족속이 후에 팔레스틴(巴勒斯坦)땅에 남기고 간 것과 같은 카프토리아식(迦斐托式 Caphtorian)옹기<그들의 초기 본토는 카프톨(迦斐托 Caphtor지역이었으므로>가 팔레스틴(巴勒斯坦) 본토와 주전 500년경의 내륙 쪽 도시 벧산(白善 Bethshsn), 여리고(耶利哥 Jericho)에서도 발견되었다. 즉 첫 번째 하솔(夏琐 Hazor)과 우가릿(乌加列 Ugrit)에서 중기 미노아 옹기의 발견으로 증명되었고, 두 번째는 하솔(夏琐)의 왕이 카프타라(迦斐他拉 Kaptara) 혹은 카프톨(迦斐托)에게 선물을 보냈다고 마리 자료(马里文件 Mari text주전 18세기)에 의해 증명되었다.

8. 이삭(以撒 Issac)의 번제 명령(창22장)

1) 이삭(以撒)이 태어남 (창21: 1-21)

약속된 이삭(以撒)이 드디어 태어났으며 사라(撒拉)는 14세가 된 이스마엘(以实玛利 Ismael)과 하갈(夏甲 Hagar)을 쫓아내도록 아브라함(亚伯拉罕)에게 요청을 하였다. 하갈과 이스마엘은 쫓겨나 물이 없어 마실 물을 위하여 통곡하는 하갈(夏甲)의 기도를 하나님께서는 들어주시었다(창21: 9-21).

2) 아브라함(亚伯拉罕 Abraham)의 시험 (창22: 1-14)

얼마의 시간이 흐른 후 하나님께서는 아브라함(亚伯拉罕)에게 약속으로 준 이삭(以撒)을 번제로 바치라고 명령 하셨다. 이삭(以撒)을 번제로 바치면 그를 통하여 세우시겠다는 국가는 어떻게 형성될 것인가? 하는 문제가 있었으나, 아브라함(亚伯拉罕)은 하나님께 순종하였다. 지정해 준 모리아(摩利亚 Moriah) 산에 올라가 이삭(以撒)을 묶고 칼을 들었을 때 하나님께서 아브라함(亚伯拉罕)을 저지하셨다.

아브라함(亚伯拉罕)에게 있어서 이보다 더 큰 사련은 없었을 것이며, 아브라함(亚伯拉罕)의 신앙이 이보다 더 화려하게 빛날 때도 없었다.

9. 사라(撒拉 Sara)의 죽음과 장례(창23:)

사라(撒拉)는 127세에 죽었다. 이삭(以撒)은 이 때 37세였으며 아브라함(亚伯拉罕)은 이 후에도 37년을 더 살았다. 사라(撒拉)는 갈대아 우르(迦勒底的吾珥 Chaldeea-Ur창11: 29-31)에 있을 때 아브라함(亚伯拉罕)과 결혼하였으며 사라(撒拉)는 실제로 아브라함(亚伯拉罕)의 이복 누이였다(창20: 12). 사라(撒拉)는 남편에게 순종을 잘하여 바로와 아비멜렉(亚比米勒)에게 누이라고 하라는 아브라함(亚伯拉罕)의 잘못된 요청까지도 들어주었으나 하갈(夏甲 Hagar)과 이스마엘(以实玛利 Ismael)을 쫓아 내리만큼 앙칼진 기질도 가지고 있었다.

사라(撒拉)의 매장지는 헷사람(赫人 Hittites) 에브론(以弗仑 Ephron)으로부터 기럇아르바(基利亚巴 Kirjath-arba) 〈현재의 헤브론(希伯崙 Hebron)〉의 막벨라(麦比拉 Machpelah)굴을 사서 그 곳에 매장하였다.

10. 이삭(以撒 Issac)의 신부(창 24:1-25:11)

1) 리브가 (利百加 Rebekah) 를 발견함 (창 24장)

사라(撒拉)가 죽은 3년 후 이삭(以撒)이 40세 되었을 때(창25: 20) 아브라함(亞伯拉罕)은 이삭(以撒)의 아내를 구하기 위하여(가나안 여자를 며느리로 얻길 원하지 않았음) 종을 메소포타미아(米所波MesopoTamia)북쪽에 사는 친척에게 보냈다. 이 종은 "나홀(拿鶴 Naher)의 성" 하란(哈兰)에 도착하여 우물가에서 하나님께 기도한 후 리브가(利百加)를 만났다. 리브가(利百加)의 부친 브두엘(彼土利 Bethuel)과 오라비 라반(拉班 Laban 창24: 29-51)을 만나 그의 임무를 말하고 가족과 리브가(利百加)의 허락을 받았다.

2) 아브라함(亞伯拉罕 Abraham)이 그두라(基土拉 Ketunah)와 결혼함 (창25: 1-11)

아브라함(亞伯拉罕)은 이삭(以撒)이 결혼한 후 그두라와 결혼하여 6명의 아들을 낳았다. 그들의 이름은 시므란(心兰 Zimran), 욕산(約珊 Jokshan), 므단(米但 Medan), 미디안(米甸 Midianites), 이스박(伊施巴 Ishbak) 수아(书亚 Shuah)로 이들은 모두 여러 아라비아(Arabia)백성의 조상이 되었다. 그러나 후계자로 지명되어 계보를 이은 아들은 이삭(以撒)뿐이었다. 〈사라(撒拉) 생전에 그두라를 첩으로 얻었다는 주장도 있다.〉

11. 신앙의 사람 아브라함(亞伯拉罕 Abraham)

아브라함(亞伯拉罕)은 구약 성경에서 실로 위대한 인물 중의 한 사람이다. 갈 바를 알지 못하면서 그 땅을 믿음으로 바라보고 갈대아 우르(迦勒底的吾珥)를 떠났으며, 롯(罗得)에게 땅을 먼저 선택하도록 양보하는 관대한 사람이며, 롯(罗得)이 잡혀 갔을 때는 구하려고 자신보다 힘이 강한 군대를 쫓아가는 용기의 사람이었다. 소돔 (所多玛 Sodom) 고모라(蛾摩拉 Gomorrah)에 대한 심판을 알고는 소돔성과 롯(罗得)을 위하여 중보기도를 할 만큼 타인을 불쌍히 여겼다. 그의 한가지 약점은 사라(撒拉)에 대하여 두번이나 거짓말을 한 것이다. 그런 결점이 있었으나 그는 하나님을 사랑하였고 하나님께서도 아브라함(亚伯拉罕)을 사랑하여 그를 "하나님의 벗"이라는 높은 칭함을 주셨다(대하20: 7사41: 8, 약2: 23).

1) 족장들에게 나타나신 하나님

(1) 셋(塞特 Seth)이 에노스(以挪士 Enosh)를 낳았을 때 비로소 여호와의 이름을 불렀다(창4: 26)

① 그런데 출애굽기(出埃及记) 6: 3에는 "아브라함(亚伯拉罕)과 이삭(以撒)과 야곱(雅各 Jacob)에게 전능의 하나님으로 나타났으나, 나의 이름을 여호와(耶和华 Jehovah)로는 그들에게 알리지 아니하였고"라고 기록 되었는데 창세기(创世记)12: 8, 15: 2, 8, 21: 33에 아브라함(亚伯拉罕)은 이미 야훼(耶和华)하나님께 번제 드린 것이 기록 되어있다.

② 아브라함(亚伯拉罕)의 하나님: 방패 하나님(창15장)

이삭(以撒)의 하나님: 경외하는 이(창31: 42,53)

야곱(雅各)의 하나님: 전능 자 하나님(창49: 24)

유대(犹太)인은 하나님의 이름을 간접적으로 불렀다. 예: 샷다이(산과 같은 분), 아도나이(主).

야훼((耶和华)I am who I am. I am shall I am. 스스로 존재하는 이

2) 창세기(创世记)의 홍수설과 바벨론(巴比伦Babylon)의 홍수설

(1) 창세기(创世记)의 홍수 (창세기의 홍수설)

① 신은 유일한 야훼(耶和华)

② 인간을 하나님의 형상으로 만드심

③ 야훼(耶和华)는 도덕적 신이시다. -인간의 죄가 관영 할 때 염려하시는 하나님이시다.

④ 공의 하나님 - 심판할 때 의인은 건지시고 죄인만을 벌하신다.

⑤ 긍휼과 자비심을 가지신 하나님이시다 - 심판하신 후 마음 아파하셨다.

⑥ 인간의 역사 속에서 야훼 하나님께서는 구속의 역사를 일으키신다.

(2) 바벨론의 길가미쉬(Gilgamesh)의 홍수

길가미쉬는 우라라트(히브리 표기로 아라랏, 우룩)의 왕이며 메소포타미아의 영웅이다. 이 서사시가 발견 된 것은 1840년 앗수리아의 수도 니누웨의 앗술바니팔의 도서관에서 24,000의 토판에 쐐기문자로 쓰여 있는 것을 발견하였다.

　세상에 처음 나오게 된 것은 대영 박물관 수장고에 쌓여 있는 토판들을 정리하던 박물관 직원 죠지 스미스(George Smith)가 1872년 겨울 런던에서 개최한 성지 고고학대회에 11개의 토판을 해석하여 발표함으로서 세상에 드러냈다.

　길가미쉬는 친구 엔키두가 죽음으로 인해 인생의 허무함을 느껴 영생을 찾아 길을 나섰다. 그는 소문에 들은 바다 건너 죽음을 이겨냈다는 "우트나피슈팀"을 찾아가서 드디어 영생의 비밀을 알게 되었다는 내용이다.

(3) 바벨론(巴比伦)의 길가미쉬(Gilgamesh)

　24,000여 개의 토판 중 11개의 토판을 George Smith, (1840-1876)가 1872년 12월3일 런던에서 개최한 성서 고고학 대회에서 발표함으로 알려졌다.

　① 길가미쉬의 신은 다신이다.

　② 인간을 만든 원인이 신들이 무료하여 만들었다.

　③ 인간을 만들되 열등하게 만들었다.

　④ 바벨론의 중심은 신들이다.

　⑤ 인간들의 번성함을 두려워했다. 그 이유는 사람들이 신들을 멸망시킬까 염려하여서다.

　⑥ 주인공은 영혼불멸을 믿은 우비또(또는 우도나비씨템)란 사람이다.

3) 문서설에 대하여

(1) 족장들에게 나타나신 하나님의 이름에 대한 설명

문서	신의 이름	장소	때	편집한 왕
J문서	Jehovah	Jedea	주전 970-931년경	솔로몬
E문서	Elohim	Ephraim	주전 750년경	여로보암 2세
J.E문서		유다에서	주전 650년경	J.E를 합하여
D문서	Deuteromy	성전 수리 때 발견	주전 621년	요시야왕
J.E.D 문서	J.E.D 를 합하여 편집	유다에서		
H문서	Holiness code	레19: 2	주전550년경	제사장들
P문서	Priestly Document 바벨론에 있을 때 (제사 문서) 창1: 1-2:3			

4) 아브라함(亚伯拉罕) 때의 근동의 문화를 나타내는 서판들

　(1) 바벨론(巴比伦 Babyon)의 누지(努斯 Nuzi)문서

　(2) 마리 문서(马里文书 Mari)

　(3) 이집트(埃及 Egypt)의 저주 문서(咒诅祷文)

　(4) 아마르나의 서신(Amarna Letter)

제4장 이삭(以撒 Issac), 야곱(雅各 Jacob), 요셉(約瑟 Joseph) (창25: 19-50: 26)

여기서는 아브라함(亚伯拉罕)의 세 후손인 이삭(以撒), 야곱(雅各), 요셉(約瑟)을 중심으로 공부하려한다.

이들은 아브라함(亚伯拉罕 Abraham)시기와 아브라함(亚伯拉罕)의 후손이 애굽(埃及)에 체류한 시기 사이에 존재한 세 세대를 대표한다. 이삭(以撒)과 야곱(雅各)은 약속의 족장 멤버로서 그들 세대에 살았다는 점에서 요셉(約瑟)과 다른 성격을 띠게 된다. 요셉(約瑟)은 형제들 중 특별한 관심으로 부각되는데 그것은 그가 하나님의 특별한 총애로 선택 받은 자이며, 이스라엘이 한 민족으로 성장할 때까지 그들의 양육자로 택함을 받았고 따라서 성경 기록에도 더 많이 언급되어 있으며 르우벤의 장자권이 요셉에게 주어져서 두 분깃을 받은 사람으로 의미가 있다.

1. 이삭(以撒 Issac 창 25:9-26:35)

1) 이삭(以撒 Issac)

이삭(以撒)은 아버지 사업을 이어 받아 유목민 생활을 하였다. 그는 모험도 하지 않았으며 많은 여행을 한 일도 없었다. 이름 그대로 이삭(以撒)(Issac; 그가 웃다)은 부모를 위시한 모든 사람에게 순종과 웃음을 선사하고 간 족장이다. 그는 가나안(迦南)사람과는 교제하지 않았으며 아브라함(亚伯拉罕)이 나이 많아 그의 종을 하란(哈兰 Haran)에 보내어 친척 중 리브가(利百加 Rebekah)를 데려와 결혼시킬 때까지 불만 없이 살았다(창24: 10-67). 그가 아버지 명을 받아 죽기까지 순종한 행위는 잊을 수 없는 감동이다.

모리아(摩利亚 Moriah)산에서 신명(神命)으로 이삭(以撒)은 구출 받았다. 그렇다고 아브라함(亚伯拉罕)은 기뻐하며 흥분하지도 않았고, 혼자 내려와서 사환만 데리고 브엘세바(別是巴 Beersheba)로 돌아갔다(창22: 11-19). 얼마 후 이삭(以撒)은 이미 신께 받쳐진 것으로 간주하고 혼자서 하산하였다.

이삭(以撒)은 산 제물이 된 것으로 그의 가족들과 함께 가나안(迦南)과 네게브(南地)를 왕래하며 건조한 땅에서 물이 있는 곳을 찾아 정착하였으나, 원주민과 교제도 하

지 않았고 그들과 마찰도 없었다. 그랄(基拉耳)에서 양이 마시는 물 때문에 종들이 다
툰 후에 브엘세바로 옮겨 살다 죽은 후 아버지 무덤 옆에 장사되었다.

2) 이삭(以撒)의 인간성을 이해하기란 쉽지 않다.

그는 이스라엘(以色列)의 중요한 멤버로서 성경에 높은 위치를 차지하고 있지만, 그
를 칭찬할 만한 기록은 비교적 적다. 그가 20년을 기다려 아이를 가질 때까지 하나님
을 계속 믿었다는 점에서 높은 신앙을 나타냈다는 것은 사실이다. 그리고 일찍이 아
버지의 번제단 칼 앞에 순순히 응했다는 것은 큰 감동을 준다. 이삭(以撒)은 그의 아
버지와 같이 아내에 대해 거짓말을 했으며, 두 아들들도 종교적인 면에서 잘 교육받
고 훈련된 것 같지는 않다. 즉 야곱(雅各 Jacob)은 속이는 자로 알려지게 되었고, 하나
님의 위대성을 미약하게 이해하고 있는 것으로 나타난다(창28: 16-22). 또한 에서(以扫
Esau)는 이방 여인과 결혼하였다(창26: 34; 36:1-2). 이삭(以撒)의 아내 리브가(利百加
Rebekah)조차 축복을 도적질하려고 작은 아들과 계획을 꾸밈으로 하나님을 덜 두려
워하고 남편을 덜 존경하는 것으로 나타났다. 분명히 이삭(以撒)은 아브라함(亚伯拉罕)
이나 야곱(雅各)과 같은 행동의 인물은 아니다. 그를 평가하는데 이점을 염두에 두어
야한다. 어떤 주도권이나 신앙이 발휘하여야 할 상황이 그에게는 주어지지 않았다. 그
는 아내를 선택하는 문제를 전적으로 아버지에게 맡겼으며, 아내를 데려왔을 때 쉽게
받아들였다. 블레셋(Philistia)사람들이 그가 판 우물을 계속 요구해 왔을 때 그는 큰
저항을 나타내지 않고 다른 곳으로 계속 이동하였다. 그는 그의 생애 180년 동안 가
나안(迦南) 남쪽의 경계 밖을 여행한 것 같지는 않으며 아브라함(亚伯拉罕)과 같이 큰
신앙을 요청하는 행동을 하도록 하나님께 부름 받지도 않았다. 그는 훌륭한 아버지에
의해 초기의 생이 지배되었고, 후에는 아브라함(亚伯拉罕)이 발휘한 위대성 안에 만족
하고 있었을 것이다. 분명히 그는 외부로 공격을 나타내지 않는 은둔적인 성격의 소
유자였으며, 이것은 그 자체로 볼 때 칭찬할 특징이다. 확실히 온유함은 하나님의 은
사 가운데 높은 자리를 차지함을 이삭(以撒)을 통해 배울 수 있다.

2. 야곱(雅各 Jacob)의 여행(창28: 10-32:32)

1) 이삭(以撒)의 두 아들

에서(以扫 Esau)와 야곱(雅各)은 숙명적인 라이벌로 태어났다. 둘은 쌍둥이 형제로
태어나기 전부터 다투었다 (창25: 22). 형 에서(以扫)는 우직한 사람으로 남을 속인일
은 없으나 야곱(雅各)은 간교하고 잔꾀가 많은 사람으로 다루기 힘든 사람이었다. 장

자권 상속으로 발생한 에서(以扫)와 야곱(雅各)의 싸움은 결정적인 두 민족을 탄생시켰다. 고대 중동에서 "말"이 공포될 때 그 말은 문서나 각서 같이 효력을 갖는다.

에서(以扫)의 장자권 양보는 비록 순간적인 말이었으나 그대로 지켜져야 한다. 그는 약속의 "말"을 했기 때문이다.

에서는 대표적인 유물론자였다. 야곱(雅各)은 바로 이점을 노린 것이다. 야곱(雅各)은 형 에서(以扫)를 피해 하란(哈兰)으로 가던 중조부 아브라함(亚伯拉罕)이 쌓았던 벧엘(伯特利 Betel)제단 터에서 하룻밤을 지낼 때 꿈속에서 하늘과 땅을 이어놓은 사닥다리의 환상을 보았다(창28: 10-15). 야곱(雅各)은 벧엘(伯特利)에서 새로운 사람이 되어 떠난다. 사닥다리의 꿈은 그의 미래에 무한한 가능성을 예시한 것이기 때문이다.

야곱은 하란(哈兰)에 도착하여 모친의 친척에게 몸을 의탁한 후 레아(利亚 Leah)와 라헬(拉结 Rachel)을 아내로 맞이하기 위해서 고대 중동의 풍습을 따라 여러 세월 동안의 노력으로 대가를 지불했다.

그 후 재산 때문에 잠시 다툼이 있은 후 약 20년이 지나서야 고향으로 돌아오게 된다. 창 31장-35장 야곱(雅各)은 귀향 중 형 에서(以扫)가 마음에 걸려 얍복강(约但河) 나루터에서 최후의 결단을 내린다(창32: 24-32). 하나님과의 씨름으로 사기꾼 야곱(雅各)이 이스라엘(以色列 Israel신과 싸워 이기다)이 된 후 에서(以扫 Esau)와 화해한다. 야곱의 귀향길은 순수하지 못했다. 마하나임(玛哈念 Mahanaim 천사가 진을 친 곳)에 잠시 유숙하고 숙곳(疏割Succoth 임시막사)을 거쳐 요르단 강을 건넌 후 세겜(示剑 Shechem)에 도착한다.

세겜(示剑)서 하몰(哈抹 Hamor)에게 은 100개를 주고 성 앞에 장막을 친 후 그 밭을 샀다. 그리고 그곳을 '엘 엘로헤이 이스라엘'(利伊罗伊-以色列 El-Elohe-Israel 하나님이 참 하나님이시다)라고 고백했다. 그러나 야곱은 하란으로 피하던 날에 벧엘에서 하나님께 서약을 하였기 때문에 세겜에 머물지 말고 벧엘로 가야했다. 야곱 (雅各)은 형 에서에게서 장자권을 빼앗고, 도적 같이 아버지의 축복을 받은 후 하란(哈兰)으로 건너가 큰 부자가 되어 많은 가축 떼와 함께 돌아왔다. 야곱은 귀향길에서 베냐민(便雅敏 Benjamin)을 얻었으나 사랑하는 아내 라헬(拉结 Rachel)이 죽어 베들레헴(伯利恆 Bethlehom)입구에 묻었는데, 지금도 '우리들의 어머니 라헬(拉结)의 무덤'이란 묘비가 서있다. 야곱(Jacob)은 이스라엘(以色列)의 조상이고, 에서(以扫)는 에돔(以东 Edom)의 조상이 되어 계속 원수지간으로 있었다. 예루살렘(耶路撒冷Jerusalem) 멸망 시에도 에돔(以东)이 앞장서서 파괴했으며 (시137: 7), 아모스(阿摩司 Amos)도 에돔(以东)의 야만적인 행동을 규탄했다(암1: 1). 오바댜(俄巴底 Obadiah 옵1: 1-26)는 에돔(以东) 저주의 예언을 하였다.

2) 야곱(雅各 Jacob)은 이스라엘로 변화 되었다.

처음에 그는 음모자요 속이는 자였으나 후에는 하나님을 충실히 따르는 사람이 되었다. 변화되기 전 그는 형의 장자 명분을 흥정했고, 아버지의 축복을 속여 받았으며, 삼촌의 목축에 음모를 꾸몄다. 그러나 변화된 후 그는 조용한 명상의 생활을 했으며, 아들의 나쁜 행동에 대하여 슬퍼하였고 계약적 축복에 하나님의 계시를 잘 받아 들였다. 야곱(雅各)의 초기 나쁜 행동을 심하게 비판해서는 안 된다. 왜냐하면 아버지를 속이는 일에 있어서 그를 설득한 사람은 그의 어머니였고, 하란(哈兰)에 있을 때 그의 삼촌은 보복을 당할 만한 심한 도발행위를 자행했기 때문이다. 오히려 야곱(雅各)은 이런 일들에 잘 적응하였고, 형과의 흥정은 자기 혼자서 한 일이었다.

야곱(雅各)의 생애에서 큰 변화는 두 번 일어났다. 첫 번째는 하란(哈兰)으로 가는 도중 벧엘(伯特利bethel) 이었고, 둘째는 하란에서 돌아오는 길에 얍복강(约但河 Jabbok river)에서 하나님의 천사와 씨름한 것이다.

3. 애굽(埃及 Egypt)으로 팔려가는 요셉(约瑟 Joseph 창37, 39,50)

1) 요셉(约瑟)은 17세 때 형들에 의해 애굽(埃及)으로 팔려 갔다.

형들이 그를 미워한 것은 아버지가 그를 사랑했기 때문에, 또한 그가 부모형제들보다 높은 위치에 있다고 예언한 꿈(창37: 5-11)과, 형들의 비행을 부친께 고발한 것, 왕가나 귀족들이 입는 고가의 채색 옷을 요셉 (约瑟)에게만 입혀 형들의 마음에 투기심이 생겨 결정적 미움을 받게 된 것이다. 형들의 배반행위는 도단(多坍 Dothan 두 우물들)에서 일어났다. 아버지 야곱(雅各)이 형들이 양 떼를 먹이는 곳으로 안부를 알기 위해 요셉 (约瑟)을 보냈고 형들은 양들을 세겜(示剑)에서 도단(多坍)으로 이동했을 때였다.

남쪽 가나안(迦南)은 목초가 흔하지 않았다. 형들은 멀리서 요셉(约瑟)이 오는 것을 보고 나쁜 음모를 꾸몄고 대부분의 형제들이 요셉(约瑟)을 죽이려고 하였으나 르우벤(流便 Reuben)과 유다(犹大 Judah)의 저지로 겨우 목숨을 구하여 애굽(埃及)으로 가는 미디안(米甸)상인에게 은 20개의 값으로 팔려 갔다.

형들은 요셉(约瑟)의 채색 옷을 찢어 피를 묻혀 요셉(约瑟)이 들짐승에게 죽임을 당했다고 아버지를 속였다.

2) 유다(犹大 Judah)와 다말(他玛 Tamar 창38:)

유다(犹大)가 며느리 다말(他玛)과 관계를 맺은 암울한 내용이 요셉의 이야기 중간에 간결하게 전개되고 있다.

유다(犹大)의 아들 엘(珥 En)이 자녀 없이 죽었을 때 아내 다말(他玛)은 수혼법(嫂婚 Levirate)의 원칙대로 남편의 아우 오난(Onan)의 아내가 되었다. 오난 역시도 자녀 없이 죽었으므로 다말은 그의 아우 셀라(Shelah)가 장성하길 기다리기로 하였다. 그러나 유다(犹大)는 셀라(示拉)가 장성했으나 셀라 역시 죽을까 염려하여 다말(他玛)에게 주지 않았다. 다말(他玛)은 시부가 혼자되어 쓸쓸한 틈을 이용하여 창녀로 꾸미고 시부와 관계를 맺어 쌍둥이 베레스(Perez)와 세라(Zerah)를 낳았다. 다말(他玛)의 행동에는 힛타이 법(성경에 赫 Hittites)이 나타나있다. 그것은 수혼의 관습에서 남편의 형제가 없을 경우에는 시아버지가 그 책임을 이행한다는 것이다. 따라서 유다(犹大)는 다말(他玛)이 그를 속였음에도 불구하고 다말(他玛)이 자기보다 더 옳다고 말했다(창38:26) 우가릿(乌加列 Ugrit)자료는 이런 상황에서 장본인임을 증명하는 세 가지 물품을 제시하는 관습이 있다. 다말(他玛)은 쌍둥이의 아버지가 유다(犹大)임을 증명하는 그의 도장과 끈과 지팡이를 제시해 보였다.

3) 요셉(约瑟Joseph) 을 바로의 신하 보디발(波提乏Potiphar)이 샀다

팔려 온 요셉은 바로의 신하 보디발(波提乏)의 청지기가 되어 충성을 다 했다. 그러나 보디발(波提乏)의 아내의 유혹을 뿌리 친 연고로 감옥에 가게 되었으며(39:8-10), 얼마 후 재상의 자리까지 오르게 된다.

이것은 요셉(约瑟)이 큰 시험을 이긴데 대한 하나님의 보상이다. 술 맡은 자의 꿈을 해석하고 그가 복직 되었을 때 자신을 기억해 달라고 요셉(约瑟)이 부탁했으나, 술 맡은 관원은 잊어서 여기에 하나님께서 개입하셨다. 바로왕(法老王 Pharaoh)이 꿈을 꾸었고, 애굽(埃及)의 모든 술사들이 바로의 꿈을 해몽할 수 없을 때 술 맡은 관원이 과거를 기억하고, 바로에게 요셉(约瑟)을 추천하였고 요셉(约瑟)은 바로의 꿈을 해몽 하였다.

그 내용은7년 풍년에, 7년 흉년이 올 것이라는 예언적 꿈이었다. 요셉(约瑟)은 능력 있는 관리자를 택하여 그 일에 대비할 것을 진언하였고, 바로와 그 신하들은 요셉(约瑟)이 그 직책을 맡는 것이 가장 적합하다고 판단하여 요셉(约瑟)이 등용되었다. 요셉(约瑟)은 바로왕(法老王) 다음 가는 권력을 가질 수 있도록 하나님께서 높여 주셨다. 이것은 이미 하나님께서 요셉(约瑟)이 소년 때에 꿈으로 예언해 주셨던 것이다. 하나님은 요셉의 충실함에 대한 보답을 상상할 수 없을 정도로 주셨다.

요셉(约瑟)의 애굽(埃及)이름은 '사브낫바네아'(撒发那忒巴内亚 Zaphenapane땅의 생명을 공급하는 사람)이라는 이름을 바로에게 받았고, 그의 아내는 '온' 제사장〈Helipiopolis, 태양신 "라" Ra를 섬기는〉의 딸 아스낫 (亚西纳Asenath)을 바로(法老)로부터 받았다. 요셉은 새 임무를 시작하였는데(창41: 45-57) 이 때 요셉(约瑟)은 30세였다. 그의 고난은 13년 동안이나 계속 되었던 것이다. 요셉은 그 동안 두 아들을 낳아

장자는 므낫세(玛拿西Msnasseh 잊어버리게 하다) 작은 아들을 에브라임(以法莲 Ephraim 풍성하게 함)이라 하였다.

하나님의 계획은 그분의 섭리대로 진행되었다.

4) 성경 외의 사항들

전체 이야기의 세부사항이 당시 애굽(埃及)의 율례와 관습에 꼭 들어맞는 것을 보면 성경 기록이 얼마나 정확한지를 알 수 있다. "술 맡은 자"와 "빵 굽는 자"의 죄목이 창세기(创世记 40:2)와 현존하는 애굽(埃及)의 자료에 모두 나타나고 있다. 애굽埃及)에도 중동과 근동의 기근이 알려져 있었는데, 이 기근 동안 양식분배의 임무를 맡은 사람의 내용이 무덤 비문에 새겨져 있다. 한 비문은 제 3왕조 때(주전 2700년경)의 것으로 7년 기근에 대하여 말하고 있으며, 로제타 돌(罗赛特石碑 Rosetta stone)은 바로 왕(法老王)이 그의 생일날에 술 맡은 자에게 그러하였듯이(창 40:20) 죄수를 감옥에서 풀어주는 관습에 대하여 기록되어 있다. 요셉(约瑟)은 바로 왕(法老王) 앞에 나아가기 전 수염을 깎았다(창41: 14 참조: 삼하10: 5; 렘41: 5). 이것은 바로에 대한 존경의 의미로서 애굽(埃及)의 독특한 관습이다. 바로는 요셉(约瑟)에게 인장 반지와 세마포 옷, 금 사슬을 주었다(창41: 42). 이 세가지는 애굽(埃及)의 자료에 요셉과 비슷한 직위의 사람일 때에 왕이 주어서 사용하였던 사실들을 발견 할 수 있다. 어떤 학자들은 셈 족(闪族)인 요셉(约瑟)이 애굽(埃及)에서 그렇게 높은 자리까지 올라갔다는 내용에 반대해 왔다. 그러나 아마르나(亚马拿Amarna) 서신에 셈 족(闪族)이름인 '두두'(Dudu 다윗大卫)란 이가 비슷한 직위로 쓰여 졌음이 밝혀졌다. 또한 이 시대를 통치했던 제 12왕조가 그 수도를 테베(底比斯 Thebes)에서 북쪽 멤피스(孟裴斯 Memphis)로 옮겼다는 것도 성경과 부합되는 내용이다. 그래서 요셉(约瑟)은 가나안(迦南)에서 내려오는 형들을 쉽게 만날 수 있었고, 야곱(雅各)이 도착한 후 고센(歌珊 Goshem)에서 살 수가 있었다. 애굽(埃及)에 양식을 사러갔던 아들들을 통해 요셉(约瑟)이 살아있고 애굽(埃及)에서 높은 벼슬에 있음을 야곱(雅各)이 들었고, 요셉(约瑟)은 야곱(雅各)을 비롯(罗得)한 온 일가를 초청하였다. 요셉의 부름을 받은 야곱(雅各)은 브엘세바(別是巴 Beersheba)에서 희생제물을 하나님께 드린 후, 130세의 늙은 몸으로 애굽(埃及)에 내려갔다. 요셉(约瑟)은 형들의 잘못을 탓하지 않고 오히려 "하나님이 그들과 그 가족과 자녀들을 부양하기 위하여 당신들 앞서 나를 보냈나이다. 그러므로 나를 이리로 보낸 자는 당신들이 아니라 하나님이시라"고 하여 형들을 위로 했다. 야곱(雅各)은 17년을 더 살고 애굽(埃及)에서 죽었으나 가나안 땅 막벨라(麦比拉 Machpelah) 굴에 장사 되었고, 요셉(约瑟)은 죽으면서 하나님이 권고하여 애굽(埃及)을 떠날 때 자신의 시신을 가지고 떠날 것을 부탁하고 죽었다.

5) 성실한 인간 요셉 (約瑟 Joseph)

요셉(約瑟 Joseph)은 아브라함(亚伯拉罕 Abraham)과 같이 칭송받는 사람이다. 많은 사람들이 요셉(約瑟)은 여러모로 보아 예수님의 그림자라고 말한다. 그는 성실한 인간이다. 유혹적인 환경에서 그와 같이 옳게 행동한 사람은 성경에 그리 많지가 않다. 형들에게 배반당해 팔려 갔으나 원망하거나 죄악의 길에 빠지지 않았다.

보디발(波提乏 Potiphar)의 아내가 억울하게 누명을 씌어 감옥으로 갔을 때도 변명하여 그 여인을 곤란하게 하지 않았다. 그는 또 능력의 사람이었다. 자신의 직위에 맞게 일할 줄 알며, 책임 있게 모든 임무를 수행하였다. 그리고 그의 가족을 애굽(埃及)으로 데려와 그들이 한 국가로 성장하도록 하나님이 미리 보낸 도구로서도 그 임무를 다하였다.

6) 족장시대(亚伯拉罕)

요셉(約瑟)의 죽음과 함께 족장시대는 종말을 고한다. 이 시기는 종교적으로 하나님의 대한 단순한 신앙의 시대였다. 4명의 조상 아브라함(亚伯拉罕)Abraham), 이삭(以撒 Issac), 야곱(雅各 Jacob), 요셉(約瑟Joseph)은 방법의 정도는 조금 다르다 하더라도 각각의 신앙을 나타내 보여 주었으며, 네 족장은 특이한 인간으로 하나님의 선택하신 각 역할을 잘 감당하였다. 하나님께서는 그들에게 꾸준하고도 훌륭한 삶을 요구하셨고, 족장들은 제단을 쌓고 희생제물을 드렸다.

모세(摩西)의 율법이 아직 나타나지 않은 그 시기에 합당한 제사법에 대하여 하나님은 보편적 지시를 내렸을 것이다. 가장(家長)은 그 가족에 있어서 제사장 역할을 하였고, 기도는 단순하고도 직접적인 방법으로 이루어졌다. 아브라함(亚伯拉罕)은 하나님의 천사와 얼굴을 맞대고 이야기하였고(창18:) 아브라함(亚伯拉罕)의 종은 이삭(以撒)의 신부에 대해 하나님께 직접 청탁을 함으로써 하나님이 지시한 것이라고 믿었다(창24: 12-24). 족장들은 여러 가지 모양으로 계시를 받았으며, 하나님께서 목적을 이루시기 위해 꿈이나 환상 그리고 하나님의 천사가 나타나 보여 주었다.

이웃나라 사람들이 단순히 예식만 갖추는 것에 반해 족장들은 타당한 윤리적 행동이 수반되어야 한다는 것을 알고 있었다. 하나님은 이삭(以撒)에게 "아브라함(亚伯拉罕)이 내 말을 순종하고 내 명령과 내 계명과 내 율례와 내 법도를 지켰으므로 아브라함(罕亚伯拉 Abraham)과 약속한 그 계약의 축복이 그의 자손들에게 이뤄질 것"이라고 말씀하셨다(창26:5).

7) 요셉(約瑟) 이 애굽(埃及)에서 국무총리가 된데 대한 두 이견(류见)

(1) 자유주의 신학자들의 주장

주전 1730년경 아시아 서북쪽에서 셈 족(闪族)인 힉소스(许克所斯 Hyksos)족이 이집트의 델타(三角洲)까지 침입하였다. 이 셈 족(闪族)인 힉소스(许克所斯)가 170년간 이집트를 지배할 때에 같은 셈 족(闪族)이며 능력과 재능을 겸비한 요셉(約瑟)을 등용하였다라고 주장하는 학자들이 있다

(2) 보수주의 학자들의 주장

애굽(埃及)인은 목자를 혐오했으므로, 제 12왕조 때 목자 인 야곱(雅各)의 가족에게 땅을 주지 않았을 것이지만 기근을 잘 대처한 요셉(約瑟)에대한 대접으로 땅을 쉽게 내어주었을 것이다. 그리고 요셉(約瑟)시대의 바로(法老) 는 힉소스(许克所斯 Hyksos)왕조가 아니라 애굽(埃及)인이었다.

(3) 그 견해들은

① 바로(法老Pharaoh)는 "온" 제사장의 딸을 요셉(約瑟)의 아내로 주었다 〈 "온" On 요셉의 장인 보디베라가 제사장직을 행했던 장소이다〉. 또 온은 애굽의 벧세메스와 동일한 장소이다(렘43: 13).
   힉소스(许克所斯 Hyksos)족이 싫어하는 태양신인 "라" (Ra)를 섬기는 제사장이다.
② 요셉(約瑟)이 바로 앞에 나가기 전에 수염을 깎았다(삼하10: 1, 4-5). 그러므로 이 바로는 모든 정황에서 볼 때 애굽(埃及)인으로 보아야할 것이다.
* 주 : 애굽 땅 벧세메스는 헬라인들의 헬리오폴리스(Heliopolis)이다. 요셉의 장인 보디베라(Potiphera)란 뜻은 'Ra (태양신)에게 그는 속하여 있는 사람' 이란 뜻이다.

제5장 애굽(埃及 Eypht)에서의 체류와
출애굽(出埃及Exodus) 연대기

1. 애굽(埃及 Eypht)의 체류 기간

1) 피라미드 (金字塔) 시대 주전 2900-2600) 가 탄생되었다

애굽(埃及)의 바로는 삼각주(三角洲 Delta)에 거대한 제국을 세웠다. 본래 이집트는 북부와 남부(또는 상부 이집트와 하부 이집트)로 되어 있었으나, 제 1왕조 때 하나로 통일 되었으며 제 3왕조 때 이집트 문화의 특징이 형성되었다. 주전 2900-2600년의 시대를 피라미드(金字塔)시대라 한다.

근래 과학 탐사자들의 조사 결과 보고서에는 파라미드 시대에 부역으로 일했던 사람들의 D.N.A.를 조사 해본 결과 골다공증과, 척추와 목이 부러져 죽었고, 이때의 사람들의 키가 30-40cm가 작았다는 결과보고가 있다. 그들의 수명 역시 짧아서 40대 초반에 남자들이 대부분 죽었다고 한다

2) 고(古) 왕국이 붕괴 된 후에 중왕국 시대

주전 21세기 중엽에 맨투호텝(Mentuhotep)에 의하여 이집트는 재통일 되었다. 제 11왕조 때 총리였던 아메네헷(Amenmhet)이 제 12왕조를 세웠다. 애굽(埃及)의 역사상 가장 안정되었던 왕조이다. 애굽의 중왕국시대 하반에 아시아의 침입자 힉소스(许克所斯)족이 애굽(埃及)을 지배했다.

3) 신왕국시대(新王国時代 주전1550-1319 이집트의 회복시대)

카모스(제17왕조)의 동생, 아모시스(亚门摩斯 Amenmose)가 힉소스(许克所斯)족을 쫓아내고 제 18왕조를 세웠다. 힉소스(许克所斯)족의 잔재를 몰아낸 이 때 애굽(埃及)은 다시 회복하여 위대한 영광과 부를 누렸다. 이 왕국이 100여년 계속 되면서 신(新) 왕국시대라 불려졌다. 수 세기동안 바로는 장엄하고 웅대한 신전과 호화스런 궁전과 도시를 나일강(尼罗河)유역에 세웠다. 이 당시 특수층은 부를 누렸으나 하류층과 노예출신들은 고된 세월을 보내야했다. 일반백성들은 강제노동에 종사했으며, 노예들은 자유는 물론 노동력까지 착취당하며, 신전 건축, 운하 공사, 관개 수로 사업에 종사하였다.

2. 애굽(埃及)의 종교

그 당시 애굽(埃及)은 백성이나 지배층이나 모두 종교성이 강했다.

수메르인(劳美 Sumerian)과 바벨로니아(巴比伦 Babylonia)사람들은 하나의 도시국가를 형성 그 도시의 군주가 신봉하는 신을 주신(主神)으로 섬겼으며, 고대 애굽(埃及)은 바로가 곧 신이며, 바로가 믿는 신을 절대 신봉해야 했다. 이 당시 애굽(埃及)의 신은 여(女)신을 예배하여 극도로 종교 행위가 부패 했었다.

3. 애굽(埃及)에서의 체류 기간

애굽(埃及)의 체류기간을 430년 동안이냐? 혹은 215년 동안이냐? 하는 논란이 오랫동안 있어왔다.

430년을 뒷받침하는 증거와 215년을 뒷받침하는 증거가 있다.

1) 430년을 뒷받침하는 증거

(1) 출애굽기(出埃及记 12: 40) 히브리(希伯来)어 성경과 히브리어 맛소라 사본(马所拉希伯来文圣经 Masoretic Hebrew)에는

출애굽기(出埃及记) 12:40절에 430년으로 기록되어 있다.

맛소라 사본(马所拉圣经)에 "이스라엘 (以色列)자손이 애굽(埃及)에 거주한지 430년" 이라고 분명하게 기록되어 있다. 그러나 70인역(The septuagint)과 사마리아 오경(撒玛利亚五经 Samaritan Pentateuch)에는 430년이라는 기간은 애굽(埃及)에서의 체류 기간뿐 아니라 족장들이 가나안(迦南)에서 살았던 기간을 포함한 것이라고 한다.

이 기록들은 215년의 견해를 뒷받침하고 있다. 그것은 430년에서 가나안(迦南)에서의 족장들의 활동기간 215년을 감한 숫자다. 어느 기록이 본래의 것인지? 또 몇년이 옳바른 것인지? 를 우리는 결정해야 한다.

사본 분석에 있어서 널리 알려진 한 규칙으로는 맛소라 사본(马所拉圣经)은 다른 사본에서의 증거가 뚜렷하지 않을 때에만 참고한다는 것이다. 70인역과 사마리아 오경(撒玛利亚五经)이 똑 같은 근원을 나타내고 있지 않다는 점에서 볼 때, 215년을 주장하는 이들의 증거는 강도가 약하다. 430년이 끝나는 "바로 그 날에" 백성들이 나왔다는 출애굽기(出埃及记) 12:41의 말은 애굽(埃及)에서만의 생활이어야 더 합리적일 것이다.

이런 이유로 히브리(希伯来) 번역을 택하는 것이 가장 옳은 방법일 것이다.

(2) 창세기(创世记) 15:13의 하나님이 아브라함(亚伯拉罕)에게 예언하신 것을 보면 그의 후손이 "이방 나라"에서

"객"이 될 것이며, "400년 동안 그들은 너의 후손을 괴롭힐 것이라"고 기록되어 있다. 아브라함(亚伯拉罕)의 후손이 객이 되는 땅은 "이방 나라"이다. 출애굽기(出埃及记) 12:40에서 숫자 430년 대신, 창세기15: 13에 사용된 400이라는 숫자는 성경에서 흔히 나타내는 대략의 숫자이다. 4대 만에 돌아오리라는 창세기(创世记) 15:16의 말은 아브라함(亚伯拉罕) 입장에서 세대의 길이를 나타낸 것이라고 보면 설명이 정확하게 된다. 하나님께서는 이삭(以撒)이 태어날 때 아브라함(亚伯拉罕)이 100세가 될 것이므로 그 후손이 애굽(埃及)에서 얼마나 오래 머물 것인가를 강조하기 위해 네 번을 곱한 기간을 사용하셨다.

(3) 사도행전 7: 6-7

수 세기 후에 스데반(司提反)이 산 헤드린(犹太人公会 Sanhedrin) 앞에서 창세기(创世记)의 내용과 비슷한 말을 했는데 그는 이스라엘(以色列)이 400년 동안 외국 땅에서 괴로움을 당하리라는 하나님의 경고를 인용하였다.

(4) 인구의 증가

실제로 430년보다 짧은 기간 안에서는 야곱(雅各)의 가족이 2백만 이 넘는 국가의 형태로 증가할 수가 없다는 것이다. 야곱(雅各)의 가족이 애굽으로 내려갈 때에 그들은66명 이었다. 이 수에 애굽의 있는 요셉의 식구들을 포함하면 70명 (창46: 26-27 며느리들을 제외한 수)이 된다. 이 70명이 200만으로 증가한 것이다.

(5) "이스라엘(以色列) 자손"이 체류함

"이스라엘자손"(以色列子孫)이 430년간을 체류하였다고 출애굽기(出埃及记) 12: 40절에서 찾을 수 있다.

215년을 주장하는 사람들은 이 말을 야곱(雅各)의 자손들이 태어나기 전에 아브라함(亚伯拉罕Abraham)이 이삭(以撒 Issac), 야곱(雅各 Jacob)등의 개개인을 지칭한 기간으로 받아들여야 할 것이라고 한다.

분명히 사마리아 오경(撒玛利亚五经 Samaritan Pentateuch)의 필자들도 이 부분에서 어려움을 나타내고 있다. 왜냐하면 그들도 이 부분을 "이스라엘(以色列) 자손과 그들 조상의 자손이 거주한 지"라고 기록하고 있기 때문 이다. 그렇지 않다면 이 문장을 뒷받침할 만한 다른 증거가 부족하기에 제거 되었어야 한다. "이스라엘(以色

列) 자손"을 문자 그대로 받아들인다면 야곱(雅各)의 자손이 애굽(埃及)으로 이주하기 전 가나안(迦南)에서 33년 이상은 살지 않았으므로 애굽(埃及)에 거주한 기간은 430년에서 33을 뺀 기간이 될 것이다.

2) 215년을 뒷받침하는 증거

(1) 4대

215년을 주장하는 사람들은 모세(摩西 Moses)의 계보가 적혀있는 출애굽기(出埃及记 Exodus) 6:16-20에서 모세(摩西 Moses)가 레위(利未 Levi)의 증손자임을 지적했다. 여기에 나열 된 이름은 레위(利未 Levi), 고핫(哥辖 kohoth), 아므람(暗兰 Amram), 모세(摩西)이다. 이것은 앞에서 지적한 바 있지만 창세기(创世记) 15:16의 4대를 대략으로 말한 것이다. 세대는 실제로 100년 동안 지속되지 못하므로 여기 나열된 레위, 고핫, 아므람, 모세 등으로는 430년이 될 수 없다고 215년을 주장하는 사람들은 반론을 제기한다. 그러나 여기서 지적 할 것은 이스라엘 계보가 흔히 그러하듯이 이 계보가 완전하지 못하다는 것이다. 이것은 역대기상 7: 22-27의 에브라임(以法莲 Ephraim)에서 여호수아(约书亚 Joshua)까지 10세대나 기록하고 있는데 이것을 비교해 보면 족보를 하나님의 섭리와 관계 된 사람들만 기록 하였다는 것을 알 수 있다.

(2) 교부들

터틀리안(特士良 Tertullian)같은 초기 교부들은 가끔 215년의 견해를 주장하는 사람으로 인용된다.

또 안티큐이티스(Antiquities)는 215년을 주장하기도하고 때로는 400년을 주장하기도 했다. 히포리투스(希坡律陀 Hippolytus)는 430년을 주장한다. 요세푸스(约瑟夫 josephus)는 어떤 곳에서는 215년의 견해를 주장하고 또 다른 곳에서는 430년을 주장하고 있다. 이들에 의해 초대교회뿐 아니라 오늘날까지도 두 견해가 모두 지지되고 있다. 그 당시 두 가지 견해가 있었던 것은 당시에 희랍어로 번역된 70인역(The Septuagint)으로 출애굽기(出埃及记) 12:40을 읽었기 때문이다.

(3) 갈라디아서(加拉太书 Galatic 3:17) 기록에 근거를 둔 학설

215년을 주장하는 가장 유력한 증거는 갈라디아서(加拉太书) 3:17에서 찾을 수 있다. 여기에서 바울(保罗)은 "하나님의 미리 정하신 언약을 430년 후에 생긴 율법이 없이하지 못하여 그 약속을 헛되게 하지 못하리라"고 말하고 있다. 바울(保罗)은 앞 절에서 아브라함(亚伯拉罕)에게 계약이 주어졌는데, 모세의 율법은 430년 후에 생겼다고 말하는 것 같다. 이 계약은 아브라함(亚伯拉罕)이 가나안(迦南)으로 들어갈 때 처음 주어졌고(창12: 1-3) 이때는 야곱(雅各)의 가족이 애굽(埃及)으로 내려가기

215년전이므로 실제로 애굽(埃及)에 머물렀던 기간은 215년이었던 것으로 보고 있다. 여기에서도 바울(保罗)은 70인역의 출애굽기(出埃及记) 12:40을 언급하는 것 같고, 그리하여 간접적으로 그 사실을 인정하고 있는 것 같다. 그러나 바울(保罗)이 70인역에도 익숙하였지만 히브리(希伯来) 원본 역시 익히 알고 있다는 점을 염두에 두어야 한다. 그는 예루살렘(耶路撒冷)의 히브리(希伯来) 학교에서 교육을 받았다. 이것은 그가 두 사본간의 연대적 차이의 구절을 알고 있었음을 의미한다. 그러므로 그가 430년이나 645년(430년에 215를 더한 것) 그 어떤 숫자를 사용하든 간에 그는 잘 숙고하여 주의 깊게 선택을 하였을 것이다.

(4) 이 선택을 하는 데에는 다음의 사항을 염두에 두었으리라 생각된다.

① 바울(保罗)의 요점은 연대기에 있는 것이 아니었다. 그의 요점은 율법이 그 전에 생긴 계약을 폐할 수 없다는 것이다. 실제로 바울은 그것이 오래전 일인 이상 몇 년인가 하는 숫자는 그리 중요하지 않았다. 바울(保罗)은 그의 주장을 좀더 명확히 하기 위해 숫자를 포함시켰을 뿐이다.

② 독자로 하여금 요점을 파악하는데 있어 마음이 분산되지 않도록 하기 위하여 430년을 택하였을 것으로 본다. 645년이라는 숫자를 쓴다면 70인역만을 아는 독자들에게 혼돈이 생길 것이다.

③ 계약은 아브라함(亚伯拉罕)에게 뿐 아니라 이삭(以撒), 야곱(雅各)에게도 반복되었으며, 실제로 마지막 계약은 야곱(雅各)이 애굽(埃及)으로 내려가기 직전에 주어졌다(창46: 1-4). 이로 인해 독자들은 연대기적 결정을 정확히 할 필요가 없게 된다. 그런 이유에서 바울(保罗)은 갈라디아교인들의 마음을 분산시키지 않으며 또한 역사적으로 무리가 없는 숫자를 사용하게 되었다고 보아야 한다.

4. 출애굽(出埃及)의 연대
<크게 둘로 나누는데 이것을 전기 연대와 후기 연대라 한다.>

1) 전기 연대설

(1) 전기 연대설

전기연대설은 주전15세기에 출애굽(出埃及) 하였다는 설로 직접적인 성경의 증거는 솔로몬(所罗门)이 즉위한지 4년 (주전 970-4=966), 출애굽(出埃及)한지 480년(왕상 6:1)에 성전이 준공되었다는 기록에 중점을 둔 것이다.

480년을 구태어 설명하자면 한 세대를 40년으로 하고 12제사장 아론 에서 솔로몬 시대의 대제사장 사독(스7: 1-5)까지 40 x12=480년 이라고하지만, 우리는 성경에 기록된480년(왕상6: 1)을 그대로 받아드려야 한다. 왜냐하면 성경에 나오는 또 다른 숫자도 이런 식으로 분석하면 다른 숫자들 역시 이런 방법으로 조정될 수 있어서 성경의 숫자를 전부 불확실하게 만드는 결과가 된다.

(2) 입다(耶弗他 Jephthah)의 진술

성경에 출애굽(出埃及 Exodus)의 연대가 기록 된 것은 열왕기상6: 1 과 사사기11: 26에 두번 언급 되어있다. 입다는 이스라엘의 8번째 사사이다 입다 후 4명의 사사가 더 있다. 그리고 사사와 왕정의 교량역할을 한 사무엘(撒母耳 Samuel), 초대왕 사울(扫罗 Saul), 다윗(大卫 David), 솔로몬(所罗门 Solomon)이 즉위한지 4년이 되는 해, 성전 건축을 했던 주전 966년에다 위의 지도자들의 연수를 더하면 대략 주전 1100년이 된다. 출애굽 초기 연대보다 300년 후이다. 주전 15세기가 아닌 후기연대로 하면 역사적 정확성을 부정하는 길이 되며 입다의 진술도 맞지 않게 된다.

(3) 출애굽 과 이스라엘(以色列Ishael) 왕국이 세워질 때까지의 기간

출애굽(出埃及 Exodus)과 주전 1050년경 이스라엘(以色列Ishael)왕국이 세워지는 사이의 기간들은 광야시대 여호수아시대 마지막 사사인 삼손(三孙 Saaon)이 죽고 사울(扫罗 Saul)이 즉위하기까지의 기간이 61년이다, 사사시대의 300년에 61년을 더 포함한 시간이어야 한다. 그러나 후기연대로 사사기를 계수하면 1.5세기 밖에 안된다. 후기연대를 주장하는 학자들은 사사시대의 시간은 각 지역에서 같은 시대에 여러 사사들이 일했다고 주장 한다. 시대가 중복되어 있다는 주장이다.

(4) 역사적 상호관계

출애굽(出埃及)이 주전15세기에 일어난 것이라면 애굽(埃及)의 역사와 잘 부합된다. 후기 연대를 주장하는 사람들은 비돔(比东 Dithom)과 국고성을 위해 히브리인(希伯来 Hebnew)을 부역시킨 왕이 라암셋 2세(兰塞 Raamses B.C 1304-1238년)라고 하는데, 그렇다면 이것은 출애굽(出埃及)보다 기껏해야 30년 전이 된다. 성경에서 이 문제를 언급한 것은 애굽인이 처음 이스라엘(以色列) 사람을 괴롭힐 때에 나타난 문맥이었다. 그 후

① 히브리인의 인구증가를 줄이려는 다른 방법이 다시 취해졌던 것이다. 산파에게 히브리(希伯来)인이 남자아이를 낳으면 아기를 죽이라고 명령을 했다(출1: 15-21)

② 히브리(希伯来)인의 태어난 남자아이는 나일 강(尼罗河)에 던지라고 명령을 내렸다(출1: 22). 이런 조치를 취한 시간에 80년 이상을 더해야 한다. 그것은 모세(摩西)가 마지막 명령 후에 태어났고 출애굽(出埃及)은 모세(摩西)가 80세 되였을 때 했기 때문이다. 그러므로 두 도시 건축 명령을 내린 바로는 주전 1730년경의

힉소스(许克所斯 Hyksos)계 왕으로 보아야만 역사적으로 부합된다. 또 하나는 모세(摩西)가 미디안(米甸)에 있을 때 죽은 왕에 대한 것으로(출2: 23-25) 성경의 기록의 문맥상 모세(摩西)가 도망 갈 때의 왕과 죽은 왕은 동일인으로 보인다. 40년간 다스리던 왕이 죽었는데 출애굽(出埃及)의 연대를 전기연대인 주전1446년이라고 한다면 투트모스 3세(杜得模西士三世 주전 1514~1450 Tuthmose)는 주전 1450년에 죽었으므로 출애굽 (出埃及) 전, 4년 앞서 죽은 것이 된다. 제18왕조 투트모스 3세(杜得模西士三世 Tuthmose)는 모세(摩西)가 도망했을 때의 왕이 될 만큼 오랜 기간 집권을 하였다.

(5) 성경 외의 고찰

① 비돔 (比东 Pithom)과 라암셋 (兰塞 Raamses)

출애굽기(出埃及记) 1: 11의 비돔(比东)은 오늘날의 텔 엘-레바타(尔瑞他泊古城 Tell er-Retabeh)로 여태까지 나타난 가장 오래 된 궁전으로 라암셋(兰塞) 2세에 의해서 세워진 성전이라고 한다. 그리고 왕이 건축하라고 명한 도시의 이름을 라암셋(兰塞)이라고 한 것을 보면 이 사람은 분명 라암셋(兰塞) 2세이다. 또 힉소스(许克所斯) 왕조의 수도 아바리스(Avaris)의 지역이 어디이든 간에 처음 그 곳을 피-라메세(比兰塞 Pi-Ramesse)라고 명명한 사람도 라암셋(兰塞) 2세 일 것이며, 동시에 출애굽기(出埃及记) 1: 11에 언급된 다른 구 애굽(埃及) 도시는 기록에 남아 있지 않다. 그런데 제 19왕조 훨씬 전에 라암셋(兰塞)이라는 이름이 힉소스(许克所斯) 왕들에 의해 사용된 증거가 있다. 또 그 전 힉소스(许克所斯)인들이 비돔(比东)과 라암셋(兰塞)이라는 이름을 사용하였다는 것을 뒷받침하는 몇 가지의 사실이 드러났다.

애굽(埃及)의 19왕조는 그 조상이 힉소스(许克所斯) 혈통이라고 알려져 있다. 그리고 구 힉소스(许克所斯)도시 아바리스는 힉소스 때에 수도였으며 제 19왕조 때에 또 다시 수도가 되었다. 라암셋(兰塞) 2세는 힉소스 (许克所斯)왕조에 의해 신으로 책정된 힉소스(许克所斯)의 신 '셋' (God Set)을 위해 아바리스(구 라암셋)의 신전을 세웠으며, 라암셋 2세의 아버지는 힉소스 신의 이름을 따서 자신의 이름을 '셋티' 라 했다. "라 를 낳음(Begotton of Ra)" 이라는 뜻의 '라암셋' (兰塞 애굽인의 언어로는 Ra"amessu)이라는 이름은 적절한 힉소스(许克所斯)의 이름이다. 왜냐하면 여러 힉소스(许克所斯) 인명에 라(ra)란 단어가 사용된 것이 증명되며 힉소스(许克所斯) 인들은 셋(set)신을 라 신(锐神 Ra)과 함께 섬겼으므로, 19왕조는 힉소스(许克所斯)인들의 후예인 것이 증거 상으로 분명하다. 그 증거는 제19왕조의 왕 하나는 세티(薛提)이고 한 사람은 라암셋(兰塞)이기 때문이다. 더욱 중요한 것은 수도에 대한 라암셋(兰塞)이라는 이름이 후에 뿐 아니라 이전 힉소스 때에도 사용 되었다는 것이다.

② 여리고 (耶利哥 Jericho)

　A. 존 가스탕(John Garstang)의 탐사 내용

　존 가스탕은 리퍼불(利物浦)대학의 교수로 1930-1936년에 구 여리고(耶利고古城 Telles Sultan)탐사를 지휘 하였다.

첫째 여리고(耶利哥)성이 무너진 때는 아멘호텝(亚门诺裴 Amenhototep) 3세 때였다 (주전1414-1378). 그 이유는 자기류나 부적이 이 때의 것이고, 그의 후계자 아케나톤(亚肯亚顿 Akhenaton)시대의 것은 없었다는 것이다.

둘째 14세기 말경의 한 건물에서 발견한 자기류들은 모압(摩押)왕 에글론(伊矶伦 Eglon 삿3: 12-14)이 여리고(耶利哥 Jericho)를 잠시 점령했을 때의 것이며, 근처의 다른 무덤에서도 이와 똑같은 자기류를 발견 할 수 없었던 것은 그 당시 이곳에 살았던 사람 누구도 여리고(耶利哥)에 매장 되지 않았음을 말하여 준다.

셋째 후기 청동기(后期青铜器)와 초기 철기(初期铁器 Late Bronze)시대 때의 자기류는 거기에 거주하였던 거류민의 것으로 본다. 그 이유는 극히 소량의 것으로 침략자가 소지했던 것으로 여겨지기 때문이다. 수년 동안은 카스탕(贾士丹)의 탐사 보고를 받아들였으나, 여리고(耶利哥)성 함락의 연대 또 여호수아가 점령한 도시들 보다 존 카스탕의 것은 2세기 후의 것으로 여겨지며, 파괴의 적토층이 다르며, 또 여리고 성벽을 이중벽이라고 한 점, 부적이 나오지 않은 것<여호수아가 성을 정복 했을 때 이방인들의 부적이 마지막으로 나왔다> 등 다른 학자들과 일치하지 않아 학계에서 받아들여지지 않았다.

　B. 캐더린 케니온 (Katheleen Kenyon) 의 탐사와 결론

　캐더린 케니온(凯莎琳肯扬)은 영국 고고학 연구소(大英考古学院)에서 연구하면서 1954-1958년까지 여리고 (耶利哥)탐사를 지휘하였다. 그녀는 카스통의 탐사에 더 보탤 별다른 것은 없었으나, 해석은 카스탕과 달랐다.

첫째 카스탕은 여호수아(约书亚)때 무너진 성벽이 이중벽(双重墙 Double)이라고 했는데, 캐더린은 그것은 이중벽이 아니라 서로 시기가 다른 두 개의 성벽이었으며 두 성은 여호수아(约书亚)보다 500년 전 시대였다고 연구 발표를 했다.

둘째 구릉을 제외하고 후기 청동기(后期青铜器)시대 (주전1500년 이후)의 모든 유적이 없어져 그 기간의 증거가 약하다.

셋째 가스탕은 이 구릉 지대에서나 또는 무덤에서 발견한 자기(瓷器)들을 주전 1400년경의 아멘호텝(亚门诺裴 Amenhotep Ⅲ 주전 1414-1378)집권 때로 계속 이어졌다고 보고 있지만, 실제로 주전1550년경의 중간 청동 기 2기 때였다. 이것은 자기류에서 가스통이 발견한 재가 있는 층이 여호수아(约书亚)의 파괴를 나타내는 것이다.

넷째 가스탕은 한 건물에서 발견한 자기 조각들을 모압(摩押 Moab)왕 에글론(伊矶伦 Ekron)의 정복 때의 것이라 하지만 실제로 이것은 여호수아(约书亚)가 정복한 도시에 대한 유일한 증거이다. 이 도시는 주전 1325년경에 파괴되었다.

다섯째 두 개의 무덤에서 가스탕이 발견한 몇 개의 조각들은 여호수아(约书亚)가 함락시킨 도시의 자기들과 똑같은 시기의 것이며, 가스통이 생각하듯 후기 청동기 2기 때나 초기 철기 1기의 것이 아니었다. 이러한 결론은 가스탕의 주장과 일치하지 않지만 이 이론들은 모두 후기 연대을 뒷받침하고 있지 않음을 주목해야 한다.

이같은 **결론**을 추구하는 것은 다음과 같다. 주전 14세기경 여리고(耶利哥)에 약간의 주민이 있었으므로 그 증거가 남아있는 것으로 미루어 보아 주전 13세기 (주전 1325년경) 여호수아(约书亚)가 함락시킨 그 곳에도 도시가 있었다고 보아야 한다. 케니온 여사의 주장은 후기 청동기 시대에 거주하였다는 사실은 주전 14세기의 3.4분기에 해당 되므로 "여리고(耶利哥) 함락과 주전 13세기를 연관시키는 것은 불가능하다" 고 말했다. (그런데 케니온 여사는 주전 13세기의 후기 출애굽 (出埃及)을 주장하는 학자이다.)

신석기 토기 이전시대 A	주전8300-7300
신 석기 토기 시대	주전6000/5800-5000/4800
금석병용기 중기. 후기	주전4200-3200/3100
초기청동기2	주전2950/2900-2700/2650
초기청동기4	주전2350-2200
중기청동기2A	주전2000-1750
후기청동기1	주전1600/1550-1400
후기청동기3	주전1300-1200/1150
철기시대2 A	주전1000-800
철기시대3 A	주전700-586

신석기 토기 이전시대 B	주전7300-6000/5800
금석 병용기 전기시대	주전5000/4800-4200
초기 청동기1	주전3200/3100-2950
초기청동기3	주전2700/2650-2350
중기 청동기	주전2200-2000
중기청동2 B	주전1750-1600/1550
후기청동기2	주전1400-1300
철기시대1	주전1200/1150-1000
철기시대2 B	주전800-700
철기시대3B	주전586-520

(김 영진 저 이스라엘 역사에서 연대를 발췌했음)

2) 후기 연대설

(1) 후기 연대설은 13세기에 출애굽 (出埃及)을 했다는 설

한 세대를 40년으로 하는 것은 그 시기가 너무 길다고 보는 학자들로써 역사적으로 합리적인 연대를 측정할 때 대체로 25년을 한 세대로 보는 것이 옳은 것이라고 주장한다.

25x12=300, 애굽(埃及)에 체류기간 400년, 광야 40년, 사사시대 200년, 다윗(大卫) 40년, 사울(扫罗) 20년, 솔로몬(所罗门) 4년을 합하면 300+(966-4)=1262가 되므로 주전13세기 라암셋(兰塞) 2세의 통치기간에 출애굽(出埃及) 하였음을 주장한다.

400+200+40+20+40+(966-4)=1662 이 연대는 힉소스(许克所斯)가 애굽을 통치하던 시대로 이스라엘 (以色列) 백성은 이 때에 애굽(埃及)에 있었다는 결론이 나온다. 제 19왕조 세티 1세 때 이스라엘(以色列 Israel)백성은 국고성을 짓는데 부역을 했으며, 그 아들 라암셋(兰塞) 2세 때 이스라엘(以色列 Israel)은 출애굽(出埃及 Exodus)하였다. 모세(摩西)가 에돔(以东)왕에게 "왕의 대로(王道)" (민20: 14-21)을 통과 할 수 있게 해 달라고 청했으나 거절당한 내용이 나온다. 그러나 에돔(以东)에는 주전 15세기에는 왕이 없었다고 후기 연대설을 주장하는 학자들은 말한다. 시혼(西宏 Sibon)과 옥 왕(噩王 Og)등 요단(约但) 동쪽의 큰 나라들을 패배시킨 이야기(민21: 21-35)와 이스라엘(以色列)을 "저주" 하기 위해 발람(巴兰 Palal)선지자를 불러온 모압(摩押)왕 발락(巴勒)의 음모의 대상이된 사실(민22: -25:) 등은 요단(约但) 동편 지역과 네게브(南地) 지역에서 일어난 사건으로 이는 이스라엘(以色列) 광야시절에 이 지역들에 정착민이 있었음을 암시한다. 이로 인해 Glueck(葛鲁克)와 다른학자 들은 정착민이 존재한 주전1300년 이후에 이스라엘(以色列)이 이 지역을 통과해 팔레스타인(巴勒斯坦)으로 들어갔다고 결론을 내렸다. 이것이 후기 연대를 주장하는 학자들의 학설이다.

(2) 메르넵타(주전1238-1228)때의 출애굽 하였다는 설

라암셋 2세의 후계자 메르넵타가 출애굽 당시의 '바로' 라고 후기 출애굽를 주장하는 학자들이 말한다. 라암셋 2세가 모세를 광야로 쫓아보내고 다시 돌아오게 한 왕으로서 그는66년 동안 장기간을 집권하였다. Israel Stele (비문)이 발견 되었는데, 이 비문에는 메르넵타가 재임 5년(주전 1234년) 리비아를 점령하고 그외 이스라엘을 포함한 가나안 지역과 그곳의 백성들을 정복한 것이 기록되어 있다. 메리넵타가 가나안을 정복하였다면 전기 출애굽 연대는 물론이거니와 후기 연대와도 시기가 맞지 않는다.

제6장 애굽(埃及 Egypt)에서의 생활
(출1:-14: 시105: 17-39, 행7: 15-36, 히11: 22-29)

1. 애굽(埃及 Egypt)통치의 4기간

1) 주전1991-1786년 까지

주전 1991-1786년까지 : 이 시기는 봉건 영주의 분단된 혼란한 기간을 지나서 강력한 제12왕조가 통치하여 나라가 안정되고 왕은 또 다시 최고의 권력을 가지고 통치하였다. 하반부와 상반부의 애굽(埃及)이 통일되었으며 수도는 구왕국(Old Kingdom 旧王国)의 멤피스 남쪽에 있는 이드-타우이(以斯淘Ith-taui)였다. 나라는 번영했고 대부분의 상황들은 백성들을 기쁘게 했다. 이웃 나라에서 발견된 애굽(埃及)의 자기(瓷器)는 무역이 있었음을 나타내고 있으며 이 기간은 애굽(埃及)의 국경을 넘어 세계에 까지 그 영향력을 행사할 만큼 힘이 강했던 기간 중의 하나였다.

2) 외국 백성 힉소스(许克所斯 Hyksos)족의 지배

(1) 셈 족인 외국 백성

힉소스(许克所斯 Hyksos)족이 침입하여 애굽인을 남쪽으로 밀어내고 힉소스(许克所斯) 왕조시대를 열었다. 힉소스(许克所斯 Hyksos)족의 정확한 근원은 아직까지 수수께기로 남아 있으나, 주전18세기 초반에 서서히 애굽(埃及)에 침투한 아시아족이다. 12왕조를 13, 14왕조의 연약한 왕들이 계승했는데 이 때 침투을 했을 것이다. 힉소스(许克所斯)족은 주전1730년경에 북쪽의 델타(三角洲 Delta)를 장악하여 아바리스를 수도로 정했으며, 주전1680년경에 주요 수도인 멤피스(孟裴斯)에서 애굽(埃及) 통치자를 제거하는데 성공하였다.

그들은 애굽(埃及) 전체에 퍼져 한 때는 남쪽의 누비아를 점령하기도 하였다. 힉소스(许克所斯)족은 숫자가 많지 못하여 요직만을 차지하고 주된 힘을 행사하였다. 애굽(埃及)을 정복한 때에도 큰 전쟁의 증거는 보이지 않았으며, 그들은 거의 기록을 남기지 않아 확실히 알려진 것이 별로 없다.

(2) 힉소스에 대한 다른 설

이집트인 마네토(주전 3세기에헬리오 폴리스의 제사장 이집트의 왕조를 30왕조까지 만들었다) : 힉소스족은 셈족 또는 아시아인으로 학자들의 학설이 모아져 있을

때 마네토는 힉소스족은 이스라엘의 족장들이 이집트를 지배 통치하였다고 발표하였다

힉소스(Hyksos)를 이집트인들은 "하카우 호스베르(Hikau Khoswer)" 라고 하였는데 그 뜻은 이방인 통치자란 의미다

그의 주장은 힉소스족은 이집트 북쪽으로 침략하여 도시와 신전들을 파괴하며 불태우고 이집트인들을 학살했다는 것이다. 멤피스를 점령한 후 점차적으로 점령 지배하여 아바리스를 수도로 정하여 1세기 넘게 함족들을 통치하다 제18왕조 아모시스에게 쫓겨나 유다의 천연 요새인 예루살렘을 수도로 건설 하였다고 하였다.

힉소스란 단어도 마네토가 헬라어로 만든 것이다.

3) 제18왕조 기간

제18왕조 기간은 가장 강력한 시기로 세계적인 영향력을 행사하였다. 처음 정책은 힉소스(许克所斯)족을 내쫓는 것이었다. 이 일은 17왕조 때 이미 시작되었으나 힉소스(许克所斯)왕조의 수도 아바리스를 탈환하고, 외국인들을 팔레스타인(巴勒斯坦)까지 쫓아버린 사람은 제18왕조의 첫 통치자 아모시스(亞模西士 Ahmoes 주전 1584-1560)였다. 아모시스(亞模西士 Ahmoes)는 본국의 통치를 강화하였고, 그의 손자 투트모스 1세(杜得模西士 Thutmose 一世 주전1539-1514) 로부터 제국적인 애굽(埃及)이 시작되었다. 이 왕의 군대는 멀리 남쪽의 나일 강(尼罗河 Nile River)의 셋째 폭포(第三大瀑布 Thind Cataract)에 까지 북쪽으로는 지중해를 따라 유브라데스 강(幼发拉底河 Euphrates)까지 원정하였다. 후에 그의 손자 투트모스 3세(杜得模西士 Thutmose 三世 주전1504-1450) 대제는 일반적으로 애굽(埃及)에서 능력있는 통치자로 추대되었다. 그는 투트모스1세 (杜得模西士 一世)를 능가하여 더 멀리 원정을 하였고 안정된 국경을 강화했다.

투트모스 3세(杜得模西士 三世)의 아들 아멘호텝(亚门诺裴 Amenhotep) 2세 또한 군사적인 수완을 타고났다.

이 당시 애굽(埃及)의 군대는 세계에서 가장 강했으며 사륜마차의 군대가 선봉을 맡았다. 좋은 곡물이 생산 되었고, 이웃 나라와 호혜적 관계로 무역을 했으며 성공적인 원정으로 풍부한 전리품을 얻었으며, 훌륭한 교육적, 문화적 혜택을 누렸다.

4) 제19왕조 기간

제19왕조 역시 세계적 영향에 있어서 제18왕조만큼 강했다. 이 왕조는 109년간 지속 되었으며, 그 중66년은 라암셋2세(兰塞 Raamses 二世 주전 1304-1238)의 통치 기간이었고. 라암셋(兰塞 Raamses) 2세와 그의 부친 세티(Seti) 1세는 투트모스 3세(杜得模西士 三世)의 북쪽 국경을 재건하려 했는데, 목표에 달하지는 못하였으나 전(全) 팔

레스타인(巴勒斯坦 Palestlne)과 남방 수리아(叙利亚 Syria) 전체를 지배하였다. 라암셋(兰塞) 2세는 군사적 전략가이며 건축가였음을 알게하는 것은 애굽(埃及)의 거의 모든 주요 도시에 건축물과 증축한 건물들이 그것을 말해 준다. 애굽(埃及)은 19왕조를 통해 계속 번영하여 세계에서 강한 힘을 발휘하고 있었다.

2. 애굽(埃及 Egypt)에서의 야곱(雅各 Jacob)의 후손 (보수주의 학자들의 주장)

야곱(雅各)과 그의 가족들은 주전 2000년대의 첫 통치 기간 중 제 12왕조 때에 애굽(埃及)에 도착하였다.

도착 연대가 주전 1876년경으로 당시 애굽(埃及)왕은 세누세르트Ⅲ세(西奴色三世 Senusert Ⅲ. Sesostris 주전1878-1871)이었던 것 같다. 이 왕은 호전적인 왕으로 남쪽으로는 둘째 폭포(第二大瀑布 Second Cataract) 북쪽으로는 전 팔레스타인(巴勒斯坦)까지 정복했다. 그는 삼각주((三角州 Delta)에서 홍해까지 운하를 팠으며 첫 폭포(第一大瀑布)에서 다른 운하를 또 팠다. 그의 선왕 세누세르트 2세(西奴色二世 Senusent 주전 1894-1878)는 요셉(约瑟)이 꿈을 해석한 왕이었을 것이다. 야곱(雅各)의 후손들은 비옥한 고센(歌珊) 땅에서 하나님의 특별한 축복을 받아 번성하였다. 이스라엘(以色列) 자손이 "그 땅에 가득 찰 때" (출1: 7) 애굽(埃及)인들이 목자를 가증히 여겼으므로 애굽(埃及)인들의 무관심 속에서 히브리(希伯来)인은 고센(歌珊) 땅에 머무르며 증대해 갔다.

요셉(约瑟)은 그의 가족이 애굽(埃及)으로 들어온 후 71년을 더 살았다. 이것은 12왕조가 끝나기 대략 25년 전 아메넴헤드 3세(亚曼念纪三世 Amenemhet Ⅲ. 주전 1841-1797)의 재임 중인 주전1805년경에 그가 죽었음을 의미한다.

3. 압 박 (출1: 8-22)

"요셉(约瑟 Joseph)을 알지 못하는" 왕이 일어난 것은 힉소스(许克所斯)왕조의 첫 왕이었다. 힉소스(许克所斯)족의 수도는 아바리스였으며 고센(歌珊 Goshen)은 바로 이 지역에 있었으므로 맨 처음 정복 되었을 것이다.

1) 노예가 되다 (출1: 8-14)

힉소스(许克所斯 Hyksos)족이 이스라엘(以色列 Israel)을 억압하는 이유가 출애굽기(出埃 及记 Exodus) 1: 8-10절에 기록 되어있다.

(1) 새 통치자인 힉소스(许克所斯)족은 "요셉 (约瑟)을 알지 못했다"

(2) 이스라엘(以色列)은 힉소스(许克所斯)족 보다 "수도 많고 힘도 강하게" 보였던 것이다.

(3) 전 왕조와 군사적 동맹을 맺어 문제를 일으킬 것으로 보였기 때문이다. 그들을 핍박하며 노예로 삼아 비돔(比东 Pithom)이나 라암셋(兰塞 Raamses) 같은 건물을 짓는데 노동력이 필요했다.

2) 남자아이를 죽이라는 명령 (출1: 15-22)

이스라엘(以色列)의 인구증가를 제지하려는 또 다른 조치가 내려졌는데 모든 남자아이를 죽이라는 명령이다.

그 명령은 힉소스(许克所斯)왕조가 내린 것이 아니라 제 18왕조의 한 왕이 내린 것이었다. 이것은 이 명령이 유효할 때 모세(摩西 Moses)가 태어났다는 사실에 따른 것이다. 출애굽(出埃及) 당시(주전1446년) 모세(摩西)가 80세이므로 모세(摩西)의 출생 연대는 제 18왕조의 셋째 왕 투트모스 1세(杜得模西士 Thutmose 一世 주전1539-1514)의 집권시 주전 1526년경으로 계산된다. 이 명령은 몇 년의 간격을 두고 두 번 내려졌다.

첫 번은 히브리(希伯来)인의 산파에게 내려졌는데, 아모스(亚模西士 Ahmoes 주전 1584-1560)나 아멘호텝 (亚门诺裴 Amenhotep 1560-1539) 1세 두 사람 중 한 사람이 내린 것이다.

두 번째는 투트모스 1세(杜得模西士 Thutmose 一世)에 의해 히브리(希伯来)인의 모든 남자아이들을 나일강 (尼罗河 Nile river)으로 던지라는 것이었다(출1: 22). 이스라엘(以色列)은 350년 동안 하나님께서 국가로 성장시키기 위하여 급속히 증가하는 반면 애굽(埃及)인들은 국경을 확장하는데 주력하느라 많은 시간을 국경에서 남자들이 보냈으므로 자손이 번성하지 못했다.

4. 모세(摩西 Moses 출2: 1-10)

새 명령은 첫 번째보다 더 강력했지만 한 중요한 인물이 이스라엘(以色列)의 역사 속으로 들어가는 것을 막지 못했다. 그는 이스라엘(以色列)의 위대한 구원자로 하나님이 준비했으므로 하나님의 특별한 보호가 있었던 것이다.

1) 초기의 가정 (출2: 1-10)

모세(摩西)의 아버지와 어머니는 모두 레위(利未 Levites)인의 자손이다(출 6:16-20). 모세(摩西)의 부모님은 3살 된 아론(亚伦 Aaron)과 7살 된 미리암(米利暗 Miriam)등의 남매가 슬하에 있었다.

하나님께서 모세(摩西)의 부모로 아므람(暗兰 Amram)과 요게벳(约基别Jochebed)을 택하신 것은 그들은 아마도 경건한 믿음의 가정일 것이라고 학자들은 추측한다. 석달 동안 아이를 키우다 더 이상 숨길 수 없음을 알고 갈대 상자에 넣어 나일강(尼罗河)에 띄워 그 누이로 하여금 지키게 하였다. 마침 나일강(尼罗河)에 목욕 나왔던 투트모스 1세(杜得模西士 一世)의 딸이 모세를 발견하였고 숨어 지키던 미리암(米利暗)을 통해 공주는 유모를 구하고 그 모친 요게벳(约基别)이 유모로 젖을 뗄 때까지 모세(摩西)를 데리고 있었다.

2) 바로의 딸 핫셉수트 (哈雪苏 Hatshepsut)

핫셉수트는 애굽(埃及) 최고의 통치자라는 명성을 얻을 만큼 그녀의 치세는 훌륭하였다.

핫셉수트(哈雪苏)는 사위이자 의붓아들인 투트모스 3세(杜得模西士 Thutmose 三世)가 10살의 어린 나이로 즉위하자 자동적으로 섭정이 되어 22년간을 통치한 여걸이며 능력있는 지도자였다. 그녀의 아버지는 투트모스 1세(杜得模西士 一世)이고, 남편은 아버지의 후궁에게서 태어난 투트모스 2세(杜得模西士 二世)이다. 합셋수트 (哈雪苏 Hatshepsut)는 외딸 네프루레 (内芙瑞 Nefrure)만을 낳았고, 후처에게서 아들이 태어났던 것이다.

이 아들이 10살에 왕으로 즉위한 투트모스 3세(Thutmose)이며 핫셉수트(Hatshepsut)는 자연스럽게 섭정을 하게 되었으며 그녀는 그 자리를 물러나지 않고 죽을 때까지 22년 동안 섭정을 하였다.

3) 궁궐에서의 모세 (摩西)

모세(摩西)는 이 지적 능력을 타고난 핫셉수트(哈雪苏)에 의하여 애굽(埃及)의 모든 학술을 다 배웠을 것이다. 태생이 정열적인데다 자신의 딸 네프루레(内芙瑞 Nefrure)가 일찍 죽었으므로 모세(摩西)를 온 정성과 관심을 쏟아 양육 했을 것이다.

5. 모세(摩西 Moses)의 선택(출2: 11-25; 행7: 23-29; 히11: 24-27)

모세(摩西)는 애굽(埃及 Egypt)을 버리고 자기민족을 택한 것은 칭찬을 받을만 하였으나 조급하게 자기 동족을 돕다가 미디안(米甸)으로 도망을 하게 된 것은 어리석은 행동이었다. 모세(摩西)는 동쪽 시나이반도(西乃半岛)로 도망하여 미디안(米甸)의 제사장 이드로(Jethro)의 집에서 양을 치며, 그의 딸 십보라(西坡拉 zipporah)와 결혼 하여 40년을 살았다. 모세(摩西)의 활동지역은 주로 아카바만(亚喀巴海湾 Gulf of Agabah)과 시내산(西乃山) 근처였을 것으로 알고 있는데 이곳은 장차 이스라엘(以色列)백성을 이끌고 이곳을 통과할 모세(摩西)로서는 이때에 얻은 지리적 지식으로 훗날에 큰 도움이 되었을 것이다. 모세(摩西)가 광야에 40년 동안 있을 때 투트모 스 3세(杜得模西土 Thutmose 三世 주전 1504-1450)가 죽었다(출2: 23-25). 투트모스3세는 핫셉수트 (哈雪苏)가 죽은 후 왕으로 복귀하여 32년간 통치하였다. 그는 정치가며 행정가로 유명하였고 당시 경마, 궁도 그리고 모든 운동에 능하였다. 그의 뛰어난 점은 군사적 전략가로 핫셉수트((哈雪苏 Hatshepsut)가 죽은 직후 북방과 팔레스틴(巴勒斯坦)과 수리아(叙利亚)에 반란이 있었으나 므깃도(米吉多 Megiddo)에서 그들을 제압하였다. 그 후 원정에서 유브라데스강(幼发拉底河)을 넘어 북방 국경을 밀고 나갔으며 그의 할아버지보다 더 멀리까지 원정했다. 그리고 나일 강(尼罗河)을 따라 남쪽으로 행한 두 번의 원정은 넷째 폭포(第四大瀑布) 밑의 나파타 (拿巴达 Napata)까지 국경을 확보 하였다. 애굽(埃及)의 국경은 최고 한도에 달했고, 포획한 전리품과 무역으로 애굽(埃及)의 역사상 이 때처럼 번성한 시기는 거의 없었다. 이 위대한 통치자가 죽었으므로 모세(摩西)는 애굽 (埃及)으로 돌아왔다.

6. 애굽(埃及 Egypt) 으로 돌아 온 모세(摩西 Moses 출3: 1-4:31)

그러나 애굽(埃及)으로 돌아가리라는 생각은 모세(摩西)로부터 시작된 것이 아니다. 하나님께서 양을 돌보는 모세(摩西)를 호렙산(何乃山Mt. Horeb)에서 부르셔서 저항하는 그에게 애굽(埃及)으로 돌아가서 오랜 속박 가운데 있는 이스라엘(以色列)백성을 구하라고 하셨다. 모세(摩西)는 자신에게 말씀하시는 분의 이름을 물었다.

그분은 "I am who I am. 나는 나다" 즉 하나님은 스스로 있는 자로서 자신을 포함한 모든 존재에 책임을 갖고 있다는 뜻이다. 하나님은 우연이라는 것을 모르시는 분이기 때문에 무슨 약속을 하든지 반드시 지킬 것이다. 하나님은 모든 존재를 통치하시므로 아무도 그의 약속을 방해하지 못할 것이며, 하나님이 허락하지 않는 한 방해를 가져오는 것은 전혀 없을 것이다. 이것이 하나님의 이름이 가지고 있는 의미이다. 모세(摩西)는 하나님의 설득에 의하여 애굽(埃及)으로 돌아왔다.

7. 바로 왕(法老王 Pharaoh) 과 의 투쟁 (출5: 1-12:36)

하나님께서 모세(摩西)의 대변자로 아론(亚伦 Aaron)을 지명하여 주셨고, 이스라엘(以色列) 장로들도 모세(摩西)와 아론(亚伦)을 잘 받아들였다. 모세(摩西)와 아론(亚伦)

은 애굽(埃及)왕 투트모스3세(杜得模西士 Thutmose 三世)의 아들 아멘호텝 2세(亚门诺
裴 Amenhotep)를 만나러갔다.

아멘호텝2세(亚门诺裴)는 용기와 힘을 가진 통치자이며 위대한 아버지로부터 훈련을
잘 받은 왕으로 18세에 왕위에 올랐으며, 그는 경마와 궁도에 조예가 깊었고 뛰어난
항해사였다. 아멘호텝 2세(Amenhotep)는 북쪽 수리아(叙利亚)에 적어도 3번이나 성공
적인 군사 원정을 하여 그의 부친이 점령하였던 지역들을 유지하였고 애굽(埃及)의
남쪽 국경을 넷째 폭포(第四大瀑布) 근처 나파타 (Napata)까지 경계로 할 수 있었다.

모세(摩西)와 아론(亚伦)은 이 왕의 재임 초기에 만났을 것이다. 모세(摩西)는 처음
바로에게 "사흘 길쯤 가서 야훼(耶和华)께 희생제물을 드리게" 해달라고 요청을 하였
다(출5: 1-3) 그 결과는 벽돌을 만드는데 필요한 짚을 공급하지 말라는 바로의 명령이
내려졌을 뿐이다. 이스라엘(以色列)백성은 고통을 더 가중시켜 준 모세(摩西)와 아론
(亚伦)을 원망하였다(출 5:12-21). 하나님은 바로의 마음이 유순하게 되어 이스라엘(以
色列)백성을 놓아 줄 때까지, 또 야훼(耶和华) 하나님만이 참 신이 되심을 알 때까지
재앙을 내렸다 그것이 곧 10 재앙이다.

1) 열 재앙

(1) 물이 피로 변함 (출7: 14-25)

(2) 개구리 (출8: 1-15)

(3) 이 (출8: 16-19)

(4) 파리 (출8: 20-32)

(5) 돌림병 (출9: 1-7)

(6) 악성 종기 (출 9: 8- 12)

(7) 우박 (출9: 13-35)

(8) 메뚜기 (출10: 1-20)

(9) 흑암 (출10: 21-29)

(10) 장자의 죽음 (출12: 29-30) 등이다.

이 재앙들은 그 강도가 점점 증가 되었는데 첫 번 네 가지 재앙은 극히 불쾌하긴 하
지만 큰 고통이나 물질적 손실은 없었으나, 다섯 번째 재앙은 가축들이 죽었고 여섯
번째는 인간에게 큰 고통을 겪게 했다. 일곱 째 와 여덟 번째는 곡식들이 파괴되었고,
아홉 번째는 인간의 심리적 고통과 공포를 주었다. 열 번째 재앙은 가장 극심한 것으
로서 가족의 후계자의 생명을 앗아갔다. 비로소 바로는 이스라엘(以色列)백성을 놓아
주었다. 고센(歌珊 Goshen)은 재앙에서 제외되어 애굽(埃及)의 다른 지역과 구별될 뿐
아니라 이 재앙이 이스라엘(以色列)의 신 인 야훼(耶和华)가 내렸다는 것을 알게 하였
으며 애굽의 술객들도 셋째 재앙 인 "이" 부터는 초능력자가 있음을 인정했다.

2) 재앙의 기간

이 재앙의 기간이 얼마나 걸렸는가에 대해 몇 가지의 의견이 있다.

(1) 첫 번째의 실마리는 제한성에 관한 것으로 당시 아멘호텝 2세(亚门诺裴 Amenhotep)는 이 기간 중 삼각주 지역에 있었다. 그런데 수도는 남쪽 테베(底比斯)에 있었으므로 삼각주(三角州) 지방에 오랫동안 머물 수 없을 것으로 판단하여 6개월로 보는 견해와, 재앙의 기간이 두 서너 달이라는 견해이다. 재앙이 끝났을 때가 곧 니산월(Nisan 3, 4 월의 14일인 유월절(逾越节 Passoven) 시기에 초점을 맞춘 것이다.

(2) 두 번째의 실마리는 일곱째 재앙인 우박을 지적하며 수확기의 보리와 아마의 생산을 해쳤는데, 이 곡물들은 유월절(逾越节) 되기 6-8주 전 2월 초순에 여물게 되는 곡식이었다.

(3) 세번째는 나일강(尼罗河)이 최고의 범람단계였을 때 첫 번째 재앙이 일어났다는 것이다. 나일강(尼罗河)은 해마다 범람하는데, 9월이 최고로 높게 물이 불어났다가 10월부터 천천히 빠지기 시작한다. 물이 온 땅에 가득할 때에 그 물이 피로 변했다면 백성들에게 놀라운 인상을 주었을 것이다.

(4) 네번째는 둘째 재앙(개구리)이 첫 번째 재앙 7주일 후에 왔다고 했으므로 홍수가 빠지면서 생기는 진흙 상태가 이 재앙에 적합한 형태이고, 첫 째 재앙의 구체적 시기는 물이 최고 높이에 달했을 바로 직후인 것 같은데 이는 10월 중의 어느 때를 의미한다. 이 모든 것을 종합할 때 재앙의 전체 기간은 10월부터 시작하여 3월 말까지였다고 생각된다.

3) 재앙의 목적

재앙의 목적은 바로 왕(法老王)을 설득하여 이스라엘(以色列)이 애굽(埃及)을 떠나게 하는 것만이 목적이 아니고 하나님의 실재와 권능을 애굽(埃及)땅에 나타내 보이기 위함이었다. 모세(摩西)가 야훼(耶和华)께 제사하기 위하여 이스라엘(以色列)백성을 보내달라고 처음 말했을 때 바로는 "야훼(耶和华)가 누구관대 내가 그 말을 듣고 이스라 엘(以色列)을 보내겠느냐?" (출5: 2)는 의미 있는 질문을 했다. 자의든 타의든 바로와 애굽(埃及)인은 억지로라도 야훼(耶和华)가 누구인지 깨달았다. 하나님께서는 이것을 미리 예언하셨다.

하나님의 손을 애굽(埃及)에 펴서 그가 야훼(耶和华)이며 그는 하늘과 땅뿐 아니라 나라와 주권이 그의 것임을 바로가 알고 야훼(耶和华)만이 참 하나님인 것을 인정 할 때까지 바로가 하나님의 청탁을 듣지 아니할 것이라고 하셨다. (출7: 4 -5)

4) 열 번째 재앙 (출1 2: 29-30)

열 번째 재앙은 애굽(埃及)의 장자가 죽는 것이었다. 니산월의 열네째 날 밤에 모든 애굽(埃及)가정의 장자들이 죽었다(출11: 5). 그러나 이스라엘(以色列)의 장자들은 한 사람도 죽지 않았다. 바로 왕(法老王)의 장자로부터 맷돌을 돌리는 여종의 장자까지 이 죽음의 재앙에 포함되었다. 이것은 성경 외적인 자료에도 확인된 사실이다. 이상한 "꿈" 이란 비문이 아멘호텝(裵亚门诺 Amenhotep) 2세의 아들인 투트모스 4세(杜得模 西士 Thutmose 四世)에 의해 남겨졌다. 아멘호텝(裵亚门诺 Amenhotep) 2세의 장자는 장자재앙이 내리던 날 밤 죽었을 것이므로 투트모스 4세는 장자가 분명 아니다. 이 "꿈" 비문은 그가 실제로 장자가 아니었음을 암시한다.

이 비문은 기제(基哲 Gizeh)의 대형 스핑크스 발 사이에 있는 석판에 쓰여져있는 것으로 그 내용은 이러하다. 태양신인 하르마키스(哈马基斯Harmakhis)가 투트모스(杜得 模西士) 4세의 꿈에 나타나 "만일 네가 사막에서 스핑크스를 발견하면 왕좌는 네 것이 될 것" 이라고 약속하였다. 이 의미를 생각하자면 이 젊은이는 꿈을 꾸고 그것을 돌에 기록할 정도로 왕이 못되는 것을 많이 염려했음을 알 수 있다. 그가 장자였다면 왕위계승은 자동적인 것이므로 염려하지 않았을 것이다. 바로는 그날 밤 모세(摩西)와 아론(亚伦)을 불러 떠나라고 말했다. 민수기 33:3에 의하면 이스라엘(以色列)은 그 다음날 니산월 열 다섯째 날에 떠났다.

5) 유월절 (逾越节 Passoven 출12: 1-28)

장자가 죽는 마지막 재앙은 애굽(埃及)인들만 아니라 이스라엘(以色列)인들에게도 중대한 것이었다. 이스라엘 백성은 하나님께서 명하신 유월절(逾越节)을 지킴으로 인하여 죽음을 면하게 되었다. 모세(摩西)는 장자재앙이 내리기 며칠 전에 죽지않는 방법을 백성들에게 전달하였다(출12: 1-23). 모든 이스라엘(以色列) 가정은 니산월 열째 날 흠 없는 1년 된 숫 양이나 염소를 택하여 두었다가 14일 저녁 그것을 죽여 그 피를 우슬초 가지로 주걱을 만들어 집문 좌우 설주와 인방에 바르고, 그 고기는 불에 구어 무교병과 쓴 나물과 함께 온 가족이 먹어야 했다. 이스라엘(以色列)인들은 문 인방과 문 설주에 바른 그 피로 인해 생명을 얻었다.

양들은 아들들 대신으로 죽었으며 하나님은 약속대로 피를 보시고 이스라엘 집을 넘어 가신 것이다. 하나님은 이 중요한 사건을 기념하여 해마다 유월절(逾越节)을 지키라고 지시하셨다(출12: 1-28).

(1) 현대 유대(犹太)인들이 유월절(逾越节)을 어떻게 지키는가?

전통 유대의 종교인들은 유월절(逾越节 페샤, 페삭)에는 온 가족이 한 식탁에 둘러앉고 가장이 상석에 앉으면 가족 중 가장 어린 아이가 이 날이 다른 날과 다른 것이 무엇이며, 이 밤이 다른 밤과 다른 이유가 무엇입니까 ? 라고 물으면 가장은 출애굽(出埃及)사건을(출 12:21-28 신 16:1-8) 해마다 반복하여 설명한다.

그런 후에 시편(诗篇) 113-118을 낭송한 후 포도주를 가장이 식구들에게 따라 주며 자유인이 된 것을 서로 축하 하며 하나님을 찬양한다.

(2) 유월절(逾越节) 음식은?

1) 양고기
2) 무교병
3) 쓴 나물
4) 닭 다리
5) 계란
6) 포도주
7) 쩸(견과류로 만든 쩸)

(3) 유월절(逾越节)이란 말의 뜻은? "

"이스라엘(以色列)자손의 집을 넘으사" 란 말에서 유래. 페삭은 '용서하다' '변을 당하지 않는다.' '자유자' 란 의미도 있다. 애굽(埃及)은 변(재앙)을 당하고 이스라엘(以色列)은 구원을 받았다. 식사 전의 포도주, 식사 도중에 포도주, 식사 후에 3번째 포도주를 따르고, 시편(诗篇) 115: -118편을 낭독하고, 네 번째의 포도주는 찬양의 잔이며, 이때는 아가서를 많이 읽는다.

8. 애굽(Egypt)에서의 출발

1) 애굽을 통한 경로

니산월 15일에 이스라엘(以色列)이 집합한 장소는 라암셋(兰塞 Raamese)이었다(출 12: 37). 라암셋(兰塞)을 보통 고대 타니스(尼斯 Tanis)로 규명한 것이 정확하다면, 구 타니스(尼斯Tanis)는 고센(歌珊Goshen)의 북쪽 끝이므로 백성들은 고센(歌珊)의 북쪽에 모였을 것이다. 그들은 라암셋(兰塞)을 떠나 숙곳(疏割 Succoth)에 이르 렀고(출12: 37,13:20), 이곳은 보통 텔 엘-마스쿠타(马斯古达 Tell El-Maskuta)로 알려져 있다. 이 텔엘마스쿠타 (Tell-elmaskuta)는 이스라엘(以色列)이 택했을 경로로 볼 때 타니스(尼斯)에서 남동쪽으로 51km 되는 지역이다.

다음에 에담(以倘 Ethom)에 이르렀고, 이곳에서 하나님은 "돌아가서 바다와 믹돌사이 비하히롯(比哈希录 Pihahiroth), 곧 바알스본(巴力洗分 Baal-zephon) 앞" 에 장막을 치라고 지시하셨고(출14: 2) 이 지점에서 그들은 앞으로 가는 진행을 막는 거대한 강을 만나게 되었다. 이 수역은 '얌 숲'(称为 Yam Suph) 이라고 불리우는데, 문자 그대로 "갈대 바다"(芦苇海 Reed Sea)라는 뜻이다. 홍해에는 갈대가 없다고 전하지만, 얌 숲이라는 용어는 다른 곳에서 홍해를 지칭할 때 쓰이고 있으며 수에즈 만(苏彝士海湾 Gulf of sues 출10: 19, 민33: 10-11)서쪽과 아카바 만(亚咯巴海湾 민14: 25, 신1: 40) 동쪽을 언급할 때에도 쓰이고 있다.

2) 세가지 사실

다음 세가지 사실은 여기에 관련된 수역이 홍해의 수에즈 만이 아니라고 주장하는 학자들이 많다.

(1) 수에즈 만은 멀리 남쪽에 있으므로 급하게 애굽(埃及)을 빠져나가는 상황에서 합당한 장소가 아니다.

(2) 성경의 기록에는(출13: 20, 민 33: 6-8) 얌 숲이 기름진 애굽(埃及)의 토양과 광야 사이를 갈라 놓았다고 암시하고 있다. 반면 백성들이 처음에 멀리 남쪽의 수에즈 만까지 갔다면 그들은 이곳에 도착하기 전에 넓은 광야를 만났을 것이다.

(3) 그들이 이 수역을 건넌 다음 "수르 광야"(書珥旷野Shur 출15: 22)에 당도하였다. 이 지역은 시나이 반도(西乃半岛) 북쪽 부분에 있었으므로 남쪽 수에즈만 일리가 없다. 얌 숲에 대한 보다 그럴 듯한 해명은 당시 얌숲과 연결되어 있는 쓴물 호수(멘잘레 苦海)가 그 곳에서 가까이 있었으므로 멘잘레 호수일 것이라고 한다.

맛소라 학파의 성경이 먼저 번역되었는데 거기에 홍해를 Reed Sea(芦苇海)로 번역하였고 영어 성경은 Red Sea(红海)로 번역 되었다. 홍해에는 실제로 갈대가 없으며 급하게 나오는 상황에서 홍해의 끝인 수에즈 만으로 건너지 않았을 것이라고 말들을 한다. 맛소라 학파는 이스라엘 백성이 고센(歌珊)이나 아바리스(Avaris)의 주변에 있는 멘잘레 호수(苦海 Bitter Lakes)의 하구를 건넜다고 한다. 멘잘레 호수(苦海)에는 갈대가 많이 있다.

3) 출애굽 (Exodus) 한 히브리 백성들

애굽(埃及)에서 이동한 사람들의 숫자는 상당히 많았다. 성경의 여러 곳에 20세 이상의 남자가 대략 60 만이라 고 기록되었다(출 12: 37, 38: 26민1: 46, 2: 32, 11: 21, 26: 51). 이것은 전체의 숫자가 200만이 넘음을 의미한다. 이들은 대부분 야곱(雅各)의 후손이다. 이스라엘(以色列)백성은 430년 동안 애굽(埃及)인과 구별되어왔다.

(1) 그 요인은 몇 가지가 있다

① 이스라엘(以色列) 사람들이 애굽(埃及)인과 결혼하지 않고 혈통을 보존했을 것이다.

② 목자를 가증이 여겼던 애굽(埃及)인이 이스라엘(以色列)사람과 결혼하길 꺼렸을 것이다.

③ 250년간 노예로 멸시 받으며 살아 온 이스라엘(以色列)과 결혼하려 하지 않았을 것이다.

야곱(雅各)의 후손 외에 이스라엘(以色列)을 따라온 "중다한 잡족"(闲杂 erebhrab 출12: 19, 민11: 4)들이 이스라엘 백성을 따라 출애굽하여 함께 섞여 있었다. 광야 생활에서 많은 불평을 한 사람들이 바로 이 잡족들 이었다. 이스라엘 백성은 낮에 는 구름에 의해 인도되었고 밤에는 구름이 불기둥이 되어 길을 인도하였다.

잡족=잡족이 이스라엘(以色列)에 유입되어 큰 공을 세운 사람의 대표적인 사람은 여분네(耶孚尼 Jephunneh)의 아들 갈렙(迦勒 Caleb 그니스족 基尼洗族 Kenizzite수 14: 6 그나스족 으로도 쓰여 졌다. 민32:12)과, 그니스의 아들 옷니엘(俄陀聂)이다. 그들은 유다(犹大)지파와 동맹을 맺어, 유다(犹大)지파의 두령으로 가나안(迦南)의 정 탐꾼으로 가기도 하였다(민 13:6). 그의 조카며 사위인 옷니엘(俄陀聂 Othmeil)은 성 령이 충만한 첫 사사였다.

실제로 유다(犹大)지파에는 유다(犹大)의 손자 헤스론(希斯仑 Hezron 민26: 6 대상 2: 18) 이 낳은 아들 갈렙 (迦勒 Caleb훌의 아버지며 브살렐의 조부)이 있다. 여분네 의 아들 갈렙이 헤스론의 아들 갈렙을 존경하여 유다(犹大)지파에 영입하였고, 갈렙 의 딸의 이름인 악사(押撒 Achsah 대상2: 49)의 이름까지 여분네(耶孚尼)의 아들 갈 렙(迦勒)이 자기 딸에게 붙여주었다(삿1: 12).

(2) 얌 숲(Yam Suph) 에서의 곤경과 세 가지 큰 기적 (출14: 1-31)

앞에는 홍해 때문에 전진할 수 없고 뒤로는 애굽(埃及)의 군대들이 다시 추격을 하고 있어서 백성들은 당황하여 모세(摩西)에게 차라리 애굽(埃及)을 떠나지 말았다 면 좋았을 것이라고 원망을하며 후회들을 하였다.

(3) 그런데 하나님은 잠잠히 보고만 계시지 않으시고 놀라운 활동을 시작 하셨다

① 백성을 인도하던 구름이 위치를 옮겨 이스라엘(以色列 Israel)사람과 애굽(埃及)사 람의 중간에서 애굽(埃及) 군인들의 길을 막아주었다. 애굽(埃及)군인들은 심한 안개가 낀 것 같이 앞이 보이지 않았고, 이스라엘(以色列) 사람들에게는 앞쪽에 빛을 비추어 갈 길을 환히 인도하셨다.

② 하나님께서 "강한 동풍으로 밤새도록 물을 뒤로 물러가게 하여" 바다가 갈라져 길이 생기고, 마른 땅이 되어 사람뿐 아니라 마차까지도 갈 수 있도록 하였다 (출14: 22 히브리(希伯来)어로는 Yabbashah 건조한 말랐다). 또 통로의 간격은 200만이나 되는 이스라엘(以色列) 사람들이 하룻밤 동안의 건너기에 가능하도록

길을 만드셨다. 좌로 반 마일, 우로 반 마일 가량 물러가게 하는 데는 실제로 권능의 하나님의 절대적 능력이 필요했다.

하나님의 공명한 불빛 밑에서 이스라엘(以色列)은 그 통로가 열리는 것을 보았으며, 그 넓은 통로 속을 들어설 때 물이 그들 좌우에 벽이 되었다는 것은(출14: 22-23) 큰 물이 양쪽으로 물러가 있었다는 의미 있는 말이 된다. 물을 건넜던 장소가 정확히 어디인지 알 수 없어서 그 통로의 길이는 확실치 않다.

A. 백성들이 애굽을 출발하여 4-5일 여행할 수 있는 거리보다 더 길지는 않을 것이라고 본다. 구름기둥에서의 불빛이 필요한 것을 보면 백성들이 물로 들어갈 때는 어둠이 시작된 것을 알 수 있고, 모든 백성이 다 건넜을 때는 "새벽"(출 14: 24, 3-6시 사이) 이었을 것이다.

B. 이 길을 통과한 많은 사람들이 몰려 그 넓이가 약1.6km가량 확장 되었을 것이므로 이 열린 통로로 들어가 통과하는데 한 두시간이 소요 되었을 것이다

C. 양 떼나 가축을 몰면서 마차를 끌고 갔으므로 그 진행은 느린 속도였을 것이다. 이런 사실을 종합하면 홍해의 넓이는 5km-6km을 넘지 않았을 것으로 추측된다.

③ 세번째 기적은 물이 합쳐졌다(출14: 23-31). 이스라엘(以色列)백성을 뒤 따르던 애굽(埃及)군대 양쪽으로 막아 놓았던 물을 하나님께서 풀어놓아 그들을 물 속에 수장했다.

④ 하나님은 왜 이스라엘(以色列)백성을 애굽(埃及)에서 떠나게 한 후 이런 어려운 경험을 하게 하셨을까? 하는 의문을 갖게 하나, 광야로 들어가는 멀고도 지루한 행진에 미리 이런 어려운 종류의 경험을 통하여 이스라엘(以色列) 백성들의 마음에 인내를 배우게 하려는 하나님의 의도하심이었을 것이다.

제7장 이스라엘(以色列 Israel)의 광야 생활

(출애굽기(出埃及记) 15: 22-40: 38, 레위(利未)기 8: -10:,
민수기 (民数记) 1:- 4:, 10: 11- 14: 4, 16: 17:, 20:-27:, 31:-: 36:,
신명기(申命记) 1:- 4:, 34:)

1. 이스라엘(以色列)의 여행의 경로

이스라엘(以色列)이 지나간 길은 홍해를 따라 남쪽으로 160km넘게 내륙으로는 80km가량 오늘날에 예벨 무사(耶別姆沙 Jebel Musa) 시내산(西乃山 Msinai)를 향해 사선으로 뻗어 갔다.

이스라엘(以色列)이 1년가량 머물렀던 이곳에서 가나안(迦南) 남극단에 있는 가데스바네아(Kadesh-Barnea) 까지 북쪽으로 길은 쭉 뻗쳐 있다. 이 경로를 결정하는 핵심은 시내 산의 위치이다. 전통적인 견해는 시나이 반도(西乃半島)남쪽 끝에 있는 예벨 무사(耶別姆沙)가 바로 모세가 이스라엘 백성과 함께 진을 치고 있던 시내 산으로 본다. 일부 학자들은 출애굽기(出埃及记)19:16-19의 말씀이 화산의 분출을 시사하는 것이라고 믿고, 사화산들이 발견되고 있는 서북 아라비아(미디안(米甸))의 아카바만(亚喀巴海Gulf of Agabah) 동쪽의 어느 지점일 것이라고 주장하는 학자들도 있다. 그러나 이스라엘(以色列)사람들이 두려움을 가지고 목격했던 현상은 초자연적인 것으로 보아야하며, 또 성경에는 시내산(西乃山)은 이스라엘(以色列)이 출애굽(出埃及)한 장소에서 얼마 떨어져 있지 않았다. 그 이유는 두 지점 사이에 몇 군데 머물렀던 장소가 나와 있기 때문에 확신할 수 있다(민33: 2-18).

또 시내산(西乃山)이 가나안(迦南) 남쪽에 있어야 하는 이유는 그곳으로부터 가데스바네아(加低斯巴尼亚 Kadesh-barnea)까지 11일이 걸렸으며(신1: 1), 그리고 모세(摩西)의 장인이 "쟁이" 라는 뜻을 가진 "Kenite" (基尼人 성경엔 겐족속)로 불리 운다는 점이다. 예벨 무사 근처에 세라비트 엘-카딤(沙有耶尔赫丁 Serabitel-Khaddim)의 구리광산으로 인해 쟁이들이 이 근처에 살았던 것 같다.

2. 시내 산(西乃山 Mt. Sinai)까지의 여행(출 15:22-18:27)

1) 마라(玛拉 marah), 엘림(以琳 Elim), 신 광야(汎的旷野 Wilsernes of sim)

(1) 물을 예비하심(출15: 22-16: 36)

이스라엘(以色列) 백성은 구름의 인도를 따라 남쪽으로 전진 하였으나 사흘 동안 물을 발견하지 못하였다.

"마라(玛拉)" 라고 하는 작은 오아시스를 발견했으나, 그곳에 있는 물은 써서 먹을 수가 없으므로 하나님께 부르짖었을 때 나뭇가지를 물에 던지라고 지시함으로 그 명령에 따라 나뭇가지를 물에 던졌더니 쓰던 물이 달게 되어 백성들이 마실 수 있었다. 마라는 오늘날에 하와라(哈瓦拉 Hawarah)로 판명 되었다.

백성들이 전진하여 다다른 곳은 엘림(以琳)으로, 이곳은 하와라(哈瓦拉)에서 남쪽으로 약 10km가량 떨어진 곳이며 오늘날의 와디 구룬텔(古伦德泉 Wadi Ghurundel)로 알려져 있다 엘림는 오늘날에도 많은 양의 단물이 발견된다. 이곳에는 열 두 우물과 70주의 종려나무가 있어서 좋은 휴식처를 백성들은 얻을 수 있었다.

이스라엘(以色列) 백성은 라암셋(兰塞)을 출발한 지 한 달 만에 신 광야(汎旷野)에 도착할 수 있었다.

출애굽기(出埃及记) 16: 1에는 "제2월 15일"에 신 광야에 도착하였다고 기록 되어있다.

(2) 만나(吗哪 Manna 출 16: 1-36)

신광야(汎旷野)에서 이스라엘(以色列)백성들에게 먹을 양식이 떨어졌다. 이스라엘(以色列) 백성들은 모세(摩西) 를 원망 하였고, 하나님께서는 또 다시 기적을 나타내어 이스라엘(以色列) 백성을 구원하셨다.

아침 이슬과 함께 작고 동그란 모양의 만나(吗哪)를 내려 주셨는데 이 만나는 "깟씨 같고 희며 맛은 꿀 섞은 과자 같았더라" (출16: 14-15; 31;)고 성경에 기록되어 있다. 안식일을 제외하고 6일 동안 아침마다 거두어 드리고 금요일에는 안식일을 지키기 위하여 두 배를 거두게 하였다.

(3) 메추라기(출16: 12-13)

이스라엘(以色列) 백성이 고기로 인해 다시 하나님을 원망함으로 하나님은 만나를 내려주기 전날 그들에게 메추라기를 주어 고기를 먹여주셨다. "메추라기가 날아와 진을 덮었다" 라고 되어있다. 다음날 아침 처음으로 만나가 내렸는데 이때부터 40

년 후 요단강(約但河)을 건너 약속의 땅에 이를 때까지 계속되었다(출16: 35, 수5: 11-12)

2) 르비딤(利非订 Rephidim) 과 시내산(西乃山 Mt. Sinai 출17: 1-19: 3)

이스라엘(以色列) 백성은 신 광야로부터 내륙 쪽의 예벨 무사로 이어지는 와디 훼이란(飞兰泉 Wadi Feiran)으로 이동하여 르비딤(利非订)에 도착하였다, 이곳은 때로는 와디 레파이드(利法依 Wadi Refayod)로 불리이기도 한다. 르비딤(利非订)은 시내산(西乃山) 근처에 있다.

(1) 바위에서 물이 나옴 (출17: 1-7)

이곳에서 또 물이 떨어졌다. 르비딤에는 약간의 샘이 있었으나 그것들은 계절천(Wadi)이라 물이 많지 않았던 것 같다. 백성들은 모세(摩西)를 원망했고, 모세(摩西)가 하나님께 기도할 때 하나님은 바위를 때리면 물이 나와 백성들이 먹을 수 있다고 지시하셨고 모세가 순종 하였을 때 물이 쏟아 나와 60만 대군과 짐승들이 먹을 수 있었다. 이 곳이 르비딤(Rephidim)의 므리바 반석이다.

(2) 아멜렉 (亚玛力 Amalek)과의 싸움(출17: 8-16)

르비딤(利非订 Rephidim)에서 이스라엘(以色列)은 아멜렉(亚玛力 Amalek)이란 유목민을 만나 싸우게 되었다.

이 집단은 에서(以扫 Esau)의 손자의 후손으로, 네게브(南地) 산지와 남쪽의 사막지대를 떠도는 유목민으로서 이스라엘(以色列) 대열의 배후를 공격하며 도적질하고 살육을 했을 것이다(신25: 17-18).

여호수아(约书亚)가 훈련되지 않은 군인들을 인솔하여 싸울 때 모세(摩西)가 산 위에서 손을 들고 있으면 여호수아(约书亚 Joshua)가 이기고 손을 내리면 패하여, 완전히 승리할 때까지 아론(亚伦)과 훌Hur)이 모세(摩西)의 손을 올려 붙잡아 주었다.

(3) 조직(출18: 1-27)

르비딤(利非订)에서 모세(摩西)를 방문한 모세의 장인 이드로(叶忒罗 Jethro)가 조직체계의 결함을 지적하여 준 것을 모세(摩西)는 받아들여 이스라엘(以色列)을 감독할 보조자를 세워 그들의 명칭을. "천부장과 백부장, 오십부장, 십부장" (출18: 25-26)이라 하여, 주로 작은 문제는 그들이 재판을 하고 큰 문제는 모세(摩西)에게로 가져왔다.

(4) 시내 산(西乃山 Mt. Sinai)에 도착함(출19: 1-2)

시내산(西乃山)의 남쪽 봉우리만을 예벨 무사(Jebel musa 높이2,208.6m)라 하고, 북쪽 봉우리는 에스-사프사페 (拉斯约沙弗沙飞 Rases-safsafh 1,962m)라고 불리운다.

각 봉우리 앞에 이스라엘(以色列)이 진을 칠 만한 평지가 펼쳐 있었으나, 학자들은 일반적으로 예벨 무사 앞에 진을 쳤다고 한다.

이스라엘(以色列)이 이곳에 도착한 때는 셋째 달의 15일이었다. 백성들이 이곳을 떠난 것은 그 다음해 둘째 달 20일이었으므로 이곳에 열 한달 5일간 머물렀다(민 10:11). 이 기간에 이스라엘 백성에게 성막의 조감도와 율법을 주셨다.

3. 율법(律法 Torah)을 주심(출19: 3-24, 32:1-34:35)

노예생활을 하다가 출애굽(出埃及)한 이스라엘(以色列) 백성들은 자체의 법이라든가 조직된 백성으로서의 어떤 주체의식도 갖고 있지 못했다. 하나님에 대한 진정한 의식이나 그의 요구하시는 삶의 방식 같은 것은 더구나 없었다. 하나님은 그들을 진정한 국가로 만들기 위하여 법과 조직을 주었고 주체성과 임무를 가진 백성으로 통일시킨 후에 무엇보다도 하나님을 믿고 신뢰하는 하나님의 백성으로 만드시려고 시내 산을 택하셨다.

1) 십계명을 주심(传十诚 Decalogue on Ten commandment 출19: 3-20: 17)

시내 산에서 하나님과 이스라엘(以色列)과의 첫 소통은 십계명에 관한 말씀이었다 (출20: 1-17). 백성들로 하여 금 이 열 가지 원칙을 잘 받아들이도록 하기위하여 하나님은 이틀 동안의 준비에 관해 지시하셨다(출19: 3-5). 산 밑에 경계선을 긋고 백성이나 짐승들로 하여금 선을 넘지 못하게 했으며, 선을 넘을 때는 죽을 것이라고 경고하였다. 백성들은 몸을 깨끗이 하고 영혼을 성결케하여 "제3일을 기다려야" 했다. 기다리던 셋째날 낮에는 산 위에 구름이 빽빽하고 우뢰와 번개 소리와 나팔 소리가 들리면서 연기가 솟아오르며 지진이 산을 흔들었다 (출19: 16-25). 모습은 보이지 않고 사람들이 들을 수 있도록 산으로부터 하나님의 말씀이 시작됐으며 이 때에 주신 말씀이 곧 십계명이다.

이 십계명은 사람이 살아가는데 반드시 필요하며 또 지켜야 할 열 가지의 기본 원칙이다.

2) 언약서와 비준식 (출20: 22-24: 8)

모세(摩西) 혼자서 산으로 올라가 하나님으로부터 "언약서"를 받았다(출24: 7). 그 언약서는 성경에서 3장 이상을 차지한다. 하나님은 사흘 동안 기다리던 모세에게 언약서를 주시면서 백성에게 돌아가 그 언약서를 선포 하라고 명령하셨고, 모세가 선포한 언약서를 백성들은 듣고 준수하겠노라고 선언하였다.

그 다음날 이스라엘(以色列)과 하나님의 언약이 정식으로 비준되어 효력이 발생하였다. 모세(摩西)는 단을 쌓고 그 주위에 열 두 기둥을 세우고 청년들을 지정하여 소를 죽이고 화목제를 드리게 하였다.

그 소의 피의 반은 용기에 담고 반은 단에 뿌린 후 모세(摩西)는 "언약서"를 낭독하였고, 백성들은 준행할 것을 선언하였다. 백성이 응답한 후 모세(摩西)는 용기에 담아 있는 피를 취하여 죄를 덮는다는 뜻으로 백성들의 위로 피를 뿌렸다.

3) 율법이 깨짐 (출24: 12-18, 23: 1-34: 35)

(1) 첫 번 40일(출24: 12-18)

하나님은 모세(摩西)를 산으로 불러 40일간의 계시기간을 주셨다. 모세(摩西 Moses)는 아론(亞伶 Aaron)과 훌(户珥 Hur)에게 진을 맡기고 여호수아(约书亚 Joshua)를 데리고 산으로 오르던 중 한 지점에서 6일 동안 여호수아(约书亚)와 함께 있었고, 7일째 되는 날 하나님은 모세(摩西)만을 부르셨다. 모세(摩西)는 40일 동안 물도 떡도 먹지 않고 계속 하나님 앞에 있었다. 이 기간 중 하나님은 친히 돌판에 십계명을 새겨주셨다.

(2) 금 송아지 (출32:)

40일째 되는 날 하나님은 모세(摩西)에게 이스라엘 백성들이 우상을 만들어 죄를 범하고 있다고 하시며 산에서 속히 내려가라 명하셨고, 모세(摩西)가 여호수아(约书亚)를 데리고 진으로 돌아왔을 때 백성들이 금송아지를 섬기는 가증스런 모습에 모세(摩西)는 분노하여 두 돌판을 던져 깨뜨리고 금 송아지를 부수어 빻아 시내물에 뿌린 후 백성들로 그 물을 마시게 하였다. 모세(摩西 Moses)는 이스라엘(以色列)로 범죄케 한 아론(亞伶)을 꾸짖고 모세(摩西)는 하나님이 이스라엘(以色列)에게 진노하여 그들을 멸절하고자 하실 때에 또 다시 이스라엘 백성을 위하여 하나님이 "기록한 책"에서 자신의 이름을 지워 달라고 간구(출32: 30-32)하였다.

참고 : 금송아지를 만든 것은 애굽(埃及)인들의 송아지 숭배를 본 받아 만든 것이다.

멤피스(孟裴斯)에서는 아피스(Apis) 소를 숭배. 헬리오폴리스(Heliopolis)에서는 므네비스(Mnevis)소를 숭배. 고센(歌珊)에서 가까운 호루스(Horus)에는 소를 숭배하는 제단이 있다. 애굽인은 소를 번영과 힘의 상징으로 믿었다.

(3) 둘째 번의 40일(출34: 1-35)

모세(摩西)는 깨뜨린 돌판 대신 새 돌판을 깎아 시내 산으로 다시 올라갔다. 모세는40일 동안 주야로 먹지도 않고 마시지도 않고, 하나님께서 율법을 주실 때까지 시내산에 머물러 있었다. 이 때 모세는 하나님을 대면하여 친히 뵈었으며, 하나님을 그 눈으로 본 모세(摩西)의 얼굴에서는 광채가 나서 수건으로 얼굴을 가렸다.

4. 율법(律法Torah) 시나이 계약(The contract of Sinai)과 민족의 형성

1) 시내산(西乃山) 에서

계약의 법 인 '토라' (율법 안내서)를 받은 후에는 야훼(耶和华)하나님은 이스라엘(以色列)의 하나님이 되시고, 이스라엘(以色列)은 하나님의 백성이 되었다.

2) 시내산(西乃山) 계약을 셋으로 구분하여

(1) 하나님과 인간과의 관계에 있어서의 종교법 (십계명 중 1계명-4계명) 하나님의 이름, 예배, 하나님의 날에 관한 것.
(2) 국가와 백성간의 관계에서의 형법, 재판의 공정성, 행정, 재산권, 빈민 구제, 아동 교육, 형벌에 관한 법.
(3) 인간과 인간간의 관계에 있어서의 민법 (십계명 5계명-10계명)
인간에 대한 인간의 의무로서 부모 공경, 살인, 간음, 도둑질, 거짓 증거, 탐심에 관한 것이다. 남종과 여종의 관계 소유자의 책임의 대한 규례, 배상법에 관한 규례 등등 아브라함(亚伯拉罕)의 계약이 개인의 계약이라면, 시내산(西乃山)의 계약은 민족과의 계약이다. 그것은 계속 이어지는 살아있는 계약이다.

3) 예식법

예식법은 종교적인 일에 관계되는 것으로 대부분은 성막에서의 제사장 역할에 관한 것이다. 성막 자체에 대한 것과 제사장과 레위(利未)인의 의복과 의무, 여러 가지 희생 제물에 대하여 설명, 해마다 행할 축제의 대한 것. 매년 남자는 세 번 중앙 성소로 가서 예배 할 것을 명령한 것. 예식법은 세 부분으로 되어 있으며, 상황에 따라 일시적 성격을 가지고 있는 반면 도덕법은 영원한 것으로 지정 되었다.

4) 다른 법과 비교

모세(摩西)의 법은 고대의 다른 법조문과 자주 비교된다.

(1) 모세(摩西)의 법문 보다 먼저 나온 것이 여섯 개가 있다

①. 우르(吾珥 Ur)의 셋째 왕조의 우르-남무의 법문(吾珥南模法文 Ur-Nammu Code) 주전2050년경
② 에스눈나(伊施嫩纳)의 빌라라마법문(比拉拉玛法文 Code of Bilalama) 주전1925년경
③ 이신(Isin)의 피리트-이스탈(Lipit-Ishtar理辟- 伊士他)의 법문 주전 1860년경

④ 바벨론(巴比伦)의 함무라비법문(汉摩拉比法文 Code of Hammurabi) 주전1700년경
⑤ 보가스코이(Bdghazkoi)의 힛타이트 법문(赫人 Code of Hittite) 주전 1450년경
⑥ 앗수르(亚述)의 앗수리아(亚述Assyrian) 법문 주전 1350년경 (출애굽(出埃及)의 전
　기연대로 보면 모세(摩西)의 법보다 후에 나왔다.)

(2) 모세(摩西)가 함무라비(汉摩拉比)보다 후세의 인물이라 함무라비(汉摩拉比)의 법문을 모방하였다고 하는사람들이 있으나, 모세(摩西)의 법과 함무라비(汉摩拉比)의 법은 형태상에서 매우 다르다.

5. 성 막 (圣幕 The Tabernacle)

이스라엘(以色列) 백성을 하나님의 선민으로 훈련시키며, 12지파를 하나의 국가 공동체로 단결케 하였다. 성막을 중심으로 연합하여 비로소 제사장 국가로 형성 된 것이다. 태양이 신인 줄 알고 태양을 섬기던 근동의 문화 속에서 지성소의 위치를 서쪽에 두고 서쪽을 향하여 예배 하였다는 것은, 당시의 모든 관념을 크게 깨고 야훼(耶和华)가 만물의 창조자이심을 이스라엘(以色列)과 만민에게 알게 한 것이다.

그림 : 성막

성막은 직사각형으로 이동할 수 있는 조립식 건물로 구성되었고, 울타리는 세마포를 아카시아 나무(성경에는 조각목 또는 싯딤)기둥에 두르고 은 막대기를 부착시켜 은 고리에 끼웠다. 울타리 안에 있는 성막은 세로 45m가로 22.5 m의 천막으로 세워졌다. 나답(拿答 Nadab)과 아비후(亚比户 Abihu)는 제사장으로 성결케 하는 예식을 치른 감격을 만끽하지도 못하고 다른 불을 하나님께 드림으로 하나님으로부터 불이 나와 죽임을 당했다. 다른 불이란 하나님이 정한 장소인 놋 제단에서 불을 취하지 않고 다른 곳의 불을 사용하였음을 의미한다. 놋 제단의 불은 항상 꺼지지 않게 관리를 해야 했다(레6: 13).

6. 백성들의 수

조직을 위하여서는 인구조사를 할 필요가 있었다. 인구조사는 제 2월 첫째 날 즉 성막을 완성한지 꼭 한 달 뒤에 이루어졌다(민1: 1). 인구조사를 끝낸 후 이십일에 이스라엘(以色列)이 진을 거둔 것을 보면(민10: 11), 인구 조사는 시나이(西乃 Sinai)에서 행해진 마지막 일이었다. 계수된 숫자는 군대에서 복무할 수 있는 20세 이상의 남자였으며, 계수 된 총 숫자는 603,550명이었다(민1: 46). 계수된 이 사람들은 20세 이상으로 싸움에 나갈 수 있는 사람의 수이다.

7. 시나이(西乃 Sinai)에서 가데스바네아(加低斯巴尼亚 Kades-barnea 민10: 11-17, 33: 16-19) 까지

시나이에서 11개월 5일이 지난 후(민10: 11), 구름기둥은 북쪽 가나안(迦南)방향으로 다시 이스라엘을 인도하여 가나안(迦南)의 남쪽 끝에 위치한 도시 가데스 바네아로 인도하였다.

두 지역은 현재 아인 쿠데이스(爱因古低Ain Qudeis)와 아인쿠디라트(爱因古笛瑞 Ain Qudirat)로서 이 지역들은 물을 공급을 할 수 있는 지역이다. 아인 쿠데이스는 가데스라는 본래의 이름을 갖고 있으며, 아인 쿠디라트 바네아(Ain Qudirat Barnea)는 아주 좋은 수원지를 갖고 있다.

1) 여행 중 생긴 일

(1) 시나이에서 떠난 지 3일 후 백성들이 하나님을 향해 악한 말로 원망함으로(민 11: 1-3) 하나님이 불을 내려 진의 한 끝을 사르셨고, 모세(摩西)는 이곳의 이름

을 "다베라(他备拉 Taberah)"라고 하였다. 이 말은 여호와 (耶和华)의 불이 그들 가운데 붙었다는 의미이다.

(2) 이스라엘(以色列)에서 장로 70인을 지명하여 모세(摩西)를 도와 백성의 짐을 감당하게 했다 (민 11: 16-17).

(3) 섞여 사는 무리들이 만나에 대한 불평을 함으로 메추라기를 하나님께서 주셨다. 이스라엘(以色列) 백성들의 완악함을 인하여 한 달 동안 코에서 냄새가 날 때까지 먹게 하겠다고 여호와는 말씀하셨다(민11: 18-23).

(4) 아론(亚伦 Aaron)과 미리암(米利暗 Miriam)이 모세(摩西 Moses)가 구스 여인을 아내로 취한 것을 비방 하며(민12: 1- 9) 하나님께서 계시를 모세에게만 보여 주신 것이 아니라 자신들에게도 보여주었다고 할 때에 하나님께서는 모세(摩西)는 하나님을 직접 대면(하나님과 입과 입으로 대화)하였다고 말씀하시고, 미리암(米利暗)은 1주일 동안 문둥병에 걸려 진 밖에 있다가 진으로 돌아왔다.

2) 약속의 땅에 들어가기를 거절함 (민13: -14:)

백성들이 가데스에 도착하여 처음 한 일은 가나안(迦南) 땅을 정찰하는 일이었다. 이 일을 위하여 지파 마다 한 사람씩의 대표를 뽑아 12명의 정탐꾼을 가나안으로 보내어 이 파견 된 열 두명은 40일 동안 그 땅을 가로질러 북쪽 하맛(Hamath)어귀의 르흡(Rehob)에서부터 라이스(拉亿 Laish)까지 정탐하였다.

정탐꾼들의 보고에 의하면 땅은 기름져 과연 젖과 꿀이 흐르는 땅이지만, 그 땅의 거민은 강하고 성읍은 견고할 뿐 아니라 아낙(巨人 Anak)자손들이 살고 있다고 보고하며 "우리가 우리 자신을 보기에도 메뚜기 같은데 아낙인들이 보기에도 그와 같지 않겠느냐"고 하며 대성통곡을 할 때에 온 백성이 함께 큰 소리로 울면서 대표를 선택하여 애굽(埃及)으로 돌아가자고 했다(민13: 27-14:1).

갈렙(Calem)과 여호수아(约书亚 Jeshua) 두 사람은 하나님께서 우리에게 승리를 주실 것이며, 그 땅에 들어가기를 거절하는 것은 하나님을 거역하는 것이라고 백성들을 설득하였으나(민13: 30, 14: 6-9), 백성들은 정탐군들의 말만 믿고 모세(摩西)와 아론(亚伦)을 죽이겠다고 위협하며 새 지도자를 세워서 애굽(埃及)으로 돌아갈 계획을 할 때 하나님은 전염병으로 이스라엘 백성을 멸하려하셨고, 모세(摩西)는 다시 이스라엘(以色列) 백성을 위해 하나님께 중보기도를 하였으며 하나님은 또 다시 모세(摩西)의 기도를 들어주셨다(민14: 11-20).

8. 37년 6개월 동안의 방황 (민15: -19: 33: 19-36)

약속의 땅으로 들어가는 것에 대해 하나님께 거역했던 이스라엘(以色列) 백성은 애굽(埃及)에서 나온 20세 이상의 사람들이 다 죽기까지 정탐했던 40 일의 1일을 1년으로 환산하여 40년 동안 광야에서 방황하며 약속의 땅에 들어가지 못했다. 이 기간 동안 동남쪽으로 이동하여 에시온 게벨(Ezion-geber민33: 36)까지 갔었으나 대부분은 가데스에서 보냈다.

여기에 있을 때 레위(利未)인 고라(可拉)와, 르우벤(流便)자손 다단(大坍 Dathan)과, 아비람(亞比兰 Abiram)이 주동이 되어 250명과 합세하여 반란을 일으켰다. 하나님은 땅을 갈라지게 하여 고라와 그 온 가족과, 다단과 아비람의 가족들을 삼키게 하고 그들을 추종하던 250명도 불로 소멸했다. 이들이 당한 처벌이 심하다고 이스라엘(以色列) 사람들이 모세에게 원망을 하였을 때 또 다시 하나님은 진중에 재앙을 보내어 14,700명을 죽게 하였다 (민16: 23-35, 41-50).

아론(亞伦 Aaron)을 하나님이 세운 제사장임을 나타내기 위하여 지팡이를 지파별로 가져오게 하여 증거궤 앞에 두었더니 아론(亞伦)의 지팡이에만 싹이 나고 살구 꽃이 피어 열매를 맺었다(민17: 1-11). 아론(亞伦)의 싹이 난 지팡이는 법궤에 계속 보존케 하였다.

9. 가데스 바네아(加低斯巴尼亚 Kadesh-barnea)에서 요단(约但 Jordan) 까지 (민20: 21:, 33: 37-48, 2:1-3:14)

1) 미리암(米利暗 Miriam)의 죽음 (민 20: 1)

징계의 방황이 끝나고 이스라엘(以色列)이 마침내 가데스에 도달할 무렵에 미리암(米利暗)이 죽었다. 이 연대는 첫 달로 나와 있는데, 분명히 40년째일 것이다. 모세(摩西), 아론(亞伦), 미리암(米利暗)등 이 지도자들도 약속의 땅에 들어가지 못하였다. 하나님께서 애굽에서 나온 사람은 다 죽고 갈렙(迦勒Caleb Caleb)과 여호수아(约书亚 Joshua 민 14: 30)만이 약속의 땅으로 들어갈 수 있다고 하셨다.

2) 바위에서 물이 나옴 (민 20: 2-13)

가데스(加低斯)로 돌아왔을 때 물이 부족하여 백성이 불평을 했고 모세(摩西)는 이를 하나님께 고하였다.

하나님께서는 전에 르비딤(利非订 Rephidim출17: 6)에서는 반석을 치라고 말씀하셨는데, 이곳 가데스에서는 반석에게 물을 내라고 명하라 하셨다(민20: 8). 그런데 모세(摩西)는 바위를 두 번이나 때리면서 "우리가 너희를 위하여 이 반석에서 물을 내랴?" 고 말함으로, 마치 자신의 능력으로 물을 내는 것 같이 말하였다. 하나님은 진노하셔서 모세(摩西) 역시 약속의 땅에 들어가지 못한다고 말씀하셨다(민 20: 12, 27: 12-14). 이곳은 신 광야 가데스 므리바이다.

3) 에돔(以东 Edom) 땅 통과를 요청 (민20: 14-21)

가데스(加低斯)에 있는 동안 모세(摩西)는 에돔(以东) 왕에게 사자를 보내어 그의 땅을 통과하게 해달라고 요청했으나, 에돔(以东) 왕은 거절을 했다. 모세(摩西)는 사해(死海) 끝 가장자리를 지나 북쪽으로 행진하여 가나안(迦南) 서쪽으로 들어가려고 한 것이다. "왕의대로(王道)" 는 고대에 잘 알려진 남북의 통로로 알고 있는데 (즉 남쪽 에시온 게벨에서 다메섹 메소포타미아까지) 최근에 판명된 것은 왕의 대로가 북쪽으로 수리아(叙利亚)까지 펼쳐 있다. 이 길은 창세기(創世記) 14장의 4명(시날의 아므라벨왕, 엘라살의 아리옥, 엘람의 그돌라 오멜, 고임의 디달왕)의 동쪽 왕들이 사용했던 길이며, 후에 로마인들이 포장을 했고 오늘날은 요르단(约但)의 하이웨이가 가깝게 이어져 있다.

4) 아론(亚伦 Aaron)의 죽음 (민 20: 23-29, 33: 38)

아론(亚伦)이 123세로 호르 산(何珥山 Mt .Hor)에서 죽었다. 아론(亚伦)은 미리암(米利暗)이 죽은 지 5개월 후인 출애굽(出埃及)한지 40년의 첫 달 첫 날에 죽은 것이다(민 33: 38). 모세(摩西)는 하나님께 지시를 받고 아론(亚伦)의 아들 엘리아살(以利亚撒 Eleazar)과 호르산(何珥山)으로 동행하여 아론(亚伦)이 죽기 전에 그의 옷을 그 아들 엘리아살(以利亚撒)에게 입히고 아론(亚伦)의 후계자인 대제사장으로 세웠다. 백성들은 호르 산에서 30일을 애곡하였으며 이곳에서 아랏(亚拉 Arad)과의 전쟁을 하여 처음에는 실패를 하였으나 하나님의 도움으로 승리하였다(민21: 1-3).

5) 에돔(以东 Edom) 땅을 돌아감 (민21: 4-20, 41-49)

이스라엘(以色列 Israel)백성은 에돔(以东) 땅을 돌아 남쪽으로 가기 시작하였다. 백성들이 식량과 물에 대한 불평을 함으로 또다시 하나님의 징계를 받았다(민21: 5-9). 이번의 징계는 불 뱀(火蛇)을 보내어 뱀에 물려 많은 사람이 죽었다. 백성들이 모세(摩西)에게 고통을 하소연하고 모세(摩西)는 또 다시 기도하고, 하나님은 또 다시 이스라엘 백성을 용서하셨다. 하나님은 모세(摩西에게 놋 뱀(铜蛇)을 만들어 장대에 매달아 물린 자들이 놋 뱀을 쳐다보면 고침을 받을 것이라 하셨고 모세(摩西)는 그대로 순종하였다.

6) 북쪽으로 돌아 시혼(西宏 Sihon) 과 옥(疆Og)을 물리침(민21: 10-35)

에돔(以东)과 다투지 말라는 하나님의 지시를 따라 이스라엘(以色列)은 그들 지역의 동쪽 가장자리를 지나 다시 북쪽으로 향하였다. 그들이 모압(摩押 Moab)의 남쪽국경 세렛(撒烈谷 Zered) 시내에 왔을 때 하나님은 또 다시 모압(摩押)과 다투지 말라고 하셨다(신 2: 9). 이스라엘(以色列)은 이에 복종하여 동쪽 길을 택하여 갈 때에 시혼(西宏)과의 전쟁을 피할 수가 없었다. 시혼(西宏) 왕의 땅은 이스라엘(以色列) 백성과 요단 강(约但河) 사이에 있었다. 모세(摩西)는 시혼(西宏) 왕에게 땅을 통과하게 해달라고 부탁했으나 시혼(西宏) 왕은 거절하였다(민21: 21-32). 시혼(西宏) 왕이 야하스(雅杂 Jahaz)에서 군대를 모집하여 왔으나 모세(摩西)가 그들을 격퇴하여 얍복 강(雅博 Jabbok)까지 시혼(西宏)의 모든 지역을 점령하였다. 얍복 강(雅博河)에서 헤르몬 산(黑门山 Hormon)까지 소유하고 있는 바산(巴珊 Bashan) 왕 옥(疆 Og)을 모세(摩西)가 공격하여 에드레이(以得来 Edrei 민21: 33-35)에서 그를 물리쳤다. 이제 이스라엘(以色列)은 남쪽으로는 아르논 강(亚嫩河 Amon river)에서 헤르몬 산(黑门 山 Hermon)까지 208km가량 되는 땅을 점령하였다.

이 승리는 정복의 시작에 불과 했으나 큰 의미를 가지고 있다. 그것은 요단 강(约但河) 건너편에 있는 가나안(迦南) 사람들에게 이스라엘(以色列)이 매우 강하다는 인상을 주게 된 것이다 (수2: 9-11, 9: 8-10).

10. 요단(约但 Jordan)에 머무름(민 22: 27, 31: -32: 신 31: 34)

1) 발람(巴兰 Balaam)과 모압 자손(摩押 子孫 Moab 민22: -25:31)

(1) 모세(摩西)는 여리고(耶利哥 Jericho) 건너편 요단 강(约但河) 근처에 진을 쳤다. 모압(摩押) 왕 발락(巴勒 Balak)은 이스라엘(以色列)이 위협적 존재임을 간파하고 미디안(米甸) 장로들과 결탁하여 멀리 유브라데(幼发拉底)에 있는 브돌(昆夺 Pethor)에 사자를 보내어 발람(巴兰 Balaam) 선지자를 불러 이스라엘(以色列)을 저주하게 하려고 많은 재물을 주며 초청하였다. 발람 선지자는 처음에는 거절하였다

(2) 두 번째는 승낙하고 모압으로 가서 저주를 부탁 받았으나, 하나님께서 그의 입을 통하여 세 번씩 이스라엘(以色列)을 축복하게 하였고

(3) 네 번째는 오실 메시야(弥赛亚 Messiah)와 장래의 이스라엘(以色列)의 축복에 관해 놀라운 예언을 하였다. (민24: 14-25)

(4) 발람(巴兰)은 후에 모압(摩押)을 위하여 이스라엘(以色列) 남자들을 바알브올의 부정한 제단에 참가시켜 하나님이 가장 싫어하시는 우상을 섬기는 가증스러운 죄를 짓게 했다. 그 결과 이스라엘(以色列)백성 2만4천명 이 염병으로 죽었다

(5) 이런 상황에서 한 이스라엘 남자가 미디안(米甸) 여인을 진중으로 끌고 들어올 때 비느하스(非(尼哈)가 크게 분노하여 이스라엘(以色列) 남자와 미디안(米甸) 여인을 창으로 찔러 죽였다. 이 때에 비로소 염병이 그쳤다. 모세(摩西)는 12,000명의 군대를 파송하여 이런 유혹을 가져온 미디안(米甸) 족속을 쳐서 미디안(米甸) 왕과 미디안 족속과 발람(巴 兰) 선지자를 죽였다(31: 1-54).

2) 르우벤(流便 Reuben), 갓(迦得 Gad), 므낫세(玛拿西 Manasseh) 반 지파의 요청

요단(约但) 동쪽을 정복한 후 그곳 땅 이 목축에 적합한 곳임을 알게 된 르우벤(流便 Reuben), 갓(迦得), 므낫세(玛拿西 Manasseh) 반 지파가 그 땅을 기업으로 줄 것을 모세(摩西)에게 간청하였다. 모세는 이스라엘 형제들이 요단(约但) 서쪽을 전부 정복하여 안식을 얻을 때까지 앞장서서 싸울 것을 약속받은 후에 승낙을 하였다.

3) 미래를 위하여 세운 정책 (민26: 30:, 33: 50-36: 13)

모세(摩西)는 이스라엘(以色列) 백성이 약속의 땅에 곧 들어갈 것을 예상하고 몇 가지 일을 단행하였다.

(1) 다시 인구조사를 하였다.

시내 산에서의 인구조사 이후 39년이 경과 하였고, 그 동안에 죽은 사람이 120만명이었다. 가나안(迦南) 정복이 앞에 있으므로 이스라엘(以色列)의 새 병력을 알아야 했다.

(2) 므낫세(玛拿西) 지파의 슬로브핫(西罗非哈 Zelophehad)의 딸들이 상속권을 요구

슬로브핫(Zelophehad)은 아들 없이 네 딸만 남기고 죽었다. 딸들은 모세(摩西)에게 상속을 달라고 제기하였고, 하나님도 그 딸들의 주장이 옳다고 여기시고 그녀들에게 상속권을 줄 뿐만 아니라 새 법을 반포하셨다. 만일 어떤 사람에게 아들이 없으면 딸이 상속을 받고 딸도 없으면 가장 가까운 친척이 상속을 받도록 하여 죽은 사람의 이름이 끊어지지 않게 하라고 하셨다(민 27:1-11). 그러나 그 딸들은 므낫세 지파의 자손들과 결혼하여 분배받은 땅이 다른 지파에게 가지 않도록 하여 지파의 땅을 지키도록 명했다.

(3) 새 지도자를 임명하였다.

하나님께서는 모세의 후계자로 눈의 아들 여호수아(约书亚)를 언약의 땅으로 인도할 지도자로 세우라고 말씀 하셨다. 모세(摩西)는 이스라엘(以色列) 백성이 새 땅에 들어가 지켜야할 모든 규범을 설명하고, 하나님께 드릴 규칙적인 예물, 정기적인 축제, 맹세의 준수에 관한 것 또 우상숭배를 하는 가나안(迦南) 주민을 파멸 시킬 것, 땅의 경계에 대한 설명, 각 지파의 땅 분배를 결정할 것 6개의 도피성을 포함한 48개의 레위(利未)인 성읍 건설, 상속권에 대한 것 등을 명하였다 (민28:-30:, 33: 50-36: 13).

11. 신명기 (申命记 Deuteronomy)

모세(摩西)는 출애굽(出埃及) 한지 40년째 되는 11월 초 하루 그가 죽기 두 달 전, 온 이스라엘(以色列) 백성을 요단(约但) 동쪽 모압(摩押) 땅에 모아놓고, 생명의 길과 사망의 길을 유언 겸 또 마지막 설교로 하였다 그 설교가 바로 신명기(申命记 Deuteronomy)이다. 이스라엘(以色列) 백성들로 하여금 과거를 돌이켜 회고하게 하여 왜 조상들이 죽게 되었는지 하나님께서 어떤 사랑과 능력으로 인도하셨는지 등을 설명하였다. 이 신명기는 가나안(迦南)에 들어가 정착생활을 할 때 지켜야 할 조항과 규범들을 하나님으로부터 직접 받아 기록한 것이다.

새 지도자를 임명한 후 모세(摩西)는 120세에 하나님의 부르심을 받게 되었다. 모든 역사상에서 모세(摩西)와 같이 그렇게 풍부한 경험을 한 인물은 다시없으며, 또한 하나님께서 그렇게 사용하신 인물도 없다. 그는 당시 다른 사람이 미치지 못할 재능을 타고 났으며 또 훈련을 거쳐서, 모든 시대의 어떤 사람보다도 큰 임무를 맡아 수행했다. 모세(摩西)는 "여리고(耶利哥) 맞은 편 느보산(尼波山 Mt. Nebo)의 비스가(毗斯迦 Pisgah)산 꼭대기" 에 올라가 약속의 땅을 바라보고 하나님으로부터 이곳이 오래전에 조상들에게 약속했던 땅이라는 말씀을 듣고 죽었다 (신34: 1-7).

1) 히브리(希伯伦 Hebrew) 와 하비루(哈皮鲁 Habiru)

(1) 하비루((哈皮鲁 Habiru)

아마르나 서판에 하비루(哈皮鲁)가 가나안을 침략했다고 언급하고있다. 이 아마르나 서신은 아멘호텝(亚门诺裴) 3세 와 아케나톤이 애굽법정에 보낸 편지이다. 더러 역사가나 학자들이 히브리希伯伦 Hebrew)와 하비루(哈皮鲁 Habiru)를 같은 것으로 이해하지만, 비슷한 발음으로 인한 오해이다. 하비루(혹은 하피루, 아피루로 사용되기도 한다)는 시민권이 없는 불법이주자, 바람직하지 못한 사회의 최하층의 무리들로서 사회의 문제를 일으키며 약탈과 습격을 일삼는 집단을 말하고 있다. 여호수아가 가나안을 정복하였던 시기와 하비루의 활동이 같은 시기에 일어났고, 또 가나안 남쪽에 여호수아의 군대가 나타나 땅을 침략할 때 그 곳 도시 국가와 백성들이 하비루(哈皮魯)로 보았을 것이나, 최근에는 이런 견해가 많이 정정되었다. 이유는 마리, 누지등 바벨론의 문서들이 하비루의 역사를 우르 셋째 왕조까지 거슬러서, 남쪽 가나안뿐이 아니라 북쪽 가나안 도시, 즉 여호수아가 원정하지 않은 곳까지 그들이 문제를 일으키고 다녔던 흔적들이 나타나고 있기 때문이다.

(2) 히브리(希伯崙)인이 하비루였다는 설

하비루와 히브리인을 동일시하는 학자들이 있다. 즉 이들은 남쪽 가나안에서의 히브리(希伯崙)인을 하비루로 보았던 것이다 남쪽 가나안(迦南)을 침범하였던 하비루(哈皮魯)를 히브리인으로 본 것은 너무나 당연하다. 오랫동안 광야에서 생활하여 걸인과 같은 모습과 훈련되지 않은 여호수아(约书亚)의 군대가 마구 침략해 들어올 때 가나안인 과 다른 족속들은 충분히 하비루로 오해를 하였을 것이다.

(3) 히브리(希伯崙)인은 하비루(哈皮魯)보다 먼저 역사속에 나타나있었다.

① 히브리란 아브라함의 조상 에벨(Eber)에게서 나온 말로 민족적 의미로 사용되었다.
② 어원적으로 히브리인과 하비루를 동일시 볼 수 없다. (후기 연대자들도 동의함)
③ 아마르나(Amarna)편지에서의 하비루와 여호수아의 정복에서 히브리인의 행적을 일치 시키는데는 어려움이 있다. 또 Kline은 여호수아의 정복은 하비루보다 먼저라고 한다. 히브리와 하비루는 같지 않다는 것이 옳다.

제8장 약속의 땅을 정복 (수1: -24:)

1. 가나안(迦南 Canaan) 땅

가나안(迦南)땅 정복기사는 이스라엘(以色列) 백성이 요단 강(约但河 Jodan river)을 기적으로 건너는데서 시작된다. 모세(摩西 Moses)가 애굽(埃及)을 탈출하여 홍해를 건넜다면, 여호수아(约书亚 Joshua)는 광야 40년의 종지부를 찍고 요단 강(约但河)을 건넜다. 군 사령관이자 모세(摩西)의 후계자인 여호수아(约书亚)는 높은 대지에서 내려와 요단(约但) 저 지대에 진을 쳤다. 그곳이 바로 아벨(亚伯 Abel)싯딤이다. 천부적인 전략가이며 용감한 투사며 신망이 두터운 여호수아(约书亚)에 의해서 가나안(迦南)이 정복되기 시작했다.

1) 당시의 가나안(迦南)

당시의 가나안(迦南)은 중앙통치가 없고, 많은 도시들은 각기 자기의 왕을 갖고 있는 도시국가의 형태이다. 이땅을 정복하는 것은 각 도시를 차례로 멸망시키는 것이다. 애굽(埃及)이 대 제국이라고 하지만 이 때에는 명성뿐인 국가로 힘을 잃은 상태다. 투트모스 4세(杜得模西士 四世 Thuimose)는 미타니(美坦尼 Mitanni) 왕 아르타타마(亚塔塔玛 Artatama)의 아시아계 딸과 결혼하여 정치에 대해 관심이 적고, 외국에는 호의적이며 군사적 점령에 관심이 적었다. 그의 아들 아멘호텝(亚门诺裴) 3세는 외국 통치에 주의를 기울이지 않고 나라의 이익보다는 자기 자신의 이익에만 관심을 두어, 아멘호텝(亚门诺裴 Amenhotep) 3세를 Hayes라 표현한 것은 "그가 아시아 지역을 소홀히 여긴 것은 곧 애굽(埃及)의 북쪽제국 멸망의 길을 놓아 준 것"이라는 뜻이다.

텔 엘-아마르나(特拉亚马拿 Tell el-Amarna)편지는 그에 대해 말하기를 침략자들 때문에 가나안(迦南)이 도움을 청했으나 귀를 막아버렸다고 표현하고 있다. 가나안(迦南)의 각 도시들은 정복상품처럼 각기 내버려져 있었다. 하나님께서 여호수아(约书亚)로 하여금 가나안 땅을 정복할 수 있도록 강대국의 왕들로 팔레스틴(巴勒斯坦 Palestine)에 관심을 갖지 못하게 하였으므로 여호수아(约书亚)는 훈련받지 못한 군사들로도 정복이 가능하였다.

2) 가나안 (迦南 Canaan) 의 문화

가나안(迦南) 문화는 물질문화가 발달되어 있었다. 성읍은 잘 건축 되었으며 가옥은 훌륭한 설계와 건축을 나타내보였고, 배수시설도 잘 되었으며, 구리, 납, 금을 사용하는 기술도 발달 되어 있었다. 특히 도기 류는 세계에서 가장 훌륭한 것 중에 속한다.

기술적인 지식에 있어서 이스라엘(以色列)보다 훨씬 앞섰다. 역사를 살펴보면 덜 발달된 문화는 보통 진보된 문화에 흡수되어 버린다. 이스라엘이 물질문명을 받아들였다면 오히려 좋았겠지만 그것이 사고방식, 개념 특히 종교적인 신앙이나 예식을 포함한 것이므로 그 피해는 매우 크게 작용 되었다. 민수기 33: 51-56, 신명기 7: 1-5에 하나님의 말씀대로 가나안(迦南)사람을 멸하고 전부 그 땅에서 쫓아내었다면 하나님의 약속하신 큰 축복을 잃게 되진 않았을 것인데 이스라엘(以色列)은 적을 다 멸하지 못했다.

2. 가나안(迦南) 땅으로 들어감(수2: 1-5: 12)

여리고(Jericho)성을 먼저 정복할 계획을 세운 여호수아(约书亚)는 두 사람의 정탐꾼을 여리고(耶利哥)로 들어 보냈다, 두 사람은 성을 정탐한 후 위험에 처했을 때 기생 라합(喇合 Rahab)의 도움을 받았고, 여리고(耶利哥)에 이스라엘(以色列)이 입성할 때 라합(喇合)의 전 가족을 살려줄 것을 약속하였다.

1) 요단 강(约但河) 을 건넘 (수3:- 4:)

축복의 땅 가나안(迦南)은 지중해(地中海)연안에 위치한 마치 긴 사다리 모양으로 되어있다. 그리고 그곳은 애굽(埃及)의 나일 강과 북쪽 메소포타미아(米所波大米)에 있는 유브라데 강(幼发拉底河 Euphrates) 사이에 위치해 있다. 가나안(迦南)땅에는 쉬지 않고 흐르는 요단 강(约但 Jodan '단에서부터 흘러 내린다' 는 뜻)이 있는데도 유다(犹大)의 저지대는 메마른 땅으로 유명하며, 사람들은 흔히 유다(犹大)의 저지대를 불모지라고 한다. 요단 강(约但河)은 세계에서 제일 낮은 지대에 있어서 물이 있어도 관개수로가 불가능하여 계속 메마른 땅으로 남아 있었다. 일찍이 요단 강(约但河)은 농업용수로 기여한 바는 없으나 정신사적인 면에서는 깊은 의미가 있는 강이다. 이처럼 팔레스틴(巴勒斯坦)의 유일한 장강(长江)인 요단 강(约但河)을 여호수아(约书亚)가 가르고 역사적인 도강(渡江)을 한 것이다. 모든 준비가 되어 제사장들이 언약궤를 메고 요단 강(约但河)으로 나갈 때 백성들은 하나님의 명령대로 600m의 거리를 두고 좇아갔다(수3: 4). 법궤를 멘 제사장들의 발이 물에 들어섰을 바로 그 때 "곧 위에서부터 흘러내리던 물이 멈추었다." 직선거리 105km, 곡선거리 302km의 요단 강(约但河)이 갈라져서 백성들은 옛날 홍해를 건널 때처럼 갈라진 요단 강을 모두 건너고, 제사장들은 백성들이 물을 건너기까지 물 가운데 서 있었다. 후세에 증거를 삼기 위하여 요단 강(約但河) 가운데 12개의 돌로 기념비를 세우고 진을 칠 길갈(吉甲 Gigal)에도 세워 하나님이 하신 위대한 일을 후대에 알리려 했다.

2) 길갈(吉甲 Gigal)에 진을 침 (5: 1-12)

길갈(吉甲 Gigal)은 이 때 이스라엘(以色列)의 활동 중심지가 되었던 매우 중요한 도시다. 길갈의 위치는 아직까지 확실하지 않으나 요단 강(約但河)과 여리고(耶利哥)사이에 있는 요단(約但)계곡에 있었을 것으로 본다(수4: 19). 길갈(吉甲)에 있을 때 여리고 (耶利哥)와 아이성(艾城 Ai)을 점령하였으며, 기브온(基遍 Gibeon) 사람들이 평화조약을 맺으러 길갈까지 찾아와서 여호수아를 속이고 계약을 맺었다(수 9: 6).

기브온(基遍)이 이스라엘과 계약을 맺자 5대 연합군이 기브온을 침략하므로 여호수아(約书亚)는 기브온 사람들 을 도와 남쪽의 동맹군을 치기위하여 길갈에서 그의 군대를 이끌고 기브온으로 갔다(10: 6-7). 또 다시 여호수아는 북쪽의 동맹국들에 대항하기 위하여 다시 북쪽으로 갔다(1 : 6-14). 여호수아(約书亚)의 군대가 싸우러 간 동안에도 백성들은 본거지인 길갈에 남아 있었다. 드디어 길갈에서 기업의 땅을 분할하기 시작하였다.

3) 길갈(吉甲 Gigal)에서 행한 일

(1) 모든 남자들에게 할례를 행하였다.

할례 예식을 행한 것은 애굽(埃及)의 치욕이 제거되었다는 뜻에서 '길갈' 이란 이름을 붙였다(수5: 2-9).

(2)유월절(逾越节 Passover) 을 행하였다 (수5: 10)

시내광야에서 유월절(逾越节)을 지킨(민9: 1-5) 이후에는 유월절(逾越节)에 대한 언급이 없다. 이것은 세번째로 지킨 유월절(逾越节)이며, 지정된 날 니산월 14일에 온 이스라엘 백성들은 유월절을 지켜 애굽(埃及) 탈출의 기념식을 40년 만에 거행한 것이다(수 5: 10). 이것은 애굽(埃及)을 떠난 지 정확하게 40년째의 유월절(逾越节) 이며 가나안(迦南) 정탐꾼들이 소비한 날짜에 비례하여 그 햇수만큼 방황하리라는 가데스(加低斯Kadesh)에서의 하나님의 선언과 일치한 것이다(민14: 33-34). 하나님께서는 14일에 거행할 유월절(逾越节)을 준비할 수 있도록 백성들로 하여금 니산월 10일에 요단 강(約但河)을 건너게 하였다(수4: 19).

(3) 만나(吗哪 Manna)가 정지되고 드디어 약속의 땅 소산물을 먹게 되었다(수5: 12)

3. 중앙 팔레스틴(巴勒斯坦 Palestine)의 정복(수5: 3- 9: 27)

1) 여리고(耶利哥 Jericho) 성을 점령 (수6: 3-27)

구약성경의 여리고(耶利哥)는 사해에서 북쪽으로 11km요단(约但 Jordan)에서 서쪽으로 8km떨어진 텔 에스-술탄(耶斯苏丹 Tell es-Sultan)으로 판명되었다. 가나안(迦南)땅 최고의 도시 여리고(耶利哥) 〈여리고는 지층으로 고찰할 때 약 1억년 전부터 도시로 발달된, 세계에서 가장 오래된 도시 중 하나다〉 성의 점령은 하나님께서 그 방법을 지시해 주셨다. 어느 날 여호수아(约书亚)가 여리고(耶利哥)에 가까이 왔을 때 여호와(耶和华)의 군대 장군을 만났다. 여호와의 사자는 이스라엘(以色列)의 편이 아니라 이스라엘(以色列)의 지휘자임을 암시하고 있다 (수6: 3-5). 하나님의 군대장군의 설명은 군사들로 하여금 언약궤를 멘 제사장들의 인도를 받아 엿새 동안 하루에 한번씩, 그리고 일곱째 되는 날에는 일곱 번 성 주위를 돌라고 말하며 열 세 번째 회전 후에는 일곱 제사장이 양각나팔을 불고 백성들은 큰 소리로 외치면 성벽이 무너진다고 말하였다. 여리고(耶利哥)성의 모든 사람들이 죽임을 당하였고, 성은 불로 태워졌고 탈취한 물건들은 이스라엘(以色列)인들이 가질 수 없는 것이다

그 모든 물건은 여호와(耶和华)께 바쳐진 여호와의 것으로서 여리고는 여호와의 전쟁인 "헤렘"(Herem 하나님께 바쳐진 전쟁)이기 때문이다.

2) 아이성(艾城 Ai)의 실패와 승리 (수7: 2-5)

여리고(耶利哥)의 정복은 첫째로는 하나님의 도우심으로 기적이 나타났고, 두번째는 여호수아(约书亚)의 뛰어난 군사 작전으로 성공을 했다. 성공한 후 이스라엘(以色列)백성은 사기가 중천하여 아이성을 정복하는데 삼천 명으로도 가능하다고 생각하고 "아이" 성을 공격했으나 패하여 도망하다 35명이 죽었다(수 7: 5). 패배의 원인은 여리고에서 하나님께 바쳐진 물품을 유다(犹大)지파의 아간(亚干 Achan)이 훔친 것이 원인이다.

아간(亚干)이 시날(示拿) 산의 아름다운 외투와, 은 이백 세겔과 금덩이 오십 세겔을 훔쳐 감추었던 것이다(수7: 21).

아간이 범죄자임이 밝혀진 후 그의 가족과 그 소유물을 돌로 쳐서 죽이고 불사른 후 아이(艾城Ai)성으로 가서 승리하였다(8: 10-23). 아이는 그 장소가 분명치 않다. 여호수아(约书亚) 시대에 벧엘(伯特利 Bethen)의 정복에 대하여서는 아무런 설명이 나와 있지 않으므로 추리해 보면, 벧엘(伯特利)과 아이(艾)성이 매우 가까운 거리임으로 아

이(艾)가 싸울 때 벧엘(伯特利 Bethen)도 아이(Ai)와 연합하여 싸우다가 여호수아(约书亚)에게 패한 것으로(수8: 17)본다.

3) 세겜(示劍 Shechem)에서의 예식 (수 8: 30-35, 신27: 1-26)

여리고(耶利哥), 아이(艾), 벧엘(伯特利)을 정복한 후 여호수아(约书亚)는 하나님의 지시(신27: 1-26)대로 언약을 새로 세우기 위하여 백성들을 북쪽 세겜(示劍 Shechem)으로 이끌고 갔다. 이것은 40년 전 시나이 (西乃Sinai)에서 정식으로 언약을 세웠던 것을 재현한 것이었다.

출애굽(出埃及 Exodus)한 백성들은 이미 광야에서 모두 죽고 광야에서 새로 태어난 새 사람들이 약속의 땅으로 들어가야 하므로 하나님의 율법을 반드시 지킬 것을 다짐하는 새로운 각오가 필요하였다.

세겜(示劍) 근처 에발 산(以巴录山 Mount Eba)에 여호수아(约书亚)는 제단을 쌓고, 제사장들은 번제와 화목제를 드리고 여호수아(约书亚)는 미리 준비하였던 돌에 모세(摩西)의 율법을 기록하였다. 그리고 지파의 반은 그리심 산(基利心山 Gerizim)으로 가고 반은 에발 산(以巴路山)에 남아 여호수아(约书亚)가 율법의 축복과 저주를 낭독할 때, 그리심 산(基利心山)에서는 축복을 낭독하면 아멘으로 응답하고, 저주를 낭독할 때는 에발 산(以巴路山)에 있는 사람들이 아멘으로 응답하였다(수8:30-35). 여기서 한 가지 의문은 세겜(示劍) 정복의 관한 기록이 여호수아서에 없는데 어떻게 세겜(示劍)을 아무런 제지없이 갈 수 있었으며, 그곳에서 하나님과의 약속을 새롭게 할 수 있는가? 하는 의문이 생긴다.

(1) 이것을 뒷 받침하는 몇 가지의 증거가 있다. 그리심, 에발 산의 계약예식(수8: 30-35)의 내용이 "때에 (then)" 라는 단어로 시작되고 있는데 이는 이 중간 정복에 필요한 충분한 시간과 시간의 경과를 의미하고 있는 말이 된다.

(2) 여호수아(约书亚) 11:19절에 기브온(Gibeon) 외에는 이스라엘에게 순순히 항복하지 않았다고 기록되었다. 이는 세겜(示劍) 을 무력으로 탈취하였음을 의미하는 말씀이다.

(3) 여호수아(约书亚) 12: 17-18, 24에는 이즈음 이곳에서 여호수아(约书亚) 군대에 의해 죽은 세겜(示劍)지역의 왕들을 열거한 기록이 있다. 성경에는 전체적인 정복에 대하여 전부 기록하지 않았다는 것을 알게 한다.

(4) 평화적인 항복(降伏수9:) : 예루살렘 (耶路撒冷 Jerusalem)에서 북서쪽으로 조금 떨어진 주요 도시인 기브온(基遍 Gibeon), 그비라(基非拉 Chephirah), 브에롯(別罗 Beeroth), 기럇 여아림(基列耶琳 Kirjath-jearim) 등은 평화적으로 항복하고 이들로 하여금 물 긷고 나무패는 일을 하게 하였다.

4. 남방과 북방을 정복 (수 10: -12:)

1) 남방 동맹을 무너뜨림 (수10: 1-11)

기브온(基遍 Gibeon)이 이스라엘(以色列)과 동맹을 맺은 것을 안 예루살렘(耶路撒冷 Jerusalem)왕이 헤브론(希伯崙 Hebron), 야르뭇(耶末 Jarmuth), 라기스(拉吉 Lachish), 에글론(伊矶伦 Eglon)과 연합하여 기브온(基遍)을 공격하자, 길갈(吉甲)에 있는 여호수아(约书亚)에게 전갈을 보냈다. 소식을 들은 여호수아(约书亚)는 하룻밤에 38.4 km을 쫓아와 예루살렘(耶路撒冷)의 연합군을 벧호론(伯和仑 Beth-horon)까지 추격했고 도망하는 연합군은 하나님이 내린 큰 우박에 맞아 죽었는데 이스라엘(以色列)의 칼에 죽은 자보다 우박에 죽은 자가 더 많았다.

연합군의 다섯 왕이 아세가(亚西加 Azekah)와 막게다(玛基大 Makkedah) 근처까지 도망하여 굴에 숨은 것을 돌로 입구를 막아놓고 적군을 쫓아가서 무찔렀다. 해가 저물어감으로 여호수아(约书亚)가 태양은 기브온(基遍) 위에, 달은 아얄론(亚雅崙谷) 위에 머물라고 명령하였더니, 그대로 되어 지구 역사상 가장 긴 하루를 만들었다 (수10: 12-13). 전쟁에 승리하고 길갈로 돌아와 굴에 있던 다섯 왕을 쳐 죽여 다섯 나무에 매달았다. 그 날에 여호수아(约书亚)가 막게다(玛基大)를 취하고, 또 립나(立拿)와 라기스 拉吉와 에그론(伊矶伦), 헤브론(希伯崙), 드빌(底壁 Debir) 등을 정복하여, 산지와 남방과 평지와 경사지의 모든 왕을 쳐서 하나도 남기지 아니하고 무릇 호흡이 있는 자마다 진멸하여, 이스라엘(以色列) 하나님이 명하신 것을 그대로 준행 하였다. 게셀(基色 Gezler)은 가는 방향이 달라서 정복하지 못하였고, 또 예루살렘(耶路撒冷)도 정복하지 못하였는데, 예루살렘은 여호수아가 적을 추격할 때 노선 밖에 있었고 적군을 물리치고 돌아올 때는 군인들이 지쳐 있었을 것이다.

2) 북방 동맹을 무너뜨림 (수11:)

여호수아(约书亚)의 남방 정복소식을 듣고, 북쪽의 하솔(夏瑣 Hazor)왕 야빈(耶宾 Jabin)은 동맹을 요청하였다 (하솔夏瑣은 대 도시다). 모집한 왕들은 하솔(夏瑣 Hazor) 위에 있는 북방산지, 기네롯(基尼烈)의 남쪽평지 낮은 땅(아마도 이스르엘(Jezrel), 서방지역 마돈(玛顿 Madon, 수12: 19), 시프론(伸仑 Shimron), 악삽(押煞 Achshaph) 가나안의 왕들(수11: 1,12: 7)등이다. 이 동맹은 가나안(迦南)사람, 아모리(亚摩 Amorites)사람, 헷사람(赫 Hittite), 브리스 사람(比利 Perizzites), 여부스 사람(耶布斯人 Jebusite), 그리고 히위 사람(希末人 Hivites)을 포함한 것이다. 이들은 메롬(米伦 Merom) 물가에 모였는데, 그 수가 "해변의 모래" 같았다(수11: 4)고 성경에는 기록되었다.

여호수아(約書亞)는 주저 없이 공격하였고 하나님께서는 이 소수의 군대가 완전히 승리를 이루도록 도우셨다. 적군은 격파되고 여호수아(約書亞)는 뒤이어 왕들의 모든 성읍과 그 모든 왕을 취하여 칼날로 쳐 진멸하였다(수 11: 11-12). 그리고 하솔(夏瑣)은 불로 살랐고, 다른 도시들은 이스라엘(以色列)이 사용하기 위해서 불사르지 않았다. 히브리대의 고고학 교수인 야딘(Yadin)이 하솔을 발굴한, 3의 지층이 불 탄 자리가 있으며 주전13세기에 파괴 된 1지층은 불탄 흔적이 없으므로, 여호수아서의 기록에 하솔은 불살랐다는 기록에 의하여 불 탄 흔적이 있는 지층이 여호수아가 정복하였던 곳이라 했다.

3) 정복의 줄거리

여호수아(約書亞) 11:16-23에는 전체 정복에 대한 요약이 기록되어 있다.

여호수아(約書亞)는 세일(西珥 Seir)로 올라가는 할락 산(哈拉山 Halak)근처의 남쪽 끝에서부터 헤르몬 산(黑门山 Hermon)아래 레바논(利巴嫩 Lebanon) 골짜기의 북쪽 끝까지 차지하였다. 평화로이 조약을 맺은 사람 들은 기브온(基遍)의 네 도시인 히위사람 (希未人)들이었다. 죽임을 당한 사람들 중에는 40 년 전 정탐군들이 두렵다고 한 거인들 인 아낙 자손(亚纳族 Anakim)도 있었다(민13: 33). 죽은 왕의 총 수는 31명이며, 이들 도시의 이름이 여호수아(約書亞)서 12:10-24에 기록되어 있다. 요단(約但)의 동편으로는 남쪽의 사해 밑에서부터 북쪽의 헤르몬 산(黑门山)까지, 서편으로는 남쪽의 사해 밑에서부터 북쪽의 헤르몬 산(黑门山)지역까지 포함되었 다. 여호수아(約書亞)의 능력이 닿지 않은 지역은 지중해(地中海)의 해변이었다(수13: 1-6). 이곳의 가사(迦萨 Gaza) 지역은 여호수아(約書亞)에 의해 어느 정도 영향을 받은 것으로 언급되어 있다(수10: 41).

북쪽의 돌 왕(多珥王 Dor)은 북방 동맹들과 함께 죽임을 당했다. (수12: 23) 내륙 지역에서 전투가 일어났으므로 대부분의 해변지역은 그대로 남아 있다가 다윗(大卫 David) 왕 때에야 정복하였다.

4) 가나안 (迦南 Canaan) 정복에 대한 학자들의 설

(1) 첫 째 학설

사사기 1장과 여호수아(約書亞)서는 주전 13세기경에 여호수아(約書亞)가 가나안(迦南)으로 쳐들어간 것이 아니고, 주전 15세기경부터 셈 족(闪族)들의 지도자들이 북쪽에서 내려오고 또 남쪽에서 지파 별로 가나안(迦南)으로 들어왔던 것이 주전 13세기경에 그들이 연합하여 팔레스틴(巴勒斯坦)을 정복했다는 설과, 이스라엘(以色列) 국가란 공동체로서 정복한 것이 아니고 지파들의 연합으로 정복했다는 학설 이다.

(2) 두 번째 학설

여호수아(约书亚 Jeshua)서는 이렇게 말하지 않았다. 여호수아1장- 2장까지 강조한 것은 옷니엘(俄陀聶 Othniel)이 헤브론(希伯仑Hebron)을 정복할 때 옷니엘(俄陀聶)은 아직 이스라엘(以色列)의 지도자가 아니고 여호수아(约书亚)가 지도자였음을 강조하고 있다. 여호수아(约书亚) 7장에서 9장까지의 기록은 중부지방을 정복한 기사이다. 10장은 남방을, 11장은 중부지방에서 북쪽까지 정복한 기사다. 그리고 많은 지역과 도시가 정복되지 못했다. 예: 예루살렘(耶路撒冷)은 여부스족(耶布斯族)이 살았는데 다윗(大卫) 때에 가서야 정복되었다.

(3) 그래서 학자들은 여호수아(约书亚)서는 E문서이고 사사기는 J문서라고 한다.

전기 연대설을 주장하는 학자들은 여리고(耶利哥)성은 주전 14세기 3분기경에 망했다고 하는데, K.Kenyon(영국의 여자 고고학자 후기 연대설 주장자임)도 말하고 있다. 여리고(耶利哥)성은 세계에서 가장 오래된 도시 중에 하나로 약 1억년이나 되는 도시로 별명은 종려나무 촌이다.

(4) 구라파의 학자들의 학설

① 레아(利亚 Leah) = 르우벤(吕便 Reuben),시므온(西缅 Simeon),레위(利末 Levi),유다(犹大 Judah), 잇사갈(以萨迦 Issachar), 스불론(西布伦 Zubulum).

② 라헬(拉结 Rachel) = 요셉<约瑟 Joeseph, 에브라임以法莲 Ephraim 므낫세玛拿西 Munasseh>과 베냐민 (便雅敏).

③ 빌하(辟拉 Bilhah) = 단(但 Dan), 납달리(拿弗他利 Naphtali).

④ 실바(悉帕 Zilphah) = 갓(迦得 Gad), 아셀(亚设 Asrer).

레위(利末)는 하나님께 봉사하기 위하여 빼고, 요셉(约瑟)은 장자로서 두 분깃을 받았으므로 두 아들들의 이름이 기록되었다. 구라파의 학자들은 레아(利亚)의 후손과 라헬(拉结)의 후손들은 모세의 인도로 출애굽((出埃及)할 때 함께 행동을 하였다고 보며 실바(Zilphah와 빌하(辟拉 Bilhah)의 후손들에 대하여는 두 가지 설이 있다

첫째, 북쪽으로 가나안(迦南)에 들어와 레아(利亚)와 라헬(拉结)의 후손들과 합쳤다는 설.

둘째 설은, 빌하와 실바의 후손은 이미 가나안(迦南)에 들어가 거주하고 있다가 레아(利亚)와 라헬(拉结)의 후손이 가나안(迦南)으로 각각 들어와서 합쳤다는 설이다. 이 설은 사사기를 주장하는 구라파의 학자들의 학설로 이스라엘 지파들이 각각 가나안(迦南)으로 들어왔을 때 적들의 힘이 막강하여 지파들의 연합이 절실이 필요하게 되었고, 지파의 연합이 없이는 도저히 적을 물리칠 수 없어서 12지파의 대표들이 모여 동맹을 맺은 후 야훼(耶和华) 하나님께 예배드리고 세겜(示剑 Shechem)에서 연합동맹을 맺음으로서 비로소 이스라엘 국가란 공동체가

탄생했다는 설이다. 그러나 이스라엘은 출애굽 할 때부터 이미 국가다라고 주장하는 학자들도 있다

(5) 여호수아(约书亚) 24: 1-14절의 내용을 보면, 종교, 문화, 군사적 세 문제가 있었다.

① 종교적 문제

A. 이스라엘(以色列) 백성은 가나안(迦南)땅에 들어오기 전에는 유일신의 신앙을 갖고 그들의 조상의 하나님만을 섬겼다. 그런데 가나안(迦南)에 들어와 보니 그들은 바알(巴力 Baal) 신을 섬기고 있었다. 바알은 농사의 신이며, 비의 신이며 풍요의 신이다. 아세라(亚舍拉 Ashera) 여신은 생산의 여신으로 성에 중점을 둔 신으로서 바알과 부부관계이다. 가나안(迦南) 사람들은 이런 다신론적 종교관을 갖고 사는 유물론자 들이다.

B. 이스라엘(以色列)의 젊은이들이 가나안(迦南)의 신을 바라볼 때 매력이 있었다. 가나안(迦南)의 아세라(亚舍拉 Ashera) 여신을 섬기는 사제는 여자들로, 자신들의 몸을 신의 이름으로 남자신도들에게 제공하였다. 이들을 성창(聖娼)이라 했다.

C. 이스라엘(以色列)에서는 신이 계시다는 믿음으로 신앙을 갖고 살아왔는데 반하여, 가나안인들은 신을 눈으로 볼 수도 있고 갖고 다니는 것이 이스라엘(以色列) 젊은이들에게는 좋게 여겨졌다.

D. 유대(犹太) 인들에게는 신화가 없는데 반하여, 가나안(迦南)은 역사 안에서 이루어진 종교가 아님으로 신화가 있었다. 살아서 역사 안에서 함께 하시며 도우셨던 야훼(耶和华)에 대한 전승만으로 신앙을 했던 이스라엘(以色列) 청년들에게 가나안(迦南)의 종교는 흥미로웠다.

E. 이스라엘(以色列)의 신관은 세상의 모든 것은 하나님이 주셨으며 필요로 할 때는 하나님이 계속적으로 더 채워 준다고 믿으며 하나님은 매우 아름다운 선물을 주셨기에 인간은 그것을 더욱 아름답게 보존하고 발전시킬 의무를 지니고 살아야 한다고 믿었다. 특별히 하나님 앞에서 도덕적인 사람이 되어야 한다고 이스라엘 백성들은 생각하며 살아 왔는데, 가나안(迦南) 사람들은 이스라엘(以色列)인들 같이 전적으로 신에게 매달려 살지 않고 신으로부터 자유롭게 살아가고 있을 뿐 아니라 오히려 인간이 신을 조종하는 것 같은 것이 좋아 보였다. 그래서 하나님과 맺은 계약이 매우 무겁게 느껴져 점점 멀리하며 또한 잊어가고 있었다. 그리하여 세겜(示剑)에서 12지파가 동맹을 맺고 여호와께 향한 믿음을 새롭게 다짐하려고 종교개혁을 하였다. 라고 주장하는 학자들도 있다.

② 문화적 문제

광야에서 유대(犹太)인들은 반 유목민으로 고생을 많이 하며 살았고, 애굽에서의 조상들은 노예로써 문화적 혜택을 거의 받지 못하고 살아오다가 가나안(迦南)에서는 집을 짓고 살게 되었다. 고정적 직업도 있으며 농업과 생산을 할 수 있어 경제적으로 여유로워져 교육도 받을 수 있게 되고, 이방여인들을 모방하여 점점 사치하고 음란하여져서 야훼(耶和华) 하나님과의 계약을 잊어갔다.

③ 정치적 군사적 문제

가나안(迦南) 정복은 아직 다 성취하지 못했는데 아모리(亚摩利 Amorites)족, 애굽(埃及 Egypt)인 블레셋(非利士 Philistia)족 등이 너무 자주 이스라엘(以色列) 정착지를 침략함으로 12지파가 서로 동맹하여 연합하지 않으면 안되었다. 여호수아(约书亚) 24장에서는 가나안(迦南) 7족속을 하나님께서 이스라엘(以色列) 앞에서 정복 시켰다고 강조하고 권면하여 용기와 믿음을 주었다. 이때부터 12지파동맹을 이스라엘 국가라 하였고 그 전까지는 히브리(希伯来 Hebrew)인이라 불렸다.

출애굽(出埃及)부터를 이스라엘(以色列) 역사로 보는 학자와 세겜(示剑)의 동맹 때부터 이스라엘(以色列) 역사로 보는 학자로 나뉜다. Martin Noth는 12지파동맹부터 이스라엘(以色列) 역사는 시작되었다고 주장하며 각 지파의 적은 모임을 국가라고 할 수는 없으며 족장시대에 넣어야 한다고 했다. 그러나 John Bright는 족장시대부터 이스라엘(以色列) 역사로 보아야 한다고 했다.

5. 땅의 분할 (수13: - 21:)

1) 요단(约但 Jordan) 동편의 분할 (수 13:)

분할 방법은 요단(约但 Jordan) 동편에 있을 때 이미 지시된 것으로 제비를 뽑아 땅을 분배 하였다.

제비를 뽑는 것은 인간이 결정하는 것이 아니고 하나님과 함께 그 결정이 이루어진다는 뜻이다(민26: 55-56, 33: 54). 르우벤(流便 Reuben), 갓(迦得 Gad), 므낫세(玛拿西 Manasseh) 반 지파는 요단(约但 Jordan) 동편에서 그들의 몫을 할당 받았다. 이 때의 지정된 땅은 북쪽 아르논 강(亚嫩河 Arnon) 헤르몬 산(黑门山Hermon)까지 야르묵(雅姆克 Jarmuth)강 북쪽의 얼마만큼과 남쪽지역 등을 할당받은 르우벤(流便)과, 중간지역을 할당받은 갓(迦得 Gad) 지파의 경계선은 사해 북쪽 끝에서 동쪽으로 뻗어 있으므로 꽤 분명하다. 주된 경계는 분명 얍복 강(雅博河)인데 왜냐하면 이 강은 시혼(西宏)의 북방 경계였고 갓(迦得) 지파와 르우벤(流便) 지파가 나누어 가진 왕국이었기 때문이다(수13: 25-28). 그러나 얍복 강(雅博河) 건너 북쪽으로 두 개의 연장선이 존재하

며 북쪽으로는 라못(拉末) 길르앗(基列)까지 뻗어있는 광야 근처(수13: 24-28, 20: 8)
라서 갓 지파와 므낫세 반 지파의 경계선은 분명치 않다.

2) 여분네(耶孚尼 Jephunmeh) 아들 갈렙(迦勒 Caleb) 이 헤브론을 정복하다 (수15: 13-19)

여분네의 아들 갈렙이 여호수아(約书亚)에게 옛날 모세(摩西)가 신1: 36에서 갈렙이
발로 밟은 땅을 다 준다고 하였던 말을 상기시키며 헤브론(希伯仑)을 정복하겠다고
요청 하였고 여호수아(約书亚)도 허락하였다.

갈렙은 85세의 고령인데도 옛날 정탐하던 40대와 같이 건장하여 마침내 헤브론(希
伯仑)을 정복하였다(수15: 13-19). 유다(犹大) 지파는 제비 뽑아 땅을 할당 받았는데,
갈렙이 정복한 땅까지 포함하여 다른 지파에 비하여 분배의 땅이 넓어졌다. 유다(犹大
Judea) 지파의 동편 경계는 사해이고, 서편 경계는 지중해(地中海)이다.

남쪽은 가데스 바네아가 포함되어 사해에서 남쪽으로 기울어지고 북쪽 경계는 사해
서편의 북쪽 끝에서부터 예루살렘(耶路撒冷 Jerusalem)의 남쪽 어깨에 이르는 지중해
(地中海)까지 불규칙적으로 뻗어있다. 유다(犹大)와 에브라임(以法莲 Ephraim)이 가장
유력한 지파로 북쪽 이스라엘이 앗시리아(亚述Assyria)에 의해 멸망될 때까지 두 지파
의 힘은 계속 되었으며, 에브라임(以法莲)은 유다(犹大)보다 적은 땅을 할당받아 유다
(犹大)의 북쪽과 베냐민(便雅敏 benjamin) 땅 사이에 남겨진 공간을 할당 받았다(수16:
1-10). 세 번째 므낫세(玛拿西)의 반 지파가 제비를 뽑아(수17: 1-13) 에브라임(以法莲)
북쪽과 경계를 이루고 있으며, 유다(犹大)와 에브라임(以法莲) 같이 요단(約但)에서부
터 지중해(地中海)까지 뻗어 있었다. 요셉(約瑟 Joseph)의 후손인 에브라임以法莲)과
므낫세(玛拿西)는 땅의 중앙을 나란히 차지하였으며 므낫세(玛拿西)의 북방은 이스르
엘(耶斯列谷地 Jezreel)의 남쪽 끝이었다.

3) 기업의 땅 분할이 중단됨 (수 17: 12-18: 2-10)

나머지 일곱 지파에게 땅을 할당하기 전 성막을 길갈에서 실로(示罗 Shiloh)로 옮겨
세웠다(수18: 1).

(1) 분할이 중단된 이유

① 백성들이 성막을 빨리 세우길 원했다
② 에브라임(以法莲 Ephraim), 므낫세(玛拿西 Manasseh) 지파들이 자기들의 할당된
   땅에 불만을 나타내며 할당이 너무 작고 산지라고 불평을 하여 가나안의 땅을
   정복하려면 그 족속들은 철병거를 가지고 있어서 쫓아내기 힘들다고 말하였다.
   그러나 여호수아(約书亚)는 할 수 있다고 에브라임 지파에게 용기를 주었다
   (17:14-18).

일곱 지파는 땅을 차지하는 것이 어렵다면 반 유목민 생활을 하는 것이 더 낫겠다고 생각을 하였다.

③ 여호수아(约书亚)는 실로(示罗 Shiloh)로 이주할 동안 생각 할 수 있는 시간을 가지게 되었다.

④ 실로(示罗)에 도착하자 여호수아(约书亚)는 구체적 명령을 내렸다(수18: 2-9). 일곱 지파에서 각각 3명씩 대표가 짝을 이루어 할당 받을 땅을 조사하도록 지시하였다. 그리고 그 땅의 지도를 자세히 그려 오도록 명령을 하였고 다시 한번 지도를 놓고 제비를 뽑아 땅을 분배하였다.

6. 이스라엘(以色列 Israel)의 제도

1) 정부 제도

이스라엘(以色列)의 열 두 지파는 가나안 땅에 정착하였을 때 최소의 통치형태를 가졌으나 왕이나 중앙통치 기관은 없었다. 각 지파는 그 자체대로 살았으며 지파 자체도 중앙행정 기관을 갖지 않고 백성들이 복종해야 하는 어떤 형태의 관리가 거의 없었다. 이런 상황은 하나님의 계획에 따른 것이다. 하나님이 직접 이스라엘(以色列)의 통치자로 그들을 다스리며 또 야훼(耶和华)는 이스라엘(以色列)의 왕이시다. 이스라엘은 다만 하나님께서 주신 율법을 지키고 순종하면 되는 것으로 장로들이 세목들을 관할하는데 약간의 통치가 필요하였다. 이것은 주로 장로들이 지역사회의 재판과 여러 가지 직무를 담당하였다. 장로들의 이 직무의 역사는 꽤 오래되었는데 그것은 애굽(埃及 Egypt)시대까지 거슬러 간다(출3: 16-18, 19: 7, 24: 9, 민 11:16). 장로들은 사람 죽인 자를 심판하고(신19: 12) 검시를 행하며(신21: 2) 가족문제를 청종하고(신21: 18) 결혼문제를 해결하며(신22: 15, 25:7) 성문에서 논쟁사건을 해결하였다(룻4: 2). 많은 지방법원과 한 개의 최고법원이 있으며, 각 지방법원에 재판장과 유사가 있었다. 이들은 성문에 앉아(신16: 18) 장로들과 함께 사건을 담당하였고, 레위사람 제사장 앞에서 율법서의 등사본을 기록하게하고, 왕에게 주어 평생 옆에 두고 읽게 하는 것도 담당하였다(신17: 18).

최고 법원은 실로(示罗 Shiloh)의 중앙 성소에 있었다. 재판장은 조사를 행하고(신19: 18) 제사장들은 법원 회원으로 봉사하였다. 법원의 판결은 적어도 두 명의 증인이 반드시 있어야 했으며(신 19: 15), 만일 한 증인이 위증으로 판명되면 그는 피고의 죄벌이 판명될 때의 피고가 받을 징벌을 받았다(신19: 16-19). 징벌(태장)은 지체없이 시행되기도 하고(신25: 2), 성읍 장로들에 의해서도 시행되었다(신22: 18). 만일 돌로 쳐 죽이는 사형이 내려지면 많은 사람이 이 때 참가하고(민15: 36, 신22: 21) 증인이 먼저 돌을 던지게 되어 있다(신13: 9).

2) 중앙 성소(中央圣所)

이 중앙 성소는 어떤 특정지파를 선호함이 없이 각 지파의 모든 백성을 위한 것이다. 모든 사람이 성막에 올 수 있고 절기 때에는 종교적이며 국가적인 큰 행사로 모든 사람이 오도록 되어있다. 성막은 번제의 장소이다. 여기에서 제사장과 레위(利未)인은 율법에서 명한 예물과 예식을 관할했다. 각 지파의 모든 남자는 일 년에 세 번 실로(示罗)에 와서 절기에 참가해야 했다(신16: 16). 중앙 성소(中央圣所)를 중심으로 열 두 지파가 하나의 통합된 유대(纽带) 관계를 맺었다. 이 중앙 성소가 지파별로 자치적 정책을 하는 이스라엘을 하나로 굳건히 묶어주는 매개체가 된 것이다.

3) 제사장(祭司长)과 레위(利未) 인

하나님을 주(主) 통치자로 모시고 지파들을 통합하는 주요 기구는 실로(示罗)의 중앙 성소 곧 성막(会幕)이었다.

하나님은 예배의식을 담당하는 한 지파를 성별하였는데 그 지파가 레위(利未) 지파이다. 이 지파는 첫 유월절 (逾越节)에 살아난 처음 난 남자를 대신하였고, 짐승의 초태생도 하나님께 드려진 것이다〈짐승의 초태생은 다른 것으로 대신하였다 출13: 11-16, 민3: 40-51)〉. 레위(利未)인은 정복 당시에 한 달 이상 된 남자가 23,000명이었다. 아론(亚伦)의 후손은 제사장이 되고, 장자는 대제사장이 되며 제사장과 레위(利未)인은 성막의 예식을 관할하며 제사장은 번제를 드리고 레위(利未)인은 제사일을 도왔다. 다윗(大卫 David) 시대까지 제사장과 레위(利未)인이 너무 많아 24반차로 나누어 차례로 일 주일씩 담당하게 하였다(대상24: 1-31).

(1) 레위(利未 Levi)인의 도시

제사장과 레위(利未)인은 특별히 지정된 도시에 살았다. 이들은 지파와는 관계없이 예배의 봉사를 위해 지명된 사람들이므로 땅을 할당받지 않았다(민18: 20). 이 특별 도시들은 레위인들의 도시로, 각 지파가 공평하게 4개의 도시들을 내놓아 모두 48개 성이다(민35: 1-8, 수 21:1-42). 이중의 6개는 도피성이며, 도피성에는 살인자가 피하여 재판을 받을 때까지 제사장과 레위(利未)인들의 보호를 받았다(민35: 9-28, 수20: 1-9). 만일 고의적이나 계획적이 아닐 때는 당시의 대제사장이 죽을 때까지 그 성에 거하면 보복자로부터 안전할 수 있다(출21: 12-14, 민35: 6, 35: 11, 신19: 1-3).

(여섯개의 도피성)

① 가데스(基低斯 Kedsh) = 거룩한 장소, 신성한 곳, 구별된 장소.

② 세겜(示劍 Shechem) = 어깨, 어깨에 메다, 진지하게 하다

③ 헤브론(希伯崙 Hebron) = 결합, 일치, 교제, 함께하다, 교제를 나누다.

④ 바산(巴珊) 골란(哥兰 Golan) = 기쁨, 환희, 환성을 터뜨리다, 기뻐 날뛰다.

⑤ 길르앗(基列) 라못(拉末 Laamoth) = 높은 장소, 오르다, 일어나다, 영화롭게

⑥ 베셀(比悉 Betser) = 요새지, 포도 농원, 적을 막다, 안전지대

(2) 교육

제사장과 레위(利未)인은 백성들의 십일조로 부양이 되었기 때문에(민18: 20-28) 육체노동에서 벗어나 또 다른 종교적 사명을 수행할 수 있었다. 그것은 모세(摩西)의 율법을 가르치는 일이다. 이 율법은 이스라엘(以色列)과 야훼(耶和华)의 언약관계에 대한 것이며, 또 백성들이 살아갈 때 필요한 민법이나 종교적 법칙까지 포함하였다. 이 진실 된 하나님의 법칙을 온 백성이 알아서 준행하도록 이스라엘(以色列) 전역에서 가르쳤는데 그 일을 제사장이나 레위(利未)인들이 감당하였다.

(3) 우림과 둠밈(乌陵 与 土明 Urim and Thmmim)

율법 외에 제사장과 레위(利未)인들은 하나님으로부터 그 뜻을 알 수 있는 특별 방법을 제공 받았다.

그것은 우림과 둠밈이다. 이것에 대하여 확실히는 알 수 없으나 분명한 것은 물건으로 제사장이 입는 에봇 (以弗得) 앞자락에 있는 주머니형으로 된 가슴 흉패(胸牌)속에 넣고 있다(출28: 30, 레8: 8, 민27: 21, 신33: 8, 삼상28: 6, 스2: 63). 하나님께서 이 물품으로 통하여 계시를 나타내는 정확한 방법은 언급되어 있지 않으나 다만 우림과 둠밈을 사용하여 "가(是)" "부(不是)"의 결정이 되는 제한된 소통 방법으로서 하나님의 뜻을 알게하는 도구로 제공하였다. 질문을 하면 하나님께선 이 방법을 사용하여 해답을 주셨으며 이것은 대제사장이 사용하였다.

4) 예물

율법은 성막에서 다섯 가지 형태의 예물을 드리게 하였다.

(1) 번제물(燔祭 레5 :, -17: 6:8-13)

번제물은 하나님 앞에 생명을 완전히 봉헌하는 것을 상징하는 것으로 제단에서 전부 태웠다.

번제물은 백성들이 공동으로 드리는 정식예물이며 또 개인이 바치기도 한다. 공동예물일 때는 매 아침과 저녁에 양 한 마리, 안식일에는 양 두 마리, 축제일에는 더 많이 드렸다(출29: 38-46, 민28: 1- 8, 29: 39). 개인이 드릴 때는 양, 염소, 수소, 또는 숫양이 사용되었다. 이 번제물은 특별한 상황 때 드렸는데 제사장이 임명될 때(출29: 15, 레9: 12), 여인들의 정결의식 때(레12: 6-8), 문둥병자가 깨끗이 하게 되

었을 때(레14: 19), 유출병이 제거 되었을 때(레15: 14-15, 30), 나실 인의 서약을 파기 할 때(민6: 11,14)등 이다.

(2) 소제물(素祭 meat offering 레2: 1 -16, 6:14-23)

소제물은 개인이 가진 물질을 하나님께 전부 봉헌한다는 뜻으로 드린다. 소제는 곡물로 드리는데 드릴 때 곡물에 기름과 소금을 반드시 조금 넣는다. 소제물은 번제물을 드린 후 그 위에 태우며 또한 완전히 태웠다. 이것은 번제물과 같이 개인이 드릴 수도 있고, 또 소제물은 제사장이 소제에 필요한 한 줌의 곡식만 취하고 나머지는 성막의 용도를 위해 보존한다. 모든 소제물에는 포도주 예물이 수반 되었다. 번제물, 소제물, 포도주 예물은 가장 자주 바쳐지는 예물이다.

(3) 속죄 제물(贖罪祭 Sinoffering 레4: 1-35, 16: 24-30)

속죄 제물은 부지 중에 지은 죄를 대속하는 것이다. 지정된 축제날에 공동의 속죄제물을 드렸다. 개인이 드리는 속죄제물은 아무 때나 가져오도록 되어있다. 지정된 동물의 형태는 신분과 (지위가 높으면 더 가치 있는 동물을 바침) 죄의 성질에 따라 다양하다. 가장 가치가 있는 동물로 지정된 것은 어린 숫소였으며, 적어도 어린 비둘기로, 극히 빈곤한 경우에는 "에바(伊法) 가루의 10분의1" 로 대치한다(에바는 22L).

(4) 속건 제물(贖愆祭 Trespass offering 레5: 1-6, 7: 1-7)

속건 제물은 속죄제물과 비슷한 목적으로 생긴 것으로 속죄제물이 죄인 자체에 중점을 더 둔 것이라면, 속건 제물은 특별한 범죄를 사하기 위한 것이다. 속건제물이 요구되는 특별한 범죄가 레위기5: 15, 17, 6:1, 14:12, 19:20-22: 민수기6: 12등에 기록되었다. 이것은 보통 상대방에게 금전적인 보상을 첨가하도록 되었으며 지정된 동물은 항상 개개인적 제물이며, 공동의 제물이 아니다.

(5) 화목 제물(平安祭 Peace-offering 레 3: 1-17, 7: 1-34, 19: 5-8, 22: 21-25)

화목제물은 세 가지 형태가 있다.

① 특이한 축복을 경험함으로 인해 드리는 감사의 예물

② 맹세할 때 드리는 봉헌 예물

단순히 하나님께 사랑을 표현할 때 드리는 자유로운 예물이다. 절기 때에는 공동으로 드리는 것이 관례다(삼상11: 15, 삼하6: 17). 특히 오순절에는 이 화목제를 드리도록 하였다(레23: 19). 개인적으로 드리는 화목제물은 자발적으로 여러 동물 중에서 어느 것이나 가져올 수 있다. 주요한 양식은 제단식사로서 제물로 바쳐져 죽은 동물의 일부를 사람들이 함께 나누어 먹음으로써 하나님과 개인 사이의 교제를 상징한다.

5) 세 가지의 큰 절기

(1) 유월절(逾越节)과 무교절(逾越节Passover 与 无酵节 Feast of Unleavened Bread 출12: 1-13 신 16:1-8)

년 중에 있는 절기 가운데 가장 큰 절기이다. 이 절기는 종교력으로 니산월 14일 (지금의 달력으로는3-4월)에 시작한다. 애굽(埃及)에서의 첫 유월절(逾越节)을 기념하여 지정된 음식을 먹었다.

먹는 떡의 이름을 따서 무교절이라 하며, 일주일 동안 계속 먹는데 유월절(逾越节)에는 첫 유월절(逾越节) 때와 같이 나홀(四天) 전에 택한 홈 없는 양을 죽이는 것이다. 첫날과 7일째 날은 백성들이 함께 모여 안식한다.

(2) 칠칠절(七七节 Feast of weeks 출 23: 16, 레23: 15-22, 민28: 26 -28, 신16: 9-12)

이 절기는 보리 추수가 끝날 때 온다(그래서 맥추절(麦秋节)이라 불려지기도 한다 출23: 16). 추수한 곡물로 만든 첫 떡을 하나님께 드린다. 또한 칠칠절은 유월절(逾越节)에서 꼭 50일 후이므로 오순절로도 불리웠다(레 23: 15-16 신16: 9). 이 절기는 하루 만 지켰는데, 아무 노동도 하지 않고 새 곡식으로 만든 두 개의 떡을 포함하여 많은 예물을 바쳤다.

(3) 초막절(성막절 住棚节 Feast of Tabernacles 출23: 16, 레23: 34 - 43, 신16: 13-15)

이 절기는 1주일간 계속 되었다. 이 기간 동안 백성들은 애굽(埃及)에서 나와 광야에서 초막을 치고 살았던 것을 기념하기 위하여 초막이나 광야에서 일주일을 가족과 함께 지냈다.

이 절기는 추수기가 끝날 때이며 그래서 수장절(收藏节)이라 불리 운다. (출34: 22 곧 7곱째 달인 9월/10월 티슈리월 提斯利 Tishri)의 15일에 시작된다. 이 때에는 다른 절기보다 더 많은 동물을 바쳤는데 숫소 71마리, 숫양 15마리, 양 105마리, 염소 8마리였다.

6) 이 외의 종교행사

(1) 안식일(安息日 Sabbath 출20: 8-11, 민 28: 9-10 신 5: 12-15)

가장 중요하고 빈번한 것은 매주 일곱째 날인 안식일인데 이는 하나님께서 창조 후 7일째 안식한 것을 따라 취해진 것이며, 또한 하나님이 이스라엘(以色列)을 애굽

(埃及)으로부터 구출한 것을 기억하면서 7일에는 아무 노동도 하지 않고 하루에 두 번 제단을 쌓았다.

(2) 월삭(月朔 new moon 민 10: 10, 28: 11-15)

월삭에는 나팔을 불고 예물을 더 증가하였다.

(3) 나팔절(吹角日 Feast of Trumpets 레23: 23-25, 민 29: 1-6)

7월(Tishri, 9/10)의 초일에는 나팔을 불고 희생제물의 숫자를 더욱 늘려서 특별히 기념하였다. 이 날은 새로운 한 해의 시작을 알리는 이스라엘(以色列)의 신년이다.

(4) 속죄의 날(贖罪日 Day of Atonement 레16: 1-34; 23: 26-32, 민 29: 7-11)

유대력으로7월 10일로서 연중 가장 중요한 날 중의 하나이다. 성막에서의 정교한 예식은 죄를 속해야 할 필요성을 상징적으로 나타내었다. 이 날 대제사장은 자신을 비롯하여 제사장들과 성막 자체 그리고 백성 전체를 속죄하는 예식의 일부분으로서 1년에 한 번 이 때에만 지성소에 들어간다.

아무 노동도 할 수 없고 모든 백성은 금식을 하여야 한다.

(5) 안식년 (安息年 Sabbatical Year 출 23: 10-11, 레 25: 1-7, 신 15: 1-11)

매 7년 되는 해에 백성들은 땅을 쉬게하고 곡식도 뿌리지 않으며 과수원을 다스리지 않는다. 뿌리지 않은 밭의 소산은 가난한 사람, 종, 객과 과부와 고아에게 나누어 준다. 이스라엘(以色列) 사람인 동족에게 진 빚은 면제하여 준다.

(6) 희년(禧年 Year of Tubilee 출25: 8-12, 27:16-25)

안식년이 계속하여 7번 지난 후(49년)에는 특별히 희년(50년)을 지켰다. 이 때에도 땅을 쉬게 한다. 이때는 땅을 계속하여 2년(49년, 50년)을 쉬게 하였으므로 하나님께서 6년째 해에 모든 것이 충족하도록 풍성한 수확을 거둘 것을 약속하셨다. 이 해에 모든 가족의 기업이 회복되며 자유롭기를 원하는 종들은 해방되었다.

주의 은혜의 해(눅 4: 19의 해는 태양(Sun)이 아니라, '년'(Year)을 말함. 곧 희년을 가르킨 것이다)

7) 선지자(先知者 Nabi)

선지자들은 하나님의 메시지를 전달하며 백성들에게 하나님의 법을 가르치고 백성의 마음에 하나님의 참된 뜻을 깨달아 그 뜻에 합당하게 살도록 호소하는 설교가이다. 또한 선지자는 계시의 수령자이다. 선지자는 가계의 계승으로 직무를 맡지 않고 '특별히 하나님께 봉사자로 부름을 받았다' 는 뜻에서 제사장이나 레위(利未)인과 구분된다. 또 그들보다 숫자가 적으며 비범한 재능과 투시력과 헌신을 갖고 있는 사람으로 하나님께 특별히 뽑힌 사람들이다. 그런 이유에서 가끔 그들은 위험한 일과 상황에 놓이는 경우가 있다.

  그들은 지력(智力)이 있고 용감하며 특별한 신앙인이 되라고 부름 받은 사람이다. 이스라엘(以色列) 국가는 선지자 없이 존재한 때가 없었으며, 대부분 실질적인 숫자의 선지자를 가지고 있었다. 모세(摩西) 시대부터 이스라엘(以色列)은 선지자를 갖고 있었고 초기왕국 시대와 분열왕국 시대에는 그 숫자가 더 많아졌다.

제9장 사사시대(士师时代 Judges)
(삿 1: -21:, 룻1:-4:, 삼상 1: -8:)

약속의 땅을 정복하고 이를 각 지파에게 분배한 후에 이제 하나님이 선택한 백성들에게는 오랫동안 기다렸던 날이 왔다. 하나님께서 오래 전에 아브라함(亚伯拉罕 Abraham)의 자손이 나라를 세울 것이고, 땅을 정복하리라는 약속을 하셨던 것이 이제 성취된 것이다. 백성들이 애굽(埃及)에 있을 동안에는 그들의 땅을 소유할 날을 기다렸다. 애굽(埃及)에서 그들은 타국인이었고, 노예였으며 광야에서는 불안한 방랑객들이었다.

그러나 이제는 땅의 소유주가 되었으며 그들은 미래를 설계하고, 자신들의 삶의 방식을 추구할 수 있게 되었다. 이제 하나님은 이스라엘(以色列) 백성을 장자와 제사장으로 삼으셨으며 야훼 하나님은 이스라엘 백성의 하나님이며, 그들의 아버지며 그 백성의 영광이고 축복이라는 기초 위에 이스라엘(以色列)의 성공과 번영의 길을 약속하셨다.

그 언약은 그들은 머리가 되고 꼬리가 되지 않을 것이며, 위에서만 있고 아래에는 있지않을 것(신28: 1-14, 30: 1-10)이며, 꾸어줄지라도 꾸지 않는 민족이 될 것이라는 내용들이다.

이스라엘(以色列)이 해야 할 일은 단지 하늘의 통치자에게 복종만 하면 그들에게 가장 좋은 미래가 준비되어 있었다. 그러나 그들은 복종하지 않았으며 신실하지 않았으며 율법을 준수하지도 않았다. 그리하여 약속된 크나큰 복을 받지 못했다.

1. 배경문제

사사기(士师时代)의 역사 기록은 특별한 관점에서 쓰여 졌다. 당시 이스라엘(以色列)의 실패와 결함과 죄악상에 대한 것이다. 두 번이나 쓰여진 중심구절은(삿17: 6, 21:25) "왕이 없으므로 사람마다 각각 그 소견에 옳은 대로 행하였더라" 라는 것이다. 사사기는 이스라엘(以色列) 국가가 어떻게 이 성경구절과 같이 비극적인 나라와 백성으로 타락하였는가를 보여주기 위하여 기록한 말씀이다. 끝이 없도록 전무후무(前無後

無)한 축복의 약속을 받았는데 그 모든 것을 잃어버린 것을 알게하기 위해 기록된 것이다.

1장은 가나안(迦南) 백성을 그 땅에서 쫓아내지 못한 이스라엘(以色列)의 실패를 기록하고, 2장은 이스라엘 백성이 결과적으로 바알(巴力 Baal)를 신으로 섬긴 것을 기술하였으며, 3장에서 16장까지는 하나님의 심판으로 메소포타미아(米所波大米 Mesopotamia)사람, 모압(摩押 Moab) 사람, 가나안 사람, 미디안(米甸Midiantes)사람, 암몬사람(亚扪人 Ammonites), 블레셋(非利士 Philistin)사람들에 의한 계속적인 압박으로 이스라엘(以色列)이 고통을 당했음을 기록했다. 각 시대는 이스라엘(以色列)이 범죄함으로 침략을 당하여 심히 고통을 당할 때 하나님께서 보내신 사사(士師Judge)에 의해 구원받은 내용으로 반복된다.

17장에서 21장까지는 그 시대의 특징인 불순한 행동의 두 가지의 예화를 기록하였다.

사사기 기록들과 관련된 대부분의 시기는 여섯 차례에 계속적인 타민족의 압박에 관한 것으로서 침략국이 강대국이 아니라는 것에 주시해야 한다. 이 시대는 세계사에 있어서 강대국이 팔레스타인(巴勒斯坦) 지역에 참가하지 않았던 때이다. 아멘호텝(亚门诺裴Amenhotep) 3세 이후 애굽(埃及)의 제 18왕조 통치자들은 모두 아멘호텝(亚门诺裴) 3세 보다 약했고, 가나안(迦南) 정복에는 관심이 없었다.

초기 제 19왕조에서 세티(薛提 Seti) 1세와 라암셋(兰塞 Raamses) 2세는 헷(赫 Hittites) 족속에대한 북진 정책을 단행했으나 대부분의 경우 팔레스타인(巴勒斯坦)의 해안지역을 통과하는데 멈추었던 것이다.

벧산(伯善 Bethshan)은 이 두 통치자에게 점령당했으나 이스라엘(以色列)은 깊은 요단계곡 때문에 거의 영향을 받지않았다. 그 후의 제 19왕조는 힘을 잃었고, 단지 메르넵타(马尼他 Merneptah)와 제 20왕조 라암셋3세 (兰塞Raamses)가 이 지역을 잠시 침략을 했다. 앗시리아(亚述 Assyria)와 바벨론(巴比伦 Babylon)은 동쪽으로 그 힘이 뻗어있었고 이 당시 서쪽으로는 세력을 펼쳐오지 못했다. 그러므로 이스라엘(以色列)의 적은 이스라엘과 힘이 비슷한 주변의 소수민족이었다. 이스라엘이 만난 적들 중에 블레셋(非利士)이 가장 심각한 존재였다.

블레셋(非利士 Philistin)은 아브라함(亚伯拉罕) 시대에는 소수가 내륙에 있었으나, 사사 시대에는 거대한 숫자가 되었다. 이들은 대 이동을 했던 해상백성의 일부였다. 그 중 소수는 애굽의 메르넵타(马尼他주전1238-1228)에 의해 쫓겨났으나 라암셋 3세(兰塞주전1195-1164)의 재임 5년에서 11년 사이에는 애굽(埃及)에 대항하는 막강한 세력이 되었다. 블레셋(非利士)이 세운 5대 도시는 유다(犹大)와 단 지파에게 할당된 지역이었다.

다섯 주요도시는 아스글론(Ashielon), 에그론(以革伦 Ekron), 가사(迦萨Gaza), 아스돗(亚实突 Ashdod) 가드(迦得Gath) 등인데 각 도시마다 각각의 통치자가 있었으며 블레셋(非利士)은 가나안(迦南)의 문화와 종교에 많이 동화 되었고, 본래 용맹스런 그들이 철 생산을 독점함으로(삼상 13: 19-22) 무적의 대상이 되었다.

1) 사사(士师 쇼푸팀 Judge-)란 무슨 직책인가?

사사(士师)란 "판관(判官 Judge)" 이란 뜻인데 오늘의 재판관이 아니고, 부족을 대표하는 영웅으로 이스라엘에 세습적 지도자가 없을 당시 암흑시대를 지도한 "카리스마(Charisma)" 적 지도자를 말하는 것이다.

쇼푸팀 시대란 여호수아(约书亚 Joshua) 사망으로부터 왕국 출현까지 약 200년간의 부족 제도에서 왕정제도로 전환되는 과정을 말한다. 일반적으로 이 시대를 암흑시대라고 부르며 왕국의 탄생 전의 이스라엘(以色列) 나라와 민족의 고난을 서술한 것이다. 가장 중요한 것은 새로 빼앗은 가나안(迦南) 땅(완전히 점령치 못했음)을 어떻게 방어하며 지키느냐 하는 것과, 정신적이요 도덕적인 유일신교의 여호와(耶和华) 종교가 물질중심의 다신교인 가나안(迦南)의 지역종교와 어떻게 싸우느냐 하는 것이 당시의 가장 큰 문제였다.

여호와(耶和华) 종교를 신봉하는 이스라엘(以色列) 민족이 새로 입수한 가나안(迦南) 문화와 종교의 접촉에서 이스라엘 백성들이 신앙적으로나 현실적으로 큰 혼란을 겪고 있을 때 등장한 사람들이 쇼푸팀이다.

하나님의 신에 감동받은 지도자에 의해서 각 부족간의 지파연합이 형성되었으며, 이교(异教)적 세계인 가나안(迦南) 땅에서 계약의 공동체로서 모세(摩西)의 율법과 신앙을 지키려는데에 중점을 두었다.

2. 농경문화의 섭취

이스라엘(以色列)은 가나안 입국 후 유목민 생활에서 농경민으로 그 생활 양식이 크게 변화 되었다.

본래 유목민들인 이스라엘(以色列) 백성들은 농경기술을 배우기 위해 가나안(迦南) 족속과의 접촉이 필요하였다. 가나안족들과의 접촉에서 생소한 농경법과 아울러 그들의 종교까지 익숙해지면서 종교적 갈등과 타락을 발전시켰으며 지역간에 전쟁이 발생하였다. 엄격하고 윤리적인 여호와(Jehovah)의 종교와, 관능적이요 퇴폐(颓废)적인 제사종교와, 또 풍요를 가져온다는 바알(巴力 농경신)과 아스다롯(亚斯他录 Ashtaroth)의 갈등관계에서 여호와(耶和华) 종교의 예배가 점차 참신한 빛을 잃어가게 되었다.

3. 이스라엘(以色列 Israel)백성의 고난

여호수아(约书亚)는 12지파에게 땅을 분배하고 사망했다. 그러나 가나안(迦南) 땅을 완전히 점령하지 못한 상태로 평야지대는 아직도 가나안(迦南) 원주민들이 거주하고 있었으며, 갈멜산(迦密山M.t.Carmel)과 타보르 (他泊Tabor)산의 중간지대인 이스르엘(耶斯列Jezreel)평원은 팔레스틴의 곡창지대인데 여전히 가나안(迦南)의 정착지로 남아 있었다.

갈릴리(加利利海) 구릉지대인 잇사갈(以萨迦 Issachan), 스불론(西布伦 Zebulon), 납달리(拿弗他利 Naphtali) 지파 등은 중앙산맥 지대에 거주하고 있었으나 가나안(迦南)의 원주민 때문에 서로 교통마저 두절된 상태에 있었다.

4. 쇼푸팀(사사 士師)시대의 특징

사사(士師)기시대의 특징은 카리스마적(Charismatic) 지도자는 정신적 힘이 강한 젊은 사사들에 의해서 통치되었으며, 가장 민주적인 방법으로 다스려졌다. 비록 어렵기는 했으나 민주주의적인 정치제도가 사사시대에 꽃을 피운 것은 특기할 사항이다. 사사들은 적이 침략을 하면 그들을 단숨에 퇴치하고 그 여세를 몰아 추격을 계속했으나, 적들의 도시를 포위 약탈하지도 않았으며, 승리를 이용하여 권좌에 앉을 생각도 하지 않았다. 일단 적을 격퇴하면 소집된 군사를 즉각 해산하였고, 이스라엘(以色列)백성들은 각기 자기 장막으로 돌아갔다. 지도자인 사사도 적을 몰아내면 아무 일이 없었다는 듯 자기 부족이 사는 농장이나 소 떼들에게 돌아가 평범한 농민으로 살았으며 자기공로를 자랑하지도 않았다(삿8: 22-23). 쇼푸팀은 하나님의 부름 받은 구원자(메시아)로 아무것도 바라지 않았고, 누구 하나 영속적으로 그 지위를 이용하지도 않았다. 그들은 민주주의적 지도자들 이었다 (삿2: 3-6).

5. 사사((士師 Judge)들이 싸웠던 대적들

1) 옷니엘 (俄陀聂 Othniel)

주전 1200년경 메소포타미아 (米所波大米) 의 구산 리사다임(古珊利萨田 Cushan Ri-Shathain)과 싸워 이겼다 (삿3: 7-11). 그 당시의 역사적 사실로 볼 때 메소포타미아(米所波大米)가 아직 생겨나지도 않았으며 팔레스타인(巴勒斯坦)까지 침략하지 못하였을 것이고 또 침략할 수도 없다고 하며, 히브리(希伯来)어 성서는 아람어(亚兰语 Aram)로 되었지만 아람 시리아(叙利亚)어는 아직 탄생되지 않았을 때이므로 에돔(Edom=dm)을 아람(Aram=Am)으로 잘못 기재한 것이라 판단하여 에돔이 침입한 것으로 보는 것이 타당하다고 하는 주장이 있다. 다른 학설은 구산 리사다임의 나라는 "두 강의 아람" (Aram)이라는 뜻을 가진 아람 나아라임(AramNaharaim)이라 불리우는 티그리스 강과 유브라테스 강 사이에 있는 메소포타미아의 명칭이다 라는 주장도 있다.

구산 리사다임의 나라는 "Aram" (亚兰 'rm)" 이 "Edom" (以东 'dm)" 과 비슷하여 기록하는 사람이 실수로 잘못 기재하였다고 하지만, 가스탕은 구산 리사다임이 미타니를 정복한 후 팔레스틴까지 와서 벧산과 여러 곳을 침입하였던 헷 족속의 왕이라고 했다. M. Kline는 또 다른 학설로 구산 리사다임은 가나안족을 주로 정복하여 온 하비루(哈皮鲁Habiru)의 지도자로 이스라엘(以色列)이 점점 강하여 국가로 형성되는 것을 보고 멸망시키려 침략한 것이란 주장도 있다.

2) 에훗(以笏 Ehud)

에훗(以笏 Ehud)는 주전 1175년경 모압(摩押 Moab) 왕을 죽였다. 이스라엘(以色列 Israel)의 지파들이 모압(摩押) 왕에게 바치던 조공이 이로서 끝나게 되었다(삿 3: 12-30).

3) 삼갈(珊迦 Shamgar)

삼갈(珊迦 Shamgar)은 주전 1150년경 블레셋(非利士)과 싸웠다(삿3: 31, 5: 6). 삼갈(珊迦)에 대하여는 이견(异见)이 있다. 그의 이름은 이스라엘(以色列)식의 이름이 아니라 후리족<何鲁성경엔 호리 Horites>의 이름이며, 그의 대한 언급이 두 번 있는 것을 보면 드보라(底波拉 Deborah)시대 이전 불레셋인(非利士人)들이 팔레스틴(巴勒斯坦)에 무력으로 쳐들어 왔던 주전 12세기 초에 활약했던 갈릴리(加利利)의 벧아낫(伯亚纳 Beth-anath)이란 도시의 왕이란 설과, 또 그는 어떤 동맹체의 우두머리로 블레셋인(非利士人)들을 격퇴함으로 아울러 이스라엘(以色列)까지 구원을 얻게 되었다고 한다.

4) 드보라(底波拉 Deborah)와 바락(巴拉 Barak)

주전 1125년경 가나안(迦南) 북부의 주도권을 잡고자 하는 전쟁에서 하솔(夏琐 Hazor)의 야빈(耶宾 Jabin)과 시스라(西西拉 Sisera)를 대파하였다(삿 4: 1- 5: 31).

5) 기드온(基甸 Gideon)

B.C 1100년경 유목민의 식량 약탈 전에서 미디안을 쳐서 이겼다(삿6: 18- 32). 여룹 바알(耶路巴力Jerubbaal)이란 별명이 있다.

6) 아비멜렉(亚比米勒 Abimelech)

기드온(基甸)의 첩의 아들인데 왕의 자리가 탐이나 기드온(基甸)의 아들 70인을 죽이고 자기 동족인 이스라엘 (以色列)과 싸웠다 (삿 9: 1- 57).

7) 돌라(陀拉 Tola)

적이 누구인지 확실한 언급이 없다 다만 23년간 사사로 이스라엘(以色列)을 구원했다란 기록뿐이다(삿 10:12).

8) 야일(睚珥 Jair)

야일(睚珥 Jair)에 관하여도 언급된 것이 없다. 20년간 사사를 하였다(삿10: 3-5).

9) 입다(耶弗他 Jephthah)

주전1050년경 영토 확장 전쟁에서 암몬(亚打 Ammon)과 싸워 승리하였다(삿 10:-12: 7).

10) 입산(以比赞 Ibzan)

언급된 것이 없다. 7년간 사사를 하였으며 60명의 자녀를 두었다(삿 12: 8-10).

11) 엘론 (以伦 Elon 삿12: 11-12)

엘론(以伦 Elon)은 10년 동안 이스라엘의 사사로 있었다는 것 외에는 언급된 것이 없다.

12) 압돈 (押顿 Abdon 삿12: 13-15)

압돈은 8년 동안 사사로 일 했으며 아들이 40명 손자가 30명이란 것 외에는 다른 것이 언급되지 않았다.

13) 삼손 (参孙 Samson 삿13: 1-16: 31)

경건치 못한 지도자로 그의 힘을 과시 블레셋(非利士)과 싸워 이겼다.

6. 드보라(底波拉 Deborah)와 바락(巴拉 Barak)의 전쟁

사사기의 전쟁 중 드보라(底波拉)의 이스르엘(耶斯列 Jezreel) 전쟁은 유명하다. 그리고 이 전쟁은 하나님의 전쟁인 "헤렘(Herem)" 이다. 여사사 드보라(底波拉 '벌꿀' 이란 의미)는 사사 바락을 격려하여 이스르엘(耶斯列) 평원에서 하솔((夏琐Hazor) 왕 야빈(耶宾)과 그의 군대 장관인 시스라(西西拉)를 완전히 패배를 시키므로 드보라의 므깃도전쟁은 시작된다.

드보라(底波拉)는 벧엘(伯特利)과 라마(拉玛 Ramal)의 중간 에브라임 (以法莲)지파의 어느 촌에 거주한 듯 하다. 납달리(拿弗他利 Naphtali) 지파의 가데스(加低斯 Kadesh) 출신인 바락(巴拉)을 초청하여 지파연합을 결성한 후 바락에게 총지휘권을 부여한다. 스불론(Zebulun), 잇사갈(以萨迦 Issachar), 납달리(拿弗他利 Naphtali)등은 북방지파이고, 남쪽에는 베냐민(便雅敏 Benjamin) 에브라임(以法莲 Ephraim), 므낫세(玛拿西 Manasseh) 지파가 함께 했다.

가나안(迦南)족도 하솔(夏琐)을 주축으로 도시동맹을 결성하여 시스라(西西拉)가 연합군의 총 지휘를 맡았다. 가나안(迦南)에 의해 항상 괴롭힘을 당하던 북부 지파들이 드보라(底波拉Deborah)가 앞장을 서 주동함으로 일어나 이스르엘(耶斯列) 북동쪽 가장자리에 있는 타보르 산(他泊山 Mt Tabor)에서 대 승리를 했다. 전차부대로 중무장한 시스라(西西拉)군은 폭우(삿5: 2-21)로 기손강(基顺河)이 범람하여 전차가 늪지대에 빠져 진퇴양단에 놓여 속수무책인 하솔 군대를 드보라(底波拉)는 대파하였다. 시스라(西西拉)는 여인의 손에 살해당했다. 드보라(底波拉)의 승리로 가나안(迦南)의 종주국 야빈(耶宾 Jabin)은 힘을 잃어 쇠퇴일로를 걸었다.

이 전투로 이스라엘(以色列)은 평지대인 므깃도(米吉多)와 다아낙(他纳 Taanach)을 수중에 넣었으며, 주요 산지도 거의 확보했다. 하나님께서 친히 싸움에 개입하셔서 호우로 기손강 (基顺河 Gizon river)을 범람시켜 하나님께서 전쟁을 끝내셨다. 이스라엘(以色列) 민족은 농경지를 대량 확보하자 생활의 변화가 일어났다.

이스라엘(以色列)은 여호와를 섬기는 종교이며 유목민인데, 농경사회에 적응하면서 가나안(迦南)의 농경신인 바알(巴力) 종교의 영향을 받기 시작했다. 지도자가 없는 이스라엘(以色列)은 시나이 (西乃言约 Sinai) 언약을 망각하고 우상숭배에 빠져 여호수아(约书亚) 사후(死后) 2세기 동안 암흑시대를 만들었다.

1) 드보라(底波拉 Deborah) 전쟁의 병력

(1) 바락(巴拉 Barak)이 10,000명으로 타보르 산(他泊山)을 점령(삿4: 14)

   (2) 헤벨 겐(基尼 Kenites) 사람(希百 Heber)이 거짓 동태를 시스라(西西拉)에게 알렸음(삿 4: 18-22)

   (3) 시스라(西西拉)의 900대의 전차가 타보르 산(他泊山 Mt Tabor)에 접근(삿 4: 13)하였고

   (4) 바락(巴拉 Barak)이 시스라(西西拉)를 쳐서 이겼음(삿 4: 15)

   (5) 시스라(西西拉 Sisera)는 헤벨(希百)의 천막으로 도주했으나 헤벨의 처 야엘(雅亿 Jael)이 그를 암살했다(삿4: 21).

7. 미디안 (米甸 Midianit)의 침략(사막의 유목민)

   기드온(基甸 Gideon)은 요아스(约阿施Joash)의 아들로 므낫세의 마을 오브라(Ophrah)에 사는 사람이다.

   요단(约但) 동편 깊숙이 있는 동방민족인 미디안(米甸)과 유목민인 아멜렉(亚玛力 Amalek)이 합세하여 대군을 거느리고 요단(约但)을 건너 길보아산(基利波山 M.t Gilboa) 맞은 편까지 침입하여 식량을 약탈을 하러왔다.

   이곳은 곡창지대로 유명한 이스르엘(耶斯列)평원을 중심해서 풍부한 농산물이 생산되는 곳이므로 수확기가 되면 약탈하러 그들은 왔다. 이스라엘(以色列)이 먹고 살 한 마리의 양, 한 마리의 소, 한 마리의 나귀도 남겨두지 않았을 뿐 아니라 한줌의 곡식도 남겨놓지 않는 족속이다(삿 6: 4).

   기드온(基甸 Gideon)은 영적 감동을 받고 하롯 샘(哈律泉 Harod)으로 백성들을 집결시켰다. 많은 백성들이 자원하여 므낫세(玛拿西), 아셀, 스불론(西布), 납달리 (拿弗他利)로부터 군사 32,000명이 지원하였다. 하나님는 너무 많다고 기드온에게 말씀하셨고 기드온은 추려서 10,000명을 뽑았고 하나님은 여전히 많다고 하시어 기드온은 최후로 300명을 선택하였다. 이 전쟁 역시 헤렘(herem)이므로 군대 수에 의하여 좌우되지 않는다. 기드온의 300명 용사의 전광석화 (电光石火)같은 전법으로 미디안(米甸)과 아멜렉(亚玛力)을 단숨에 물리치고 계속 추격하여 갑골(甲谷 Cakol)까지 쫓았다.

   기드온(基甸)이 승리하고 돌아오는 길에 지친 군인들이 먹을 수 있도록 음식을 숙곳(疏割 Sucoth)과 브니엘(毗努伊勒 Peniel) 거민들에게 부탁했을 때 그들은 비웃으며 거절하였고, 기드온은 돌아오는 길에 응징하기로 하였던 것을 단행한 후(삿8: 6) 고향으로 돌아왔다. 이스라엘 백성들이 기드온(基甸)을 왕으로 추대하였으나 기드온은 거절하였다.

   이스라엘(以色列)의 통치자는 야훼(耶和华) 하나님 한 분뿐이기 때문이다. 그러나 기드온이 죽자 그의 아들 아비멜렉(亚比米勒 Abimelech)이 왕으로 사칭하여 형제 70인

을 죽였고, 사사기 9: 7- 21은 기드온의 막내 아들 요담(約坦)의 우화인데 세계 최초의 우화로 유명하다.

8. 길르앗(基列 Gilead) 사람 입다(耶弗他 Jephthah)

요단(約但) 동편에 사는 길르앗(基列) 사람 입다(그가 열어 주다)는 창녀의 아들로 아버지가 누구인지 모른다. 그래서 지명을 부쳐서 길르앗(基列) 사람이라고 성서는 말한다. 입다(耶弗他)는 고향에서 추방당하여 시중(市中) 잡배들과 떠돌아다니는 하피루(哈皮鲁 Hapiru=阿比鲁 Apiru)였다. 하나님의 부르심을 받고, 입다는 암몬(亚扪)을 대항하여 군대를 지휘했다. 암몬(亚扪)은 요단(約但) 동편의 곡창지대를 획득하려고 전쟁을 도발한 것이다(삿10: 6-12:7). 입다(耶弗他)는 탁월한 지휘능력으로 이들을 막았으나, 그는 승리의 욕심으로 사람의 목숨을 건 맹세를 하여 무남독녀가 죽었다. 고대 중동 사회에서는 "말"로 공언한 것이라도 반드시 지켜야하는 문서 계약과 같은 효력이 있다. 야훼(耶和华)가 금한 인명제물을 고대 풍습에 따라 서약한 것은 큰 비극으로, 하나님의 사람 입다에게는 너무나 큰 상처였다.

9. 힘의 용사 삼손(参孙 Samson)

힘의 용사 삼손은 지중해(地中海) 연안 서남쪽에 위치한 블레셋(非利士) 지방에서는 그 이름이 유명하다.

삼손은 나실인(拿细耳人 Nazarite봉헌된 자)으로 태어났다. 그는 단(但)지파 사람으로 고향은 소라(琐拉 Zorah) 삿13: 2-16:31)이다.

1) 삼손은 마노아(玛挪亚 Mancah)의 아들로 야훼(耶和华)의 사자가 예언한 후 출생하였다. 그것은 하나님의 특별한 은총 가운데 태어났다는 의미이다.
2) 기드온(基甸) 다음으로 성경 기록이 많이 할애 되었다.
3) 성령에 의해 사건들이 가능해졌다는 언급이 네 번이나 반복 되어있다.
4) 그는 하나님께 초자연적인 섭리를 두 번이나 요청했는데 하나님께서는 그의 요구를 다 들어주셨다.(삿15: 18-19, 16: 28)
5) 신약 히브리(希伯来)서 11:32에서 숭앙 받은 믿음의 대열에 포함되어 있다. 그가 비난 받을 일은 어리석게 들릴라(大利拉 Delilah)의 꾀임에 빠져 나실인(拿细耳人)의 서약을 파약하며, 하나님께 대한 믿음이 흔들려 블레셋(非利士) 사람들의

포로가 되어 실명을 하였고, 이스라엘을 구원하기 위하여 하나님의 큰 능력을 받았으나 적군들의 강요로 맷돌(推磨)을 돌리는 비참한 처지에 빠졌던 것이다.

그러나 끝내는 자신을 알고 하나님이 자기에게 힘으로 임하였던 것을 깨닫고 돌이켜 다곤(大袞 Dagon)의 신전에서 석주(石柱)를 무너뜨릴 때, 블레셋인(非利士人) 3,000명을 죽이면서 자신도 함께 죽었다(삿16: 23-30). 그가 살았을 때 원수들을 죽인 것보다 죽을 때에 더 많은 블레셋(非利士) 사람들을 죽였다고 성경은 기록하고 있다. 다곤(大袞 Dagon)의 신전은 가자(迦萨)에 있으며, 원시 셈 족(闪族)의 농경 신이었다.

블레셋인(非利士人)은 팔레스틴(巴勒斯坦)에 정착한 후 다곤을 자신들의 신으로 숭배하였다. 삼손시대(参孙时代)의 블레셋(非利士)은 이스라엘보다 우세하여 유다(犹大) 여러 지방을 다스렸다(삿15: 11).

10. 단(但 Dan) 지파 이동(삿18:)

블레셋(非利士)은 소아시아에서 강력한 도시국가로 성장하였다. 에그론(以革伦 Ekron), 아스돗(亚实突 Ashdod), 아스글론(亚实基伦 Ashkelon), 가드(迦特 Gaza), 가자(迦萨) 등이 연합하여 유다(犹大) 산지인 구릉지역까지 침투 하였다. 단 지파는 그곳에서 정착지를 빼앗기고 멀리 북쪽 헬몬 산(黑门山 Hermon) 기슭으로 이주를 하였다.

사사기 17장- 18장은 단 지파가 이동할 당시에도 우상숭배가 성행하여 백성들 가정에 깊숙이 침투하고 있었음을

보여주고 있다. 에브라임(以法莲山) 산지의 미가(Micah)라는 농부가 우상을 만들어놓고 베들레헴(伯利 Bethlehem)에서부터 온 레위(利未) 소년을 제사장으로 세우고 드라빔을 섬겼다.

분깃을 불레셋인에게 빼앗기고 정착지를 찾아가던 단 지파 사람들이 드라빔(家神) 신상과 레위 소년을 데리고 새로운 정착지인 라이스(拉亿 Laish 후에 그들의 지파의 조상의 명을 따서 '단'이라 지명을 고쳤다)로 갔다.

1) 여기에서 몇 가지의 잘못을 찾을 수 있다.

(1) 심각한 종교적 변질을 나타내고 있다. 실로(示罗 Shiloh)에 있는 중앙 성소만을 성소로 인정할 때에 미가(米迦 Micah)는 개인의 신당을 만들어 범죄 했다.

(2) 레위(利未) 소년은 레위인의 거주지에서 살지 않고 마음대로 그 곳을 떠나 개인적인 행동을 하여 불법적인 제사장 직분을 행했다.

(3) 단 지파는 그들의 할당된 기업을 **빼앗기고** 이동할 뿐 아니라 사적인 신당을 세우고 남의 땅을 탈취함으로 잘못을 범하였다.

11. 레위(利未)인과 그 첩의 사건(삿 19:)

바알(巴力) 제단의 영향으로 인해 생긴 도덕적 타락의 극치를 보여주고 있다.

한 레위(利未)인이 베냐민(便雅悯) 지파 기브아(基比亚)에서 하룻밤 머물게 되었는데 밤중에 그 성읍의 남자들이 그가 머문 곳에 와서 불순한 관계를 요구하였다. 레위(利未)인의 첩이 그들에게 대신 잡혀 농락을 당하고 죽었다. 그 레위(利未)인은 분노하여 첩의 시신을 12조각을 내어 각 지파에 하나씩 보내고 기브아에 보복하기 위해 범인을 소환할 것을 요청하였으나, 베냐민(便雅敏) 지파들은 이를 거절하여 분쟁이 일어났다.

베냐민(便雅敏) 지파는 두 번 승리하고 세 번째는 크게 패하여 베냐민 남자 600명만이 림몬(临门 Rimmon) 바위로 도피하여 살아남았다. 넉 달 후에 이스라엘(以色列)인들은 지파 하나가 멸종되었다는 사실을 깨닫고 아내 얻는 방법을 제시하여 주었다.

1) 여기에서 잘못된 점

(1) 기브아(基比亚) 사람들이 레위(利未)인을 향한 욕망이 있었다.

  (비류들은 문자적으로 "벨리알의 후손들" 불경건하고 패역한 자들)

(2) 그의 첩에 대한 욕망으로 범한 도덕적 타락이었다.

12. 룻(路得 Ruth)의 이야기(룻1: - 4:)

룻(路得 Ruth)의 이야기는 기드온(基甸 Gideon)이 사사로 일하던 기간 중의 있었던 사건이다.

룻은 바로 다윗(大卫 David)의 조모라는 사실이 룻기 4: 17에서 확인된다.

유다(犹大)지파의 엘리멜렉(以利米勒 Elimelech)과 부인 나오미(拿俄米 Naomi)는 기근으로 인하여 고향 베들레헴(伯利恆)을 떠나 모압(摩押)으로 이주하여 살았다. 큰 아들 말론(玛伦 Mahlon 질병이란 뜻)과 작은 아들 기룐(基连 Chilion 잃어버리다)이 장성하여 모압(摩押) 여인들을 아내로 맞았다. 두 아들이 나오미보다 먼저 죽어 며느리들을 친정으로 돌아 가라고 권유 했으나 작은 며느리 룻(路得)은 시모를 떠나지 않고 나오미의 고향 베들레헴(伯利恆)으로 따라왔다. 엘리멜렉(以利米勒)의 기업을 무를 사람이 보아스(波阿斯 Boaz)였는데 그는 베들레헴(伯利恆)의 거부(巨富)였다. 룻(路得)은 보아스(波阿斯)의 아내가 되어 아들을 낳았고 그 이름은 오벳 (俄贝得Obed)이다. 오벳 의 아들은 이새(耶西 Jesse)로 다윗(大卫)의 아버지이다.

13. 사무엘(撒母耳 Samuel 삼상 1: - 25:1)

삼손(参孙)이 사사(士師)로 블레셋(非利士) 사람들 가운데서 활동할 때 이스라엘(以色列) 본토에서는 한 위대한 인물이 활동하고 있었다. 그가 곧 사무엘(撒母耳 Samuel) 이다. 그의 일반적 연대는 주전 1050년 사울(扫罗)이 집권을 시작하기 전에 그의 아들 들이 브엘세바(別是巴 Beershebr)에서 사사로 활동할 만큼 나이가 들었다는(삼상 8:1-2) 사실로서 그의 나이가 결정된다. 이로 볼 때 사무엘(撒母耳)의 출생연대는 주전 1100년을 넘지 않을 것이다. 이 때는 암몬(亚扪)과 블레셋(非利士)의 압제가 시작되기 전이요. 삼손의 출생 바로 직전이다.

사무엘(撒母耳)은 삼손 이전부터 사사(士師)로 불리고 있었으나(삼상7: 15-17), 그는 사사 이상이었다. 그는 단에서 브엘세바(別是巴 Beershebr)까지 이스라엘(以色列) 사람 들에게 인정되었듯이 주로 선지자였으며(삼상 3: 20) 제사장 역할을 담당하기도 하였 다(삼상9: 12-13, 13: 8-13). 사무엘(撒母耳 Samuel)은 이러한 역량을 가지고 이스라엘 (以色列)의 어려운 시기에 중요한 일들을 감당하여 주었다. 그의 일 중 가장 중요한 것은 종교적인 악습을 고쳐주고 국가적 재난에 임했을 때 백성들의 사기를 유지시켜 주었으며, 하나님 안에서의 신앙을 복귀하고 촉진시켜 새로운 이스라엘(以色列) 왕국 을 건설하는 일이었다.

1) 어린 시절 (삼상 1: -3:)

사무엘은 라마다임소빔(拉玛琐非 Ramathaim_zophim)의 레위인 엘가나(以利加拿 Elkanah)의 아들이다.

사무엘(撒母耳)의 어머니는 엘가나의 두 명의 아내 중 하나인 한나(哈拿 Hannah)였 다. 한나는 자식이 없어 아들을 얻기 위하여 서원기도를 하였으며, 서원 기도의 내용 은 하나님께서 아들을 주시면 그를 하나님께 바치겠다고 약속을 한 것이다. 한나(哈 拿)는 아들을 얻은 후 젖을 떼는 나이가 되었을 때 하나님의 성막으로 데리고 가서 엘리(以利 Eli) 제사장 밑에서 성장하게 하였다. 당시 대제사장 엘리(以利 Eli)는 나이 많아 늙었고 그의 두 아들 홉니(何弗尼 Hophni)와 비느하스 (非尼哈PhiNehas)가 제사 장으로 엘리(以利)의 대행을 맡아 보았다.

그 아들들은 사악하여 가나안(迦南) 사람들이 그들의 산당에서 행하던 방탕한 의식을 성막에서 행하여 성막을 더럽히므로 백성들은 성막에 가서 예배하기를 꺼렸고, 아들들을 잘못 키운 엘리는 하나님께 책망을 들었다. 하나님의 말씀이 희귀하며 이상도 잘 보이지 않을 때, 하나님께서 사무엘(撒母耳)에게 직접 말씀하시고 소년 사무엘(撒母耳)을 하나님의 마음에 맞게 키우며 높여 주셨다.

2) 아벡(亞弗 Aphek 삼상 4:) 전쟁

이스라엘(以色列)에 대한 징벌은 블레셋(非利士)과의 전투를 통해 내려졌다. 20년 동안이나 블레셋(非利士)의 압제를 받아 온 이스라엘(以色列)은 전쟁으로 끝을 보려 결단을 하였다. 접전은 북쪽 샤론평야(沙仑平原Sharon)에 있는 블레셋(非利士)지역 아벡(Aphek)에서 벌어졌으나 이스라엘(以色列)은 이 전투에서 4,000명의 군사를 잃었다. 엘리 제사장의 아들들인 홉니(何弗尼)와 비느하스(非尼哈)가 실로(示罗) 성소에서 하나님의 법궤를 싸움터로 가지고 나왔다 하나님의 법궤가 전쟁터에 있으면 승리할 것이라 생각을 한 것이다 하나님의 법궤를 본 블레셋(非利士)사람들은 처음엔 놀라고 다음엔 더욱 분발하여 이스라엘(以色列) 군대 3,000명을 더 죽이고 법궤를 빼앗아 갔다. 법궤는 빼앗기고 엘리의 두 아들들은 전사하였다는 소식을 들은 엘리(以利) 제사장은 의자에서 떨어져 목이 부러져 죽었다. 발굴 탐사에 의하면, 블레셋(非利士) 사람들은 이스라엘(以色列)의 본토 심지어 그들이 파괴한 실로(示罗)에 까지 들어갔던(렘7: 12, 26: 6) 흔적들이 발견되었다.

불레셋인(非利士人)들은 처음 수비대를 상주케 하였고(삼상10: 5, 13: 3) 철 독점을 위해 이스라엘(以色列)이 소유했던 철 생산공장을 파괴하여 이스라엘(以色列)로 하여금 완전히 그들을 의존하지 않을 수 없게 만들었다(삼상13: 19 - 22). 전쟁은 패하고 야훼(耶和华)의 법궤는 빼앗겼으므로 이스라엘(以色列)은 이때 완전히 절망상태에 빠졌다.

3) 옛 질서의 마지막 대표자 : 사무엘(撒母耳 Samuel)

이 암흑시대에 이스라엘(以色列)을 지도하고 인도한 정신적 지주는 사무엘(撒母耳)이었다. 사무엘(撒母耳)은 조상 때부터 내려온 옛 질서를 회복하기 위하여 지도자 위치에 섰다. 그 때 그의 나이 25세쯤 되었으며, 하나님은 이 사명을 위해 그를 잘 준비시켰다. 사무엘은 기도하는 어머니의 영향을 받았고 두 아들에게 실망한 엘리(以利) 제사장은 사무엘(撒母耳)을 온 정성을 쏟아 지도자로 양육하는데 심혈(撒母耳)을 기울였을 것이다.

그 결과 사무엘은 그런 위대한 지도자가 될 수 있었다. 또한 사무엘(撒母耳)은 성막의 부패한 환경을 보며 성장하였기에 백성들의 원하는 바를 잘 알고 있었다. 사무엘

(撒母耳)이 백성들을 위해 노력한 결과는 성공하여 20년 후 이스라엘(以色列)은 블레셋(非利士)을 크게 패배시켜 그들의 봉신국이 아니라 지배하는 강력한 국가와 백성이 되었다(삼상7: 3-14). 이런 결과는 사무엘(撒母耳)의 큰 믿음과 또 전심을 다한 노력의 결과였다.

4) 사무엘(撒母耳 은 실로(示罗) 의 성막이 파괴 된 후에 놉(挪伯 Nob) 으로 성막을 옮겨 세웠다

도시들을 정기적으로 순회하며 사무엘(撒母耳)은 라마 나욧(拉玛拿約 Ramah-Naioth)에 젊은 선지자를 위한 훈련학교를 세워 선지자들을 양성하였다. 처음 사무엘((撒母耳)이 일을 시작할 때 중앙성소(中央圣所)가 없어졌으므로, 사무엘((撒母耳)은 중요한 도시들을 정기적으로 순회하며 율법을 가르치고 재판을 하며 고대의 전통을 유지하려고 노력하였다. 그는 선지자로, 또 사사(士師)로써 제사장 직임까지 맡아서 하였다. 이 무렵 특기 할 것은 "나비(Nabbi)" 라 하는 황홀주의 집단의 선지자들의 출현이다. 이들로 인하여 카리스마적 전통이 지속 되며 이들은 기악에 맞추어서 예언하기도 했다 (삼상 10: 5, 왕하 3:15). 이런 선지자들이 이때에 많이 생긴 것은 중앙성소(中央圣所)와 그 제의가 사라짐으로 인해 백성들에게 정신적 공백이 생겨, 이 선지자들은 백성들 사이에 자연스럽게 접근하며 백성들을 고무시켰다. 그로 말미암아 카리스마적 운동이 급속히 발전된 것으로 보며, 사무엘(撒母耳)은 블레셋 인(非利士人)들을 몰아내고, 이 선지자들의 운동에 방향성을 부여했던 것으로 보인다.

이스라엘(以色列) 백성은 더 이상 블레셋(非利士)사람들을 지파동맹의 체제로는 막을 수 없다는 것을 알고 좀더 강력한 지도자를 갈망하게 되었다. 사무엘은(撒母耳)은 백성들에게 하나님을 사모함으로 우상들을 정리하고 몸을 정결하게 하라고 명한 후 (삼상7: 2 - 4), 온 백성들을 미스바(米斯巴 Mizpah)에 모이게 하여 금식하며 회개하게 하였다. 블레셋(非利士)은 이스라엘(以色列)이 미스바(米斯巴)에 모인 소식을 듣고 그들을 공격하였으나, 하나님께서 사무엘(撒母耳)의 기도를 들으시고 블레셋(非利士)족속에게 큰 우뢰를 보내 혼돈시켜 패전시켰다(삼상7: 5-14). 이 때 사무엘(撒母耳)은 블레셋(非利士)족속에게 빼앗겼던 이스라엘(以色列)의 성읍 곧 에그론(以革伦)에서부터 가드까지를 회복하였다.

5) 언약궤의 복귀 (삼상5: 6:)

아벡(亚弗 Aphek)전투에서 빼앗겼던 야훼(耶和华)의 법궤를 하나님이 블레셋(非利土) 사람들에게 재앙을 내려 7개월 만에 돌아오게 하셨다. 블레셋(非利土Philistia)들이 언약궤를 다곤(大衮))의 신전에 두었는데 다곤(大衮)이 두 번이나 법궤 앞에 엎드려 있었고, 그 다음에는 독종이 백성들에게 퍼졌다. 마지막에는 하나님이 그 땅을 쥐로 가득하게 하셨으므로 불레셋인들은 법궤를 수레에 실어 벧세메스(伯示麦 Bethshemesh)로 돌려보냈으나, 사람들이 성막이 있는 놉(挪伯 Nob)으로 보내지 않고 기럇여아림(基列耶琳Kirja-jeerim)으로 법궤를 옮겨 아비나답(亚比拿达 Abinadob)의 집에 들어놓고 그 아들 엘리아살(以利亚撒 Eleazar)을 거룩하게 구별하여 궤를 지키게 하였다. 다윗(大卫)이 예루살렘(耶路撒冷 Jerusalem)으로 법궤를 옮길 때까지 70년(삼상 7: 2에는 20년 이라 했으나, 여기의 70년은 그후 다윗이 예루살렘으로 옮길 때까지의 시간이다) 이상을 그들과 같이 있었다.

6) 백성들이 왕을 요구함 (삼상 8: 4-22)

미스바(米斯巴 Mizpah)에서의 승리이후 제사장과 레위(利末)인들이 효과적으로 각기 일을 수행하게 되어 사무엘(撒母耳)의 활동범위가 벧엘(伯特利), 길갈(吉甲), 미스바(米斯巴)와 그의 고향 라마(拉玛) 등을 순회하며 사사(士師)로 활동을 하였다(삼상7: 16-17). 브엘세바(別是巴Beershebra) 근처 남쪽에서는 그의 아들들인 요엘(约珥 Joel)과 아비야(亚比亚Abiah)를 사사로 두어 돕게 하였다. 이들은 아버지의 훌륭한 행동을 본 받지 않고 뇌물을 취하며 부패한 판결을 내림으로(삼상8: 2-3) 백성들이 사무엘(撒母耳)에게 왕을 갖게 해달라고 요청(삼상8: 4- 22)하였다. 사무엘(撒母耳)은 그들의 요청을 자신에 대한 개인적인 배반으로 알았으나, 실제로는 이스라엘 통치자며 왕이신 야훼(耶和华)에 대한 배신이었다. 하나님은 그들의 요구를 들어주셨다.

제10장 최초의 왕 사울(扫罗 Saul) (삼상9: - 31:)

이스라엘(以色列)에 왕이 세워진 후에는 팔레스틴(巴勒斯坦) 땅은 사사(士師)시대에 비해 외세의 침입을 덜 받았다. 사울(扫罗), 다윗(大卫), 솔로몬(所罗门) 왕 등의 시대에는 애굽(埃及)마저도 참견하지 못했다.

라암셋(兰塞) 3세(주전 약 1195-1164) 이후의 애굽(埃及) 왕들은 르호보암(罗波安 Rehoboom)의 시대까지 팔레스타인(巴勒斯坦) 국경을 넘어온 적이 없었다. 앗시리아(亚述)의 세력이 다시 부상하고 있었으나 아직은 이스라엘(以色列)의 영토까지는 진출하지 못하였다. 이 때의 2세기 동안 팔레스틴까지 진출하는 대제국이 없었으므로 이스라엘(以色列)의 첫 왕은 타국의 영향을 받지 않았다. 사울(扫罗)이 왕이 된 후에는 각 지파들을 하나로 묶어 통일된 하나의 국가로 만들어 갔다. 그러나 각 지파들은 아직도 뿌리 깊은 차이점을 갖고 있으며, 법궤가 없는 성막은 중앙 집권으로서의 힘과 영향을 발휘하지 못했다.

1. 기름부음 받은 사울 (扫罗 Saul 삼상9: - 12:)

1) 라마(拉玛)에서 기름부음을 받다 (삼상 9: 1- 10: 16)

하나님께서 사무엘(撒母耳)에게 백성들이 왕을 원한다는 말씀을 한 뒤 이스라엘(以色列) 의 왕이 될 인물을 지명 해 주셨다. 곧 베냐민(便雅敏) 지파의 기스(基士 Kish)의 아들, 사울(扫罗)이라고 분명하고도 명확하게 알려주신 것이다. 사울은 잃어버린 암나귀를 찾으려 다니다 도저히 찾을 수 없어서 사무엘(撒母耳)을 찾아 갔고 사무엘은 전날 하나님의 지시를 받고 사울(扫罗)을 기다리고 있었다.

(1) 세 가지 징조

그 이튿날 사무엘(撒母耳)은 사울(扫罗)에게 기름을 부어주며 이스라엘(以色列)의 왕이 되었음을 통고하고, 집으로 가는 도중에 세 가지 징조를 볼 것이라고 예언을 해 주어 사울이 마음의 확신을 가지게 하였다.

① 두 사람을 만나는데, 그의 아버지가 잃어버린 암나귀는 찾았으나 아들 때문에 근심한다는 말을 전해 줄 것이요.

② 염소와 빵과 포도주를 갖고 가는 세 사람을 만나는데, 그들이 사울(扫罗)에게 두 덩어리의 빵을 줄 것이며

③ 선지자의 무리들을 만날 것이고, 그 때에 네게 여호와(耶和华)의 신이 크게 임하여 너도 예언을 할 것이하여 사무엘(撒母耳)이 예언하였고 그 예언은 다 이루어졌다.

(2) 사울(扫罗)의 추대에 관한 기사를 두 가지로 보는 학자 또는 세 가지로 보는 학자

① 왕정에 대하여 호의적인 사람들(삼상 9: 20- 27, 10: 1-16)
사울(扫罗)이 사무엘(撒母耳)에 의하여 라마(拉玛)에서 기름부음을 받은 것을 직접 본 사람들.

② 사울(扫罗)이 야베스 길르앗에서 암몬(亚扪)과 싸워 이기고 난 후 대중의 환호에 의해 받았다는 설(삼상 11:).

③ 왕정에 대하여 적대적 무리(삼상 10: 17-27, 12)
사무엘(撒母耳)은 왕을 요구하는 대중들에게 분노를 느끼면서도 그들에게 양보하여 미스바에서 사울(扫罗)을 왕으로 추대하였다. 오랫동안 종교적으로 옳다고 믿었던 전통이 파괴됨으로 왕을 세우는 일에 있어서 반대가 있었음을 인정해야 한다. 사울(扫罗)이 왕이 될 수 있었던 것은 권위 있는 선지자 사무엘(撒母耳)이 사울을 지명하였기 때문에 왕이 될 수 있었다. 그 다음은 사울이 암몬과의 전투에서 왕의 자질을 유감없이 백성들에게 보여 주었기 때문에 대중들의 지지와 환호를 받아 왕이 된 것이다(삼상 11: 14).

2) 미스바(米斯巴 Mizpah)에서 왕으로 뽑힘 (삼상 10: 17-27)

미스바(米斯巴)로 백성들을 소집하여 왕을 세우는 제비를 뽑았다. 각 지파에서 천명씩 나왔고 제비로 베냐민(便雅敏) 지파가 뽑혔고, 베냐민(便雅敏) 지파를 가족별로 뽑았더니 마드리(玛特利 Matri)의 가족이 뽑혔고 그 중에서 기스(基士 Kish)의 아들 사울(扫罗)이 뽑혔다. 사울(扫罗 Saul)이 백성들 앞에 송환되어 환호를 받았다.

3) 왕으로 세워짐 (삼상 11: - 12:)

사울(扫罗)을 왕으로 백성들이 받아들이는 데는 사울(扫罗)이 왕의 자격을 갖추었다는 것을 증명해야 백성들이 인정을 할 수 있었다. 그런 시간은 오래 기다리지 않고 곧 찾아왔다. 40년 전에 입다(耶弗他 Jephthah)에게 패하였던 암몬(亚扪)이 야베스(雅比 Jabes) 길르앗(基列 Gilead)으로 공격하여 왔다. 야베스(雅比) 길르앗(基列) 사람들이 각 지파에 도움을 청할 때에 사울(扫罗)은 이 때가 바로 자신이 나서야 할 시기임을 깨닫고, 소의 각을 뜨고 쪼개어 각 지파로 보내며 "나를 따르지 않는 자는 이 소 같이 죽으리라" 고 하였다.

사울이 보낸 사자들의 전갈에 대한 호응은 아주 훌륭하였으며 전투에서도 크게 승리하였다.

사무엘(撒母耳)은 사울(扫罗)의 즉위식에 이어서 백성들에게 마지막 권면사를 하였고. 하나님은 사무엘(撒母耳)에게 백성들의 요구를 받아들여 왕을 세워 백성들이 원하는 것을 들어주라 명하셨다.

사무엘은 이스라엘의 초대왕의 즉위식까지 거행하였다. 사무엘은 이전의 통치들을 실패로 만들었던 백성들이 이 왕권제 역시 실패로 만들 것을 염려하여 권면사를 한 것이다.

2. 사울(扫罗 Saul) 왕국의 성격 (주전1020-1000)

1) 사울(扫罗)이 세운 국가는 단순하고 검소하였다.

이것은 의도적인 것으로 왕국백성으로 전혀 살아 본 경험이 없는 이스라엘 백성들에게 엄격한 규율을 부과하면 쉽게 적응할 수 없다는 것을 알았기 때문이다. 사울(扫罗)은 자신의 고향인 기브아(基比亚 Gibea)를 수도로 정하고, 그는 지출을 줄이기 위하여 왕궁도 자기 땅에 지었을 것이다. 탐사에 의하면 사울의 왕궁은 화려한 왕궁이 아니라 군사요새였다고 한다. 성경에는 단 한 명의 관리 곧 군대장관이자 사울(扫罗)의 사촌인 아브넬(押尼珥 Abnor)만이 나와 있다(삼상14: 50). 월삭에 모였던 월례회는 문제를 토의하고 정책을 세우기 위해 정하였던 것 같다(삼상20: 24-27). 사울(Saul扫罗)은 백성들의 생활 양상을 변화 시키거나 새로운 정책을 세우지 않았다.

옛 지파의 경계선이 그대로 유지되었고 통합을 이루는 수단으로 각 지파들의 전통을 변경시키려 하지도 않았다. 극단적인 새 법이나 조직 제도들은 아직 부과하지 않았고 세금도 크게 불어나지 않았다. 오랫동안 계속된 타족속의 압박받은 후라 중요하게 여겨지는 것은 전쟁이었다. 이스라엘(以色列) 백성이 왕을 원했던 가장 큰 이유가 전쟁을 책임지고 백성을 대신하여 싸워 줄 상비군이 있기를 원했던 것이므로, 사울(扫罗)은 백성들이 원한 바를 잘 파악하고 있어서 변화를 일으키지 않고 지혜로운 사령관같이 전쟁을 훌륭히 지휘하여 왕래가 자유롭지 않았던 이스라엘(以色列)이 남과 북을 자유롭게 왕래하게 됨으로 이스라엘(以色列) 백성들은 희망이 생겼다.

2) 사울(扫罗)이 기브온(基遍Gibeon)과의 동맹을 어겼다.

아마 기브온(基遍)이 블레셋(非利士)에게 협력을 하였거나 협력한 혐의가 있었던 것 같다(삼하 21: 1-6).

3) 어떤 자료는 (삼상3: 5:) 사울(扫罗)의 왕정은 이교 국가을 모방한 제도라고 비방했다.

그러나 왕정제도 자체가 이스라엘(以色列)에게는 이질적인 제도이다. 비록 제도들을 이스라엘(以色列) 주변 국가에서 모방했다 할지라도 이스라엘(以色列)의 왕정은 이웃 국가들과는 다르다. 다른 국가들은 왕이지만 사울 (扫罗)의 지칭은 왕이 아니라 "지도자" 또는" 사령관" 으로 불렸다(삼상 13:4b-15). 이것은 사무엘(撒母耳)과 각 지파의 장로들이 사울(扫罗)을 관습적인 의미의 왕으로 추대할 의향이 전혀 없었다. 단지, 지파들은 사울(扫罗)이 군사 지도자로만 영속적으로 일해주길 바란 것이다. 사울(扫罗) 자신은 왕(Melek)이였던 사령관(Nagid)이였던 상관하지 않고 백성을 규합하여 여호와(耶和华)의 대적과 맞서 싸우는 사사(士师) 의 직무를 최선을 다해 수행했다. 사울(扫罗)이 온 이스라엘(以色列) 전체를 장악하지는 못했으나, 당시의 상황이 전 국가적이기 때문에 과거의 어떤 지도자들보다 전쟁 시에는 전 이스라엘(以色列)을 동원할 수 있었고 전국적으로 상당한 인기도 있었다. 심지어 유다(犹大) 지파까지도 사울(扫罗)을 존경하였으며 왕으로 대접을 하였다.

그러나 유다(犹大) 지파는 별도의 기구를 만들어 다스렸다고 많은 학자들은 말한다.

4) 사울(扫罗)을 가장 힘들게 한 것은 사무엘(撒母耳)과의 사이가 좋지 못했던 것이다.

두 사람의 불화의 이유는 사울(扫罗)이 하나님의 명령에 불복한 것이 가장 큰 원인이고, 다른 이유로는

① 사무엘(撒母耳)이 개인적인 질투를 극복하지 못했다고 보는 것과
② 사무엘(撒母耳)이 새로운 체제를 처음부터 불신했기 때문에 사울(扫罗)의 실수를 너그러이 보지 않고 책망의 구실을 찾았을지도 모른다고 보는 견해도 있다.

3. 사울(扫罗 Saul)의 배신 (삼상13: - 15:)

사울(扫罗)이 처음부터 강력한 국가로 세우지 못한 데에는 여러 이유가 있었으나, 오랜 시간이 지났는데도 통일을 향한 정책을 수립하지 못한 것은 사울(扫罗)의 실책이다. 사울은 백성들의 자발적인 충성을 원하였으며, 강력한 명령과 체제는 반역을 불러 일으킬 것이라 생각하여 백성의 눈치를 너무 많이 보다가 시기를 놓쳤다. 각 지파들이 연합하여 강력한 국가가 되려면 이러한 체제와 조직들이 필요한 것이었다.

1) 첫 번째의 배신(삼상 13: - 14:) 사울(扫罗)이 지파동맹의 제사장 (祭司长) 직무를 남용

처음 있었던 사건은 불레셋((非利士)과 믹마스(密抹 Michmash)에서 전투가 있었다.

블레셋(非利士)은 미스바(米斯巴)에서의 패배 이후 잠잠 했으나, 사울(扫罗)의 즉위 2년(삼상 13:1)만에 싸우려고 수도인 기브아(基比亚)에서 북동쪽으로 4마일 떨어진 믹마스(密抹)에 진을 쳤다. 블레셋(非利士)의 군대는 3만의 병거를 포함 6,000명의 기병과 수많은 보병으로 구성 되었다. 블레셋의 수많은 군대들을 본 이스라엘(以色列) 군인들이 도망을 가고, 심지어 요단강(约但河)을 건너가기까지 하였다. 사무엘(撒母耳)을 7일간 기다리던 사울 (扫罗)은 더 이상 참지 못하고 제사장만이 할 수 있는 희생 제물을 자신이 드려 제사장(祭司长)의 권한을 남용하였다. 이 일로 인해 사무엘(撒母耳)은 사울(扫罗)의 나라가 길지 못할 것이며 하나님은 자신의 마음에 맞는 사람으로 이 나라의 지도자를 삼을 것이라고 사울에게 말하였다.

그러나 이 전쟁에서 하나님은 요나단(约拿单)을 통하여(삼상14: 1-14) 사울(扫罗)을 승리하게 하셨다.

2) 두 번째 배신(삼15) 사울(扫罗)이 헤렘(Herem)의 법을 어김

두 번째의 불복종은 약 20년 후 사울(扫罗)이 아멜렉(亚玛力 Amalek)과의 전쟁 때 있었다

이 동안에 사울(扫罗)은 잘 훈련된 군인으로 또 군 지휘자로 군사들을 이끌었는데 그것은 비교적 성공적이었다. 이 때 하나님께서 사무엘(撒母耳)을 통하여 사울(扫罗)에게 지시하셨다. 이스라엘(以色列 Israel)이 광야를 통과할 때 아멜렉(亚玛力)이 이스라엘(以色列)을 치고 약탈하여 괴롭혔던 것에 대한 보복(출17: 8-14)을 하고, 전투에서 그들의 사람이나 가축을 막론하고 멸하라고 명령하셨는데 사울(扫罗 Saul)은 순종하지 않고 그 중 가장 좋은 소와 양과 암소 그리고 아각 왕(亚甲王 Agag)을 데리고 왔다. 사무엘(撒母耳)이 아각 왕(亚甲王)을 쳐 죽이고 사울(扫罗)에게 동물들을 가지고 온 이유를 물었을 때 하나님께 드릴 예물이라고 사울(扫罗) 왕은 말했다.

이 때 사무엘(撒母耳 Samuel)은 하나님은 제사보다 순종을 더 원하신다고 말하며. 사울(扫罗)을 꾸짖었다. 사울의 처음 배신은 하나님의 경고로 지나갔으나 두 번째에는 여호와(耶和华)의 능력이 떠났고 하나님의 능력이 떠난 후에는 사울에게 악신이 역사 하였다(삼상16: 14).

4. 사울(扫罗 Saul)과 다윗(大卫 David) (삼상16: - 20:)

1) 하나님이 다윗(大卫)을 선택하심 (삼상 16: 1-13)

사울(扫罗)이 하나님께 버림을 받자 그 자리에 세울 사람이 필요하였다. 하나님은 사무엘(撒母耳)에게 베들레헴(伯利恆 Bethlehom)으로 가서 이새(耶西)의 아들 다윗(大卫)에게 기름을 부어 새 왕을 세우라고 하셨다. 이새(耶西 Jesse)의 일곱 아들 가운데 하나님이 지명한 사람이 없어서 들에서 양을 돌보는 다윗(大卫)을 불러왔고 하나님께서는 다윗을 지명하셨으며 다윗(大卫)은 기름 부음을 받은 그날부터 여호와(耶和华)의 신에 크게 감동되었다. 사울(扫罗)은 하나님의 영이 떠나가자 심한 우울증세로 고통을 받았는데 이는 하나님께 불순종함으로 일어난 증상이다. 다윗(大卫)이 블레셋(非利士)의 장군 골리앗(歌利亚 Goliath)을 죽여 전쟁을 승리로 이끌었을 때 사울은 다윗(大卫)을 아끼고 총애를 하였으나 백성들이 자신보다 다윗(大卫)의 전과(战果)를 더 칭찬하자 질투심이 생겨 다윗을 죽이려 창을 두 번이나 그에게 던졌다. 다윗(大卫)이 놉(挪伯 Nob)에 가서 대제사장 아히멜렉(亚希米勒 Ahimelech)을 만나 도움을 받았다는 말을 도엑(Doeg)에게 듣고 놉(挪伯) 성막에 있는 제사장 85명을 죽였다(삼상 22: 7-19)

2) 다윗(大卫 David)의 부상 (삼상16: 14-18: 7)

사울(扫罗)이 다윗(大卫)을 알게 된 것은 자신을 괴롭히는 악신을 음악으로 쫓기 위하여 그를 궁중으로 불러 하프를 타게 하였을 때에 처음 알게 되었다.

두 번째는 블레셋(非利士)의 거인 골리앗(歌利亚)을 죽일 때(삼상17: 1-58)이다. 블레셋(非利士) 군대가 소고(梭哥 Shochoh)와 아세가(亚西加 Azekah) 사이에 진을 치고는 2m70cm가 넘는 거인 골리앗이 40일 동안 매일 나와 자기와 1:1의 격투로 전쟁의 승패를 결정하자고 위협할 때에 다윗(大卫)이 물매돌 5개를 가지고 이스라엘(以色列)의 여호와(耶和华) 하나님의 이름을 의지하여 싸워서 승리함으로 알게 되었다.

그 후 다윗(大卫)은 군대장관이 되었고 사울(扫罗)의 아들 요나단(约拿単 Jonathan)은 다윗(大卫)을 자기 생명 같이 사랑하길 죽는 날까지 변함없이 하였다. 다윗(大卫)의 명성이 이런 혁혁한 공로 때문에 부상하게 되자 〈삼하23: 24에 기록 되어 있는 엘하난(伊勒哈难 Elhanan)의 이름을 더 적절히 표현하면 바알하난(巴力哈难 Baalhana) 참조. 창 36: 38, 대상1장 엘하난(伊勒哈难)과 다윗(大卫)은 동일인물이거나 또는 엘하난(伊勒哈难)은 일종의 호칭이거나 아니면 왕의 명칭이었을 가능성이 있다고 말하는 학자들이 있다. 그 이유는 엘하난이 베들레헴 사람이며 골리앗의 동생을 죽였다고 성경에 기록되어 그런 논란이 생겼으리라고 본다〉 사울은 질투심을 억제하지 못하여 다윗을 죽으려 하였으나 자신의 손으로 죽이지 않고 블레셋 사람의 손에 죽게하려고 딸

미갈(米甲)과의 결혼하는 지참금으로 블레셋 사람의 양피 100장으로 하게하였다. 다윗(大卫)이 그 양피를 구하다가 블레셋(非利士)사람들에게 죽기를 바랐기 때문이다. 사울(扫罗)은 그 후에도 여러 번 다윗(大卫)을 죽이려 했으나 실패하였다.

5. 사울(扫罗)의 말년 (삼상22: 6-19, 28: 1-25, 31: 1-13)

1) 사울(扫罗)은 많은 시간을 좌절과 다윗(大卫)을 잡으려는데 힘과 시간을 낭비 하였다.

사울(扫罗)이 다윗(大卫)을 죽이려는 것은 자신의 아들 요나단(约拿单) 대신 다윗(大卫)이 왕이 될 것임을 알고 믿었기 때문이다. 다윗(大卫)에게 내린 하나님의 축복이 사울(扫罗)뿐 아니라 모든 사람들이 볼 때 의미심장한 것이므로 사울(扫罗)은 무력으로라도 가능하다면 하나님의 계획을 바꾸려 애썼으며 끝까지 모든 노력을 다 하였다. 아히멜렉(亚希米勒)이 도피중의 다윗(大卫)을 부지불식간에 도왔다는 이유로 85명의 제사장(祭司长) 가족 전부를 학살하고 성소도 파괴하였다.

제사장을 학살한 것은 충격적 사건으로 이스라엘(以色列) 백성들에게 좋지 않은 기억으로 오래도록 남을 수밖에 없다. 이로 인해 사울(扫罗)은 모든 지파동맹 체제와의 유대를 스스로 끊은 것이 되었다. 제사장(祭司长)들 가운데 유일한 생존자가 다윗(大卫)에게로 도망갔기 때문에 지파 동맹의 제사장 집단을 사울(扫罗)은 자기의 경쟁자에게 보낸 결과를 만들고 말았다(삼상22: 20-23). 사울(扫罗)이 더욱 나빴던 것은 블레셋(非利士)을 막아내던 힘을 사욕으로 인해 다윗(大卫) 한 사람을 추격하는데 전력을 다했다는 것이다.

2) 블레셋(非利士)과의 마지막 투쟁 (삼상 28:1-25, 31:1-13)

다윗(大卫)이 사울(扫罗)로부터 도망하자 유능한 군의 지도자를 잃게되었다. 도망다니던 다윗(大卫)이 유대(犹太) 산지에 있는 그일라(基伊拉 Keilah)를 블레셋(非利士)으로부터 구원하여 블레셋(非利士)을 크게 도륙하고 그들의 가축을 끌어왔다. 사울(扫罗)은 다윗(大卫)을 찾아 죽이려는 마음이 여전함으로 다윗은 할 수 없이 블레셋(非利士) 땅에 들어가 블레셋(非利士)의 왕 아기스(亚吉)가 하사한 시글락(洗革拉 Ziklag)에서 일 년 사 개월 동안을 있었다.

블레셋(非利士)이 이스라엘(以色列)을 침입하여 1 세기전에 이스라엘(以色列)을 격파하였던 아벡(雅弗 Aphek) 으로 군대를 집결시켰다. 블레셋(非利士)은 이스라엘(以色列)을 공격하지 않고 해안을 따라 이스르엘(耶斯列 Jezreel) 평야로 북진하였다.

(1) 그 이유는

① 평야에서 병거를 사용할 수 있다는 점 (삼하 1: 6)

② 사울(扫罗)의 군대와 갈릴리(加利利 Galilee)지방의 지파들을 격리시키려는 작전임

③ 이스르엘(耶斯列)의 도로를 따라 가면 블레셋(非利士)과 동맹을 맺은 해양 민족과 가나안(迦南) 도시 국가들의 지원을 받을 수 있기 때문이다.

(2) 군사 전략가인 사울(扫罗)이 왜 이런 장소에서 싸움에 임했을까?

① 사울(扫罗)은 아마도 자포자기 상태였을 것이다. 그래서 사울(扫罗)은 이곳에서 최후 도박을 했을 것으로 본다.(C. F.Hauer)

② 이 싸움은 싸우기 전에 이미 진 전쟁이라는 것을 사울(扫罗)은 알고 있었다. 전승에 의하면(삼상28:) 엔돌(隐多珥)의 신접한 여인이 사울(扫罗)의 요청으로 사무엘(撒母耳)의 영을 불러올리고 사무엘(撒母耳)은 사울(扫罗)이 죽을 것으로 예언하였다.

④ 사울(扫罗)은 참패하고 이스라엘(以色列) 군대는 궤멸(溃灭)되고 사울(扫罗)의 세 아들들도 전사했다.

⑤ 사울(扫罗)은 자결하였다.

⑥ 사울(扫罗)과 그 아들들을 벧산(白善 Bethshan) 성벽에 매달아 놓은 것을 야베스 길르앗(雅比基列) 사람들이 위험을 무릅쓰고 그 시신을 훔쳐다가 정중히 장사하여 전에 암몬(亚扪)에게 구하여 준 은혜에 보답하였다.

3) 사울(扫罗 Saul) 의 평가

이스라엘(以色列)의 초대 왕 사울(扫罗)은 시작은 좋았으나 부끄럽고도 슬픈 종말로 끝났다.

길보아산(基利波山 Gilboa)에서의 비극적 죽음은 그의 말년 통치기간 중의 타락한 행동의 결과이다. 사울(扫罗)은 하나님께 순종하지 않고 그를 배반한 사람의 본보기이다. 사울(扫罗)의 20년의 통치(그의 통치 기간에 대하여는 여러 의견들이 있다. 10년 혹은 20년) 이후 그가 죽었을 때는 이 나라는 실제로 사울 집권의 처음보다 더 약한 나라가 되었다. 사울(扫罗)의 성격은 소심하여 변덕이 심하였으며 천성적으로 자신감이 부족하였다. 백성들을 통합하여 강한 규례와 정책을 처음부터 쓰지 않은 것은 잘한 것이었지만 그것을 오랫동안 지속해서는 안되는 것이었다. 사울(扫罗)의 주된 문제점은 그의 자만심과 하나님을 배반한 마음이었다. 사울(扫罗)의 실책은 이스라엘 (以色列)의 왕은 하나님이시고 하나님만이 이스라엘(以色列) 백성의 머리가 된다는 것을 잊어버린데 있었다.

6. 망명자 다윗(大卫 David)(삼상 21: -27:, 29:-30:, 삼하1:)

1) 다윗(大卫)의 상황

다윗(大卫)이 사울(扫罗)로부터 쫓기게 되었을 때 왕과의 관계 변화는 많은 어려움을 갖다 주었다.

다윗(大卫)은 이스라엘(以色列)의 군 지휘관이며 왕의 사위로 나라에서 많은 사랑을 받았으며 그가 하는 모든 일에 칭송을 받았다. 그러나 지금은 왕에게 쫓기는 추방자가 되었고, 그 다음은 사무엘(撒母耳)에게 기름부음을 받았으나 쫓기는 자신을 백성들이 어떻게 평가할 것인가 하는 염려 문제도 있다.

세 번째는 사울(扫罗)로부터 자기 자신을 보호하는 문제로 생명을 보존하기 위해서는 두 가지 방법이 있는데 하나는 사울(扫罗)이 쫓아 올 수 없는 국외로 가는 것과 국내에 한적한 지역에 머무르며 사울(扫罗)을 피하는 것 등으로 지혜롭게 처신하여야 할 입장에 놓인 것이다.

2) 다윗(大卫)의 활동 경로 (삼상 21: - 26:)

처음에 다윗(大卫)은 놉(挪伯 Nob)의 성막으로 찾아가서 거룩한 떡과 골리앗(歌利亚 Goliath)의 칼을 받아 가졌으며, 그리고 대제사장 아히멜렉(亚希米勒 Ahimelech)에게 하나님의 뜻을 물었다(삼상21: 3-9, 22:10-15). 부하 몇 명을 거느리고 블레셋의 아기스(亚吉 Achhish) 왕에게 갔다가 위기를 느끼고 미친척하여 위험을 모면했다. 방법은 외국으로 피신하는 방법을 선택 하였으나 오히려 위기를 느껴 본국으로 돌아왔다.

두번째는 본국으로 돌아와 아둘람(亚杜兰) 동굴 근처에 거주하면서 방비군을 모집하기 시작하였다.

다윗(大卫)의 가족과 빚진 자와 원통한 자들이 사울(扫罗)로부터 도망하여 다윗(大卫)에게 왔는데 400명 가량 되었다(삼상22: 1 -2, 대상12: 8-15). 때로는 사울(扫罗)을 피하고 때로는 블레셋(非利士)을 치기도 하며 일종의 산적두목(하피루哈比鲁=아피루阿比鲁 apiru) 같은 삶을 영위해 나갔다. 또 부유한 성읍민으로부터 후원을 요구하여 거두어 들여서 생활하므로 반감을 사기도 하였다(삼상 25: 7, 15). 이 기간에 다윗(大卫)은 두 아내를 얻었다.

다윗 주변의 많은 주민들이 불만을 가졌는데 그들은 사울(扫罗)에게 충성을 하려는 마음에서인지, 사울(扫罗)의 보복을 두려워해서인지, 다윗(大卫)이 후원금의 명목으로 세금을 거두는 것에 대한 불만인지는 모르겠으나, 더 이상 다윗(大卫)은 팔레스타인(巴勒斯坦 Palestine)에 머물 수 없게 되었다(삼상23: 12, 25: 10, 26: 1).

세번째는 모압(摩押)으로 이주하여 그 부모를 모시고 갔으나 다윗(大卫)과 합세한 선지자 갓(迦得 Gad)이 모압(摩押)을 떠나라고 하여 다시 유다(犹大)로 돌아와 헤렛(哈列 Hareth현재 알려지지 않았음) 수풀에 거주하였다.

이 때 아히멜렉(亚希米勒)의 아들 아비아달(亚比亚他 Abiathar)이 사울(扫罗)로부터 도망하여 다윗(大卫)에게로 왔다(삼상22: 20-23). 아비아달 (亚比亚他)은 사울(扫罗)에게 아버지와 온 가족 85명을 잃고 도망할 때 우림(乌陵 Urin)과 둠밈(土明 Thummin), 또 제사장의 에봇(以弗得 Ephod)을 가지고 왔다.

아버지가 죽었으므로 아비아달이 대제사장이 된 것이다. 그일라(基伊拉)가 다시 블레셋(非利土)의 공격을 받게 되었으므로 다윗(大 卫)이 구해주었고, 사울(扫罗)은 다윗(大卫)이 그일라(基伊拉)에 있다는 말을 듣고 추격함으로 다시 도망하여 십(西弗 Ziph)과 마온(玛云 Maon)지대에 거주하였다. 사울(扫罗)이 다윗(大卫)을 잡으려 했으나 블레셋(非利土)이 침공 하였다는 말을 듣고 되돌아갔다(삼상23: 19- 28). 다윗(大卫)이 동쪽으로 이주하여 엔 게디(隐基底 En-gedi)에 거주하자 다시 사울(扫罗)이 추격하였으며 다윗(大卫)이 사울(扫罗)의 목숨을 살려 주었다(삼상24: 1-22). 십(西弗 Ziph) 주민들은 사울(扫罗)에게 다윗(大卫)의 숨은 장소를 알려 주었고(삼상26: 1-25) 사울(扫罗)은 다시 추격하였으나 다윗(大卫)을 잡지는 못하고 피곤하여 잠들었을 때 다윗(大卫)은 사울(扫罗)을 죽 일 수 있었으나 두 번째 사울(扫罗)의 목숨을 살려주었다.

3) 시글락(洗革拉 Ziklag) 의 다윗(大卫 David)(삼상27:- 30: 삼하1:)

(1) 시글락(洗革拉)으로 가다 (삼상27: 1-4)

다윗(大卫)이 블레셋(非利土 Phlistina)으로 간 첫째 이유는 도망 다니다 끝내는 사울(扫罗)에 손에 죽을 것이라고 생각하였기 때문이다.

둘째는 거느린 군사들의 양식을 공급하는 것이 쉽지 않았기 때문이다. 나발(拿八 Nabal)에게 양식을 요청한 사건에서 알 수가 있다. 그리고 당시 여러 나라에서 용병을 고용하는 일이 있는데, 블레셋(非利土)이 다윗의 사람들을 고용한다면 양식문제는 해결되는 것이다. 블레셋(非利土) 왕 아기스(亚吉 Achish)는 다윗(大卫)이 사울(扫罗)을 떠나 자신에게로 온 것과 블레셋으로 올 때에 600명이나 되는 군사를 데리고 왔으므로 기뻐하면서 시글락(洗革拉)을 다윗(大卫)에게 주고 그곳을 활동기지로 삼게 하였다.

(2) 시글락(Ziklag) 에서의 불안정한 활동(삼상 27: 5-12)

다윗(大卫)은 시글락에서 이중적인 역할을 하였다. 그는 겉으로는 아기스(亚吉)를 돕는 것같이 하면서 이스라엘 (以色列)을 괴롭히는 남방의 외국인 곧 그술사람(基述

人Geshurites) 기르스사람(基色人 Gerzites) 아멜렉 사람(亚玛力人 Amalekites)을 공격하고는 아기스(亚吉)에게는 남방 유다(犹大)를 괴롭혔다고 거짓말을 하였다.

또한 전리품을 유다(犹大)의 성읍에 나눠주므로 인해 유다(犹大)인들에게 다윗(大卫)은 여전히 자신들의 보호막이며 친구라는 인식을 심어주었다(삼상30: 26-31). 이는 다윗(大卫)이 나중에 왕이 될 때 그들의 도움이 필요했기 때문이다.

(3) 아멜렉인(亚玛力人 Amalokites)이 시글락(洗革拉 Ziklag)을 습격 (삼상 30:1-25)

다윗(大卫)이 일년 넉달을 블레셋(非利士)에 거주했을 때 이스라엘(以色列)과 블레셋(非利士)이 전쟁을 하게 되었다. 아기스(亚吉)는 다윗(大卫)과 함께 전쟁에 가기를 원했지만 장관들이 반대하여 다윗은 시글락으로 돌아왔다. 그 사이에 시글락(洗革拉)을 아멜렉(亚玛力) 군사들이 습격하여 다윗과 함께한 사람들의 처자들을 사로잡고 온 마을의 물품들을 거두어 가지고 갔다. 텅빈 마을을 본 다윗의 부하들은 흥분하여 다윗(大卫)을 돌로 치려할 때 다윗은 아비아달(亚比亚他 Abiathar)이 가지고 있는 에봇(以弗得 Ephod)을 가져오게 하여 하나님께 물었다.

그 때 하나님은 아멜렉(亚玛力) 인을 쫓아가면 다시 모든 것을 찾을 것이라고 지시하셨고 다윗은 뒤쫓아 가서 모든 것을 되찾아 왔다. 그리고 빼앗은 전리품들은 유다(犹大)의 13성읍으로 분배하였다(삼상 30: 26-30).

(4) 사울(扫罗 Saul) 왕의 전사소식 (삼하 1: 1-27)

다윗이 길보아산(基利波山)에서 이스라엘(以色列)이 처참하게 패배함과 동시에 사울(扫罗)과 그의 아들들의 전사 소식을 들은 것은 아멜렉(亚玛力)을 추격하고 돌아온 지 사흘 되는 날이었다. 이 소식을 가져 온 사람은 길보아산(基利波山 Gilboa)에서 도망을 친 아멜렉(亚玛力)소년으로 사울(扫罗)의 왕관과 팔찌를 가지고 왔다.

다윗(大卫)은 그날 저녁까지 울며 금식하고 사울의 전사 소식을 가져 온 소년이 사울(扫罗)의 부탁을 받고 목숨이 붙어있는 사울(扫罗)을 죽였다는 말을 듣고 여호와(耶和华)의 기름 부음 받은 그를 죽였다는 이유로 소년을 죽였다.

다윗은 사울(扫罗)과 요나단(约拿单)에 대한 비탄의 조가(삼하1: 17-27)를 지었으며 사울(扫罗)의 전사 소식은 다윗(大卫) 자신이 이스라엘(以色列)로 돌아가야 할 바로 그 때임을 알게 한 것이다.

제11장 다윗 왕(大卫王 King of David)
(왕상1: 1 - 2: 1 대상12: 29)

다윗의 집권은 왕국의 발전과 통합을 이룩하였다. 그는 집권하여 지파를 통합하고 효율적인 정부를 수립하여 제사장직을 조직하고 전쟁에서는 거의 패한 적이 없는 군대를 유지하였다. 그리고 분단되고 전쟁으로 쪼개진 땅을 이어받아 왕궁의 발전과 이스라엘의 통합을 이룩했다. 그는 지파를 통합하고 효율적인 정부를 수립해서 죽을 때에는 제국을 남겨놓았다. 다윗(大卫)은 이스라엘(以色列 Israel) 역사상 가장 강력한 왕이었다. 그는 다른 왕들을 평가하는 척도가 되었으며 다윗(大卫)과 같은 왕이 된다는 것은 그 이후의 왕들이 가질 수 있는 가장 높은 영광이었다.

1. 헤브론(希伯仑 Hebrom)의 다윗(大卫 David 삼하1: 1-5: 5)

사울(扫罗)이 죽었으나 북쪽 지파들은 사울(扫罗)의 남은 아들 이스보셋(伊施波设 Ish-bosheth)을 왕으로 추대하였다. 다윗(大卫)은 7년 반 동안 유다(犹大)를 다스린 후 33년 동안 이스라엘(以色列)을 다스려 그의 전체 재임 기간은 40년 반이 된다. (삼하 5: 5)

1) 다윗(大卫)이 유다(犹大)의 왕이 되다(B.CI100-970년 삼하 2: 1-4)

사울(扫罗)이 죽을 당시 다윗(大卫)은 다른 지파보다 유다(犹大)에 더 잘 알려져 있었다.

다윗(大卫)은 유다(犹大) 지파의 베들레헴(伯利恆 Bethlehem) 사람이며, 사울(扫罗)의 밑에서 일할 때에도 그는 기브아(基比亚 Gibea) 남쪽에서 일을 했다. 망명시대는 더욱 그랬다. 본국으로 돌아올 때에도 그는 유다(犹大)의 주요도시인 헤브론(希伯仑Hebron)으로 찾아간 것은 당연하다. 유다지파는 재빨리 다윗을 "유다(犹大)족속의 왕"으로 기름부었다. 다윗(大卫)도 사울과 같이 군인 영웅으로 왕이 되었으나 사울(扫罗)과는 다른 몇 가지의 특징이 있다. 다윗(大卫)은 생명을 같이 할 자신의 사병이 있었고, 또 시글락(洗革拉 Ziklag)이라는 자신의 영지(领地)를 소유한 영주이자, 이방 강대국의 봉신으로 왕이 된 사람이다. 다윗(大卫)이 유다(犹大)의 왕이었으나 한 지파만의 왕은 아니다. 그의 왕국에는 유다(犹大), 시므온(西缅 Simeon)족, 갈렙(Galeb)족, 옷니엘(俄陀聂

Othniel)족, 여라므엘(耶拉篾 Jerahmeel)족, 겐(基尼洗 Kenites)족 등 여러 지파를 포괄(包括)하고 있었다(삼상 2: 10, 30: 14, 삿1: 1-21). 다윗(大卫)이 왕 위에 오른 뒤에는 유다(犹大)왕국은 하나의 지속적인 정치체제를 갖추어 갔다.

2) 이스보셋(伊施波设 Ish-bosheth 이스바알)이 이스라엘(以色列)의 왕이 되다 (삼하2: 8-10)

사울(扫罗)의 자녀들 중 두 딸인 메랍(米拉 Meab)과 미갈(米甲 Mishal) 그리고 아들 이스보셋(伊施波设)은 불레셋 전쟁에서 살아남았다. 길보아(基利波 Gilboa)전투에서 살아남은 군 사령관 아브넬(亚尼珥 Abner)이 마하나임(玛哈念Mahanaim)으로 수도를 옮겨 이스보셋(伊施波设)을 이스라엘(以色列)의 왕으로 세웠고 블레셋 (非利士)은 이스보셋(伊施波设)의 왕국에 대하여서는 무관심 하였다. 다윗(大卫)이 세운 유대나라에는 자신들의 봉신국으로 알고 안심하였으며 더욱 이스라엘(以色列)이 분단관계에 있는 것을 블레셋이 매우 기뻐하였는데 다윗의 나라가 통일 이스라엘(以色列)이 되는 것이 블레셋은 불안하였다.

3) 다윗(大卫)과 이스보셋(伊施波设 Ish-bosheth)의 갈등 (삼하2: 12-4: 12)

유다(犹大)와 이스라엘(以色列)의 갈등은 불가피한 것이었다. 처음 싸움은 기브온(基遍 Gibeon)의 물가에서 아브넬(押尼珥 Abner)과 유다(犹大)의 군대장인 요압(约押 Joab)이 양국의 소년 12명씩 서로 찔러 죽이는 잔인한 장난으로 시작하여 싸움이 벌어졌으나 다윗(大卫)의 신복들이 승리하였다. 이 때에 요압 (约押 Joab)의 아우 아사헬(亚撒黑 Asahel)이 아브넬(押尼珥)을 추격함으로 아브넬이 아사헬(亚撒黑 Asahel)에게 좌로나 우로 치우쳐서 따라오지 말라고 경고했으나 아사헬(亚撒黑)이 듣지 않고 계속 추격함으로 창 끝으로 배를 찔러 죽였다.

2. 다윗(大卫 David)의 세력이 날로 증가됨

다윗(大卫)이 점점 강성해 갈 때 이스보셋(伊施波设)과 아브넬(押尼珥)이 싸우고 아브넬이 다윗(大卫)에게 사람 을 보내어 자신의 안전과 지위를 보장해 주면 이스라엘(以色列)의 모든 것을 다윗에게 넘겨주겠다고 제의하였다.

다윗(大卫)은 아브넬(押尼珥)에게 내게 올 때 전처 미갈(米甲 Michal)을 데려오라고 당부하였다. 다윗은 북쪽 이스라엘(以色列)과 통합하는데 있어서 미갈(米甲 Michal)이 북 지파들의 마음을 진정시켜 도움을 줄 수 있을 것이라 판단하였기 때문이다. 사울

(扫罗)은 미갈(米甲)을 다윗(大卫)의 망명 시절에 발디엘(帕铁 Phaltiel)과 결혼을 시켰었다. 아브넬(押尼珥 Abner))이 헤브론(希伯仑)으로 다윗(大卫)을 찾아와 대사를 의논하고 돌아갈 때에 요압(约押 Joab)의 손에 살해되고 말았다(삼하3: 17-27). 그 이유는 전에 아브넬(押尼珥)이 동생 아사헬(亚撒黑)을 죽인 것과 자신의 지위에 위협을 느꼈기때문일 것이다. 다윗(大卫)은 아브넬(押尼珥)을 위하여 금식하고 애가를 지어 이스라엘 백성에게 부르도록 하였으며 정성껏 장사를 지내주었다.

1) 이스보셋(伊施波设 Ishbosheth)의 죽음

이스보셋(伊施波设)이 침상에서 낮잠을 자고 있을 때 군대장관 둘이 그의 목을 베어 헤브론(希伯崙)의 다윗(大卫)에게 와 당신의 생명을 찾던 원수의 아들 머리가 여기 있나이다 라고 말하며 다윗에게 바쳤다.

다윗(大卫)은 그 두 사람을 죽이고 수족을 베어 헤브론(希伯崙) 못 가에 매어달아 자신이 이 피흘림의 공모자가 아님을 유다 백성들에게 보여주었다. 이스보셋(伊施波设)의 머리는 헤브론(希伯仑)에 묻혀있는 아브넬(押尼珥)의 무덤에 장사지내 주었다. 그렇게 함으로 이스라엘(以色列) 대부분의 사람들이 다윗(大卫)을 믿게 되었다.

2) 다윗(大卫 David)이 온 이스라엘(以色列 Israel)의 왕이 되다 (삼하5:1-5, 대상12:23-40)

다윗(大卫)이 전(全) 이스라엘(以色列)의 왕으로 정식 기름부음을 받았을 때는 헤브론(希伯崙)에서 7년 6개월 동안 통치 한 후이다. 아브넬(押尼珥)과 이스보셋(伊施波设)이 죽자 이스라엘(以色列)의 모든 지파의 지도자들이 다윗(大卫)과 언약을 맺고 기름을 부어 이스라엘(以色列)의 왕을 삼았다.

이 전체의 사건은 카리스마적 전통이 끈질기게 살아있음을 예증해 주는 것이다. 다윗(大卫)에게 유리한 결말들이 나게 된 결정적인 요인은 다윗(大卫)은 여호와(耶和华)의 영이 함께하는 인물이라고 이스라엘(以色列) 백성들이 믿고 있었기 때문이다. 실제로 다윗(大卫)은 영감을 통한 지도력을 발휘한 이스라엘(以色列)의 전 역사를 통해 가장 위대한 인물이다. 다윗(David)은 사울(扫罗)의 통치기간 중에 통치자인 사울이 강력하지 못함으로 백성들이 전폭적인 믿음을 가지고 지도자에게 복종하지 못함을 보았기에, 통합을 이루고 강력한 체제의 지도자로 서기 위해서는 규제나 조직, 세금 등의 필요를 깨달았으며, 더욱 이런 약속을 받아내는 것은 통치자가 통치를 시작하기 전에 단행하여야 한다는 것을 다윗(大卫)은 경험으로 잘 알고 있었다.

또 유다(犹大)와 북방 지파 간에도 협정이 필요하며 유다(犹大)지파는 자신들의 왕을 공동으로 소유하는데 동의할 뿐 아니라 다른 지파들도 유다(犹大) 지파와 같이 왕에 대하여 동일한 권리가 있음을 인정하여야 했다.

다윗(大卫)의 조건에 대하여 북쪽 지파들은 적으로부터 그들을 구해줄 강력한 왕이 필요했기 때문에 어느 정도 조건을 받아드릴 수밖에 없었다. 다윗(大卫)은 자신의 생애에서 세 번의 기름부음을 받은 것이다.

3. 다윗(大卫)의 새 왕국은 옛 체제와는 다른 점이 있다.

1) 다윗(大卫)의 계속적인 성공은 여호와(耶和华)께서 그를 지명하여 왕을 삼았다는 뚜렷한 증거들이다.
2) 다윗은 백성들과의 언약과 환호를 통해 왕으로 추대된 지도자이다.
3) 다윗은 유서 깊은 곳에서 기름부음을 받았다.
4) 다윗(大卫)의 권력기반은 지파동맹의 체제가 아니라, 블레셋(非利士)의 동의를 얻어 유다(犹大)의 왕으로 세워졌던 군사 지도자가 북쪽 지파들까지 다스리게 된 것이다.
5) 사울(扫罗)가문과 다윗(大卫)의 간격은 여전하여 다윗(大卫)의 노력에도 불구하고 좁혀지지 않았다. 그 해결 방법을 미갈(米甲)을 데려와 그녀에게 아들을 낳게 하여 풀려고 했으나 그것이 무산되었다.

4. 다윗(大卫)은 통일 이스라엘(以色列) 왕국을 세웠다 (삼하5: 6-8, 10:1-19)

다윗(大卫)의 첫 번째 문제는 블레셋(非利士)이었다. 그리고 다윗(大卫)은 놀랍게도 이 과업을 성공하였다.

1) 블레셋(非利士 Phlistina)과의 투쟁(삼하 5: 17-25)

블레셋(非利士)이 먼저 군사적 행동을 개시하였다. 그들은 다윗(大卫)이 유다(犹大)의 왕이 되었을 때는 잠잠하였으나, 이스라엘(以色列)이 통일왕국이 되자 정책을 바꾸어 침공하였다. 다윗(大卫)은 더 이상 그들의 봉신이 아닌 것이 분명하다.

(1) 첫번째 전투

블레셋(非利士)이 르바임(利乏音 Raphaim) 골짜기에서 공격을 하였다.

블레셋은 길보아(基利波 Gilboa) 전투에서 승리한 후 베들레헴(伯利恆 Bethlehem)에 요새를 세워(삼하 23:14) 다윗(大卫)이 남, 북을 통합하지 못하도록 하였으나, 다윗(大卫)은 이 의도를 미리알고 아둘람(亚杜兰Adullam)굴에 진영을 설치하였다(삼하 23: 13-14). 다윗(大卫)의 군대는 망명시절에 구성된 무리들로 다윗(大卫)이 베들레헴(伯利恒)의 샘물을 사모하자 목숨을 돌보지 않고 적과 부딪치며 샘물을 떠오는 충성스러운 부하들이다(삼하 23:15-17). 하나님께서 다윗(大卫)의 편이 되어 승리를 보장하자 다윗(大卫)은 바알브라심(巴力昆拉心 Baal-Perzim 이 지역은 미상)에서 공격하여 적보다 훨씬 적은 수의 군사로 블레셋(非利士)을 패배시켰다.

(2) 두 번째 전투

블레셋(非利士)은 큰 군대로 르바임(利乏音) 골짜기를 또 다시 공격했다. 이번에는 하나님이 공격 방법을 바꾸어 뽕나무 근처에서 소리가 날 때 블레셋의 뒤로 가서 엄습하라고 지시하셨다. 이번의 전투도 적을 멀리 게셀(基色 Gezer)까지 추격하여 승리하였다. 이제는 블레셋(非利士)이 다윗(大卫)의 봉신이 되었음.

5. 새 수도(삼하 5: 6-12, 7:, 대상13: 15: -17:) 예루살렘(耶路撒冷 Jerusalem)

당시의 수도 헤브론(希伯仑 Hebron)은 유다(犹大)에서 볼 때 중앙이지만 이스라엘(以色列) 전체로 볼 때는 너무 남쪽에 치우쳐 있었다. 다윗(大卫)은 북쪽도 남쪽도 아닌 또 유다(犹大)의 도시도 이스라엘(以色列)의 도시도 아닌 새로운 수도를 정함으로 남북의 훌륭한 타협점을 찾는데 성공하였다. 다윗(大卫)이 이 도시를 어떻게 점령하였는지는 과정이 확실치 않은데 그 이유는 성경의 본문 사무엘하 5: 6 -10이 매우 손상되었기 때문이다.

그러나 다윗(大卫)이 이 도시를 점령할 때 각 지파에서 모집한 군대로 하지 않고 자기의 사병으로 이 도성을 점령 하였으리라 본다. 예루살렘 (耶路撒冷)은 다윗(大卫)의 영유지(城)가 되었다.

1) 예루살렘(耶路撒冷 Jerusalem)을 수도로 정하였음

다윗(大卫)은 여부스(耶布斯Jebus) 사람이 살고 있는 여부스(耶布斯)를 점령하여 예루살렘(耶路撒冷)이라 명명하고 수도로 정하였다. 이곳은 유다(犹大)와 이스라엘(以色列)의 중간 지점이며, 기혼(基训 Gihon) 샘에서 좋은 물이 공급된다. 더 더욱 예루살렘은 해발 800m의 천연 요새로 적을 쉽게 방어할 수 있는 형태로 된 아주 좋은 자연 요새다. 그러므로 이곳을 차지함으로서 여러 가지 입지조건이 좋을 뿐 아니라 가나안(迦南)의 요지를 갖게 된 것이다.

2) 언약궤를 예루살렘(耶路撒冷 Jerusalem)으로 옮겨 종교적 중심지로 만들다

다윗(大卫)의 상황이 어떻게 변화했든 다윗(大卫)은 이스라엘(以色列)의 옛 제도들의 정신적인 영향을 잘 이해하고 옛 질서를 유지하려고 노력하였음을 잘 알 수 있다. 그것은 예루살렘(耶路撒冷)을 수도로 삼은 지 오래지 않아 다윗(大卫)은 70년 동안 기럇여아림(基列耶琳 Kiriath-Jearim)에 방치해 두었던 언약궤를 예루살렘(耶路撒冷)으로 옮기려고 결정한 것을 보아서 알 수 있다(삼하6: 1-11). 이런 목적으로 수도에 성막이 세워졌고 비록 불상사가 있었으나 결국 법궤는 예루살렘(耶路撒冷)으로 옮겨져 성막에 안치되었다(삼하 6:). 아벡전투(B.C 1075년) 때 법궤를 빼앗기고, 아벡전투 후 7개월 만에 법궤가 돌아와서 기럇 여아림에서 20년(사무엘 때) 그후 다윗이 예루살렘으로 법궤를 옮겨 올 때는 대략 B.C 1003년에서 조금 경과된 후 일 것이다.

3) 다윗(大卫)은 왕으로 즉위하며 가장 염려한 것은 남북을 단합시켜 국가적으로나 종교적으로 연합하는 것이다

남북의 연합과 종교적인 연합만이 이스라엘(以色列) 국가의 발전을 가져온다고 다윗(大卫)은 생각 하였다.

예루살렘(耶路撒冷 Jerusalem)으로 수도를 옮긴 것도 지리적 문제보다 남, 북간의 잦은 싸움 때문에 이스라엘(以色列)이나 유다(犹大)의 도시가 아닌 도시를 점령하여 수도로 삼는 것이 방법이라고 다윗은 생각했고, 여부스(耶布斯)족의 성을 점령하여 예루살렘(耶路撒冷) 즉 평화의 도시라고 명명하여 수도로 정한 것이다.

6. 다윗(大卫) 왕이 한 일들 (재직 기간 주전1,100- 970)

이스라엘(以色列)의 왕은 하나님이시다. 타 민족의 잦은 침입으로 백성들이 왕을 원하여 하나님이 왕을 세우기는 하였으나 이스라엘(以色列)의 왕은 어디까지나 하나님의 대리자이다.

1) 다윗(大卫)은 하나님의 대리자로 그 동안 이스라엘(以色列)을 제일 많이 괴롭혔던 블레셋(非利士)의 도시를 점령하기 시작하였다 (왕상 5: 17-18, 왕상 6: 1-3)
2) 가나안(迦南)의 도시를 점령(삼하 24: 5-7)
3) 국가적으로 점령한 나라들은?

아람(Aram 대상19: 14-19), 모압(摩押 Moab)과 에돔(以东 Edom 삼하 8: 2, 13-14), 암몬(亚扪 Ammon 대상 19: 15), 북쪽으로 소바(琐巴 Zobah), 다메섹(大马士革 Damasucus), 하맛(Hamath), 이리하여 사해의 북동쪽 소바(琐巴)를 포함하여 다메섹(大马色)의 북동지역과 하맛(Hamath)지역 여기에서 유브라데스(幼发拉底)까지 연결하여 이스라엘(以色列)의 주권을 인정함으로 다윗(大卫)의 권력은 남쪽의 아카바만(亚略巴海湾 Gulf-Agabah) 애굽(埃及) 강으로부터 북쪽의 유브라데스(幼发拉底) 강까지 장악한 것이다.

이것은 하나님께서 천여 년 전 아브라함(亚伯拉罕)과 약속하신 영토들이다.

당시 다윗은 세계에서 가장 강력한 왕이 되었다. 블레셋(非利士)에서 애굽(埃及 Egypt)의 길 까지도 열었으며, 이 길을 통과하는 사람들에게 통관세를 받았을 것이다.

4) 군사적으로 나라를 굳건히 했다.

아람(米所波人)에서 아라비아(阿拉伯)까지는 왕의 통로로 하여 예루살렘(耶路撒冷)을 거쳐서 가게 하여 통행세를 받았다.

5) 이로 인하여 국가의 경제력도 매우 높아졌다.

7. 국가 조직

1) 국가

강력한 왕 다윗(大卫)으로 인하여 상황이 바뀌어서, 팔레스틴(巴勒斯坦 Palestine) 주변 국가들 사이에서 이스라엘(以色列)은 공격의 대상이 아니라 주도권을 가진 국가로서 주변국가들이 이스라엘(以色列)을 두려워하게 되었다. 다윗(大卫)은 이 새로운 세력의 중심 인물이며 그가 이 모든 것을 이룩하였다.

이스라엘(以色列) 백성은 그가 이끄는 대로 따라 온 것뿐이다. 다윗(大卫)은 이스라엘(以色列) 왕이라기보다 이스라엘(以色列)이 다윗(大卫)의 왕국인 셈이다. 다윗(大卫) 왕국의 행정적인 것은 알려진 바가 거의 없다.

갓(迦得 Gad)과 아셀(亚设 Asher)을 제외한 각 지파에 그들을 관할하는 관장을 두었다는 기록이 있으나, 그들의 의무에 대해서는 설명이 없다(대상2: 16). 또 재무와 창고 그리고 다양한 농경부 위에 우두머리를 지명하였다 (대상27: 25-31).

2) 왕실

① 민사(Civil) 조직 (대상 11: 10 - 47 대상 12: 용사들, 군사들)

다윗(大卫)의 왕실에 주요인물이 두 군데에 기록되어 있다(삼하 8: 15-18, 20:23 -26). 요압(约押 Joab)은 군사적 임무를 관할하는 군대장관이다. 그렛사람(基利提 Cherethites)과 블레셋(非利士) 사람을 관할하는 군대장관은 브나야(比拿雅 Benaiah) 이다. 여호사밧(约沙法 Jehoshaaphat)은 약속이나 책임을 기록하고 왕에게 알려주는 책임을 맡은 사람이다. 아도람(亚多兰 Adoram)은 공공사업을 위해 외국의 노동자로 구성된 마스(Mas 부역)를 관할하였다. 스라야(西莱雅 Seraiah)는 기록을 하는 사람으로 (Sopher)공문서를 관리하였다.

사독(撒督 Zadok)과 아비아달(亚比亚他 Abiathan)은 대제사장으로 종교적인 문제를 관할하였다.

요나단(约拿单 Jonathan)은 다윗의 숙부로 고문관이며, 여히엘(耶歇 Jehiel)은 왕자들의 교육을 맡은 사람이고. 아히도벨(亚希多弗 Ahithophel)과 후새(户筛 Hu Shai)는 다윗의 모사들이며, 특히 후새(户筛)는 다윗의 친구이다.

다윗(大卫)은 대가족을 가졌다. 8명의 부인과 21명의 자녀가 성경에 기록되어 있고 또 다윗(大卫)이 예루살렘 (耶路撒冷)에서 통치할 때 명명되지 않은 "부인과 후궁" 들이 첨가된다.

이외에 함께 식탁에 앉았던 사람은 요나단(约拿单)의 아들 므비보셋(米非波设 Me-phibosheth 삼하9: 1-13), 압살롬(押沙龙 Absalom)으로부터 도망칠 때 다윗(大卫)을 후대하였던 길르앗(基列) 사람 바실래(巴西莱Barzillai)의 아들 김함(金罕 Chimham)과 다윗(大卫)의 용사들도 정기적으로 왕궁에서 식사하였다.

다윗(大卫) 왕 이전까지는 각 지파가 개별적으로 정권을 가지고 지파를 다스렸으나 다윗(大卫)은 실권을 가지고 관료 제도를 만들어 중앙에서 온 지파들을 다스렸다. 그 조직은 애굽(埃及)과 비슷한데 한 가지 다른 점은 애굽(埃及)에서는 바로가 곧 신이고 그 밑에 국무총리와 내각이 있었으나, 다윗(大卫)은 신이 아니라 야훼(耶和华) 하나님이 신이시며 왕이 되시고, 다윗(大卫)은 하나님 밑에서 대리자로 또 국무총리로 일을 한다는 것이 다르다.

(2) 종교(Religion) 조직

① 대제사장 (大祭司长)

성전의 조직은 다윗(大卫)이 아비아달(亚比亚他 Abiathar)과 사독(Zadok 撒督)을 대제사장(大祭司长)으로 임명 하였다.

아비아달(亚比亚他)은 이다말(以他玛 Ithamar)을 통한 아론(亚伦 Aaron)의 자손이고, 사독은 엘리아살(以利亚撒 Eleazar)을 통한 아론(亚伦)의 후손이다. 사독(撒督)은 아비아달(亚比亚他)보다 더 많은 사람들을 다윗(大卫)에게 받아서 법궤의 책임을 맡았다(삼하15: 24-29). 사독(撒督)은 후에 솔로몬(所罗门)을 도와 왕으로 기름부음을 받게 하는데 솔로몬과 뜻을 함께 하였다. 아비아달(亚比亚他)은 아도니야(亚多尼雅 Adonijah왕상1: 7)를 돕다가 추방당했다.

② 선지자 (先知者)

다윗(大卫)의 종교 인사들 중에 갓(迦得 Gad))과 나단(拿单 Nathan)은 중요한 인물이다.

갓 선지자(先知者)는 망명시절부터 다윗(大卫)과 함께 있었으며(삼상22: 5), 다윗(大卫)이 후에 인구조사에서 범한 죄로 하나님이 징계할 때 세가지 징벌 중 하나를 선택하라고 권고한 선지자이기도 하다(삼하24: 10-15).

나단(拿单) 선지자는 다윗(大卫)에게 하나님께서 다윗이 성전 짓는 것을 허락하지 않으신다고 전한 사람이며(삼하7: 2-17), 밧세바(拔示巴 Bathsheba)의 범죄에 대해서도 다윗(大卫)을 꾸짖었고(삼하12:1-15), 솔로몬(所罗门)을 왕으로 즉위시킬 때에도 결정적 역할을 하였다.

(3) 성전의 조직(대상 15: - 16, 대상23: -26:)

두 대제사장(大祭司长) 밑에 제사장과 레위(利未)인이 구체적으로 재조직 되었다.

제사장(祭司长)들은 24부로 나뉘어져서 각 부마다 교대로 중앙성소에서 1주일씩 봉직하도록 지정하고 보통 1년에 총 2주 동안 봉사하도록 만들었다(대상 24:1-19).

레위(利未)인들은 성가대와 문지기와 관리와 재판관으로 나누었으며, 모세(摩西)의 두 아들들의 후손은 성물의 곡간을 맡았다. 대상 26: 24-26 삿 18:30에 모세(摩西, 히브리 본문의 맛소라에는 므낫세)의 손자가 단 지파가 섬기던 드라빔의 제사장을 하였지만, 선택된 자녀들을 버리지 않으시는 언약을 지키시는 사랑의 하나님을 여기에서 확인할 수 있다.

대상 25장은 찬양대의 조직에 대한 기록인데 아삽(亚萨)의 아들들, 여두둔(耶杜顿)의 아들들, 사무엘(撒母耳)의 손자 헤만(希幔 Heman)의 아들들(헤만은14명의 아들과 3명의 딸이 있다)과 그 자녀들 모두가 성가대에서 봉사했다. 헤만은 사무엘의 장자 요엘(约珥 Joel)의 아들이다.

대상 6: 33요엘의 아들 헤만과, 왕상4: 31의 헤만(希幔 Heman 시편 88편의 저자이며, 유다 지파의 마홀의 아들 대상2: 6)은 동명이인이다. 다윗(大卫)은 백성들의 종교생활에 관심을 두었으며 이런 조직으로 제사장(祭司长)과 레위(利未)인의 효과적인 봉사가 필요하다고 믿었다. 다윗(大卫)은 항상 이스라엘(以色列)의 온 백성이 그들과 언약하신 하나님 앞에 예배하는 것을 희망과 목적으로 삼은 왕이었다.

(4) 군사조직(대상 27:)

다윗(大卫)의 왕실에서 용병의 대장은 브나야(比拿雅 Benaiah)이며, 이스라엘(以色列) 각 지파에서 뽑은 군인들의 대장은 요압(约押 Joab)이라고 밝혔다.

3) 다윗(大卫)의 중요한 행적 (行迹)

(1) 훌륭한 행적(삼하9: 1- 13, 21: 1 -14)

① 므비보셋(米非波设 Meph-bosheth 므비바알)에 대한 특별한 배려

다윗(大卫)이 사울(扫罗)의 가족 중에 생존자를 찾고 있을 때 사울(扫罗)의 종 시바(洗巴 Ziba)가 요나단(约拿单 Jonathan)의 아들 므비보셋(米非波设)이 살아있다는 사실을 다윗에게 알렸다. 다윗은 므비보셋를 찾아 왕궁에 거하게 하고 사울(扫罗)의 모든 재산을 므비보셋(米非波设)에게 주며 사울(扫罗)의 종 시바로 하여금 그것을 관리하도록 하였다. 이렇게 함으로 북쪽 이스라엘(以色列) 백성들이 다윗(大卫)을 더 신뢰하게 되었으며 옛 친구 인 요나단(Jonathan)과의 약속도 지키게 되었다.

② 기브온(基遍 Gibeon) 사람들의 원통함을 풀어주다

사울(扫罗)이 기브온(基遍) 사람에게 잘못한 것을 바로 잡았다. 연이은 3년 동안 기근이 있어서 하나님께 그 기근의 원인을 물었을 때 사울(扫罗)왕이 가나안(迦南) 정복 시에 여호수아(约书亚)와 기브온(基遍)족속 간에 맺은 언약을 깨고 기브온(基遍) 사람들을 죽였는데 그 언약을 파기한 것에 대한 보응으로 기근이 온 것을 알게 되었다. 다윗(大卫)이 기브온(基遍) 사람들을 불러 어떻게 해야 원한을 풀고 용서하겠는지를 물었고 그들은 사울(扫罗)의 후손 7명을 처형해 줄 것을 요구하였다.

다윗(大卫)이 므비보셋(米非波设)은 아끼고 사울(扫罗)의 첩의 자녀들 7명을 기브온(基遍)족속에게 주어 기브아(基比亚)에서 처형하도록 허락하였다 그런 후에야 기브온 사람들의 원한이 풀려 기근이 끝났다.

(2) 비난 받을 행적(삼하11: 1-12:25, 24:1-25, 대상21:)

① 밧세바(拔示巴 Bathsheba)와의 범죄

요압(约押)이 이끄는 군대가 암몬(亚扪) 사람의 수도 랍바(拉巴 Rabbah)를 포위하고 있을 때였다.

다윗(大卫)이 저녁때에 왕궁 지붕 위에서 거닐다 그 곳에서 한 여인이 목욕하는 것을 보고 데려와 간음을 하였다. 그 후 여인은 임신을 하였고, 그 소식을 듣고 다윗은 그녀의 남편 헷사람 우리야를 전쟁터에서 불러 전쟁의 노고를 위로해 주며 집으로 보냈으나 충성스러운 우리아(乌利亚 Uriah)는 자기의 상관이나 동료들이 야영하는데 자기만 편히 집에서 잘 수 없다고 고집함으로 우리아(乌利亚)를 죽게 하라는 편지를 써서 우리야의 손에 들려 요압에게 전달했다. 편지의 내용인즉 그를 맹렬한 전쟁터로 내보내어 죽이라는 것이었다

요압(约押)은 다윗의 말을 순종하여 우리아(乌利亚)(삼하11: 1-27)를 죽였다. 다윗(大卫)은 이로 인하여 선지자 나단(拿单)의 책망을 듣고 회개하였으나 밧세바(拔示巴)가 낳은 아들은 태어나자 곧 죽었고 이 범죄로 인하여 다윗(大卫)의 집에는 재앙이 연속되었다.

② 인구조사로 인한 범죄

또 다른 범죄는 백성들의 인구조사였다(삼하24: 1-25, 대상21: 1-30). 여기에 관련된 범죄의 내용은 단순히 인구를 계수하는 것 이상의 그 무엇인가 있음을 의미하지 않을까? 란 의문이 된다. 분명하지는 않지만 상당히 심각한 것임에 틀림없다. 감히 요압(约押)이 왕의 일을 반대했고 조사 후에 하나님께서 노하신 것은 이로 인하여 내린 징벌에서 잘 나타난다. 이 범죄는 고의적인 높은 세금의 징수와 부역에 관계된 일일 것이다.

다른 나라에서는 공공사업을 위하여 백성들이 싫어하는 부역 원칙을 세웠는데 다윗(大卫)도 아마 이런 일을 하려고 생각했을 것이다. 부역이라는 용어는 외국인의 노동만을 뜻하는데 다윗(大卫)은 부역에 자기 백성들도 동원했던 것 같다. 여기에 대한 징벌을 하나님은 선지자 갓(迦得)을 보내어 세 가지 형벌 중 하나를 택하게 하셨다.

나 개인의 의견으로 하나님께서 진노한 원인은 그 문제뿐 만 아니라 출애굽기(出埃及记) 30: 11-16까지의 말씀에 "네가 이스라엘(以色列) 자손의 수효를 조사할 때에 조사받은 각 사람은 그들을 계수할 때에 자기의 생명의 속전(赎价)을 여호와(耶和华)께 드릴지니 이는 그 계수할 때에 그들 중에 질병이 없게 하려 함이라"고 말씀하셨다. 다윗이 계수하며 속전을 드리지 않은 것도 한 원인인 것으로 볼 수 있지 않을까?

4) 다윗(大卫 David)의 말년 (삼하 13: -20: 왕상1: 1-2: 11, 대상 22:, 28:- 29:)

(1) 압살롬(押沙龙 Absalom 평화의 아버지란 뜻)의 반역(삼하12: -19:)

장자인 암논(暗嫩 Amnon)이 압살롬(押沙龙)의 누이 다말(他玛 Tamar)을 범하여(삼하13: 1-22) 압살롬(押沙龙)이 암논(暗嫩)을 죽였고(삼하13: 23-29) 그 결과 압살롬(押沙龙)이 자동적으로 장자가 되었다.(둘째 길르압 基利押 Chileab 은 일찍 죽었다는 설이 있다)

압살롬은 형을 암살한 후에 외가인 그술(基述 Geshur)에 피신하였다가 3년 만에 사면 받고 돌아왔다(삼하14: 1-23). 아버지 다윗(大卫)은 압살롬(押沙龙)을 2년 동안 만나 주지 않고 있었으나 요압의 간청으로 용서를 하고 만나주었다(삼하14: 24-33).

압살롬은 이때부터 백성의 마음을 도적질하며 집에서 사병들을 4년동안 훈련시킨 후 헤브론(希伯崙)에 가서 기름부음을 받고 왕이 되었다(삼하15: 7-12). 왕이 된 압살롬이 많은 무리들과 함께 예루살렘(耶路撒冷)으로 북진한다는 소식을 들은 다윗(大卫)은 왕궁을 버리고 마하나임(玛哈念 Mahanaim)으로 도망을 갔다.

이 때 다윗(大卫)의 용사 중 한 사람인, 아히도벨(亚希多弗 Ahihophel)이 압살롬의 모사가 되고 다윗(大卫)의 조카 아마사(亚玛撒 Amasa)는 압살롬(押沙龙)의 군대장관이 되었다. 다윗(大卫)은 대제사장(大祭司长)들이 법궤를 메고 피난길에 따라오는 것을 돌려보내고, 그들의 두 아들 아히마아스(亚希玛斯 Ahimaaz)와 요나단(约拿单)을 통해 압살롬(押沙龙 Absalom)의 상황을 전해줄 것을 부탁하고(삼하15: 24-29) 또 후새(户筛 Hu Shai)에게는 돌아가서 아히도벨의 모략을 깨뜨리라고 돌려보냈다. 후새(户筛)는 다윗(大卫)이 이른대로 아히도벨의 계획을 무산시키고 다윗(大卫)에게 압살롬(押沙龙)의 계획을 전달하였다. 다윗(大卫)의 사람들과 압살롬(押沙龙)의 군대는 "에브라임(以法莲 Ephraim)" 수풀에서 싸웠고 다윗(大卫)의 군사들이 크게 승리하였다(삼하 18:1-33).

다윗(大卫) 왕을 놓고 북쪽과 남쪽의 사람들이 서로 왕이 자기네와 더 가까움을 주장하며 반란을 일으켰다.

그 반란은 베냐민(便雅敏) 지파의 세바(示巴 Sheba)가 주동자가 되어 싸우다 추격하는 요압(约押)에게 쫓겨 벧마아가(伯玛迦 Bethmaacah)의 아벨(亚比拉 Abel)성에 숨은 것을 주민들이 세바(示巴)의 머리를 베어 요압에게 줌으로 반란은 곧 진압되었다(삼하 19: 9-20: 22).

(2) 솔로몬(所罗门 Solomon)의 즉위 (왕상1: 1-2: 9, 대상22: 6-23, 대상28: - 29:)

솔로몬(所罗门)은 다윗(大卫)이 살아있을 동안 왕으로 즉위하여 짧은 섭정기간이 되었다.

압살롬(押沙龙)이 실패한 후 아도니야(亚多尼雅 Adonijah)가 왕권을 잡으려고 시도를 했으나 다윗(大卫)이 재빨리 솔로몬 (所罗门)을 왕으로 즉위시켰다.

다윗 통치기간에 일어난 아들들의 반란 시기는 대략적으로 살펴보면 압살롬(押沙龙)은 다윗의 예루살렘(耶路撒冷) 통치 초에 태어났으며 압살롬(押沙龙)이 암논(暗嫩)을 살해하고 그술(基述 Geshur)에 가서 3년, 예루살렘(耶路撒冷)에 돌아와 2년만에 사면을 받았고, 사병을 훈련시키며 백성의 마음을 도적질한 시간이 4년, 헤브론(希布伦)에서 왕이 되기까지10년이 경과 되었으므로 다윗(大卫)이 집권한지 30년쯤된 것으로 본다. 다윗(大卫)의 통치기간은 총 40년간이며 솔로몬(所罗门) 통치기간 중에 다윗(大卫)이 얼마간 더 살은 것으로 알려져 있다. 이런 사실을 종합하면 압살롬(押沙龙)의 반역은 다윗(大卫)의 재임 35년경에 일어났을 것이고, 아도니야(亚多尼雅)의 반역은 압살롬 사건 후 2,3년내에 일어났음을 의미한다.

압살롬(押沙龙)이 죽었으므로 넷째 아들인 아도니야(亚多尼雅)가 자연스럽게 장자가 되었고, 왕 계승에 대한 아무런 공식 발표가 없자 아도니야(亚多尼雅)가 왕으로 즉위하려고 스스로 시도하였다(왕상1: 5-9). 아도니야가 왕으로 즉위한 것을 나단(拿单)이 밧세바(拔示巴)와 함께 다윗(大卫)에게 말하고, 다윗(大卫)은 대제사장 사독(撒督 Zadok)과 선지자 나단(拿单)과 브나야(比拿雅)를 불러 다윗(大卫)의 나귀에 솔로몬(所罗门)을 태우고 기혼(基训)에 가서 기름을 붓고 양각 나팔을 불어 솔로몬(所罗门)이 왕이 되었음을 공포하였다.

5) 이스라엘(以色列 Israel)의 가장 위대한 왕

다윗(大卫)은 이스라엘(以色列)의 가장 위대한 왕이었다. 백성들이 그의 집권기간을 이스라엘의 역사의 정점으로 보았다. 예루살렘(耶路撒冷)은 다윗(大卫)이 세운 성이며 다윗이 거한 성읍이므로 그것은 바로 다윗((大卫)의 성이다(왕상2: 10, 3: 1, 8: 1, 느 3: 15). 다윗(大卫)은 그 후에 왕들의 의의 척도가 되었다.

유다(犹大)가 큰 죄를 범했을 때 하나님이 멸하지 아니하신 것은 다윗(大卫) 왕을 배려해서 였다(왕하 8: 19).

가장 중요한 것은 앞으로 오실 메시야가 다윗(大卫)의 후손인 것이며, 이런 이유 때문에 그리스도는 다윗의 아들이라 불리웠고(마1: 1), 예수그리스도가 예루살렘(耶路撒冷)에 입성할 때에도 이스라엘 백성들은 "호산나(和散那) 다윗(大卫)의 자손이여" 라고 찬양을 하였던 것이다(마21: 9-15).

제12장 솔로몬(所罗門 Solomon)
(주전970 - 930 왕상2: 12-45, 대하1: - 9: 31,)

1. 다윗(大卫)과 솔로몬(所罗门)의 대조

1) 솔로몬은 고난을 전혀 모르는 안락한 왕궁에서 사치롭게 성장하였다.
2) 다윗(大卫)은 전쟁의 삶이였으나 솔로몬은 평화의 사람으로 집에 있기를 좋아하여 다윗(大卫)이 획득한 땅들을 유지 시키는데 만족했다.
3) 다윗(大卫)의 왕궁은 국가가 필요한 만큼의 크기였으나 솔로몬(所罗门)은 자기 취향에 맞도록 사치스러웠다. 그 결과 솔로몬(所罗门)은 경비가 많이 필요해서 세금을 인상함으로 백성들의 부담이 컸다.
4) 외국 무역을 솔로몬(所罗门)이 활발히 하여 성공을 거두었다.
5) 다윗(大卫)은 백성의 사람이었으나 솔로몬(所罗门)은 궁정의 사람이었다.
6) 다윗(大卫)은 하나님의 마음에 맞는 사람으로 큰 신앙을 가진 왕이었으나, 솔로몬(所罗门)은 처음에는 경건한 신앙을 가졌지만 그 신앙을 유지하지 못하고 사악한 길에 빠져 하나님의 비판을 받게 되었다.

2. 왕으로 세워지다(왕상2: 12-46, 3: 4-28, 대하1: 1: 17

1) 왕권 강화 (왕상2: 12-46)

솔로몬(所罗门)은 종교적 협력과 군사적 협력을 받음과 동시에 나단(拿单) 선지자의 전폭적인 협력을 받으며 왕으로 세워졌다. 아도니야(亚多尼雅)를 도왔던 요압(约押)(아브넬押尼珥 Abner을 죽인 것도 포함됨)은 브나야(比拿雅)를 시켜죽이고, 대제사장 아비아달(亚比亚他)은 고향 아나돗(亚拿突 Anathoth)으로 보냈다. 아도니야 (亚多尼雅)는 살려 주었는데 다윗(大卫)을 수종 들던 수넴(Shunem) 여인 아비삭(亚比煞 Abishag)을 요구함으로 아도니야(亚多尼雅)도 죽였다. 다윗(大卫)이 압살롬(押沙龙)을 피하여 도망 갈 때 흙을 뿌리며 저주했던 시므이(示每 Shimei)는 솔로몬(所罗门)과의 약속을 어김으로 죽였다(왕상2: 8-9, 46).

2) 방어 조치

솔로몬(所罗門)의 탁월한 통치방법은 중요한 방어조치를 취하는 것으로 이스라엘(以色列)의 중심지의 땅을 둘러싼 주요 도시들을 강화하는 것이었다(왕상9: 15-19). 그 곳은 북쪽 끝인 하솔(夏琐 Hazor : 이스르엘(耶斯列) 골짜기로 들어가는 남북의 전략적인 통로), 므깃도(米吉多 Megiddo), 게셀(基色 Gezer), 벧호론(伯和仑 Beth-horon), 그리고 불레셋(非利士), 영토로부터 서쪽을 지키는 바알랏(Baalath) 등 이었다. 다드몰(达莫 Tadmor 왕상 9:18)은 내부 쪽의 방어지역뿐 아니라 북동쪽의 적의 진입을 미리 파악하는 외부 전망지역이며 유명한 무역지이므로 이곳을 강화했다. 솔로몬(所罗門)은 예루살렘(耶路撒冷)을 더 강화하기 위하여 '성'과 '밀로'(米罗Millo 삼하5: 9 채우다란 뜻)를 건축 하였다.

3) 하나님의 약속 (왕상3: 4-28, 대하1: 1-17)

솔로몬(所罗門)은 회막과 번제단이 있는 기브온(基遍) 산당에 가서 백성을 다스릴 지혜를 달라고 하나님께 일천 번제를 드렸고, 기도할 때 그의 기도가 하나님의 마음에 맞아 그가 구한 지혜는 물론이거니와 구하지 않은 부(富)와 수(寿)까지도 주시겠다고 약속하셨다.

3. 솔로몬 (所罗門 Solomon)의 왕국

솔로몬은 예루살렘(耶路撒冷) 방어를 위해 "성"(城)과 밀로<흙이나 돌로 쌓은 언덕의 성벽이나 성채를 가리킨다>를 건축하였다(삼하 5: 9). 솔로몬(所罗門)은 많은 병기도 사용였는데1,400개의 병기와 12,000의 마병을 모집하고 외양간도 4,000개를 유지하였다(왕상10: 26, 대하9: 25). 하솔(夏琐 Zazor), 게셀(基色) 므깃도(米吉多) 이외에도 고고학 탐사로 나타난 것은 타낙(也备 Ta-naach)과 에글론(以革伦 Ekron)등에 강력한 수비대와 병거 성을 가지고 있었던 것으로 드러났다.

1) 솔로몬 (所罗門) 의 궁정

솔로몬(所罗門)의 궁정은 매우 호화롭고 넓었다. 다윗(大卫) 정부의 있었던 기관들 외에 두 주요 관리가 첨가 되었다. 한 사람은 아사리아(亚撒利雅 Azariah)로 '관리들 위에' (al hanmissabim)란 직책으로 군장들 위에 세운것 같고, 한 사람은 총리대신 인 사붓(撒布得 Zabud)이다. 아사리아(亚撒利雅 Azarian) 밑에 12명의 군장이 있었고(왕상 4: 7 - 28), 550명의 노동 감독도 있었다(왕상9: 23).

솔로몬(所罗门)의 가족은 대 가족으로 부인은 700명을 헤아리며 첩도 300명이나 되었다(왕상11: 3). 자녀들은 숫자로 기록되지 않아 잘 알 수 없으나 상당한 수 일 것이다. 그들의 숙식비는 궁정 경비로 생활하였는데 하루에 가는 밀가루 30석, 굵은 밀가루 60석, 살진 소 10마리, 초장의 소 20마리, 양 100마리 외에 다른 동물이 소비되었다 (왕상4: 22-23). 이것은 5000명이 하루 먹을 수 있는 분량이다.

2) 재정의 유지

성읍을 요새화하고 상비군을 유지하며 궁정의 물품을 위해서는 많은 수입이 필요했다. 이 수입의 원천은 네종류로 구분 되었다.

(1) 세금

솔로몬(所罗门)은 세금의 목적을 위해 나라를 12군으로 나누었다. 그리고 각 군에 세리를 두었으며 그들은 매년 궁정의 한 달 경비를 마련해야 했다(왕상4: 7-28). 사람들을 위한 양식뿐 아니라 말들을 위한 보리와 짚이 필요하였다. 이러한 부담은 강제적인 성격을 띄웠으므로 르호보암(罗波安 Rehoboth) 때 세금을 줄여 달라고 백성들이 심한 탄원을 한 이유를 알 수 있다(왕상12: 3-4).

(2) 부역

솔로몬(所罗门)은 부역제도를 두었다. 고대 사회에서도 부역제도가 흔히 있었지만 백성들이 몹시 싫어했다. 다윗(大卫)도 말년에 외국인 부역을 사용하여 관리를 두기도 하였다(삼하20: 24). 솔로몬(所罗门)은 이스라엘 (以色列)에 남아있는 가나안(迦南) 사람을 이용할 뿐만 아니라(왕상 9: 21-22) 이스라엘(以色列) 사람들까지 부역을 하게 하였다(왕상5: 13). 성전을 건축할 때는 3만명(매달 만 명씩)의 사람을 레바논(黎巴嫩 Lebanon)에 보내 성전 건축과 왕궁에 필요한 백향목(香柏木)을 가져오게 하였고. 부역인들은 지정된 기간 동안 보수 없이 정부를 위해 일을 해야만 했다.

(3) 외국의 곡물과 예물

이스라엘(以色列) 사람들에게 조세부담을 주지 않는 대신에 외국으로부터 공물과 예물을 받았다.

자세한 것은 기록되어 있지 않아 알 수 없으나 수많은 나라들이 사신을 통해 금, 은, 의복, 향 품, 동물을 보내온 것은 기록되어 있다(왕상10: 24-25). 스바(示巴 Sabean) 여왕이 솔로몬(所罗门)을 방문 할 때(왕상10: 1-13) 많은 향품과 보석 외 120달란트의 금을 가져왔다.

(4) 무역

솔로몬(所罗门)은 멀리까지 무역을 하여 상당한 수입을 얻었다. 다윗(大卫)이 아카바만(亚略巴海湾 Gulf of Agabah)을 정복하였으므로 솔로몬(所罗门)은 페니키아인(腓

尼基 Phoenician)의 도움을 받아 아카바만(亚喀巴海湾) 끝인 에시온게벨(以旬迦別 Ezion-geber)에서 배를 만들고 선원을 두었다(왕상9: 26-28, 10: 11-12, 22). 이 항해가 3년이나 소요된 것으로 보아서(왕상10: 22) 이 배는 항해 도중 많은 항구를 거치면서 오빌까지 가서 팔았다.

　에시온게벨(以旬迦別) 근처에 있는 솔로몬(所罗門)의 광산에서 구리를 싣고 가서 돌아올 때는 금, 은, 백향목, 보석, 상아, 동물들을 가져왔다. 솔로몬(所罗門)은 충분한 구리 공급을 위해 에시온게벨(以旬迦別)에 훌륭한 제련소를 세웠다. 고고학 탐사에 의하면 이 제련소는 당시 가장 큰 것 중의 하나이며, 솔로몬(所罗門)이 배를 만들 때에 세워진 것으로 본다. 상당한 수의 구리가 아카바해 만(亚喀巴海湾) 사이에 있는 아라바(亚拉巴 Arabah) 골짜기에서 생산 되었다. 솔로몬(所罗門)은 말과 병거에 관한 것도 무역하여 이것들을 자신이 쓰기 위하여 수입하기도 하였으나 다른 나라에 팔기도 하였다(왕상10: 28-29).

4. 외국과의 관계

　당시에 외국과의 동맹을 결혼을 통하여 맺는 것은 흔한 일이다. 솔로몬(所罗門)이 애굽(埃及 Egypt) 모압(摩押 Moab), 암몬(亚打 Ammon), 에돔(以东 Edon), 시돈(西顿 Sidon), 헷족속(赫族 Hittites)의 아내가 있었다는 것은 이 나라들과 동맹을 맺었다는 것을 의미하는 것이다(왕상 11 : 1).

1) 애굽(埃及)과의 동맹

　솔로몬(所罗門)이 바로의 딸과 결혼을 함으로써 애굽(埃及)과 동맹을 맺었다고 왕상 3: 1에 언급 되어있다. 애굽(埃及)이 주요한 세력을 갖고 있었으므로 솔로몬(所罗門)은 이 결혼을 중요한 조약으로 여겼다.

　이 동맹은 그의 집권 초기의 동맹 중 하나였고, 바로가 솔로몬(所罗門)에게 이 명예를 준 것은 다윗(大卫)에게 그 이유를 부여했을 것이다. 솔로몬(所罗門)은 이 신부를 위하여 특별히 왕궁을 지었고 바로에게서 게셀(基色 Gezery) 성읍을 얻었다. 바로가 그 딸에게 선물한 것인데 솔로몬(所罗門)은 이 성읍을 수비 성읍으로 강화하였다.

2) 두로(推罗 Tyre)와 동맹

　또 다른 중요한 동맹은 페니키아(腓尼基)왕 히람(希兰Hiram약 주전978-944) 1세와 맺은 동맹이다. 솔로몬(所罗門)의 부인 시돈족(西顿)(Zidonians) 여인은(왕상11: 1) 히람의 딸인 것 같다.

두로(推罗)는 주전 12세기에 페니키아인(腓尼基 Phoenician)에 의해 재건되었으며 아크레(亚柯湾 Bay of Acre)만 북쪽으로 150마일의 지중해(地中海) 해변을 점령한 이 해상 국가의 수도가 되었다.

페니키아(腓尼基)는 지중해(地中海) 주위의 많은 지역을 식민지로 삼았으며, 다른 나라와의 무역이 널리 알려져 있었다. 솔로몬(所罗门)은 이 나라의 백향목을 가져오고 대신 밀과 식용유를 주었고(왕상5: 2-11), 히람(希兰)은 성전건축을 위하여 이미 다윗(大卫)에게 백향목을 제공하였으며, 솔로몬(所罗门)과의 거래도 가까이 했다. 솔로몬이 히람에게서 120달란트를 빌린 것(왕상9: 10-14)으로 보아 솔로몬은 많은 수입원이 있었으나, 지출 또한 만만치 않아 모자랐던 것 같다. 히람에게 성전건축을 완공하였을 때 금값과 백향목 값으로 페니키아(腓尼基 Phoenicia)근처에 위치한 20개 성을 주었는데(왕상9: 12- 13, 대하8: 2) 히람은 불만스러워 했으며 그 성읍들을 솔로몬(所罗门)에게 반환하였다. 이런 일들이 있었으나 히람과 솔로몬(所罗门)이 해상 무역을 함께 한 것을 보면 두 나라의 조약이 파기되지 않았던 것 같다.

3) 스바(示巴 Sabean) 여왕의 방문(왕상10: 1-13 대하9: 1-12)

솔로몬(所罗门)의 외국 방문자 중에 뛰어난 인물은 스바(示巴 Sabean) 여왕이다. 이 나라는 현재 예멘(也門 Yemen) 지역으로 판단된다.

5. 건축사업(왕상5: 1-9: 9, 대하2: -7:)

수비 성읍을 강화하고 세계적으로 훌륭한 구리 제련소를 세운 것 외에도 솔로몬(所罗门 Solomon)은 예루살렘 (耶路撒冷 Jerusalem)에 웅장한 성전과 궁정을 지었다.

1) 성전건축 (왕상5: -6: , 7: 1 -51, 대하2: -4 :)

다윗(大卫 David)은 성전을 건축하고 싶었으나 하나님께서 허락치 않으셨다. 그러나 다윗(大卫)은 아들 솔로몬(所罗门)을 위하여 많은 건축 재료를 비축하여 두었고(대상 22: 1-5, 14:- 16 : 43), 또 건축구조에 관해 하나님의 영이 다윗에게 보여준 조감도도 솔로몬(所罗门)에게 주었다(대상 28:1-2, 19). 솔로몬(所罗门)은 백향목을 구하기 위해 두로(推罗)의 히람과 계약을 맺고 백향목을 벌목하고 운반하려고 한 달에 만 명씩을 시돈으로 보냈다. 히람은 솔로몬(所罗门)이 지정한 팔레스틴(巴勒斯坦) 항구에 나무들을 운송하였고 돌을 다듬고 자르는 기구도 제공하였다(왕상5: 17-18). 구체적인 건축은 솔로몬(所罗门) 재임 4년 봄에 시작하여 (주전966년) 7년 후 가을에 완공하였다(왕상6: 38 솔로몬 즉위 제 11년8월)). 성전의 위치는 모리아(摩利亚 Moriah) 산이다. 〈대하 3: 1 다윗(大卫) 때에 재앙이 멈추었던 오르난阿珥楠 Ornan 또는 아라우나(亚劳拿)의 타작마당이고(삼하24: 16-25), 모리아(摩利亚) 산은 아브라함(亚伯拉罕)이 이삭(以撒)을 바치던 장소이다 창22: 2> 모리아(摩利亚) 산은 북쪽으로 다윗(大卫)성과 인접해 있었으며 성전 본부의 설계는 성막건축과 비슷하나 그 크기는 두 배가 된다. 길이는 90피트, 넓이는 30피트로서 성소는 전체의 2/3이요, 지성소는 1/3이요, 솔로몬(所罗門)의 성전은 돌로 지었으나, 서가래는 금을 입힌 백향목으로 하였다. 지성소는 속죄소와 두 그룹(基路伯 cherumbim)과 함께 언약궤를 소장하였다. 두 개의 그룹은 올리브 나무를 깎아서 만들어 금을 입혔고 높이는4.5m(왕상6: 23-28, 대하3: 10-13), 성소에는 정금으로 된 향단(왕상7: 48, 대하4: 19)과 양쪽에 다섯 개씩 세울 열 개의 정금 등대(왕상7: 49, 대하4: 7), 열 개의 금 진설병상(왕상7: 48, 대하4: 8)이 있다.

성막과 다른 점이 있다면 성소 앞에 넓이9m, 깊이 3m되는 현관이 있고, 이 현관에는 야긴<雅斤 Jachin 여호와耶和华께서 세우셨다>과 보아스<波阿斯 Boza 그 안에 능력이 있다>라고 불리 우는 두 개의 놋 기둥이 세워진 점이다(왕상7: 15-21). 이 성전의 벽과 뒤에는 3층 높이의 저장실이 있었다(왕상6: 5-10). 성전 주위에는 성막을 에워싼 것과 비슷한 뜰이 있었고, 성전 뜰에는 넓이 9m높이 4.5m큰 놋 제단이 있고(대하4: 1) 양쪽 가장자리가 4.5m되는 큰 놋대야(바다라고도 함)와 양쪽에는 각각 5개씩의 작은 놋대야(물두멍)가 주위에 있었다(왕상7: 23-26, 대하4: 2-6).

2) 성전 봉헌 (왕상8: 1-9: 9, 대하 5: 7)

솔로몬(所罗门)은 다윗(大卫)이 만든 성막에서 언약궤를 지성소로 옮겼다. 이 성전의 다른 장식들은 새로 만든 것이지만 이 궤는 새로 만든 것이 아니고, 모세(摩西)가 시내산(西乃山)에서 하나님이 보여주신 조감도대로 만들었던 것이다. 이 궤를 지성소에 넣을 때 성막에 임재 하셨던 영광의 구름이 이 성전 안에도 가득하였다(왕상8: 1-11, 대하5: 1-14). 솔로몬(所罗门)이 설교한 후 긴 봉헌기도를 드렸을 때(왕상8: 22-53, 대하6: 12-42) 하늘에서 불이 내려와 놋제단에 있던 번제를 태웠다(왕상7: 1-3). 7일 동안의 기념일에 총 소 22만2천 마리, 양12만 마리를 번제로 드렸다. 이 기념을 마친 뒤 하나님께서 두 번째로 솔로몬(所罗门)에게 나타나 그의 아버지 다윗(大卫)과 같이 하나님의 계명을 솔로몬(所罗門)도 준수하면 축복을 내리겠다고 다시 약속해 주시었다(왕상9: 1-9, 대하7: 12-22).

3) 다른 건축물 (왕상 8: 1-9: 9, 대하5: 7)

솔로몬(所罗门)은 성전 근처에 13년이란 긴 시간을 투자하여 자신이 거할 궁정을 지었다.

또 레바논(黎巴嫩 Lebanon) 나무 궁은 백향목 기둥으로 받쳐져 그런 이름이 붙여졌으나 그것은 무기 저장소이다 (왕상10: 17). 세 번째는 "기둥의 복도" 인데 아마도 레바논(黎巴嫩)의 나무궁과 "옥좌" 사이에 기둥으로 이어진 웅장한 통로의 일종이며. 이 옥좌는 상아로 만들어진 것으로 정금을 입혔다. 솔로몬(所罗门)이 이곳 6층 보좌에 앉아서 재판을 하였다(왕상10: 18-20). 또 바로의 딸을 위한 특별 궁도 지었다.

6. 문학 시대

다윗(大卫)과 솔로몬(所罗门)의 시대는 보통 이스라엘(以色列)의 "황금 문학시대" 로 불리워지는 시대이다.

솔로몬(所罗门)은 다윗(大卫)의 뛰어난 예술적 재능을 물려받았다. 이 때는 예술적 표현이 적합한 시대로 즉 낙관과 번영의 시대며, 세계의 일원으로써 이스라엘(以色列)이 중요시 되던 시대며, 여가와 명상에 눈을 돌릴 만큼 부요 했던 시대다. 그리고 무엇보다 하나님에 대한 실제 예배에 역점을 두던 시대였다.

1) 역사서(历史书 History)

이 당시에 역사서가 기록되었다. 다윗(大卫)과 솔로몬(所罗门)은 궁중서기를 두어 두 왕의 역사를 기록하게 하였다. 나단<拿单 Nadan, 撒母耳, 갓(迦得) 선지자등도 다윗의 대한 기록을 하였다 대상29: 29> 선지자는 다윗(大卫 과 솔로몬(所罗门 대하9: 29)의 통치에 대한 사기를 썼고, 갓(迦得 Gop) 선지자는 다윗(大卫)의 집권만을 기록하였다 (대상29). 열왕기상에 쓰여 진 솔로몬(所罗门)의 내용은 "솔로몬(所罗门)의 행적서" (저자 미상 왕상11: 41)에서 주로 발췌한 것 같다. 솔로몬(所罗门) 이후에도 계속 생존한 선지자 아히야(亚希雅 Ahijah)와 잇도(易多 Iddo)도 솔로몬의 행적을 썼다.

2) 음악과 시

다윗(大卫)은 성전이 지어질 그날을 위하여 예배에 쓸 음악을 구체적으로 지시하였다.

4,000명의 레위(利未)인을 성가대원으로 지정하였으며, 이들은 한 번에 일주일씩 담당하도록 24반차으로 나누었다. 수금(琴lyres) 비파(瑟harps)와 제금(钹symbals)을 포함한 악기(대상25: 1-6)도 연주하게 하였으며, 다윗(大卫)은 288명의 성가대원을 지정하여 찬송하게 하였다(대상25: 7). 다윗(大卫) 자신은 73편의 시를 지었고 그 중의 일부를 성전예배 시에 사용하도록 하였다. 아삽(亚萨 Asaph)을 성가대장으로 임명(대상16: 4-5)하였으며 아삽(亚萨)은 12편의 시를 썼다. 고라(句拉 Korah)의 아들들은 성가대원

이였고, 그들이 부른 노래는 시편 (诗篇)에 18편이나 된다. 에단(以探 Ethan)과 헤만 (希幔 Heman)은 솔로몬(所罗门)과 지혜를 견 줄만 하였으며(왕상4: 31) 그들은 각각 1 편의 시를 썼고 솔로몬(所罗门)은 2편을 썼다.

3) 지혜문학과 극 문학

몇 편의 시편(诗篇)은 지혜문학으로 분류되나 구약성서에서 가장 훌륭한 것은 이사 야(以赛亚 Isaiah) 서 잠언(箴言 Provebs), 전도서 (传道书 Eccle-siastes)이다. 솔로몬(所 罗门)은 전도서(传道书) 전체와 잠언(箴言)의 대부분을 썼으며 극, 문학소품 (Se-mi-Drama)인 아가서(雅歌书)를 썼다. 왕상 4장32절에서는 솔로몬(所罗门)의 잠언이 3천이고, 노래가 1,005 편이라고 기록되었다. 히브리(希伯来) 성경은 율법서(토라 Torah), 예언서(느비임) (히브리 성경에는 역사서를 예언서에 포함하였다), 성문서(케투 빔 Kethubim)로 분류한다.

성문서는 문학의 황금시대인 이 때에 쓰여 진 것이다.

7. 영적인 쇠퇴와 징벌 (왕상11: 대하9: 9-31)

1) 쇠퇴 (왕상11: 1- 8)

솔로몬(所罗门)은 능력 있는 왕으로 그가 집권하는 동안 나라는 계속 강력했으며 번 성하였다.

세금이 계속 올라 솔로몬(所罗门) 말기는 백성들이 불만을 가졌으나 나라는 여전히 평화로웠다.

그러나 종교적으로 볼 때 솔로몬(所罗门)은 초기의 종교적 약속에 충실하지 못했으 며, 성전 봉헌식에 드렸던 훌륭한 신앙이 손상되었다. 주요 이유는 외국여인들과의 결 혼에서 초래된 것으로 이 결혼들은 외교동맹 과정에서 온 불가피한 결과였으나 솔로 몬(所罗门)의 마음까지 하나님을 떠나게 되었다.

여인들의 요구에 따라서 모압(摩押)의 신 그모스(基抹 Chem-osh)를 위하여, 또 암몬 (亚扪) 자손의신 몰록(摩洛 Molech)을 위하여, 그의 모든 부인들의 외국신을 위해 가 증스런 신당들을 세워주면서 자신까지 타락하였다 (왕상11: 7-8). 언제부터 솔로몬(所 罗门)이 변절하였는지에 대하여는 자세히 알 수는 없으나 그의 집권 중기로 본다. 그 가 이런 잘못을 깨닫고 말년에 마지막 책인 전도서(传道书)에 "인간의 본분은 하나님 을 경외하고 그의 계명을 지키는 것" (전 12: 13)이라고 결론을 내렸다.

2) 징벌 (왕상11: 9-43)

솔로몬(所罗门)은 이런 변절이 있을 경우 그의 왕국이 다른 사람에 의해 통치될 것이라는 경고를 일찌기 받아 알고 있었는데도 타락하여(왕상3: 14, 9: 4-9) 하나님의 징벌로 풀이되는 세 가지 사건이 나타났다.

(1) 여로보암(耶罗波安 Jeroboam 왕상11: 26-40)

여로보암은 후에 이스라엘(以色列)의 왕이 된 사람으로 솔로몬(所罗门)이 밀로를 지을 때에 북방지파의 노동 책임자였다. 여로보암(耶罗波安)은 어느날 선지자 아히야(亚希雅 Ahijah)를 만났는데 그는 12조각으로 찢은 옷 중 열 조각을 여로보암(耶罗波安)에게 취하라고 한 후에 말하길 솔로몬(所罗门)이 죽은 후에 네가 열 지파를 다스리 게 될 것이라고 예언하였다. 여로보암에게 솔로몬(所罗门)의 징벌에 대하여 설명하여 주며 솔로몬과 같은 죄를 범하지 않으면 축복하여 줄 것도 약속하였다. 솔로몬(所罗门)이 이 소식을 듣고 여로보암(耶罗波安)을 죽이려하자, 그는 애굽(埃及)으로 도망하여 시삭(示撒 Shishak 1주전 940-920)의 보호를 솔로몬(所罗门)이 죽을 때까지 받았다. 시삭(示撒)이 여로보암 (耶罗波安)을 보호할 때는 왕자시절이었으며 여로보암(耶罗波安)과 친구로 지냈을 것이라 전하여 진다.

(2) 에돔(以东 Edom)의 하닷(哈达 Hadad 왕상11: 14-22)

하닷(哈达)은 다윗(大卫)의 시대에 요압(约押 Joab)이 에돔(以东)을 크게 살육 할 때 에돔(以东) 왕가의 유일한 생존자였다. 애굽(埃及)에 피신하였다가 다윗(大卫)이 죽은 후 에돔(以东)으로 돌아와 나라를 굳게 세우려고 노력 하였다. 하닷(哈达)은 이스라엘(以色列)에게 당했던 잔인한 학살을 기억하여 이스라엘(以色列)의 적이 되었으며, 솔로몬(所罗门)에게 심각한 문제를 일으켜 힘들게 하였다.

(3) 다메섹(大马士革 Damascus)의 르손(利逊 Rezon 왕상11: 23-25)

솔로몬(所罗门) 왕국의 북방제국이 줄어들게 되었다. 르손은 다윗이 물리쳤던(삼하8: 3-9) 소바(琐巴 Zoboh) 왕, 하닷에셀(哈大底谢 Hadassah)의 후원을 받으며 섬기다가 그에게서 도망쳤다. 르손(利逊 Rezon)은 이 전쟁에서 살아남았고, 군대를 형성하여 다메섹(大马色)을 획득하여 왕이 되었다. 다메섹(大马色)은 이전에는 미약했었으나 르손이 정복하여 왕이 된 후에는 강력한 국가가 되어 솔로몬(所罗门 Solomon) 말년에는 심각한 골칫거리가 되었다.

8. 왕으로서의 솔로몬(所罗门 Solomon)

솔로몬(所罗门)은 40년의 긴 기간동안 통치하였다(주전970-931). 솔로몬(所罗门)의 시대는 번영과 평화의 시기로 세계 속에 우뚝 선 나라가 되었으며 광범위한 건축과 해외 무역 관계로 근동 전체에 알려졌다.

또한 음악과 문학 같은 예술도 발달되었고 예배 역시도 모세(摩西) 율법의 규례대로 형식과 위엄을 갖추었다. 이런 모든 것이 솔로몬(所罗门)의 업적이라 할 수 있도록 훌륭한 왕으로 평가 받았는데 그는 하나님께 충성치 못하여 징벌을 받게 된 것이다 솔로몬(所罗门)은 다윗(大卫) 왕으로부터 넓은 제국과 하나님께 받은 부와 지혜 명예 등 더없이 좋은 조건을 소유한 왕이었다. 솔로몬(所罗门)이 그의 부친의 신앙대로 살았다면 개인적으로나 국가적으로 큰 축복을 받을 수 있었는데 그는 하나님의 바라시는 기준에 이르지 못했다.

1) 솔로몬(所罗门)의 종교적 공헌

(1) 모세(摩西)의 전통을 수집하여 구전으로 내려오는 율법을 문서화 한 것이다

(2) 궁정에 서기관을 두어 역사를 기록 (열왕기 상, 하)하였다

(3) 야웨(耶和华) 하나님의 성전을 완공 하였다. 현재 예루살렘(耶路撒冷)에 있는 황금사원 (바위사원)은 솔로몬(所罗门)의 성전과 스룹바벨의 성전 기초 위에 지었다고 한다. 또 그 자리 위에 대 헤롯(罗得)이 크고 웅장한 성전을 지었었는데 주후 70년 이스라엘이 멸망 할 때 로마에 의해 불탔다 역사가 요세푸스(约瑟夫 Josephus)는 헤롯의 성전을 인간이 만든 최고의 걸작품이라고 극찬을 했다.

탐사자들이 하솔(夏琐 Hazor) 에서 이 성전과 비슷한 것을 발견하였다. 동쪽으로 문이 있고 야긴(雅斤 Jachin)과 보아스(波阿斯 Boaz)가 있으며 지성소가 안쪽에 있고, 성전 안에 법궤가 있었으며 스랍이 있는 건물을 발견하였다. 가나안(迦南) 인들이 이곳을 그들의 예배 장소로 쓰고 있다고 한다.

제13장 북 이스라엘(北以色列 Israel)
(왕상 12:-22:, 왕하1: 17:)

하나님께서 아히야(亚希雅 Ahijah)를 통해 여로보암(耶罗波安 Jeroboam)에게 예언한 분단왕국의 역사배경을 살펴보겠다. 유다(犹大 judah) 지파와 에브라임(以法莲Ephrain) 지파는 애굽에 있을 때부터 서로 반목해 왔었다. 유다(犹大) 지파는 가장 큰 지파로서 광야여행을 할 때 지도자적인 지위로 숭앙을 받아왔다.

에브라임(以法莲) 지파는 아주 작은 지파이다. 이 지파는 사사(土师) 기간 중 자기 지파의 중요성을 두 번이나 항의 하였다 기드온(基甸 Gideon 삿8: 1-3) 때 와 입다(耶弗他 Jephthah) 때 (삿 12: 1-6)이다.

하나님께서는 이런 분열을 참고하여 유다(犹太)와 에브라임(以法莲)의 경쟁 지파 사이에 있는 작은 베냐민(便雅敏)에서 이스라엘(以色列)의 첫 왕을 택하셨다. 사울(扫罗)이 죽은 후 이 분열은 극대화 되어 유다(犹太)만이 다윗(大卫)을 왕으로 받들고 북방 지파들은 사울(扫罗)의 아들 이스보셋(伊施波设 Ish-bosheth)을 왕으로 세웠다.

이런 일은 압살롬(押沙龙 Absalom)의 반란 직후 다윗(大卫)이 다시 통치하게 되었을 때 또 일어났다.

베냐민(便雅敏) 지파의 세바(示巴 Sheba)가 주동하여 북방 지파들이 자기들만의 길로 가고자 한 것이다(삼하 19: 41, 20:14 -22) 이런 점에서 이스라엘(以色列)의 왕위에 오르는 왕은 새로운 분란이 발발하지 않도록 주의를 기울여야 했다. 솔로몬(所罗门) 임종 시이미 불만이 쌓여온 것을 르호보암 (罗波安)이 너무나 어리석게 행하여 결국 분단의 비극을 가져왔다.

1. 반란 (왕상12: 1-24, 대하10: 1 - 19)

르호보암(罗波安 Rehoboam)은 자기 앞에 놓여진 어려운 상황을 어느 정도 인식하고 있었다. 그것은 자신이 세겜(示剑 Shechem)으로 가서 북방 지파의 지도자들을 만난 것으로 알 수 있다.

정상적인 상황이라면 그들이 취임식을 위해 예루살렘(耶路撒冷)으로 왔어야 했다. 세겜(示剑)은 불만이 많은 북방사람들의 중심지며 또 역사적인 중요성을 지닌 곳이다.

이 모임에는 솔로몬(所罗门)을 피하여 애굽(埃及)으로 갔던 여로보암(耶罗波安 Jeroboam)도 불리어 왔다. 여로보암(耶罗波安)이 솔로몬(所罗门)의 막중한 세금과 노동 징집을 감해 줄 것을 요구했고 르호보암(罗波安)은 3일 후에 답할 것을 약속했다.

그는 솔로몬(所罗门)의 혹독한 정책을 겪었던 원로들에게 물었고 함께 자란 친구들에게도 자문을 구했다. 원로인들은 백성들의 요구를 들어주라고 대답하였고 젊은이들은 거절하라고 답해 주었다. 르호보암(罗波安)은 어리석게도 후자를 택하여 열 지파는 여로보암 (耶罗波安)을 왕으로 세우고 북쪽은 이스라엘(北以色列)로, 남쪽은 유다(犹太)로 명명하여 이스라엘은 남북으로 분열되었다 르호보암이 왕으로 다윗의 가문을 이어 유다(犹太) 왕국을 다스렸는데 지파는 유다(犹太) 지파와 베냐민(便雅敏) 지파뿐이지만, 레위(利未) 지파와 대제사장과 제사장, 그리고 예루살렘 (耶路撒冷) 성전을 사모하는 지파의 사람들이 유다(犹太)로 왔다(대하 11: 12- 16).

2. 이스라엘의 초기시대 (주전 931-885 왕상 12: 25-16: 20)

1) 왕이 된 여로보암(耶罗波安 Jeroboam)
(주전 931년-910 왕상 12:25-14:20)

(1) 새 왕국

여로보암(耶罗波安 Jeroboam)은 에브라임(以法莲 Ephraim) 지파로 그의 부친의 이름은 느밧이며 평민 출신으로 고향은 세레다(洗利达 Zeredah 스레다)이다. 자연적으로 북쪽은 인구도 많고 지리적으로는 지대가 높았으며 국토도 유다(犹大)보다 넓고 비옥하다. 세겜(示剑 Shechem)을 건축하여 수도로 정하였는데(왕상12: 25) 그 이유는 세겜(示剑)이 교통의 요충지이기 때문이다. 브니엘(毗努伊勒 Peniel)도 건축하여 다메섹(大马色) 암몬을 방어하는 군사적 요충지로 만들었다. 여로보암(耶罗波安)의 마지막 수도는 디르사(得撒 Tirzah 왕상14: 7 15:21, 33 16: 6, 8- 9,)였다. 디르사(得撒)는 여로보암(耶罗波安)이 정복하여 수도로 정하기 전에는 가나안(迦南) 땅이었다. 디르사(得撒 Tirzah)를 택한 것은 다윗(大卫)이 예루살렘(耶路撒冷)을 수도로 정한 것과 동일한 이유 이다.

세금 문제가 분단의 큰 이유 중 하나였기 때문에 세금을 최소한으로 유지하고 징수제도를 완전히 없앴을 것이다.

(2) 대체된 예배장소

종교적으로 여로보암(耶罗波安)은 하나님 앞에 큰 죄를 범했다. 이는 북방사람들을 위하여 다른 예배장소를 세운 것이다(왕상12: 25-33). 여로보암(耶 罗波安)은 종교의 중심지를 북쪽에는 단(但Dan), 남쪽에는 벧엘 (伯特利Bethel)에서 예배하도록 하였다. 여로보암(耶罗波安)은 야훼(耶和华) 하나님을 섬기지 않고 애굽(埃及)의 종교를 야훼(耶和华) 종교 안에 넣어서 금송아지를 단(但 Dan)과 벧엘 (伯特利)에 만들어 놓았다.

이것은 광야에 있을 때 이스라엘(以色列) 백성들의 요구에 의하여 아론(亚伦)이 만든 것과 같은 것이다.

이렇게 한 동기는 이스라엘(以色列) 백성들이 예루살렘(耶路撒冷 Jerusalem)으로 예배하러 갔다가 르호보암(罗波安 Rehobam)에게로 돌아갈까 염려하여 예루살렘 (耶路撒冷)에 가지 못하게 하려는 계획이었다.

제사장들도 레위(利未)인을 세우지 않고 보통 사람들로 직책을 주었다.

2) 영토의 손실

여로보암(耶罗波安)의 행동들은 하나님의 율법에 반(反)하는 것이며 참된 하나님의 예배에 혼합주의를 도입시켜 바알(巴力) 제단을 왕성하게 하였다. 이에 하나님께서는 선지자를 보내어 여로보암(耶罗波安)을 꾸짖고 "후에 다윗(大卫) 가문에서 요시야(约西亚 Josiah)라고 이름하는 아들이 나와 분향하는 산당 제사장을 이 단위에 제사할 것이요, 또 사람의 뼈를 네 위에서 사르리라(왕상13: 1-3)"고 예언했다. 이 사건은 여로보암(耶罗波安)으로 하여금 자신의 행동들을 재고하기 위한 것인데 그가 마음을 돌이켰다는 기록은 없다.

여로보암(耶罗波安)은 왕이 되었을 때 솔로몬(所罗门)이 지배했던 전 지역이 그의 관할속에 들어 있었는데 물려받은 국토를 잘 유지하지 못하고 상당한 부분들을 잃었다. 북쪽 다메섹(大马色) 지역 그 자체 전부를 빼앗겼던 것이다. 그것은 르손(利逊)이 죽을 때 다메섹(Damasucus)을 독립된 아람국가의 수도로 물려 준 사실에서 알 수 있다. 남서쪽의 블레셋 사람(非利士人)들의 힘이 강성하여 여로보암이 지배하고 있는 영토를 다시 찾으려고 하였다. 또한 이스라엘(以色列)에서는 여로보암(耶罗波安)의 아들인 후계자 나답(拿答 Nadab)이 블레셋에게 빼앗긴 깁브돈(基比顿 Gibbe-thon)을 다시 찾으려 했으나 성공을 거두지 못했고(왕상15: 27) 또한 동쪽으로는 모압(摩押)을 잃었다.

이 사실은 모압(摩押) 인들의 석비(摩押人的石碑 Moabite-stone)에 이스라엘(以色列)의 제4 왕조 오므리(暗利 Omri)의 재정복이 기록되어 있었기 때문에 드러났다.

영토손실 이외에도, 애굽(埃及)의 바로인 시삭<示撒 Shishak 주전935-914 애굽埃及의 제22왕조를 세운 왕>이 유다(犹大)에 심한 손실을 입히고, 여로보암(耶罗波安)의 영토로 진군하여 많은 인명과 재산에 피해를 주었다. 이 때는 르호보암(罗波安)이 왕이 된지 5년째 되는 해였다.

시삭(示撒)은 이스라엘(以色列)을 침공하기 전 유다(犹大)를 먼저 공격하려 하였는데, 르호보암(罗波安)이 당황하여 성전의 모든 보화를 시삭(示撒)에게 바쳐서 예루살렘(耶路撒冷) 침공을 막았다(왕상14: 25-28). 그러나 역사가들은 이것을 문제로 삼는다. 과연 시삭이 유다(犹大)에서 보화를 받고 곱게 물러갔는지 아니면 예루살렘(耶路撒冷)에 들어와 약탈을 했는지는 의문이라고 한다. 대하12: 1-12에 수도로 쳐들어와 성전에서 모든 보물을 약탈했다고 기록되어 있기 때문이다. 쇼생크(Sheshoong 示撒의 애굽식 이름)가 애굽(埃及)으로 돌아가 만든 비석이 남아있다. 그 내용은 "애굽(埃及)의 손으로 유다(犹大)의 르호보암(罗波安) 손에서 에돔(以东)의 하닷(哈达 Hadad)을 해방시키고, 모압(摩押)과 암몬(亚扪)도 이스라엘(以色列) 손에서 해방 시켰노라" 라고 기록되어 있다.

아브라함(亚伯拉罕)에게 약속하셨던 땅을 다윗(大卫) 왕이 다 성취하였던 것을 르호보암이 잃어버렸고, 이것을 다시 웃시야(乌西雅 Uzziah=亚撒利雅) 왕과 북쪽의 여로보암(耶罗波安) 2세 때 다시 회복하였다.

3) 이스라엘(以色列) 왕국

　　제 1왕조 여로보암(耶罗波安 Jeraboam)(주전 931-910)
　　　　　나답 (拿答 Nadab 주전 910-909 왕상 15: 25-31 2년 집권)
　　제 2왕조 바아사 (巴沙 Baasha 주전 909-886 왕상 15: 32-16: 1-6)
　　　　　엘라 (以拉 Elah 주전 886-885 2년 집권 왕상 16: 8-17)
　　제 3왕조 시므리 (心利 Zimri 7일 집권 왕상 16: 16-18)

4) 여로보암(耶罗波安)의 죽음 (왕상 14: 19-20 대하 13:20)

여로보암(耶罗波安)은 22년간의 통치 후 자연사로 죽었다. 그는 능력은 있었으나 죄로 인해 하나님의 축복을 받지 못했으며 새 나라를 출범시켰으나 강력한 국가로 이끌지 못하고 불만의 씨를 뿌려 놓음으로써 왕가의 암살, 급속한 왕위 계승, 약한 통치력 등을 낳게 하였다.

5) 나답(拿答 Nadad 910-909 왕상15: 25-31)

나답은 그의 아버지를 계승하여 디르사에서 2년간 다스렸다. 그는 깁브돈(基比顿 Gibbton)을 찾으려다 바아사 (巴沙)에게 살해 되었고(왕상15: 27-28), 바아사가 새 왕조를 세웠다. 바아사는 아히야(亚希雅)의 예언대로 여로보암(耶罗波安) 가문의 모든 사람을 죽였다. 나답(拿答)은 종교적으로 그의 아버지의 길을 그대로 따른 것이다.

이후의 이스라엘의 왕들에게 붙어 다니는 꼬리표는 "이스라엘(以色列)로 범죄케 한 느밧(尼八 Nebat)의 아들 여로보암(耶罗波安)의 길로 행하였다" 란 성경의 기록이다.

여로보암(耶罗波安) 이후 18명의 후계자들은 모두 이 죄에 빠져서 대체된 예배 형태를 따랐으므로 하나님께 범죄 하였다.

6) 바아사(巴沙 Baasha 주전 909-886 왕상15: 32-16: 7, 대하16: 16)

바아사는 24년이란 긴 세월을 통치하였으나 유다(犹大)와 계속 전쟁을 한 것 외에는 특별한 기록이 없다. 바아사는 예루살렘(耶路撒冷)에서 북쪽으로 6.4km 떨어진 라마(拉玛 Ramah)를 요새화하려 했으나 유다(犹大) 왕 아사(亚撒 Asa)가 아람(亚兰)왕 벤하닥(便哈达 Benhadad) 1세(896-874)에게 바아사(巴沙)의 북방 성읍을 공격하게 함으로 바아사(巴沙)의 계획은 무산되었다. 종교적으로 바아사는 여로보암(耶罗波安)의 금송아지를 섬겼으므로 예후(耶户 Jehu) 선지자가 예언한대로 여로보암의 가문과 같이 멸절하였다(왕상 16: 1).

7) 엘라(以拉 Elah) 와 시므리(心利 Zimri 주전 886-885 왕상16: 8-20)

엘라는 그의 아버지를 계승하여 2년간을 다스렸다. 불레셋 성읍 깁브돈(基比顿 Gibbethon)에 대한 미련을 포기하지 못하여 군대장관 오므리(暗利 Omri)를 그곳으로 파견하여 탈취하도록 보냈다.

다른 군사적 인물인 시므리(心利)가 공모하여 엘라(以拉)를 살해한 후 바아사(巴沙)의 모든 친척을 멸하고 자신을 왕으로 선포하였다. 한편 깁브돈(基比顿)에 있던 오므리(暗利)가 왕(以拉)이 살해된 소식을 듣고 그의 부하들이 오므리(暗利)를 왕으로 선포하고, 시므리(心利)의 반역을 진압하려고 디르사(得撒 Tirzah)로 돌아와 시므리(心利)와 투쟁하여 성공하였고 시므리(心利)는 7일 통치기간을 자살로 끝을 냈다(왕상 16: 15-19). 시므리(心利)가 죽었으나 디브니(提比尼 Tibni)가 이스라엘(以色列)의 한 부분을 차지하고 4년 동안 통치함으로 분단된 상태였으나 끝내는 오므리(暗利)의 군대가 승리하여 오므리의 왕조가 세워졌다.

3. 오므리(暗利 Omri) 왕조(주전 885-841 왕상16: 23-22: 53, 왕하1: 8:)

1) 정치적 생활

오므리(暗利, 쌓아올리는 뜻)로 인해 이스라엘(以色列)의 정치상황은 다시 인정을 받게 되었다.

오므리(暗利)는 분단정치로 혼란스런 정치적 상황을 안정시키고 이스라엘(以色列)의 제 4왕조를 세웠다.

그러나 대외적으로 안정된 것은 아니었다. 다메섹(大马色)에 수도를 둔 북방의 아람국이 크게 성장하고 있으며, 그 왕은 벤하닥(便哈达) 1세로써 매우 공격적인 사람이다.

동쪽으로는 오랫동안 힘을 잃었던 수리아(叙利亚)가 미타니족(美坦尼族 Mittanians)과 후리족(何利族 Hurrians)에 의해, 후에는 유브라데스(幼发拉底) 상류의 아람족들 에의해 머리를 들지 못했다. 그러나 과격한 수단의 아술나실팔 2세(Ashur-nasirpall ll. 883-859)에 의해서 다시 회복되어 그와 함께 앗시리아(亚述) 제국시대가 활발이 시작되었다. 그 군대는 유브라데(幼发底河 Euphrat es)을 건너 서쪽에 지중해(地中海)의 비블러스(比布罗斯 Byblos)와 시돈(西顿), 두로(推罗) 등을 지배했다. 이스라엘(以斯列)은 오므리(暗利)가 통치하였으며 앗수르의 피해를 면하였으나 그의 후계자인 살만에셀 3세(撒缦以色 三世 Shalmaneser lll)에 의해 영향을 받게 되었다.

2) 오므리(暗利)의 집권 (주전 885-874, 왕상16: 23-28)

오므리(暗利)는 강력한 통치자로 북 이스라엘(以色列)에서 가장 유능하고 공격적인 왕이었다. 이 오므리(暗利)의 1세기 후에 살았던 앗수리아(亚述) 통치자들이 이스라엘(以色列)의 영토를 "오므리(暗利)의 땅" 이라 하였다.

(1) 새 수도 사마리아(撒玛利亚 Samaria 왕상16: 24)

분단되었던 국가가 안정되자 오므리(暗利)는 사마리아(撒玛利亚) 산을 은 두 달란트로 사서 새 성읍을 세웠다. 군사적 공격에 대항하여 수도를 방비하려는 분명한 동기가 있었음을 알게 하는 것은, 사마리아(撒玛利亚)는 해발 430m로서 역사적으로 공격이 거의 불가능한 요새로 증명되었다. 이곳을 선택한 오므리(暗利)는 그의 현명함과 과감한 정치적 능력을 보여준 것이다. 세멜(撒玛)에게서 샀으므로 그 이름을 따서 사마리아(撒玛利亚Samaria)로 불렸다.

(2) 모압(摩押 Moab)의 정복

1898년 독일 선교사에 의하여 아르논 강(亚嫩河 Arnon) 근처에서 발견된 모압의 돌 비석(摩押的石碑 Mabite-stone)이 오므리(暗利)가 용기와 능력을 겸비한 왕임을 증명한다. 그 비석은 모압(摩押)의 메사(米沙 Mesha)왕이 쓴 것으로(왕하3: 4) 메사(米沙)의 부친이 왕으로 있을 때 "이스라엘(以色列) 왕 오므리(暗利)" 가 모압(摩押)을 정복하였다고 기록한 것이다. 왕상16: 27에 "권세" 란 낱말은 그의 용감성을 말해준 것이다.

(3) 페니키아(腓尼基 Phoenician)와 동맹

페니키아(腓尼基)와 동맹을 맺으려고 페니키아 왕의 딸 이세벨(耶洗别 Jezebel)과 오므리(暗利)의 아들 아합(亚哈)을 결혼시켰다. 이러한 결혼은 정식 동맹의 표시이다. 이 동맹은 페니키아(腓尼基)로부터 레바논(黎巴嫩)의 백향목을 얻고 페니키아(腓尼基)인들은 남쪽으로 가는 무역뿐 아니라 이스라엘(以色列)로부터 곡식과 올리브 기름을 얻음으로 상호간에 이득을 주었다. 이 결혼으로 인한 동맹이 경제적으로 현명한 것 같았으나 이스라엘(以色列)에게 바알(巴力) 숭배의 길을 열고, 온 백성과 더불어 오므리(暗利)가문이 바알을 섬기므로 오므리 왕조가 멸망하는 길이 되었다. 이스라엘(以色列)은 금송아지 숭배 위에 바알(巴力)을 더 첨가하여 하나님께 크게 범죄한 것이다.

3) 아합(亚哈)과 이세벨(耶洗別 Jezebel)
(주전 874-853 왕상 16: 28-34, 20: 1-22: 40)

(1) 바알(巴力 Baal) 숭배의 도입

북 이스라엘(以色列) 역사에서 가장 잘 알려진 사람은 아합(亚哈)과 이세벨(耶洗別)이다. 그 이유를 성경은 "하나님 앞에서 이전의 모든 사람들보다 더욱 더 악을 행했기 때문이다" (왕상16: 30)라고 증언한다. 이러한 질책의 주요 이유는 이들이 이세벨(耶洗別)의 본래 종교인 바알-메칼트(巴力美耳刻 Baal-Melqart)의 제단을 이스라엘(以色列)에 도입했기 때문이다. 왕국시대 이전 이스라엘 사람들 중에서 가나안(迦南)의 신 바알(巴力)을 섬겼으나 사무엘(撒母耳)이 대항하여 싸웠고, 다윗(大卫)은 외국의 타락된 종교를 그 땅에서 근절(根絶)시키는데 성공하였다. 그런데 이세벨(耶洗別)이 디르의 신 바알-메칼트(巴力美耳刻)를 데리고 와서 이스라엘(以色列)로 하여금 황금 바알을 다시 숭배하게 만들었다. 이세벨(耶洗別)은 여호와(耶和华)의 신과 자기의 신이 공존하는 것을 견디지 못하여 백성들에게 자기의 신만을 섬기도록 수단 방법을 가리지 않았으며, 끝내는 여호와(耶和华)의 선지자들을 살해하였다(왕상 18: 13). 여로보암(耶罗波安)의 금송아지도 심각한 죄였는데 이 바알(巴力) 제단의 도입은 더 사악한 것으로 일신교를 다신교로 만들고 종교적인 매춘을 포함하여 타락되고 음탕한 관례를 수반 하였다.

(2) 통치적인 수완

아합(亚哈)은 종교적인 결점을 제거하면 대단히 능력 있는 통치자였다. 사마리아(撒玛利亚) 탐사에 의하면 그가 왕궁지역 둘레에 내부와 외부의 보호벽(각각 1.5m, 5.7m 두께)을 세웠으며 오므리(暗利)의 궁정 근처에 위치한 많은 건물들이 아합(亚哈)의 상아 궁으로(참고 왕상22: 39, 암3: 15, 6: 4)판명됐다

이 건물들의 벽들은 흰 대리석으로 덮어 상아의 모습을 나타냈으며, 벽과 가구를 장식하기 위해 쓰인 200개 이상의 실제 상아와 장식 판, 작은 부조 판 등이 저장실에서 발견되었다. 아합(亚哈)은 백성들을 위해 성읍을 지었으며(왕상22: 39) 지금도

그가 판 우물이 남아 있는데 어떤 건축물보다 그 수고가 더 컸음이 오늘날에와 증명 되었다.

(3) 전쟁의 승리

① 아합(亚哈)이 하나님 앞에서 선하지 못했으나 하나님은 은혜를 베풀어 전쟁에서 두 번이나 승리를 하게 하셨다. 아합(亚哈)이 아람군대와 싸울 때 여호와(耶和华)의 선지자가 이길 것이라고 예언하였고 그대로 이루어졌다(왕상 20: 1-34).

② 패배한 벤하닷(便哈达 Benhadad)의 신하들이 이스라엘(以色列)의 신은 산에 신이므로 평지에서 싸우라고 벤하닷(便哈达)을 충고할 때 여호와(耶和华)께서 들으시고 아합(亚哈)으로 하여금 첫 싸움보다 더 큰 승리를 하게 해 주시었다. 벤하닷(便哈达)은 아합(亚哈)에게 관용을 베풀어 주기를 간청하였고 아합(亚哈)은 그의 청을 받아 들였다. 선지자는 관용을 베푼 아합(亚哈)을 책망하였으나 아합(亚哈)이 그렇게 한 동기는 앗수리아(亚述) 왕 살만에셀3세(撒缦以色 三世 Shalmaneser Ⅲ 주전 859-824)의 힘이 막강하여 그에게 대항하려면 벤하닷(便哈达)과 그 군대의 힘이 필요하였기 때문이다. 사실 몇 달이 지나지 않아서 주전 853년에 아합(亚哈)과 벤하닷(便哈达)이 공동으로 북방동맹에 가담하여 오론테스 강 (俄隆提斯河 Orontes)의 칼칼(夸夸 Qarqar)에서 살만에셀(撒缦以色)의 군대를 제지시킨 사건은 의미있는 일이다. 이 동맹전쟁에 아합(亚哈)은 2천대의 병거와 만 명의 군대를, 벤하닷(便哈达)은 1200대의 병거와 마병 2만 명의 군대를 파견하였다. 같은 해 아합(亚哈)은 라못 길르앗(拉玛基列 Ramoth-Gelead)에서 벤하닷(便哈达)과 싸우다 죽었다. 그것은 선지자 미가야(米该雅 Micaiah)를 통하여 미리 예언 되었었다(왕상22: 13-39). 유다(犹大)의 왕 여호사밧(约沙法 Jehoshaphat)도 이 전쟁에 참가 하였다가 아합(亚哈)으로 오인되어 죽을 뻔 하였으며, 아합(亚哈)은 미가야(米该雅) 선지자의 예언이 마음에 걸려 변장하고 전쟁에 임했으나 결국 죽었다.

(4) 유다(犹大)와의 동맹

여호사밧(约沙法)은 하나님 보시기에 매우 선한 왕인데 아합(亚哈)과 동맹을 맺어 바알(巴力)을 유다(犹大)에 들여옴으로 인하여 종교적인 타락 뿐 아니라 많은 자손들이 죽임을 당하고 왕권까지 빼앗겼었다.

벤하닷(便哈达)과의 전쟁에 참가한 것도 두 나라가 동맹을 맺었기 때문이다. 아합(亚哈)의 딸 아달랴 (亚他利雅 Athaliah)와 여호사밧(约沙法)의 아들 여호람(约兰 Jehoram)을 결혼시켜 유다(犹大)와 이스라엘(以色列)간에 외적으로는 평화가 이루어진 듯하나 유다에는 신앙적 손실과 자녀들을 잃는 크나큰 손실을 가져왔다.

4) 선지자 엘리야(以利亚 Elijah 왕상17: - 19: -21 왕하1: 1-2: 11)

아합(亚哈)의 재임기간에 엘리야(以利亚)란 탁월한 선지자가 활동하였다. 이 선지자의 행적기록이 없었다면 아합(亚哈)과 이세벨(耶洗别)에 대한 것들이 그렇게 소상히 알려지지 않았을 것이다.

(1) 기근과 불(왕상17: - 19 :)

엘리야(以利亚)란 이름의 뜻은 "여호와(耶和华)는 나의 하나님" 란 뜻이다. 엘리야(以利亚)의 첫번 사역은 사악한 종교행위로 인해 하나님께서 이스라엘 땅에 큰 기근을 내리실 것을 아합(亚哈) 왕에게 고하는 것 이었다(왕상 17: 1). 그리고 엘리야(以利亚 Elijah)는 42개월의 기근 동안 아합(亚哈)으로부터 피신해 있었다.

처음에는 그릿(基烈 Cherith)시내 가에, 다음은 두로(推罗 Tyre)와 시돈(西顿 Zidon) 사이에 있는 외국 땅인 사르밧(撒勒法 Zarephath)에 거하며, 그 곳 과부에게 공양을 받았다(왕상17: 2-24). 외국까지 가서 숨은 것은 아합(亚哈)이 외국까지 엘리야(以利亚)를 찾아 다녔기 때문이다(왕상18: 7-10). 그 후에 하나님의 명령에 의해 아합(亚哈)에게 나타나 보이고, 엘리야(以利亚)는 야훼(耶和华)하나님과 이세벨(耶洗别)의 바알-메칼트(巴力 美耳刻)와의 대결로 누가 참 신 인지를 판결하자고 왕을 설득하여 (왕상18: 19-20) 갈멜 산(迦密山Carmel)에서 제물에 불을 붙이지 않고 태우는 신이 참 신 임을 판정 짓는 것이다. 불로 제물을 태운 신은 물론 여호와(耶和华)하나님이셨다(왕상18: 38), 엘리야(以利亚)는 이스라엘(以色列) 백성에게 하나님만이 참 신 인 것을 선포한 후 바알(巴力) 선지자와 아세라(亚舍拉)선지자 850명을 기손(基训 Gizon) 절벽에서 죽였다(왕상18: 40).

(2) 실패와 재기

갈멜산(迦密山)에서의 증명으로 여호와(耶和华) 숭배에 대한 백성들의 재생의 전망은 매우 밝았다.

그러나 이세벨(耶洗别)이 엘리야(以利亚)를 죽이려 하자 엘리야(以利亚)의 심신이 약해져서 도망함으로 감멜산에서 살아계신 하나님을 경험한 사람들을 실망하게 했다(왕상19:1-3). 엘리야(以利亚)는 하나님의 산 호렙 (何烈 Horeb)에 가서 하나님을 만나 새로운 임무를 받고 이스라엘(以色列)로 돌아와 사밧(沙法 Zabad))의 아들 엘리사(以利沙 Elisha)를 후계자로 세워(왕상19: 19-21) 함께 10년 동안 일을 했다.

(3) 세 가지의 사건

① 아합(亚哈)은 자신의 왕궁 근처에 있는 나봇(拿伯 Naboth)의 포도원을 빼앗기 위하여 왕을 저주했다는 누명을 씌워서 죽인 후 포도원을 빼앗았다. 그것을 본 엘

리야(以利亚)가 아합(亚哈)을 책망하며 그 일이 원인이 되어 아합(亚哈)의 가문이 멸망할 것이라고 예언했다(왕상21: 1-29).

② 아합(亚哈)은 아들 아하시야(亚哈谢 Ahaziah)가 난간에서 떨어져 병들었을 때, 에글론(伊矶伦 Ekron)의 신 바알세붑(巴力西卜 Baalze-bub)에게 아들의 관한 것을 물으려 사람을 보냈을 때 엘리야(以利亚)가 그 사람들을 만나 이스라엘(以色列)에 하나님이 없어서 에그론의 신 바알세붑(巴力西卜)에게 묻느냐고 꾸짖었다.

③ 엘리야는 엘리사(以利沙)가 보는 앞에서 하늘로 올라갔다. 엘리사(以利沙)는 엘리야(以利亚)에게 그가 가진 갑절의 영감을 구하였고 엘리야가 승천할 때 그 소원이 이루어졌다. 또 엘리야가 승천하면서 던진 겉옷을 엘리사가 취하였다. 이것은 엘리사(以利沙)가 엘리야(以利亚)의 수제자이며 후계자로 기름을 부었다는 뜻이다.

5) 아하시야(亚哈谢 Ahaziah 주전 853-852 왕하 1: 2-18) 재임 시에 있었던 일

아합(亚哈)이 죽은 후 그의 큰 아들 아하시야(亚哈谢)가 왕위에 올랐으나 2년을 재임하다 아들도 없이 죽었다.

(1) 오므리(暗利) 때부터 모압(摩押)왕 메사(米沙 Mesha)는 이스라엘(以色列)에 공물을 바쳐왔는데 그것이 힘겨워 모압이 반란을 일으켰다.

(2) 유다(犹大)의 여호사밧(约沙法) 왕과 동맹을 맺어 해상사업을 하려고 배를 만들었으나 항해도 해보지 못하고 배가 파손되었다.

6) 여호람(约兰 Jehoram 주전 852-841 왕하 3:)

첫째는, 아합(亚哈)의 아들이며 아하시야(亚哈谢)의 동생인 여호람(约兰)이 왕위를 계승하여 12년간 이스라엘 (以色列)을 다스렸다. 이 때 다메섹(大马色)의 아람사람(亚兰人)들이 자주 이스라엘을 침공하여 많이 괴롭혔다.

둘째는, 엘리사(以利沙)가 이런 어려운 상황에서 왕이나 백성에게 큰 위로를 주었다.

(1) 종교적 관점

아합(亚哈 Ahab)이 만든 바알(巴力)의 주상을 여호람이 제하여 버렸다(왕하3: 2)고 기록되었으나 왕하 3: 13에 여호람(约兰)이 전쟁을 앞에 놓고 엘리사(以利沙)에게 자문을 구할 때에 엘리사가 당신 부친의 선지자와 모친의 선지자에게 가라고 말한 것을 보아 바알을 완전히 제하지 않은 것으로 생각되며, 바알(巴力) 선지자에게 도움을 청하는 것은 여호람(约兰)의 관례인 것 같았다. 예후(耶户 Jehu)가 왕위에 올랐을 때 많은 바알 선지자를 죽인 것(왕하10: 20-28)과, 또 이세벨(耶洗别)이 여호람(约

兰) 재임 시에 생존한 것으로 미루어 여호람(约兰)은 바알(巴力) 제단을 계속 지지한 것으로 추측된다.

(2) 모압(摩押)의 반란 (왕하3: 4-27)

이스라엘은 모압이 반란을 일으키기 전<아하시야(亚哈谢)왕 때 모압이 반란을 일으켰음> 모압(摩押)으로부터 조공물을 받았으므로 경제적으로 윤택했던 것을 잊지못한 여호람은 여호사밧(约沙法)과 에돔(以东) 왕의 도움을 청하여 모압(摩押)에게 계속 공물을 요구하려고 전쟁을 일으켰다. 이 때 아합(亚哈) 왕조는 여호사밧(约沙法)과 세 번째 동맹을 맺은 것이다. 이스라엘(以色列)과 유다(犹大), 에돔(以东)의 연합군이 사해의 남쪽 끝을 포위하여 모압(摩押)을 공격하려 진군하던 중 마실 물이 없어 연합군과 생축이 멸절할 위기에 처했을 때 엘리사(以利沙)가 구하여 주었다. 연합군대들이 모압(摩押) 땅으로 들어가 폐허를 만들었고, 전세가 극렬하여 다급하게 되자 모압(摩押)의 왕 메사(米沙)는 당황한 나머지 자신의 맏아들을 번제로 드렸다. 이것을 본 연합군은 침통한 마음으로 고국으로 돌아갔다. 모압(摩押)의 비문에는 이 때 이스라엘(以色列) 지배에서 완전히 벗어났다고 써 있었다.

7) 여호람(约兰) 재임 시에 있었던 아람 사람의 예화 (왕하5: - 7: 8 :1-15)

바아사(巴沙) 시대 때부터 이스라엘(以色列)의 대부분의 역사는 아람과의 전쟁으로 일관 되었다.

그런데 여호람(约兰) 왕 때는 더 잦았다. 이 전쟁에 엘리사(以利沙)가 연관되어 있으므로 성경의 관점에서 볼 때 매우 중요한 일이다.

(1) 아람 장군 나아만(乃缦 Naaman)

나아만(乃(缦)은 벤하닷(便哈达) 2세 밑에서 복무하였던 군대장관이다. 나아만(乃缦)은 아합(亚哈)과의 전쟁에서 군대를 이끌었던 장군이었을 것이다. 그가 엘리사(以利沙)를 찾아와 문둥병을 고침 받았다.

(2) 장님이 된 아람 (亚兰 Aram 왕하 6: 1-23)사람

아람(亚兰) 국가에서 이스라엘(以色列)을 공격할 것을 논의하여 결정했을 때 엘리사(以利沙)가 이것을 투시하여 미리알고 여호람(约兰)에게 두 번 이상 경고하여 대비하도록 하였다(왕하6: 10). 아람(亚兰) 왕은 자기국가 내에 첩자가 있으니 색출하라고 신하들에게 명령하고 신하들은 이스라엘(以色列)에는 엘리사(以利沙)란 선지자가 있어서 그가 어떤 비밀이라도 알아서 대비한다는 말을 듣고 아람왕은 군사들을 보내어 엘리사를 잡아오라고 하였다. 그때 엘리사(以利沙)는 그들의 앞을 보지 못하게하여 사마리아(撒玛利亚)에 있는 왕 앞으로 그들을 인도하여 갔다.

(3) 사마리아(撒玛利亚 Samaria 왕하 6: 24-7: 20) 성을 포위

수개월 후 아람의 많은 군대가 와서 사마리아(撒玛利亚)를 포위하였다. 이 포위상 태가 길어지자 이스라엘(以色列) 에는 기아상태가 심하여 자기 아이를 먹기까지 하 는 현상이 일어날 정도였다(왕하6: 24-29, 7: 20). 여호람 (约兰)이 엘리사(以利沙)를 비난할 때 엘리사(以利沙)는 내일이면 양식을 얻을 것이라고 하였고 그대로 되었다.

(4) 아람 사람에 의한 부상 (왕하8: 28-29)

아람(亚兰)사람들과의 전쟁에서 여호람(约兰 Jehoram)은 부상을 당하여 이스르엘 (耶斯列 Jezreel)의 별궁에서 회복을 기다리고 있었다. 유다(犹大)의 아하시야(亚哈 谢)는 외삼촌인 여호람의 병문안을 왔다가 여호람(约兰)과 함께 아하시야(亚哈谢 Ahaziah)도 예후(耶户 jehu)에 의해 죽임을 당했다.

8) 선지자 엘리사(以利沙 Elisha)

(1) 배경 문제

선지자 엘리사(以利沙)가 한 일은 근본적으로 엘리야(以利亚)와 같은 바알-메칼트 (巴力 美耳刻)에 항거하는 것이었다. 엘리야(以利亚)가 승천할 때 엘리사(以利沙)는 엘리야(以利亚)의 갑절의 영감을 요구하였고(장자는 상속에 있어서 배를 받는다 엘 리야의 수 제자가 엘리사이기 때문에 그의 요구는 무리가 없는 것이다), 그것이 그 대로 응답 되었다(왕하 2: 9). 엘리야(以利亚)가 엘리사(以利沙)를 부를 때(왕상19: 19) 그는 아버지의 소유인 황소 12겨리(24마리)로 밭을 갈고 있었던 것으로 보아서 매우 부유한 가정에서 성장한 것 같다.

엘리야(以利亚)의 부름에 그를 따르려는 엘리사(以利沙)의 결심은 확고하였다. 그 증거는 밭을 갈던 황소를 잡아 멍에와 농기구를 땔감으로하여 음식을 만들어 친척 과 친지들에게 이별의 잔치를 한 것이다(왕하 13: 21). 엘리사(以利沙)의 활동 기간 은 약 50년으로 여호람(约兰)의 재임초기부터 시작하여 예후(耶户), 여호아하스(约哈 斯) 및 요아스(约阿施 Jehoash) 때까지 활동하다가 죽었다(왕하13: 14 - 20).

엘리사(以利沙)의 활동은 엘리야(以利亚)와 같은 목적을 가지고 있었으나 이를 수 행하는 방식에 있어서는 매우 달랐다. 엘리야(以利亚)는 사막 근처인 길르앗(基列)에 서 자라나 융통성이 없이 기분에 따라 용기를 얻기도 하고 죽으려고 할 만큼 절망 하기도 했으나, 엘리사(以利沙)는 자제력과 침착한 기질의 사람으로 극적인 시험이 나 언짢아 하는 장면이 없다. 엘리사(以利沙)는 북 이스라엘(以色列)의 대조적 배경 에 발맞추어 성읍이나 궁전에 때로는 왕의 무리들과 함께 있기도 하며 자기가 만난 사람들을 도와주고 치료해주며 위로할 때에 기적이 나타났다.

그는 백성들의 필요에 따라서 관심을 가졌던 행적들을 찾아 볼 수 있다.

(2) 엘리사(以利沙)의 경험

성경은 엘리사(以利沙)가 행한 일 18개를 연이어 기록하여 엘리야(以利亚)의 영감을 두 배 받은 것을 증명 해 준다. 엘리사(以利沙)가 행한 놀라운 일들은 여호람(约兰) 재임시의 일로 시간적으로 크게 떨어진 사건도 아니고 연속적인 사건도 아니다.

(3) 엘리사(以利沙)가 행한 일들을 열거하면

① 여리고(耶利哥 Jericho)에서 수질이 나쁜 물을 깨끗하게 하였다(왕하2: 19-22).

② 자신을 비웃는 아이들을 꾸짖은 일(왕하2: 23-25)

③ 선지 생도의 아내에게 기름을 풍성하게 하여 빚을 갚게 한 일(왕하4: 1-7)

④ 수넴(书念 Shunem) 여인에게 아이가 없으므로 아이를 낳을 수 있게 기도하고, 그 아이가 죽었을 때 기도함으로 다시 살림(왕하4: 8-37)

⑤ 독초가 들어간 음식의 독을 제거하고 먹게 한 일(왕하4: 38-41)

⑥ 20개의 보리 떡으로 100명이 먹고 남게 한 일(왕하4: 42-44)

⑦ 아람의 군대장관의 문둥병을 고친 일(왕하5: 1-14)

⑧ 자기의 수종을 드는 게하시(基哈西 Gehazi)에게 문둥병을 선고한 일(왕하20-27)

⑨ 제자가 잘못하여 요단강(约但河)에 도끼를 빠뜨렸을 때 도끼를 떠오르게 하여 건지게 한 일(왕하6: 1-7)

⑩ 기근 당시 엘리사(以利沙)의 충고로 고향을 떠나게 했던 수넴(书念) 여인에게 다시 그녀의 땅을 왕으로부터 찾아준 일(왕하8: 1-6)

⑪ 하사엘(哈薛 Hazael)을 다메섹(大马色)의 왕으로 기름 붓고, 여호람(约兰)의 군대장관 예후(耶戶)에게 기름을 부어 여호람(约兰)의 후계자로 세운 일(왕하8: 7-15, 9: 1-13)

⑫ 죽을 때 요아스(约阿施 Joash)에게 아람 사람을 세 번 이길 것을 예언한 일(왕하13: 14-19)

엘리사(以利沙)의 주요 관심은 젊은 선지자들을 교육하는 일이었다(왕하2: 3-7, 15-18, 4: 38-41, 6: 1, 9: 1). 엘리야(以利亚)가 착수했던 것을 엘리사(以利沙)가 더 확장시켰다. 그는 선지자의 아들이라고 불리는 생도들의 무리와 자주 함께 있었다. 엘리야(以利亚)나 자기 같은 선지자를 더 많이 배출하는 것이 바알(巴力)을 숭배하는 이스라엘(以色列) 국가에 절대적으로 필요한 것으로 간주했기 때문이다.

4. 이스라엘(以色列 Israel)의 제 5왕조 예후(耶户 Jehu) (주전 841-753) (왕하9: 11-10: 36, 13:, 14:16-29)

이스라엘(以色列)의 가장 강력한 두 왕조가 계속하여 집권 하였는데 **첫째는** 오므리 (暗利) 왕조고, **둘째는** 예후(耶户) 왕조이다. 예후(耶户) 왕조는 89년 동안 집권하여 오 므리(暗利) 왕조의 44년에 비해 배나 오래 집권하였다. 그 왕들은 예후(Jehu), 여호아 하스(Jehoahaz), 여로보암(耶罗波安)2세, 스가랴(撒迦利雅)이다.

그들이 집권할 때 아람(亚兰)과 앗시리아(亚述)의 두 나라들로부터 심한 피해를 입 은 것을 보아 오므리(暗利) 왕조만큼 강력하지 못했다. 종교적으로 이 두 왕조는 모두 심한 결함을 가지고 있었으나 적어도 예후(耶户) 왕조는 오므리(暗利) 왕조가 심어놓 은 바알(巴力)숭배는 허락하지 않았다.

1) 오므리(暗利 Omri) 왕조를 멸망시키다 (왕하9: 11-10: 28)

오므리(暗利) 왕조는 엘리야(以利亚)와 엘리사(以利沙)의 경고를 통해 바알(巴力)숭배 와 무모한 살인죄를 회개하라는 충분한 기회를 받았었다. 엘리사(以利沙)가 이 일에 불을 붙이자 예후(耶户)가 시행하였다.

엘리사(以利沙)는 선지생도 중 하나를 예후(耶户)에게 보내어 기름을 붓게하고 숙청 에 관한 지시를 전했다(왕하9: 1-10). 여호람(约兰)의 군대장관 예후(耶户)는 여호람(约 兰)의 마지막 전투지인 라못 길르앗(拉末基列 Ramoth-gilead)에 있다가 엘리사(以利沙) 의 제자가 왕으로 기름을 부어주는 이 영광을 쾌히 받아들였고, 그와 함께 있었던 동 료와 부하들도 이 일을 수행하기 위해 재빨리 요단 강(约但河)을 건너 이스르엘(耶色 列)에서 회복을 기다리는 여호람(约兰)을 살해하였다. 병문안을 왔던 유다(犹大)의 왕 아하시야 (亚哈谢 Ahaziah)는 재빨리 도망하였으나 예후(耶户)의 추적자에 의해 죽임 을 당했다. 예후(耶户)는 이스르엘(耶斯列)로 가서 이세벨(耶洗別)의 종들로 이세벨(耶 洗別)을 창 밖으로 던지라고 명하였다. 엘리야(以利亚)가 예언한 대로 굶주린 개들이 이세벨(耶洗別)의 시체를 먹었다(왕하9: 30 - 37).

예후(耶户)는 사마리아(撒玛利亚)에 있는 관리들에게 아합(亚哈)의 아들들 70명의 머 리를 베어 이스르엘(耶斯列)로 보내도록 하였으며, 그는 이스르엘(耶斯列 Jezreel)에 있 는 모든 궁중 관리들을 죽이고, 사마리아(撒玛利亚)로 가서 죽은 왕을 방문하러 오는 아하시야(亚哈谢)의 친척 43명을 만나 또 죽이고서, 사마리아(撒玛利亚)에 도착하여 모 든 관리뿐 아니라 아합(亚哈)의 아들들을 죽이고 예후(耶户)의 환심을 얻으려던 사람 들도 죽였다. 마지막으로 바알(巴力)의 선지자들을 속여 사마리아(撒玛利亚)의 바알(巴 力) 신당으로 모두 불러 부하 80명으로 그들을 한 사람도 빠짐없이 죽이게 하였다.

이스라엘(以色列)의 역사를 살펴볼 때 이전 왕가와 종교인에 대해 이 보다 더 철저한 유혈숙청은 없었다.

2) 왕이 된 예후(耶戶 Jehu 주전 841-814 왕하 10: 29-36)

예후(耶戶)가 다스린 28년은 불안과 소동으로 점철되었으며 백성들에게는 심각한 사회적 경제적 후유증을 가져왔다.

예후(耶戶)는 아람(亚兰 Aram)과 앗시리아(亚述 Assyria)의 침략과 모욕으로부터 자기 땅을 지키지 못했다. 종교적으로 그가 오므리(暗利)의 전 가족을 멸망시키는데 하나님께 순종하였기에 재임기간 동안 칭찬을 받았으나(왕하10: 30), 처음 시작한 그 일을 계속 순종하며 행하지는 못하였다.

유혈숙청에서 예후(耶戶)는 하나님이 의도한 것보다 더 많이 죽였다. 사악한 왕조의 바알-메칼트(巴力美耳刻)를 분쇄함으로 예후(耶戶) 이후 4대의 왕위를 하나님께서 허락하셨으나 예후(耶戶)는 하나님이 미워하시는 벧엘(伯特利)과 단(但 Dan)의 금 송아지(왕하10: 29)를 계속하여 섬겼기 때문에 하나님 앞에서 인정을 받지 못했으며 그 결과로 수난시대를 겪었다.

(1) 하사엘(哈薛 Hazael)의 이스라엘(以色列) 파괴(왕하10: 32-33)

하사엘(哈薛)이 이스라엘(以色列)을 괴롭힐 것을 일찌기 엘리야(以利亚)가 예언하였던 것이 이루어졌다(왕상19: 15-17). 엘리사(以利沙)가 북쪽에 있는 다메섹(大马色)에 가서 하사엘(哈薛)을 아람(亚兰) 왕으로 기름 부을 때(왕하8: 7-15) 하사엘(哈薛)이 이스라엘(以色列)에 줄 막대한 손실과 잔학한 행위를 영안으로 본 엘리사(以利沙)는 울음을 터트렸다. 하사엘(哈薛)이 어떻게 파괴를 가져왔는지의 기록은 없으나 파괴의 내용은 증명이 된다.

하사엘(哈薛)은 므낫세(玛拿西), 갓(迦得), 르우벤(流便) 지파의 영토를 포함한 요단(约但) 동편을 점령하는데 성공하였다(참고 암1: 3). 요단(约但) 서편도 점령하였을 것이 분명한 것은 여호아하스(约哈斯 Jehoahaz) 시대의 기록에 하사엘(哈薛)은 그 당시 이스라엘(以色列) 왕이 소유할 수 있는 마병, 병거, 보병의 숫자를 정하여 준 것을 볼 때에 알수 있다(왕하13: 7 마병50, 병거10, 보병 1만 명만 소유하게 하였음). 또한 여호아하스(约哈斯) 당시의 기록으로 유다(犹大) 왕 요아스(约阿施)에 관한 내용의 기록이 있는데, 여기서 하사엘(哈薛)은 블레셋(非利士) 가드(迦特) 〈르호보암 罗波安 시대에 요새화한 성읍 명단에 포함된 것으로 이때 가드(迦特)는 유다(犹大)의 영토임이 증명 됨〉까지 진출하여 점령하였으며, 요아스(约阿施)는 점령 당하지 않기 위해 조공물을 갖다 바쳤다(왕하 12:17-18). 하사엘(哈薛)이 유다(犹大)와 가드까지 진출하였다면 분명히 이스라엘(以色列)은 극도의 치욕적인 일을 당하였을 것이다.

(2) 앗시리아(亚述 Assyria)에게 굴욕을 당함

예후(耶户)의 재임시 앗시리아(亚述)의 침략을 받았다. 사실 앗시리아(亚述)의 침략은 하사엘(哈薛) 침략 전에 일어났으며, 이스라엘(以色列)보다 하사엘(哈薛)의 땅이 더 큰 피해를 입었다(앗시리아(亚述)의 기록으로만 알려진 것). 앗시리아(亚述)의 위대한 통치자 살만에셀(撒缦以色) 3세는 다메섹(大马色)까지 그의 큰 군대를 이끌고 와서 실제로 점령하지는 못하였지만, 그 성읍들을 크게 손상 시켰으며 이스라엘(以色列)의 예후(耶户)에게는 많은 공물을 강요하였다. 고고 학자들이 1846년 님루트(宁若 Nimrud)에서 발견한 그의 검은 방첨탑(方尖塔 Black Obelisk)에 공물의 명목이 적혀 있고 이스라엘(以色列) 왕이 무릎을 꿇고 고개를 숙인 자세로 공물을 바치는 모습이 양각으로 새겨져 있다. 이후에 살만에셀(撒缦以色 Shalmaneser)은 다시 오지 않았다.

그 후 하사엘(哈薛)은 다시 힘을 얻어 성읍에 피해를 주고 공물을 강요하였다.

(3) 예후(耶户)가 미약하게 된 이유를 몇 가지로 볼 수 있다

① 오므리(暗利) 왕조를 숙청할 때 훈련된 경험있는 유능한 관리를 전부 살해했기 때문이다

② 사마리아(撒玛利亚)와 이스라엘(以色列)에 있는 궁중관리를 필요이상으로 죽인 것이다.

③ 숙청 당시에 너무나 잔인함으로 인해 몇 몇 유능한 일꾼들이 협조하지 않고 피했다.

(예후(耶户)는 이 반대자들과도 일을 했어야 했다.)

④ 다른 이유는 유다(犹大)와 페니키아(腓尼基)와 맺은 동맹이 이 숙청의 결과로 인해 끊어진 것이다.

3) 여호아하스(约哈斯 Jehoahaz 주전 814-798 왕하 13: 1-9)

여호아하스(约哈斯)는 그 아버지 예후(耶户)를 계승하여 17년간 다스렸다. 하사엘(哈薛)에게 굴욕을 당한 것 외에는 그와 관련된 기사가 거의 없다. 한가지 특기할 만한 것은 하사엘(哈薛)로 인해 고통이 극에 달했을 때 하나님께 도움을 간구하여 "구원자"를 얻었다는 내용이다(왕하13: 5). 이 구원자는 여호아하스(约哈斯) 재임동안에 왕위에 오른 앗시리아(亚述)의 황제 아닷니라리 3세(Addadnirari lll. 810-783)일 것이다.

이 황제는 주전 803년 다메섹(大马色)을 공격하여 무찔렀으므로 힘을 잃은 아람 다메섹(亚兰大马士革)은 이스라엘을 침공할 수 없었다. 이런 의미에서 이스라엘 (以色列)의 구원자가 되었던 것이다

앗시리아(亚述)에 여러나라 〈시돈西頓 Sidon, 두로推罗 Tyre, 에돔以东Edom, 불레셋 非利士 Palestine〉등이 공물을 바쳤는데 이스라엘(以色列)도 공물을 바친 것은 사실이나 앗시리아(亚述)로부터 입은 피해는 아람(亚兰)에게 입은 것만큼 크지는 않았다.

4) 요아스(约阿施 Joash 주전 798-782 왕하13: 10-25, 14: 15-16)

여호아하스(约哈斯)가 죽고 그의 아들 요아스(约阿施)가 왕위를 물려 받았다.

이 기간 동안 이스라엘(以色列)은 빠른 회복 길에 오르게 되었고, 엘리사(以利沙)는 임종이 임박하여 요아스(约阿施)왕을 불러 다메섹(大马色)의 손에서 구원될 것이라 예언하고 죽었다. 그후 요아스(约阿施)는 다메섹(大马士革)이 빼앗았던 모든 성읍을 회복함으로 엘리사의 예언이 성취되었다(왕하 13: 25). 요아스(约阿施)는 유다(犹大) 왕 아마샤(亚玛谢 Amaziah)의 공격을 저지할 정도로 우세하였다(왕하 14: 8-14). 요아스(约阿施) 때 중요한 사건은 그가 자기 아들을 공동의 통치자로 임명한 것이다.

16년의 재임 기간 중 요아스(约阿施)가 5년을 다스렸을 때 여로보암(耶罗波安)2세가 섭정이 되었다. 그 이유는 요아스(约阿施)가 유다(犹大)와 전투를 한 것에서 발견된다. 전투가 분명히 길어질 것을 감안하여 자신이 공석일 때 왕의 자리를 비울 수 없어서 아들을 섭정으로 세운 것이다.

5) 여로보암(耶罗波安 Jeroboam 주전 793-753 왕하 14: 23-29) 2세

여로보암(耶罗波安) 2세는 예후(耶户) 왕조의 3번째의 왕으로 이스라엘(以色列) 남 북의 전 역사속에서 가장 유능한 왕으로 평가 받는다. 여로보암(耶罗波安) 2세는 재임시 지중해(地中海) 연안에서 가장 힘 있는 왕으로 부상되었다. 그는 다윗(大卫)과 솔로몬(所罗门) 제국의 영토이던 하맛(哈马) 어귀에 북쪽 경계를 두었다(왕하14: 25). '하맛어귀'란 용어는 솔로몬(所罗门)이 북방 경계를 말할 때 쓰던 말인데, 유다(犹大)에게 속한 다메섹 (大马士革)과 하맛(哈马)을 회복하였던 것이다. 통일제국이 소유했던 넓은영토를 회복하게 되자 이스라엘 (以色列)은 동 지중해(地中海)에서 가장 유력하고 강한 나라가 되었고, 여로보암(耶罗波安) 2세의 이름은 널리 알려졌으며 존경을 받게 되었다.

(1) 이스라엘(以色列)의 위상이 변화 된 요인

① 아닷니라리(亚大得尼Adad-nirari)3세의 공격으로 경쟁자 다메섹(大马色)이 쇠약해 졌으므로

② 요아스(约阿施)와 여로보암(耶罗波安) 2세가 유능한 통치자였다. 요아스(约阿施)는 유다(犹大)와의 전투에서 성공적으로 대적하였고(왕하14: 8-14, 대하25: 17-24) 여로보암(耶罗波安) 2세는 과거 통일제국 때의 영토를 거의 회복을 하였다.

③ 이스라엘(以色列)을 침범하였을 앗시리아(亚述)가 북방 우랄트(乌拉图国 Urartu) 백성의 위협으로 인하여 국력이 퇴보하여 앗시리아(亚述) 자체에 내부분열과 연

약한 통치자의 계승 등으로 타국을 침범할 힘이 없었다. 앗시리아(亚述)는 자기가 차지하였던 유브라데스(幼发拉底) 서편의 모든 땅을 잃었으며 이스라엘(以色列)이 확장하고 있는 것을 저지할 능력이 없었다.

6) 8세기의 선지자(先知者) 들

이스라엘(以色列)에는 모세(摩西) 당시부터 선지자가 있었다. 이 중 사무엘(撒母耳 Samuel), 나단(拿单 Nadan), 갓(迦得 Gad), 아히야(亚希雅), 엘리야(以利亚), 엘리사(以利沙) 같은 선지자(先知者) 들의 영향력은 상당히 컸다.

주로 이 선지자들은 왕의 개인적 죄에 대하여 하나님의 말씀을 전하였다. 그러나 8세기의 선지자들은 방법의 변화를 가져왔다(하나님의 법에 순종해야 한다는 근본적인 메시지는 마찬가지 였다.) 이 시대의 선지자들은 국가적인 차원에서 백성들에게 집단적으로 메시지를 전달했다. 죄는 개인적인 죄보다 국가적인 죄를 꾸짖었다. 이때의 선지자들은 그들의 메시지를 말로만 전하지 않고 글로 쓰기 시작 하였다.

그 결과 구약 성경의 중요한 부분을 형성하는 예언서가 만들어졌고 집필한 선지자 중 세 사람이 여로보암(耶(路波安) 2세 재임 기간 중 활동하였다. 즉 요나(约拿 Jonah 왕하 14: 25), 아모스(阿摩司 Amos)와 호세아(何西阿 Hoshea)이다.

(1) 북쪽에서 활동한 선지자(先知者) 들

① 요나(约拿 Jonah 비둘기)

요나(约拿)가 니느웨(尼尼微 Nineveh)에 가서 온 백성으로 회개를 일으킨 때는 앗시리아(亚述)가 쇠약한 시기였을 것이다. 그 당시 니느웨(尼尼微)는 정치적 군사적으로 쇠약할 뿐 아니라 일련의 전염병으로 많은 사람이 죽었다. 더욱이 주전 763년 6월 15일에 있었던 개기일식은 만연된 공포를 가중시켰다. 이런 환경에서 요나(约拿)가 니느웨(尼尼微)의 임박한 멸망을 전한 것은 큰 효과를 가져올 수 있었으며 놀라운 회개가 일어날 만 하였다.

② 아모스(阿摩司 Amos 짐을 진 자. 주전 760-?)

아모스는 이사야(以赛亚)나 미가(弥迦 Micah)보다는 그 활동이 훨씬 선대이고, 호세아(何西阿 Hoshea)와는 동 시대이거나 다소 앞서 활동한 것 같다. 아모스(阿摩司)는 여로보암(耶罗波安) 2세 때 예언 활동을 하였다. 아모스(阿摩司)의 고향은 유다(犹大)의 드고아(提哥亚 Tekoa)며 직업은 농부<뽕나무 지배자. 이 뽕 나무는 무화과(无花果)의 일종으로 가난한 사람들이 즐겨 먹는 과일이다>며, 목자로서 북 이스라엘(以色列)을 위하여 부름 받았다. 아모스(阿摩司)의 예언의 핵심은 이스라엘(以色列)의 사회적 문제를 중시한 것이다.

그러므로 어떤 학자들은 아모스(阿摩司)는 사회의 정의를 부르짖었다고 한다 (암5: 24). 아모스(阿摩司)서에서 전하는 메시지는 여호와(耶和华) 하나님을 윤리적인 유일신으로 보았으며, 윤리적 하나님임을 강조하였다.   모세(摩西)가 처음으로 여호와(耶和华) 하나님을 유일신 하나님이란 사상을 전하였고 야훼(耶和华)란 이름도 모세(摩西)가 처음으로 불렀다. 아모스(阿摩司)는 이 유일신 하나님을 윤리적 하나님이란 사상으로 가르쳤고 이 때부터 유일신과 더불어 윤리적 신에 대한 사상이 꽃 피워졌다.

아모스(阿摩司)가 주장한 두 번째는 야훼(耶和华) 하나님의 주권이다. 아모스(阿摩司)는 하나님을 심판의 하나님으로 보았다. 실제적(Classical Prophct)으로 예언자는 아모스(阿摩司)부터 시작 된 것이라 하는데 그것은 기록을 처음한 선지자(先知者)가 아모스(阿摩司)이기 때문이다. 율법적으로 율법도 중시하고 윤리면으로 윤리도 중시하며 율법과 윤리는 상호관계에 있어야 한다고 아모스(阿摩司)는 보았다. 아모스(阿摩司)는 모세(摩西) 때부터 내려 온 전승을 무시하지 않고 윤리와 법(Ethic and Law)을 중시하며 제사(Cult)를 언급하지 않았다. 아모스(阿摩司)는 선택론을 말했다(암9: 7 칼빈은 예정론). 선택권을 하나님께서 가지고 계시기 때문에 사람이 여기에 대하여 이렇다 저렇다고 말할 수 없고 하나님의 말씀에 순종해야 한다고 했다.

③ 호세아(何西阿 Hoshea 구원자 주전 750-725)

호세아(何西阿)는 북 왕국 이스라엘(以色列)에서 활동한 선지자(先知者)로 학자들간에 아무런 이견이 없는 선지자이다. 활동한 시대에 대하여서는 약간의 차이가 있다. 여로보암(耶罗波安) 2세의 집권이 주전 753년에 끝났고 호세아(何西阿)의 활동은 750년이므로 시간상 3년의 차이가 있다. 그러므로 호세아(何西阿)의 활동시기에 왕은 므나헴(米拿現 Menahem), 브가히야(比加辖 Pekahiah), 베가(比加 Pekah), 호세아(何西阿 Hoshea)의 시대로 보는 학자들도 있다. 호세아(何西阿)의 기록된 모든 내용은 실제라는 학자와, 비유라고 말하는 학자가 있다.

실제적 문제도 있고 비유도 있을 것이 아니냐는 설도 있으나 아직까지 문제의 정확한 답은 없다.

그러나 호세아(何西阿)서가 호세아(何西阿)에게 실제로 일어난 일들이라고 생각하면 이 예언서에서 더 실감을 얻을 수 있다. 호세아(何西阿)는 실제로 고멜(歌篾 Gomer)과 처음 결혼한 것으로 보이며, 고멜(歌篾 Gomer)의 간음을 호세아(何西阿)가 직접 목격하여 율법에 의하여 이혼했으나 호세아(何西阿)가 고멜(歌篾)을 용서하여 다시 정식으로 결혼한다. 호세아(何西阿)의 아들들도 약간에 문제가 있다. 고멜(歌篾)이 다른 곳에서 낳은 아들들인지 호세아(何西阿)의 아들인지 의문을 남긴다. 호세아(何西阿)가 전하는 메시지의 전체주제는 하나님의 사랑으로 하나님은 남편, 고멜(歌篾)은 이스라엘(以色列) 백성으로 간주하여 보아야 한다.

호세아(何西阿)는 하나님의 사랑을 이해시키는데 부부의 사랑에 비유하여 이스라엘(以色列) 백성들에게 설명했다. 호세아(何西阿)의 아이들 이름을 고찰해 볼 때 하나님을 아버지로 아이들을 이스라엘(以色列) 백성 즉 하나님의 자녀로 본 것이다. 호세아(何西阿)서가 강조한 것은 하나님의 사랑인데 이스라엘(以色列)이 잘못하면 아버지가 자식에게 훈계하듯 때리기도 하시는 하나님이시며 회개할 때 하나님께서는 무조건 용서하신다고 강조했다. Adultly(결혼한 여자가 간음하는 것), Fornication (혼전 간음), 이스라엘(以色列)에서는 결혼한 여자가 간음하는 것은 절대 용서가 없다. 호세아서(何西阿)는 고멜(歌篾)을 용서하고 다시 결합했다는 것은 매우 중요한 메시지다.

(2) 이스라엘(以色列)의 두 선지자를 비교 (아모스 (阿摩司)와 호세아 (何西阿))

하나님은 아모스(阿摩司)를 통하여 심판의 경고를 먼저 했다. 잘못한 어린이를 아모스(阿摩司)는 먼저 때리고 호세아(何西阿)는 용서를 구하라고 권면하는 그런 방법을 썼다. 시대는 주전 8세기로 같은 시대이나 아모스(阿摩司)가 먼저 경고한 후에 호세아(何西阿)가 조금 뒤 등장하여 회개를 권면하는 방법을 하나님은 사용하셨다. 북쪽에서 이러한 일들이 일어나는 것을 남쪽 유다(犹大)에서도 알고 있었다.

(3) 남쪽 유다(犹大)의 선지자들

① 이사야(以赛亚 Isaiah 주전741-701)

이사야(以赛亚)의 아버지는 아모스(阿摩司)이다. 이사야(以赛亚)는 예루살렘 (耶路撒冷)에서 출생하여 그 곳에서 성장하였으며 그는 지식층으로 교육을 많이 받았다. 이사야(以赛亚)가 활동할 때의 왕은 웃시야(乌西雅 Uzziah), 요담(约坦 Jotham), 아하스(亚哈斯 Ahaz), 히스기야(希西家 Hezekeah)이다. 이 이사야(以赛亚)를 제1이사야라고 한다. 이사야서(以赛亚书)는 제1이사야(以赛亚)가 1장- 39장까지를 기록하고, 제2 이사야(以赛亚)는 40장 -66장 까지를 기록하였다. 이렇게 구분하는 것은 1장에서 39장까지의 문체와 용어와 문화의 배경이 포로 이전의 것이며, 40장부터는 포로 이후의 문체와 문화와 생활상들이라, 이사야(以赛亚)서를 둘로 구분하여야 이사야(以赛亚)서의 풀리지 않는 의문이 해결된다.

어떤 학자들은 이사야서(以赛亚书)를 세 부분으로 구분하여 55장에서 66장까지를 제3이사야가 기록했다고 하지만 보통 두 부분으로 나눈다. 이사야서에서는 구약에서 찾을 수 없는 구속관과 메시아에 대한 계시들이 뚜렷하고 분명할 뿐 아니라 구체적으로 예언되었다. 이사야(以赛亚)가 강조한 것은 종교와 정치는 분리할 수 없다는 것이다. 특별히 이사야(以赛亚)는 하나님의 거룩성에 대하여 강

조할 뿐 아니라, 거룩한 하나님께 택함을 받은 이스라엘(以色列)은 정치에만 전
마음을 쏟을 것이 아니라고 종교인들의 잘못된 교훈을 냉철히 규탄하였다.

② 미가(弥迦 Micah)

미가(弥迦)는 유다(犹大) 모레셋(摩利沙 Moreshet)에서 출생하였다. 이 때 유다
(犹大)의 왕은 요담(约坦) 아하스, (亚哈斯), 히스기야(希西家) 등의 재임시였다.
미가는 8세기 선지자(先知者)로 이사야(以赛亚)보다 조금 늦게 활동한 예언자다.
미가(弥迦)는 활동하면서 이사야(以赛亚), 아모스(阿摩司), 호세아(何西阿)등의 선
지자가 예언활동을 할 때에 그 내용들을 알고 있었을 것으로 본다. 그런 연고에
서 세 선지자(先知者)의 예언한 것은 비슷하며 또 같은 것도 있다(미 3: 2과 사
5: 20과 비슷, 미3: 4과 사1: 15이 비슷, 미3: 8과 암5: 6 -7의 성경 구절들이 비
슷하다). 이사야(以赛亚)는 유다(犹大) 궁중에서 대부분 활동한데 반하여 미가(弥
迦)는 농촌에서 활동하였다.

미가서(弥迦书)의 내용은 "하나님께서 이스라엘(以色列)에게 무엇을 요구하셨
나?" 이다. 미가(弥迦)는 아모스(阿摩司)의 채찍과 호세아(何西阿)의 사랑을 얽맨
후에 이스라엘(以色列)은 하나님의 요구를 반드시 들어야 한다고 강조하였다. 이
것은 모세(摩西)의 오경에 나타난 하나님과 이스라엘(以色列) 백성의 계약과도
비슷하다. 오경의 계약은 너희가 나의 법에 순종하고 따르면 복을 받고 만일 나
를 떠나면 저주를 받을 것이라고 하셨는데 미가(弥迦)는 이스라엘(以色列)은 선
조 때부터 하나님을 따르도록 이미 선택되었으므로 순종만이 이스라엘(以色列)이
사는 길이라고 예언하였다.

7) 스가랴(撒迦利雅 Zechariah 주전 753 왕하15: 8-12)

여로보암(耶罗波安) 2세의 통치시대는 북 이스라엘(以色列)의 찬란한 시기였다. 그가
죽고 그 아들 스가랴(撒迦利雅)가 왕위에 올랐다. 그러나 그는 6개월 이내에 살룸(沙
龙 Shallum)에 의해 암살되므로 오래 다스리지 못했다. 스가랴(撒迦利雅)가 죽음으로
예후(耶户) 왕조는 4대만에 멸망한다.

5. 이스라엘(以色列 Israel)의 쇠퇴(주전 752-722, 왕하 15: 13-17: 41)

여로보암(耶罗波安 Jeroboam) 2세가 죽자 이스라엘(以色列)의 위력과 세력이 급하게
쇠퇴하여 끝내는 주전 722년에 앗수리아(亚述 Assyria)에 의하여 멸망되고, 남쪽 유다
(犹大)만이 적은 영토로 남아있게 되었다.

1) 살룸(沙龙 Shallum 주전 752 왕하15: 13-15)

살룸은 스가랴(撒迦利雅)를 죽이고 왕으로 선언함으로써 이스라엘(以色列)의 제6 왕조를 세웠다.

그러나 한달을 통치하였을 때 스가랴(撒迦利雅)의 군대 장관이던 므나헴(米拿現 Menahem)이 그를 죽임으로 보복하였다.

2) 므나헴(米拿現 Menahem 주전752-742 왕하 15 : 16 - 22)

므나헴(米拿現 Menahem)이 이스라엘(以色列)의 왕이 되자 그는 총 10년간 통치하였다. 그는 사마리아(撒玛利亚 Samaria)에서 살룸(沙龙)을 죽이고 제 7 왕조를 세웠다.

그가 사마리아(撒玛利亚)에서 살룸을 죽일 당시 디르사(得撒Tirzah)에서 왔다고 기록되어 있다(왕하15: 14).

이 말은 살룸이 여로보암(耶罗波安) 2세의 임명으로 디르사에서 근무하고 있었음을 의미한다.

므나헴(米拿現)이 살룸(沙龙)을 죽일 때는 왕권을 잡으려는 자기의 이익뿐 아니라 스가랴(撒迦利雅)의 복수를 하려는 뜻도 있었을 것이다. 그는 왕이 된 후 딥사(提斐萨 Tiphsah)에 가서 많은 사람을 죽였다.

므나헴(米拿現)의 통치기간에 앗시리아(亚述)가 힘을 얻어 그 세력이 다시 지중해(地中海) 국가들에게 미치게 되었다. 앗시리아(亚述)에서 가장 유력한 통치자였던 디글랏 빌레셀3세(提革拉毗列色 三世 Tiglath-PileserⅢ 주전745-727)가 왕위에 올라 앗시리아(亚述)의 제국의 국력을 회복하였다. 그는 유브라데스(幼发拉底)를 건너 서쪽으로 진출하기 이전에, 먼저 남쪽으로 바벨론(巴比伦)과 북쪽으로는 우랄투(乌拉图 Urartu)까지 정복 하였다.

그는 서쪽으로도 성공적으로 정복을 하였으며 이전의 통치자들과 다른 정책을 썼다. 이전의 통치자들은 임시적인 지배와 공물의 수납에 그쳤는데 계속적인 반란을 방지하려고 디글랏 빌레셀3세(提革拉毗列色 三世 TiglathPileserⅢ)는 정복한 땅을 모두 앗시리아(亚述)령으로 통합시키고 반란이 일어나지 못하도록 정복한 나라의 통치자를 추방했다. 그의 이런 정책이 효과적이자 그의 후계자들 역시 이 정책을 채택하게 되었다. 그 해 주전 743년 에 디글랏 빌레셀3세(提革拉毗列色)의 원정은 이스라엘(以色列)까지 미치게 되어 므나헴(米拿現)도 면하지 못했다. 그는 이스라엘을 앗시리아(亚述)에 통합은 하지 못했으나 공물로 부과된 총 금액이 은 1,000달란트였다.

므나헴(米拿現)은 인두세란 면목으로 부유한 자에게 50세겔씩 을 징수하였다. 므나헴(米拿現)은 이 인두세 징수로 왕국을 유지할 수도 있었으나 용기가 없어서 앗시리아 (亚述)의 봉신을 면하지 못했다(왕하15: 19-20).

3) 브가히야(比加轄 Pekahiah 주전 742-740) 와 베가(比加Pekah) (주전 752-732 왕하 15: 23-31)

므나헴(米拿現)이 죽자 그의 아들 브가히야(比加轄)가 왕위를 계승하여 2년을 다스렸다. 군대장관 베가(比加)가 사마리아(撒玛利亚) 궁전에서 브가히야(比加轄)를 암살하고 왕위에 올라 이스라엘(以色列) 제 8왕조를 세워 20년을 다스렸다. 그러나 연대기적인 상호 관계를 볼 때, 이 20년은 므나헴<米拿現10년>과 브가히야<比加轄2년>의 통치 기간을 포함한 것으로 나타난다. 베가(比加)의 마지막 해는 분명히 주전732년인데, 그의 20년의 통치 시작은 주전 752년인 것으로 보아, 므나헴(米拿現)은 브가히야(比加轄)의 통치기간 동안 어느 지역 일부에서 통치를 하다가 브가히야를 죽이고 단독으로 8년 통치를 했을 것이다.

티에레(泰利 Thiele)에 의하면 베가(比加)가 요단강(约但河) 건너편 길르앗(基列)에서 므나헴(米拿現)과 브가히야(比加轄)를 대적하여 나라를 이미 다스리고 있다가 충분한 용기와 지지를 얻은 후 50명의 길르앗(基列) 사람과 요단강(约但河)을 건너 와서 브가히야(比加轄)를 죽이고 왕위를 차지하였다고 한다 .베가(比加)의12년은 므나헴(米拿現)과 브가히야(比加轄)의 인정하에 길르앗(基列)을 다스린 것으로 된다. 베가(比加)가 어떻게 브가히야(比加轄)의 군대 장관을 했는지의 설명이 이로써 충분하다(왕하15: 25).

M. Unger(温格尔)는 므나헴(米拿現)의 인두세 결과로 이스라엘(以色列)안에 반 앗시리아(亚述)파가 형성 되었기 때문에 베가(比加)의 혁명이 수월했을 것이라고 한다. 이러한 추측은 베가(比加)가 왕이 되었을 때 강력한 반 앗시리아(亚述) 위치를 고수하고 앗시리아(亚述) 세력에 대항하여 다메섹(大马色)의 르신(利汛)과 연합한 사실과도 잘 부합된다. 베가(比加) 단독 통치 6년만인 주전734년에 디글랏 빌레셋3세(提革拉毗列色)는 이 동맹을 진압하려 서쪽으로 돌아왔다. 유다(犹大) 왕 아하스(亚哈斯)는 예루살렘(耶路撒冷)이 르신(利汛)에게 포위 당하자 앗시리아(亚述)왕에게 도움을 청하였고, 이에 디글랏 빌레셋3세(提革拉毗列色)는 주전 734-732년 원정을 하여 블레셋(非利士)땅의 성읍 가자(迦萨 Gaza)을 굴복시킴으로 애굽(埃及)의 원정을 막았다.

주전 733년 디글랏 빌레셋3세(提革拉毗列色)는 이스라엘(以色列)로 진군하여 갈릴리(加利利 Galilee)성읍 모두를 파괴하고 많은 사람들을 포로로 잡아갔다(왕하15: 29). 마지막으로 그는 다메섹(大马士革)으로 가서 수도를 포위하고 르신 왕을 처형하였다. 앗시리아(亚述) 왕의 호감을 얻어 왕이 되려던 호세아(何西阿)가 베가 (比加)를 죽였고 앗시리아(亚述) 왕은 호세아(何西阿)를 이스라엘(以色列)의 왕으로 세웠다(왕하15: 30).

4) 호세아(何西阿 주전 732-722 왕하17: 1-6)

호세아(何西阿)가 왕으로 즉위하여 이스라엘(以色列)의 제 9왕조를 세웠다. 이 왕조가 마지막 왕조며 그가 마지막 왕이다. 호세아(何西阿)가 왕이 될 때 이스라엘(以色列)은 이미 큰 나라가 아니었다.

갈릴리와 요단(約但) 동편을 앗수리아 (亞述)의 영토로 통합하였기 때문에 호세아(何西阿)는 요단(約但) 서쪽의 산지만을 다스리게 되었으며 호세아도 앗수리아(亞述)의 봉신에 불과하였다. 호세아(何西阿)는 디글랏빌레셋 3세 (提革拉毗列色)의 아들 살만에셀5세(撒缦以色 Shalmaneser)가 앗시리아(亞述)의 왕이 되었을 때 그는 미약할 뿐 아니라 분단되어 힘을 잃어 버린 애굽(埃及)과 손을 잡고 앗시리아(亞述)에 공물을 바칠 것을 거절하였다. 주전 724년 살만에셀5세(撒缦以 Shalmameser)가 이스라엘(以色列)에 진군할 때(왕하17: 3 - 6) 호세아(何西阿)는 황망히 공물을 가지고 마중하였으나 그것으로 앗시리아(亞述) 왕을 만족시킬 수는 없었다.

호세아(何西阿)가 포로로 잡혔으므로 사마리아(撒玛利亚) 성이 곧 무너질 것이라 예상했으나 그 성은 강력히 저항하였다. 이 포위는 주전724-722년까지 계속 되었다. 그러나 마침내 사마리아(撒玛利亚 Samaria) 성은 어쩔 수 없이 무너졌고 이스라엘(以色列)은 종말을 고하게 되었다.

6. 앗시리아(亞述 Assyria)의 속국

사마리아(撒玛利亚)성이 무너지자 앗수리아(亞述) 총독이 그 땅에 와서 서편의 이스라엘(以色列)을 주(省 Province)로 편입하였다. 많은 이스라엘(以色列) 사람들이 최후의 몰락 이전에도 또 그 후에도 앗시리아(亞述)에 포로로 잡혀갔다. 그 대신 상류층의 외국인들이 들어오게 되었다. 이 인구 혼합(混合)정책은 종속된 백성들의 반란을 줄이기 위한 수단으로 디글렛 빌레셋3세(提革拉毗列色)가 제정한 것이다.

물론 이 정책은 이스라엘(以色列)속에서 목적을 달성시킨 동시에 또한 종교적인 피해를 가져왔다.

이 혼합 정책을 통하여 이방신들과 여호와(耶和华)의 신이 동시에 숭배되는 다신(多神) 종교를 초래하였다(왕하 17: 29-41). 이 이주(移住) 혼합 정책은 또한 그 땅에 남아 있는 이스라엘(以色列) 백성들과 숫자가 적은 외국인들과의 혼합 결혼을 가져왔다. 이 결혼에 의하여 태어난 후손들을 사마리아인(撒玛利亚 Samaritans)이라 불리우는 새로운 족속이 생겨나게 되었다.

7. 요 약

　이스라엘(以色列)은 주전 931-722년 까지 약 2세기 동안 국가로 존재하였다. 제 9왕조에서 19명의 왕이 집권하였다. 8명의 왕은 암살당했거나 자살하였다. 이들은 금 송아지로 대체된 예배를 드렸거나 아니면 더 사악한 바알(巴力) 제단을 섬겼기 때문에 하나님이 선하다고 한 왕은 한명도 없었다.

　오므리(暗利) 왕조에게는 바알-메칼트(巴力美耳刻 Baal-Melqart)를 섬기는 죄를 엘리야(以利亞)와 엘리사 (以利沙)를 통해 경고하였으나. 이 경고를 듣지 않으므로 예후(耶戶)에 의해 징벌되고 다메섹(大马色)의 아람(亚兰)에게 비참한 모욕을 당했다. 여로보암 2세(耶罗波安)의 번영시기 동안에는 물질이 풍요함으로 저지르는 죄를 아모스(阿摩司)와 호세아(何西阿)를 통하여 경고하였으나 백성들은 역시 청종치 않았다. 두 번째로 하나님은 앗시리아(亚述)로부터 국가적인 모욕과 탄압을 받게 하였다. 이러한 모욕은 사마리아(撒玛利亚) 성이 무너졌다고 해서 끝난 것이 아니고, 이스라엘(以色列)이 완전히 주권을 잃고 나라는 멸망하였으나 이스라엘.(以色列)은 회개할 기회를 주었음에도 불구하고 회개하지 않았다. 이리하여 하나님의 분노가 이스라엘(以色列)에 부어졌던 것이다.

제14장 유다(犹大 Judah) 왕국
(왕상14: 21-15: 24, 22: 41-50, 왕하8: 16-29 11:- 25:, 대하10: 36:)

유다(犹大) 왕국은 이스라엘(以色列)과 같은 시대에 있었으나 1세기 반 가량 더 존속하였다.

1. 이스라엘(以色列 Israel)과 유다의 투쟁기간(주전 931-587 왕상 14:21-15:24, 대하10-16)

북 이스라엘(以色列)과 분리 후 르호보암(罗波安 Rehoboam)은 유다(犹大) 지파로만 구성된, 다윗(大卫 David)이 헤브론(希伯仑 Hebron)에서 처음 왕이 되었을 때 다스리던 지역과 같은 지역을 맡게 되었다.

아히야(亚希雅 Ahijah) 선지자(先知者)가 처음 이러한 분리에 대해 여로보암(耶罗波安)에게 말했을 때는 오직 한 지파 만이 다윗(大卫)의 후손에게 충성하리라고 말했다 (왕상11: 31). 그러나 동시에 그는 여로보암(耶罗波安)이 다스릴 지파의 상징으로 열두 조각 중에서 열 조각만을 주었다, 이는 또 한 지파가 유다(犹大)에 포함되리라는 것을 의미한다. 여기에 포함된 지파는 베냐민(便雅敏)지파로 베냐민(便雅敏)은 처음에는 북쪽 지파에 속하였었다. (왕상 12: 20) 역사적으로 볼 때 베냐민(便雅敏)은 항상 북쪽에 속했다.

베냐민(便雅敏)의 경계 지점에 예루살렘(耶路撒冷 Jersalem)이 정면에 있었으므로 완충지대가 절실히 필요하여 르호보암(罗波安)이 위협하거나, 유도 정책을 썼는지는 의문이나 어찌되었던 유다(犹大) 왕국에 속하게 되었다(대하11: 12). 여호수아(约书亚)는 땅을 분배할 때 시므온에게 유다(犹大) 지파에 속한 18성읍을 주었다 (수19: 1-9 대상 4: 28-33) 왜 시므온(西缅 Simeon)은 유다(犹大)에 포함되지 않았을까? 란 의문이 생긴다. 이 해답은 왕국이 분리되기 전 시므온(西缅) 지파의 대부분 사람들이 북쪽의 에브라임(以法莲 Ephraim)과 특히 므낫세(玛拿西 Manasseh)와 합류한 것으로 본다. 대하 15: 9과 34: 6에는 시므온이 에브라임(以法莲)과 므낫세(玛拿西)와 같이 언급되고 있는 것으로 보아 아사왕(亚撒 Asa) 시대와 그 이후에 세 지파가 지리적으로 연합된 것을 암시하고 있다.

1) 르호보암(罗波安 Rehoboam)
(주전 931-913 왕상 14: 21-31, 대하10: - 12:)

르호보암(罗波安)은 41세에 왕이 되어 17년간을 다스렸다. 르호보암(罗波安)은 다윗(大卫)을 본받지 않고 솔로몬(所罗门)의 후기에 종교적인 타락의 영향을 받아 산당(罗波安筑高坛 bamdth)과 우상(造偶像 Masseboth)과 아세라 목상(亚舍拉 Asherim asherim)을 세우고, 또 남색하는자(变童 qadesh)를 허락하였다(왕상14: 23-24). 르호보암(罗波安)은 다윗(大卫)이 그 땅에서 거의 제거했던 가나안(迦南) 종교를 일부 복귀시킨 것이 된 르호보암(罗波安)은 사사시대에 가나안(迦南) 종교 때문에 하나님의 축복을 받지 못했던 것을 깨달아야 했었다.

(1) 여로보암(耶罗波安 Joroboam)에게 승리(왕상14: 30 대하11: 5-13)

르호보암(罗波安)은 여로보암(耶罗波安)과 애굽(埃及)의 시삭(示撒 Sheshong)으로부터 군사적 접전을 맞게 되었다. 여로보암(耶罗波安)과 전투는 성공적이였으나 시삭(示撒)에게는 참패를 당함으로 하나님을 배반한 징계를 받았다. 르호보암(罗波安)과 여로보암(耶罗波安)은 계속 대적(왕상 14:30)하였다.

하나님은 유다(犹大)와 이스라엘 (以色列이 전쟁하는 것을 금하셨다(대하11: 1-4). 남 북간에 투쟁은 베냐민(便雅敏)지역을 둘러 싼 경계선에서 항상 반복되었다. 르호보암(罗波安)은 완충지대로서 베냐민(便雅敏)이 필요하였고, 여로보암(耶罗波安)은 자연적 으로 이 지역을 갖고자 하였을 것이다. 베냐민(便雅敏)이 유다(犹大)에 포함된 것을 보아 르호보암(罗波安)이 이겼을 것이다.

이 승리는 여로보암(耶罗波安)의 경계수비를 패배시킨 군사적 승리뿐 아니라, 베냐민(便雅敏)으로 하여금 남방국가에 속하도록 하는 심리적 설득에도 성공을 거두었을 것이다. 르호보암(罗波安)은 수비대도 강화하고 유다(犹大)와 베냐민(便雅敏)에 위치한 15개의 성읍을 요새화하였다(대하11: 5-10). 이 방비 성읍들이 주로 예루살렘(耶路撒冷) 남쪽과 서쪽에 위치한 것을 보아 애굽(埃及)과 블레셋(非利士)을 염두에 두고 수비를 한것 같다. 그렇다면 이 방비는 르호보암(罗波安) 5년에 애굽(埃及)의 시삭(示撒)으로부터 침략을 당한 직후에 이루어진 것으로 보인다.

(2) 애굽(埃及)의 시삭에게 패배당함(왕상 14: 25-26, 대하12: 2-12)

르호보암(罗波安)을 패배시킨 애굽(埃及)의 시삭 1세(Sheshonq. 1 주전 945-924)는 애굽(埃及)의 제 22왕조 창시자로 여로보암(耶罗波安)이 솔로몬(所罗门)을 피하여 애굽(埃及)으로 도망했을 때 피난처를 제공하였다(왕상 11:40). 시삭1세(示撒 Sheshong)는 르호보암(罗波安) 5년에 팔레스틴(巴勒斯坦)에서 애굽(埃及)의 위력을 과시하는강력한 시도를 감행하였다. 이 원정에서 시삭(示撒)은 자기가 정복한 도시가 150개라고 적었으며, 이 때 시삭(示撒)은 에시온게벨(以旬迦別 Ezian-geber)의 솔로몬(所罗门) 구리광산을 파괴한 것 같다.

시삭(示撒)이 도시의 이름을 나열하지는 않았으나, 드빌(底壁 Debir)과 벧세메스(伯示麦 beth-Shemesh)도 당시 파괴된 흔적이 있다. 성경에는 시삭(示撒)이 많은 보화를 가져갔다고(왕상14: 26대하12: 9) 기록되어 있다. 르호보암(罗波安)은 유다(犹大) 본토의 파괴를 방지하기 위해 이 보물들을 시삭에게 공물로 바친 것 같다.

이것을 하나님은 스마야(示玛雅 Shemaiah) 선지자를 통하여 르호보암(罗波安)이 회개하지 않을 때 시삭을 통하여 징벌하리라고 통보했었다. 르호보암(罗波安)이 회개하자 하나님은 얼마간의 구원을 주리라고 약속하셨다 (대하12: 6-7). 유다(犹大)의 주요 성읍이 이 심각한 파멸에서 구원된 것이 하나님의 약속의 응답인 것이다.

시삭(示撒)이 언급한 많은 도시들은 이스라엘(以色列)에 속한 도시들이었다. 승리의 기념으로 므깃도(米吉多)에 시삭의 이름이 새겨져 있는 것이 그 증거이다. 이 때 시삭은 넓은 지역을 원정하였고, 또 성공하였다.

그러나 팔레스타인(巴勒斯坦)땅에 애굽(埃及)의 권위를 세우려고 노력했으나 애굽이 미약하여 팔레스타인(巴勒斯坦)에 오래 머물 수 없어 그들의 뜻을 실현하지는 못했다.

2) 아비얌(亚比央 Abijam)
(주전 913-911 왕상 15: 1-8 대하 13: 1-22)

르호보암(罗波安)의 아들 아비얌(亚比央)이 왕위에 올라 3년을 다스렸다. 그는 아버지의 죄를 계속하고 또한 여로보암(耶罗波安)과도 계속 투쟁하여 큰 성공을 거두어 에브라임(以法莲) 지역의 스마라임(洗玛脸 Zemaraim 벧엘 伯特利 동쪽인 것 같다) 산 근처에서 전투(대하13: 3-19)를 할 때 아비얌(亚比央)은 적은 군대로 승리하여 이스라엘(以色列)의 종교 중심지인 벧엘 (伯特利)까지 지배하게 되었다. 그리고 여사나(耶沙拿 Jeshanah)와 에브론(以弗仑 Ephron) 지역까지 포함하여 점령하였다. 그러나 이것은 오래가지 못하고 그의 아들 아사(亚撒)가 왕이 되었을 때 북 이스라엘(以色列)의 왕 바아사(巴沙 Baasha)가 공격을 하여 예루살렘(耶路撒冷)에서 6.4km 밖에 안 되는 라마(拉玛)에 까지 군대를 주둔시켰다.

3) 아사(亚撒 Asa 주전 911-870 왕상15: 9 - 24 대하14 :-16 :)

이사 왕은 41년을 다스렸으며, 남방 왕국에서 처음으로 종교적으로 선한 왕이 되었다. 유다(犹大)의 20왕 중에서 8명은 하나님의 눈에 선하였다고 기록되었는데, 이스라엘(以色列)의 19명 왕은 모두 악하였다고 기록 되었다. 여기에서 선하다고 하는 것은 그 왕들이 모세(摩西)의 율법에 따라 행동하려고 하였고, 그 노력을 어느 정도 수행하였다는 것을 의미한다.

(1) 종교적 행적(왕상 15: 11-15, 대하 14: 1-5, 15: 2-19)

아사(亞撒) 왕의 몇 가지의 훌륭한 일은 남색하는 자(娈童者 Qedeshim)와 우상(偶像 gillulim)숭배하는 자를 몰아내었다. 아사(亞撒) 왕은 그의 어머니(또는 할머니)가 아세라(亞舍拉) 여신을 만들었으므로 태후의 자리에서 폐위시켰다. 애굽(埃及) 군대를 이기고 선지자 아사랴(亞撒利雅 Azariah)로부터 힘을 얻은 후(대하15: 1-7) 그의 재임 1년에 그는 하나님과 언약을 다시 세우기 위해 유다(犹大)와 베냐민(便雅敏) 사람을 불러 모았다

여기에는 또한 에브라임(以法莲), 므낫세(玛拿西) 시므온(西缅) 등에서 나온 이스라엘(대하15 : 9)도 포함되어 있다. 아사(亞撒 Asa)는 전투에서 노략하여 온 소 700마리와 양 7000마리를 번제로 드렸다.

그는 성전에 새 물품들을 더 정비하고 하나님의 제단을 다시 세웠으나 가나안(迦南) 사람의 산당은 제거하지 않았다. 아사(亞撒)는 말년에 자만심이 생겨 자기를 꾸짖는 선지자 하나니(哈拿尼)를 투옥시켰다. 발에 병이 났을 때도 하나님을 의지하지 않고 의원들만 의지하였다.

(2) 애굽(埃及 Egypt)에게 승리하다(대하14: 9-15)

아사 왕은 두 번의 외국과의 전투를 겪었다. 첫 번째는 애굽(埃及)과의 전투였는데 큰 승리를 거두었고, 그 전쟁에 세라(Zerah)는 에디오피아(衣素比亞 Ethiopia)에서 애굽군대를 이끌고 왔는데, 세라(谢拉)는 애굽(埃及) 왕 오사르곤(撒珥根 1세 Osarkon)의 군대장관일 것이다. 세라(谢拉)는 시삭(示撒)이 사루헨(沙鲁亭 Sharuhen)에 세워 놓은 애굽(埃及)의 전초 기지에서 이미 지휘관으로 복무했던 것 같다.

세라(谢拉)의 원정이 아사 왕 15년에 있었다고 본다면 시삭의 원정 이후 약 30년이 경과한 셈이 된다.

세라(谢拉)의 공격은 사루헨(沙鲁亭) 지역, 더 구체적으로는 마레사(玛利沙 Mareshah)와 그랄(基拉耳 Gerar) 지역에서 시작 되었으나, 아사 왕이 하나님께 도움을 구하였으므로 큰 군대를 멸하고 많은 전리품을 얻을 수 있었다.

(3) 이스라엘(以色列)에 대한 자만심(왕상15: 16-22, 대하16: 1- 6, 10)

아사(亞撒) 왕은 애굽(埃及)과의 전투에서 승리한 후 하나님을 의지하던 신앙에서 돌아서 자만심을 갖게 되었다. 두 번째의 외국과의 전쟁은 아사 왕 16년에 이스라엘(以色列) 왕 바아사(巴沙)와의 싸움인데, 바아사(巴沙)왕은 예루살렘 (耶路撒冷)에서 북쪽으로 4마일 떨어진 라마(拉玛 Ramah)를 요새화하기 위해 유다(犹大)의 북방 경계선을 침투하였다. 아사(亞撒) 왕은 이 때에 하나님께 조언을 구하지 않고 자기 판단에 의지하여 다메섹(大吗士革)의 벤하닷1세(便哈达 Ben-Hadad)에게 도움을 청하였다. 막 세력을 회복한 벤하닷(便哈达)은 기꺼이 유다(犹大)왕의 요청에 응하여 이스라엘(以色列)의 북방 성읍을 공격하자 이스라엘(以色列)은 라마(拉玛)에서 물러나

자기의 영토를 지킬 수 밖에 없었다. 아사(亚撒)는 바아사가 요새를 위하여 라마에 갖다 놓은 물품을 가지고 게바(迦巴Geba)와 미쓰바(米斯巴 Mizpah)의 수비를 강화하는데 사용하였다. 이런 자기의 행동이 현명하였다고 판단한 아사 왕은 자기 자만에 빠져 하나니(哈拿尼 Hanani) 선지자의 권면을 듣지 않고 오히려 노여움을 나타내었다. 아사 왕이 하나님을 의지했다면, 전에 애굽(埃及)을 물리쳤던 것 같이 바아사(巴沙 Baasha)를 능히 이길 수 있고, 나라도 외세의 불리한 관계에 휘말리지 않을 것이라고 하나니(哈拿尼) 선지자는 말했다.

2. 이스라엘(以色列 Israel)과의 동맹 시대(주전 873-835)
(왕상 22: 41-50, 왕하8: 16-29,11: 1-16, 대하17: 1-23:15)

여호사밧(约沙法 Jehoshaphat) 왕은 북쪽 이스라엘(以色列)에 오므리(暗利 Omri) 왕조와 동맹을 맺어 투쟁은 끝나고 두 나라 사이에 평화가 이루어졌다.

1) 여호사밧(约沙法 Jehoshaphat)
(주전 873-853 왕상 22:41-50, 대하17: -20:)

아사(亚撒)의 아들 여호사밧(约沙法)은 35세에 왕이 되어 25년간 다스렸다. 이 중 3년은 아버지와의 섭정 기간이었다. 아사 왕은 다리에 심한 병을 앓게되어 정사를 볼 수 없어서 아들인 여호사밧(约沙法)이 섭정을 하게 된 것이다. 아사 왕은 자기 아들을 실제적인 왕으로 선포하였는데, 이것은 솔로몬(所罗门)과 다윗(大卫)의 짧은 공동통치 이후 유다(犹大)나 이스라엘(以色列)에 있어 첫 번째 섭정정치였다. 이스라엘(以色列)이 이런 섭정을 사용한 것은 1세기 이상이나 더 지난 뒤였다.

(1) 훌륭한 종교 행적(왕상 22: 43, 46, 대하 17: 3-9, 20: 2-35)

여호사밧(约沙法)은 종교적으로 볼 때 유다(犹大)에서 두 번째로 선한 왕이다. 그의 아버지와 같이 유다(犹大) 땅에서 바알(巴力) 제단을 없이 하였으며, 산당(bamoth)도 어느 정도 제거하고 레위(利未)인들에게 명하여 유다(犹大) 백성들에게 율법서를 가르치게 하였다. 여호사밧(约沙法)은 백성들이 하나님의 법을 준수하려면 먼저 가르침을 받아야 함을 깨달았다. 여호사밧(约沙法)은 모압(摩押), 암몬(亚打), 마온(玛云 Maon) 사람들이 공격할 때 예루살렘(耶路撒冷)에 금식을 선포하고 기도하게 할 만큼 하나님에 대한 신뢰가 전폭적이었다.

하나님께서는 이 기도에 응답하셨고, 또 여호사밧(约沙法)은 찬양하는 레위(利未)인을 앞에 세우고 적진으로 찬양을 하며 나아갈 때 적군에서는 큰 혼란이 일어나 자기들끼리 서로 죽이는 일이 일어났다(대하20: 21-22).

(2) 강력한 통치자(대하 17: 10-19)

이런 일을 보며 여호사밧(約沙法)은 약한 군대를 거느린 연약한 통치자로 간주하면 안 될 것이다. 사실 그는 5대대의 강력한 군대를 소유하였는데, 이중 3대대는 유다(犹大)에, 2대대는 베냐민(便雅敏)에서 구성하였다. 여호사밧(約沙法)은 본국의 수비 강화에도 신경을 써 요새와 국고성을 건축하였다.

여호사밧(約沙法)의 위력은 외국까지 널리 알려져 그와 전쟁하길 두려워하였으며, 아라비아(阿拉伯 Arabia)와 블레셋(非利士)은 예물을 가져옴으로 좋은 관계를 유지하려 하였다.

(3) 재판 규정(대하 19: 4-11)

여호사밧(約沙法)은 그 땅의 재판절차를 개선하는 조치를 취하였다. 그가 취한 개혁의 성질로 보아 모세(摩西)의 율법에 나와 있는 많은 문제들이 해이해져 있었던 것 같다. 여호사밧(約沙法)은 하나님이 정한 규례를 다시 회복할 것을 요구하였다. 그는 중요한 성읍에 재판관을 임명함으로써 지방 재판을 만들고 (이것은 합법적으로 규명된 것이다(신16: 18, 19: 12, 21:18- 21, 22:13- 21). 그들로 하여금 모든 재판을 공정히 하도록 촉구하였다. 제사장, 레위(利末)인 족장들을 임명하여 예루살렘(耶路撒冷)에 있는 중앙재판소에서 일하게 하였다(신17: 8-13).

여기에서 다루어지는 문제가 종교적일 때는 대제사장인 아마랴(亚玛利雅 Amariah)가 의장이 되어 다스리고, 민사 문제일 때엔 스바댜(示法提雅 Zebadiah)가 관리하였다. 이러한 규례에서 여호사밧(約沙法)은 정치가로서 훌륭한 능력뿐 아니라 하나님과 백성들을 향한 선한 마음을 과시하였다.

(4) 이스라엘(以色列)과의 동맹
(왕상 22: 44, 48, 왕하3: 4-27, 대하18: 1-19: 3, 20: 35-37)

오므리(暗利) 왕조와의 동맹으로 경제적 군사적 면에서는 자국에 어느 정도 공헌을 하였으나 하나님께서 가장 중요시 여기시는 면에서는 큰 손실을 가져왔다. 여호사밧(約沙法)의 아들 여호람(約兰)과 아합(亚哈)의 딸 아달랴(亚他利雅 Athaliah)와 결혼을 하였는데, 아달랴(亚他利雅)는 그의 어머니인 이세벨(耶洗別 Jezebel)의 방식을 좇음으로써 비극을 초래하게 된 것이다. 여호사밧(約沙法 Jehoshaphat)은 이 동맹으로 인하여 여러 가지로 어려움을 겪었다. 길르앗 라못(基列拉末)에서 아합(亚哈) 왕을 도와 벤하닷(便哈达)과 싸우다가 거의 죽을 뻔하였고 (왕상 22: 29-33, 대하18: 29-34)그는 아합(亚哈) 왕의 아들 아하시야(亚哈谢)와 연합하여 아카바 만(亚咯巴海湾)에 있는 에시온게벨 (以旬迦別)에서 배를 만들었는데, 처녀 항해도 못해 보고 배가 파선 되었다(왕상22: 48-49, 대하20: 35-37). 여호사밧(約沙法)은 아합(亚哈)의 둘째 아들 여호람(約兰)과 연합하여 모압(摩押)과 싸우다가 물이 없어서 자기 군대와 함께 죽을 뻔 하였다(왕하3: 4-27). 그 때마다 하나님의 선지자(先知者)가 관계하였는데 라못 길르앗(基列)에서는 그 전투가 패할 것이라고 미가야(米该雅) 선지자가 경고하였고, 배가 파산 될 것을 엘리에셀(以利以谢)이 예언하였다. 에돔(以东)과 함께 모압(摩押)을 공격하러가다 물이 없었을 때는 엘리사 (以利沙)가 하나님의 구원방법을 나타내 보여주었다.

2) 여호람(约兰 Jehoram)
(주전 853-841 왕하 8: 16-24, 대하21: 1-21)

여호사밧(约沙法)은 임기 마지막 4년 동안 아들 여호람(约兰)을 섭정으로 임명하였다.

여호람(约兰)이 섭정으로 임명되었을 때는 여호사밧(约沙法)이 라못 길르앗(拉末基列)에서 아합(亚哈)을 돕던 해인 것으로 보아 전쟁이 길어질 것으로 예상하여 자신이 없는 동안 나라를 다스리게 하려고 했던 것이다.

여호람(约兰)은 여호사밧(约沙法)이 죽은 후 8년간을 혼자 다스렸다(대하21: 5). 그런데 이 때에 다섯 가지의 불행한 사건이 생겼다. 그런 사건이 생긴 것은 사악한 아달랴(亚他利雅)가 여호람(约兰)의 아내이기 때문에 일어난 것이라 본다(왕하 8: 18).

(1) 여호람(约兰)이 그의 여섯 형제 곧 여호사밧(约沙法)의 모든 아들들을 죽였다.

여호사밧(约沙法)은 여호람이 왕위에 오르기 전에 자신의 아들들에게 금과 귀중한 물품을 주고 요새화한 성읍을 선물로 주어 내보냈었다. 그러나 장자인 여호람은 왕이 되어 왕국을 다스릴 때 그의 아우 여섯 형제들과 이스라엘 방백들 중 몇을 칼로 죽였다(대하 21: 2-4).

(2) 그의 통치 기간에 두 번의 연속적인 반란 사건이 일어난 것이다.

하나는 에돔(以东)의 반란으로(왕하8: 20-22, 대하21: 8-9), 에돔(以东)은 여호람(约兰), 여호사밧(约沙法)과 연합하여 모압(摩押)을 공격하던 나라인데(왕하 3: 4-27), 에돔(以东)이 유다(犹大)에 속하게 된 것은 그보다 훨씬 이전에 에돔(以东)이 가입한 연합동맹을 여호사밧(约沙法)이 쳐부순 때인 것 같다(대하 21: 8-9).

(3) 여호사밧(约沙法)은 에돔(以东) 땅에 그들을 관리 할 통치자를 두었었다 (왕상22: 47)

이 때 여호람(约兰)은 반란을 진압하려 했으나 성공하지 못하였고. 또 하나는 립나(立拿 Libnah)성읍의 반란이었다(왕하8: 22). 이 반란은 여호람(约兰)이 성공한 것 같다.

(4) 블레셋(非利士)과 아라비아인(阿拉伯人)들의 침략에 유다(犹大)는 실제적인 손실을 입게 되었다.

재물들을 빼앗기고 여호람(约兰)의 아내와 막내 아하시야(亚哈谢)를 제외한 모든 아들들을 잃은 것이다(대하21: 16-17).

(5) 여호람(约兰) 자신의 끔찍한 죽음이었다.

그는 그의 죄로 인해 엘리야(以利亚)가 한 경고에 따라 창자에 큰 병을 앓다가 죽었다(대하21: 12-15, 21:3). 여호람(约兰)의 집권은 재난과 실패였다고 말할 수 있다.

3) 아하시야(亚哈谢 Ahaziah 주전 841 왕하 8:25-29, 9: 21-28)

아하시야는 그의 어머니 아달랴(亚他利雅)의 옳지 못한 영향을 받았다(대하22: 3). 아하시야(亚哈谢)는 블레셋

(非利士)과 아라비아(阿拉伯)로부터 살아 남았지만, 예후(耶户)의 손에 죽임을 당했다. 이스라엘(以色列)의 왕인 여호람(约兰)이 부상을 입어 이스르엘(耶斯列)에서 회복을 기다리고 있을 때 여호람(约兰)을 문병 갔다가 예후 (耶户)가 오므리(暗利) 왕조를 멸하기 위해 이스라엘(以色列)의 여호람(约兰)을 죽일 때 그와 함께 아하시야 (亚哈谢)도 죽임을 당했다 아하시야(亚哈谢)는 도망을 하였으나 예후(耶户)의 신하들에게 잡혀 므깃도(米吉多) 에서 살해되어 그의 신하들이 예루살렘(耶路撒冷)으로 가져와 장사 지냈다.

4) 아달랴(亚他利雅 Athaliah)
(주전841-835 왕하 11: 1-16, 대하22: 10-23: 15)

(1) 잔인하고 사악한 통치(왕하 11: 3, 대하22: 10-12)

아하시야(亚哈谢)의 어머니 아달랴(亚他利雅)는 이세벨(耶洗別)의 딸이다. 그녀는 자기 어머니와 똑 같은 목표를 가지고 있었으며, 그 어머니와 같이 강인하고 보복적인 성격을 가졌다. 아달랴(亚他利雅)는 아하시야(亚哈谢)의 죽음 이전에 그러한 성격을 이미 나타냈었다. 그녀는 남편인 여호람(约兰)을 조정하여 시동생들을 죽이도록 하였고, 예루살렘(耶路撒冷)에 바알(巴力) 제단을 설치하려고 하였으나, 다행히도 큰 반대에 부딪혀 성공을 거두지 못했다.

그러나 그의 아들 아하시야(亚哈谢)가 죽자 더 무서운 악을 행하였다,

아하시야(亚哈谢)의 아들들이며 자신의 친 손자들을 살해한 것이다. 모든 손자들을 다 죽였는데 막내인 어린 아기 요아스(约阿施)만이 그의 고모이며 아하시야(亚哈谢)의 누이인 여호세바(约示巴 Jehoshabeath)에 의하여 구출 되었다. 그후 아달랴(亚他利雅)는 6년간 유다(犹大)를 다스렸다. 아달랴(亚他利雅)가 권력을 이용하여 왕자

들을 죽이고 왕권을 장악하였는데도 아무런 기록이 없는 것을 보면 그녀와 대항하려고 반발한 사람이 없었던 것 같다.

그녀의 행적에 대하여는 언급한 것이 없으나, 이스라엘(以色列)에서 바알(巴力) 제단과 바알(巴力)선지자들을 숙청하였다는 말을 듣고 그녀는 더욱 바알(巴力) 숭배에 힘쓰며 전파하려 노력했을 것이라고 본다.

(2) 요아스(约阿施 Joash)에게 왕관을 씌우다
(왕하11: 4-16, 대하23: 1-15)

아하시야(亚哈谢)의 누이 여호세바(約示巴)에 의해 구출된 아기 요아스(约阿施 Joash)는 아달랴(亚他利雅) 재임6년에 7세가 되었다. 아달랴(亚他利雅)의 대한 전복(顚覆)을 계획해 왔던 대제사장이며 여호세바(約示巴Jehosh eba)의 남편인 여호야다(耶何耶大 Jehoiada)는 이 때에 이 어린 아이에게 다윗의 혈통을 이어 왕위를 계승시켰다.

군사적 종교적 지도자들이 이 계획에 참가하였고, 이 어린 아이는 성전에서 왕관을 쓰고 백성들은 손뼉을 치며 왕의 대한 만세를 외쳤으며 이 소리를 듣고 달려온 아달랴(亚他利雅)는 반역을 외치며 성전 밖으로 나가는 것을 쫓아가 죽였다.

3. 하나님께 합당한 왕(주전835-731 왕하12: -15: 대하23: 16 -27:9)

하나님의 눈에 선한 왕이 유다(犹大)에서 8명이 나왔다. 다윗(大卫), 아사, 요아스(约阿施), 아마샤(亚玛撒Amaziah) 여호사밧(约沙法), 요담(约坦), 히스기야(希西家), 요시야(约西亚 Josiah))이다.

1) 요아스(约阿施 Joash 주전835-731 왕하12: 대하24: 1-16-24: 27)

요아스(约阿施)는40년을 다스렸다. 그가 어리기 때문에 대제사장 여호야다(耶何耶大 Jehojada)가 조언자가 되어 주었고 요아스(约阿施)의 초기가 훌륭하였던 것은 경건한 여호야다(耶何耶大)가 왕을 도왔기 때문이다.

(1) 종교 개혁(왕하 12: 2-16, 대하23: 16-24: 14)

아달랴(亚他利雅)의 변절된 개혁 이후 유다(犹大)에는 종교적 개혁이 필요하였다. 요아스(约阿施)는 여호야다 (耶何耶大)를 통하여 이 일을 착수하여 바알-메칼트(巴力 美耳刻)의 전(殿)과 우상들을 포함하여 아달랴(亚他利雅)가 드려왔던 종교적 물품들을 멸하고, 바알(巴力) 선지자 마탄(玛坦 Mattan)을 죽이고 모세(摩西)의 율법에 명시된 성직자(聖職者)들과 예물들을 다시 시행하였다. 몇 몇의 산당들을 계속 사용하기는 하였으나 여호와(耶和华)숭배가 다시 준수 되었다. 몇 년 후 요아스(约阿施)가 혼자 통치할 수 있는 나이가 되자, 그는 아달랴(亚他利雅)의 아들들이 손상을 입혀 놓은 성전을 수리하도록 명령을 내렸다(대하24: 7). 그러나 성전 수리를 위하여 자금을 모으는 것이 느려지자 요아스(约阿施) 재임 23년에는 이 자금을 위한 새로운 방법을 창안 하였다.

제단 옆에 한 상자를 두어서 백성들이 예물을 가지고 와서 넣을 수 있도록 한 것이다. 백성들은 매우 열성적으로 이 일에 참가하여, 일꾼을 두어 성전을 수리할 뿐 아니라 새 물품을 들여 놓을 정도로 자금이 넉넉하였다. 그 땅에 진정한 예배가 널리 퍼지게 되었던 것이다.

(2) 타락과 징벌 (왕하 12: 17-21, 대하24: 15-27)

여호야다(耶何耶大)가 대제사장으로 있을 때에는 요아스(约阿施)가 하나님을 진심으로 따랐는데, 그가 죽게 되자 왕은 변하였다. 성전 중수를 위하여 훌륭한 명령을 내린 것이 요아스(约阿施) 23년이므로 이러한 변화가 오게 된 것은 그 이후가 분명하나 때가 명시되어 있지는 않다. 여호야다(耶何耶大)가 130세에 죽었으므로(대24: 15) 그때는 요아스(约阿施)의 집권 후기로 본다.이 신앙의 사람이 죽자 요아스(约阿施)는 하나님 여호와(耶和华)의 전을 버리고 쫓아 내었던 바알-메칼트(巴力美耳刻)와 아세라(亚舍拉) 목상과 우상을 섬겨 하나님께 범죄하게 되었다(대하24: 17-18). 요아스 왕에게 여호야다(耶何耶大)의 아들 스가랴(撒迦利雅 Zechariah)가 하나님의 신에 감동되어 백성 앞에서 크게 경고하였으나, 백성들도 듣지 않고, 왕은 스가랴(撒迦利雅)를 여호와의 전 뜰에서 돌로 쳐 죽이게 하였다(대하24: 20-22). 스가랴(撒迦利雅)가 돌에 맞아 죽은 그 해에 요아스(约阿施)는 다메섹(大 马士革)왕 하사엘(哈薛)에 의해 큰 손실을 입었다. 이스라엘(以色列)을 크게 물리친 하사엘(哈薛)은 블레셋(非利士) 땅에 있는 가드(迦特)까지 내려와 점령한 후 예루살렘 (耶路撒冷)으로 와서 유다(犹大) 전역을 파기하고 몇 사람의 방백을 포함하여 많은 사람을 죽였다(대하24: 23-24). 요아스(约阿施)는 하사엘(哈薛)에게 많은 공물을 바침으로 예루살렘(耶路撒冷)을 파멸에서 간신히 구하였고(왕하12: 17-18) 요아스(约阿施)는 모반자들의 손에 암살당하였다(왕하12: 21-22, 대하24: -25). 여호야다(耶何耶大)의 죽음 이후 왕이 변절한 것에 반감을 품은 요아스(约 阿施)의 신하들까지 이 모반에 가담하였다.

2) 아마샤(亚玛撒 Amaziah)
(주전 796-767 왕하 14: 1-20 대하 25:1-25)

아마샤(亚玛撒)가 그의 아버지를 계승하여 29년을 다스렸다. 24년 이후에는 그의 아들 웃시야(乌西雅 Uzziah)가 섭정이 되었다. 아마샤(亚玛撒)는 하나님께 인정을 받았지만 모든 산당을 제거하지는 못했다. 아마샤(亚玛撒)가 왕이 되어 처음한 일은 자기 아버지의 모반자들을 징벌하여 죽이는 일이었다(왕하14: 1-16).

(1) 에돔(以东 Edom)에 승리(왕하 14: 7, 대하25: 5-16)

아마샤(亚玛撒 Amaziah)는 두 번의 전투를 치뤘다. 그 중 하나는, 에돔(以东)과의 전투로 완전한 승리를 거두었다. 여호람(约兰) 당시 반란으로 잃었던 것을 되찾았다. 에돔(以东)은 남방으로 가는 무역로를 제공하기 때문에 유다(犹大)에게는 매력적인 장소이다. 아마샤(亚玛撒)는 이 지역을 다시 찾기 위하여 은 100달란트를 주고 이스라엘 (以色列)에서 용병을 데려왔다. 그러나 이 일에 대하여 하나님의 사람에게 책망을 듣고 이스라엘(以色列) 사람들을 돌려보냈다. 그는 유다(犹大)의 군사만으로 적군 1만명을 죽이고 1만명은 포로로 잡아 높은 바위 꼭대기에서 떨어뜨려 죽게 하였다. 이 전쟁 이후 에돔(以东)의 거짓 신들을 유다(犹大)에 가져와 숭배함으로 하나님을 진노케 했다.

(2) 이스라엘(以色列)에게 패배함 (왕하 14: 8-14 대하25: 17-24)

두 번째는, 이스라엘(以色列)과의 전투였다. 에돔(以东)을 이긴 아마샤(亚玛撒)는 자만심에 가득차서 이스라엘(以色列)의 요아스(约阿施)에게 도전하였다. 이스라엘(以色列)은 다메섹(大马色)의 하사엘(哈薛)에게 많은 해를 입었지만, 이때는 재기하고 있었고 아마샤(亚玛撒)는 이것을 깨닫지 못하였다 .요아스(约阿施)는 아마샤(亚玛撒)를 설득하여 전투를 그만두자고 하였으나, 아마샤(亚玛撒)는 전쟁을 고집하여 예루살렘 (耶路撒冷) 서쪽의 벧세메스(伯示麦 Beth-Shemesh)에서 두 나라의 군사는 접전하였고, 유다(犹大)는 패하여 이스라엘(以色列) 군사가 예루살렘 (耶路撒冷)으로 들어와 180m의 성벽을 무너뜨리고, 많은 물품과 포로를 잡아갈 때 아마샤(亚玛撒)도 함께 잡혀갔다(왕하14: 13). 역대기 저자는 이러한 모든 것은 아마샤 (亚玛撒)가 에돔(以东)의 신을 구하였기 때문에 생긴 징벌이라고 기록하고 있다(대하25: 20). 아마샤(亚玛撒)가 포로로 잡혀간 것은 그 아들이 섭정이 된 것과 잘 부합 된다. 만일 그렇다면 그는 이스라엘(以色列)의 요아스(约阿施)가 살아있는 동안 이스라엘(以色列)에 갇혀 있다가 그의 사후에 유다(犹大)로 돌아와 다시 통치를 하였을 것이다. Thiele는 왕하14: 17의 말씀을 지적하며 요아스(约阿施)가 죽은후 아마샤 (亚玛撒)가 15년을 더 살았다고 했다. 이는 요아스(约阿施)가 죽은 이후 아마샤(亚玛撒)는 유다(犹大)로 돌아와 15년을 더 통치하였다는 사실에 근거한 것이다.

(3) 죽음 (왕하 14: 18-20, 대하25: 25-28)

아마샤(亚玛撒)가 돌아와서 통치한 내용은 나와 있지 않고 그의 아버지와 똑 같은 모반을 당하게 되어 라기스(拉吉)로 도망갔으나, 모반자들이 그를 추격하여 라기스(拉吉 Lachish)에서 죽여 에루살렘으로 그 시체를 가져와 장사하였다.

3) 웃시야(乌西雅 Uzz) 아사랴(亚撒利雅 Azariah)
(주전 781-739 왕하14: 21-22, 대하26: 1-23)

아마샤(亚玛撒)의 아들 웃시야(乌西雅)는 이름이 성경에 둘로 기록되어 있다. 웃시야(乌西雅)와 아사랴(亚撒利雅) 로서 웃시야(乌西雅)는 여호와(耶和华)는 나의 힘이란 뜻이고, 아사랴(亚撒利雅)는 여호와(耶和华)께서 도우셨다는 뜻이다. 웃시야(乌西雅)는 유대의 역사상 가장 유능한 통치자 중 한 사람이었다. 웃시야(乌西雅)는 하나님 앞에 인정을 받아 유다(犹大)를 세계적인 위치로 부상시켰으며, 이때 이스라엘(以色列)은 여로보암2세(耶罗波安)의 통치 하에서 막강한 세력으로 부상하여 이 두 왕이 지배한 전 영토는 다윗(大卫)과 솔로몬(所罗门) 당시의 영토와 거의 맞먹을 정도였다.

(1) 섭정

웃시야(乌西雅)는 유다(犹大)와 이스라엘(以色列)의 어느 이전 왕보다 긴 기간인 52년을 다스렸다(왕하15: 2, 대하26: 1-3). 초기의 24년은 아버지와의 섭정이었고, 마지막 12년은 아들 요담<아마샤가 요아스(约阿施)의 포로로 있을 당시 웃시야(乌西雅)는 16세였다 왕하15: 2>과 함께 집정하였고, 또 웃시야는 그의 아버지가 포로로 있었던 9년 동안은 최고의 자리에서, 또 마지막 12년간은 그의 아들 요담(约坦)을 다시 섭정으로 세웠다.

그것은 당시 웃시야(乌西雅)가 문둥병자가 된 사건과 분명한 관계가 있을 것이다. 이 병은 제사장의 직분을 침범한 것에 대한 하나님의 징벌로 생기게 되었다(대하 26: 16-23). 웃시야(乌西雅)는 81명의 제사장들이 반대하는데도 불구하고 개인적으로 성전에 들어가 분향하려고 하다가 문둥병이 발생 하였다. 역대기 저자는 웃시야(乌西雅)가 이 병이 생긴 이래로 별궁에서 홀로 거하게 되었고, 요담(约坦)이 그 때 왕궁을 관리하고 백성을 치리하였다. 라고 말하고 있다(대하26: 21, 왕하 15: 5).

(2) 영토 확장 (대하26: 6-16)

웃시야(乌西雅)는 여로보암2세(耶罗波安)가 이스라엘(以色列)의 통치자가 된지 15년에 유다(犹大) 왕국을 홀로 다스리게 되었다. 그는 영토 확장에 있어서 여로보암2세(耶罗波安)와 똑같은 능력을 발휘 하였으며, 여로보암(耶罗波安)2세가 죽은 후에는 더 큰 능력을 행사 하였다. 남쪽으로는 그의 아버지 아마샤(亚玛撒)가 획득한 에돔 (以东)을 계속 지배하였으며 무역을 할 목적으로 아카바만(亚喀巴湾)에 있는 에일 랏(以拉他 EIath)에 항구를 건설했다(왕하14: 22, 대하26: 2). 동쪽의 아람(亚兰) 사람들로부터 예물을 받았다는 것은 그들을 지배하였음을 암시하는 것이다. 서쪽으로는 블레셋(非利士)과의 전쟁에서 승리함으로 여러 성읍을 점령하였고 그중에는 아마샤 (亚玛撒)가 포로로 있을 때 하사엘(哈薛)에게 **빼앗겼던** 가드(Gath)도 포함되었다. 또 그는 예루살렘(耶路撒冷)을 요새화 함으로서 본국을 더욱 강하게 유지하였는데 그는 활을 쏘고 돌을 던지는 기계를 창작하여 성곽 위에 설치하기도 하였다.

웃시야(乌西雅)의 통치적 능력은 본국의 기지를 강화하는 일 외에, 사해 동쪽과 남쪽으로 중요한 아카바해만(亚喀巴海湾) 남서쪽에서 애굽(埃及) 강에 이르기까지 효과적으로 지배를 유지하였다. 이것은 동북쪽으로 여로보암2세 (耶罗波安)의 영토를 합한다면 왕국 분단 이후 어느 때보다도 가장 넓은 영토였으며, 실제로 통일 왕국시대의 영토와 대략 같은 넓이였다.

(3) 전성기

그러나 웃시야(乌西雅)의 권한이 전성기에 달한 것은 여로보암2세(耶罗波安)가 죽은 뒤 였다. 주전 743년에 앗시리아(亚述)의 디글랏빌레셀 3세(提革拉毗列色 三世 Tiglath-pilese Ⅲ)의 첫 번 서방 원정 때까지 웃시야 (乌西雅)는 지중해(地中海) 연안에서 가장 강력한 지배자였다. 약 반세기 전 다메섹(大马色)의 아닷니라리 3세(亚大得尼拉 三世 Adad-nirari Ⅲ)를 패전시킨 이래 여로보암2세(耶罗波安)가 가장 강력했었으나, 그가 죽은 이후 이스라엘(以色列)은 내부분열과 잦은 왕의 교체로 급격하게 쇠약해졌다.

다메섹(大马色) 북쪽의 수리아(叙利亚) 국가들은 계속적인 앗시리아(亚述) 공격으로 쇠약해져 있었으므로 디글랏 빌레셀(Tiglath-pilese)을 견제하는 데에 주동이 될 수 없었다. 따라서 남방의 성공으로 인하여 잘 알려진 웃시야(乌西雅)가 이제 인정을 받아서 앗시리아(亚述)를 견제하는 동맹을 야우디(Yaudi) 아즈리아(Azariau 即 乌西雅)가 이끌었다고 했는데, 이것은 유다(犹大)의 아사랴(亚撒利雅 웃시야 乌西雅)를 의미하는 것이다. 웃시야(乌西雅)는 이 당시 재임 48년의 64세였으므로 젊은 나이가 아니었다. 외국의 다른 통치자들에게 이러한 칭찬을 받았다는 것은 웃시야(乌西雅) 자신에게 기억될 만한 자부심을 갖게하는 사건이었을 것이다.

4) 요담(约坦 Jatham 주전750-731 왕하 15:32-38 대하27:)

요담(约坦)은 아버지 웃시야(乌西雅)를 이어서 20년간 다스렸는데 처음 12년간은 아버지의 섭정으로 있었다. 웃시야(乌西雅)가 북방 동맹을 이끌었다면 이 기간 문둥병으로 인해 크게 무능해진 것은 아니었다.

요담(约坦)은 주로 앞에 나서서 백성들을 만나고 유능한 웃시야(乌西雅)의 명령을 전달하였을 것이다. 요담(约坦)은 그의 아들 아하스(亚哈斯)를 섭정으로 세웠다. 상호 관계를 살펴보면 요담이 죽기 12년 전에, 아하스(亚哈斯)를 섭정으로 세웠다. 이것은 섭정이 겹쳐진 것을 의미하는 것이다. 즉 요담은 웃시야(乌西雅)의 섭정이고, 아하스(亚哈斯)는 그의 아버지 요담(约坦)의 섭정이다. 4년 동안 유다(犹大)의 주 통치자는 웃시야(乌西雅) 였고, 그 아들 요담(约坦)은 웃시야의 섭정이고, 요담(约坦)의 섭정은 아하스(亚哈斯)다. 아하스(亚哈斯)가 요담(约坦)과의 공동 통치로 즉위한 해는 주전 743년으로 계산 되는데, 이 해는 웃시야 (乌西雅)가 북방 동맹을 이끌고 간 해 였다.

예루살렘(耶路撒冷)에 홀로 남게 된 요담은 이 전쟁에서 아버지 웃시야(乌西雅)가 죽을 것을 두려워했고 디글랏빌레셀(提革拉毗列色)이 이 동맹에서 승리한다면 다음에 는 웃시야(乌西雅)의 국가를 침략할 것을 생각하고 있었으므로 요담(约坦)은 아들을 섭정으로 세워 아하스(亚哈斯)에게서 힘을 얻고자 했던 것이다.

요담(约坦)은 하나님의 인정을 받은 왕으로 그는 하나님의 축복을 계속 경험하였으 며, 강력한 국가로 계속적으로 유지할 수 있었다. 요담은 암몬(亚扪)과의 전쟁이 유일 한 전쟁이였다.

요담은 이 전쟁에서 승리를 거두었고. 그 결과 유다(犹大)는 암몬(亚扪)으로부터 3년 간 공물을 받았다. 요담(约坦)도 건축사업을 하여 예루살렘(耶路撒冷)에 성전 문을 세 웠고 "오벨 성(俄裴革城 The Wall of Ophel)"을 증축하였다. 또 많은 곳에서 성읍을 건축하고 요새의 수단으로 영채(营forst)와 망대(高楼towers)를 세웠다. 요담(约坦)이 죽 을 무렵에 이스라엘(以色列)왕 베가(比加 Pekah)와 다메섹(大马色)왕 르신(利汛)이 유 다(犹大)로 하여금 앗시리아(亚述)에 반항하도록 하기위해 예루살렘(耶路撒冷) 성을 포 위하였다(왕하15: 37).

아하스(亚哈斯)가 주 통치자로 나갈 때에 이러한 상황에 직면해 있었다.

4. 앗시리아(亚述 Assyria) 점령 시기 (주전743-640 왕하 16:-21:, 대하 28: 33:)

유다에 앗수시리아(亚述)의 세력이 이전 어느 때보다도 심각하게 미치게 되었다. 지 금까지 다메섹(大马色)과 이스라엘(以色列)은 앗시리아(亚述) 원정을 중단시키는 역할 을 하였으나, 이제 다메섹 저항이 약하여져서 곧 사그러지게 되었다. 유다(犹大)가 그 다음 공격대상이 된 것이다.

1) 아하스(亚哈斯 Ahaz 주전 743-715 왕하 16:, 대하28: 1 -33:)

아하스(亚哈斯)는 총 28년간 통치하였다. 이 중 최고 통치자로 있던 기간은 16년이 다(왕하16: 2, 대하28:). 12년간은 아버지 요담(约坦)의 섭정으로 다스렸고, 13년 간은 아들 히스기야(希西家)를 섭정으로 세웠으므로 혼자 다스린 기간은 3년뿐이다. 처음부 터 아하스(亚哈斯)는 친 앗시리아(亚述) 정책을 썼다.

그가 자기 아버지 요담(约坦)이 살아 있을 동안에 최고의 권한을 누릴 수 있었는데, 그 이유는 예루살렘(耶路撒冷) 귀족들이 앗시리아(亚述)의 디글랏빌레셋(提革拉毗列色)

에게 저항하기보다 굴복하는 편이 더 나으리라고 믿었으므로 이에 동조한 아하스(亚哈斯)로 하여금 왕권을 장악하도록 하였다는 것이다.

(1) 베가(比加 Pekah)와 르신(利汛 Rezin)의 포위(왕상16: 5-9, 대하28: 5-21)

유다(犹大)가 친 앗시리아(亚述) 정책을 씀으로 이스라엘(以色列) 왕 베가(比加)와 다메섹(大马色)왕 르신(利汛)이 동맹을 맺고 예루살렘(耶路撒冷 Jerusalem)을 포위하였다. 이 포위는 요담(约坦)의 마지막 해에 있었으나, 아하스(亚哈斯)가 통솔력을 장악하고 있을 때라 그가 해결할 문제였다. 이 동맹국과 대항할 수 없음을 깨닫고 앗시리아(亚述)로부터 호의를 얻기 위해 디글랏 빌레셀 3세(提革拉毗列色 Tiglath-Pilese)에게 도움을 구하였다.

이 앗시리아(亚述) 왕은 9년 전 웃시야(乌西雅)가 북방 동맹을 이끌고 대결하였던 바로 그 왕이다.

아하스(亚哈斯)는 이 왕에게 서한을 써서 다메섹(大马色)과 이스라엘(以色列)을 공격하여 이들을 본국으로 돌아가게 해달라고 요청하였다. 아하스(亚哈斯)는 이 사건으로 앗시리아(亚述)왕 디글랏 빌레셀에게 많은 금과 은을 주었고, 그는 베가(比加)와 르신(利汛)을 본국으로 쫓았다. 그러나 그들은 본국으로 가면서 12만 명을 죽이고 20만 명을 포로로 잡아갔다. 이 포로들은 하나님의 선지자 오뎃(俄德 Oded)의 권유로 다시 유다(犹 大)에 돌려 보냈다. 아하스(亚哈斯)는 베가(比加)와 르신(利汛)의 포위를 풀기 위하여 앗시리아(亚述) 왕에게 도움을 구한 것으로 인해 하나님께 책망을 들었다. 그 당시 이사야(以赛亚)(사 7: - 8:) 선지자가 아하스(亚哈斯) 왕에게 말하길 실제로 왕의 적은 이 작은 이웃들이 아니라 이제 왕이 도움을 요청하려고 하는 앗시리아(亚述) 왕이라고 하였다.

곧 이사야(以赛亚)의 이 말이 증명되었다 3년 동안 이 왕은 넓은 지역을 파괴하며 아하스(亚哈斯)로 하여금 예물뿐 아니라 공물을 바칠 것을 강요하였다(대하28: 20-21). 또한 이 일 후 앗시리아(亚述)의 다음 왕이 유다(犹大)를 파괴한 것으로도 진실이 드러났다.

(2) 종교적 결함 (왕하16: 2-4, 대하28: 1-4, 22-25)

종교적으로 아하스(亚哈斯)는 하나님 앞에서 악을 행하였다. 그는 바알(巴力) 우상들을 만들고 힌놈의 골짜기(欣嫩子谷 Hinnom)에서 어린아이 희생제를 드렸으며, 산당에서 예배를 하였다.

아하스(亚哈斯)는 디글랏 빌레셀3세(提革拉毗列色)를 다메섹(大马色)에 가서 만난 후에, 그곳의 이방 제단을 보고 마음의 미혹을 받아 그 도안을 만들어 본국의 제사장 우리야(乌利亚 Urijah)에게 보내어 다메섹(大马色)의 제단을 만들어 놓게 하였다.

본국에 돌아온 그는 모세(摩西)법에 명한 놋제단을 대신하여 앗수르왕의 제단을 성전에 세웠다. 이 외에도 그는 의도적으로 성전 기구를 파괴하고 성전 문을 닫음으로써 백성들로 하여금 아하스(亚哈斯)가 원하는 장소에서만 예배하도록 강요했다.

(3) 군사적 실패 (대하 28: 16-20)

이런 일들을 비추어 볼 때 군사적 패배는 놀라운 일이 아니다.

① 이전에 아마샤(亚玛谢)가 반란을 일으켰던 에돔(以东)에서 포로를 잡아온 것같이 이번에는 에돔(以东)이 유다(犹大)에서 포로를 잡아갔다.

② 아카바만(亚喀巴湾)의 중요한 항구 에일랏(以拉 Elath)을 다메섹(大马色)의 르신(利汛)이 점령하였다(왕하16: 6)

③ 블레셋(非利士)이 유다(犹大)를 침략하여 큰 파괴를 입히고 여러 성읍을 점령하였다.

2) 히스기야(希西家 Hezekeah 주전728-686 왕하18: -20: 대하 29 -32)

히스기야(希西家)는 42년의 통치기간 중 13년간은 섭정으로서 치리하고 아하스가 죽기4년 전부터 단독 통치를 하였다. 아하스(亚哈斯)의 친 앗시리아(亚述 Assyria)정책과는 반대로 반(反) 앗시리아 정책을 썼다.

히스기야(希西 家)가 통치자로 세움을 받은 것은 반 앗시리아 파들에 의해서 통치권을 장악하였던 것이다.

(1) 하나님이 인정하심 (왕하18: 4-7, 대하29: 2-31,)

히스기야(希西家)는 하나님이 보실 때 유다(犹大)의 가장 훌륭한 왕 중의 한 사람이었다.

그는 그의 조상 다윗(大卫)과 같다는 높은 칭찬을 들었으며, 또한 모든 유다(犹大)왕 중에서 가장 많이 하나님을 의지하였다고 전해진다(왕하 18: 5). 아하스(亚哈斯)의 고의적인 우상숭배 이후 히스기야(希西家)는 철저한 개혁 을 단행했다. 성전 문을 다시 열었으며, 제사장과 레위(利未)인으로 하여금 모든 이방 제단을 제거하도록 명령을 하였으며 또한 진정한 예배가 회복될 수 있도록 모든 성전 물품을 청소하고 복구시켰다.

대대적으로 모세(摩西)의 율법을 회복하는 기념예식을 가졌으며(대하29: 20-36) 또 히스기야는 유월절 (逾越节)을 준행하였다. 유월절은 오랫동안 잊었던 것으로 히스기야(希西家)는 브엘세바(別是巴Beerssheba)에서 단(但 Dan)까지의 이스라엘(以色列 Isreal) 사람들을 초대하여 이 기념축제에 참가하게 하였다(대하30:1-27).

많은 사람들이 이에 응하였으며 솔로몬(所罗门 Solomon) 시대 이후에 없었던 축제와 예배의식을 갖게 되었다. (대하30: 26) 히스기야(希西家)는 이어서 온 땅의 사당(邱坛 bamoth)과 우상(木偶 masseboth)과 아세라 주상(亚舍拉柱像 asherim), 거짓 제단(祭坛 mizbehoth), 수 세기 전 모세(摩西)가 광야에서 만들었던 놋뱀 등을(민21: 59)제거하였다. 계속하여 히스기야(希西家)는 제사장과 레위(利末)인의 조직을 활성화 하였으며, 백성들이 십일조를 내어 레위인을 부양케 했다(대하3 1: 1-21). 그 땅에 이런 철저한 개혁은 이전에는 없었다.

(2) 히스기야(希西家 Hezekeah)와 앗시리아(亚述 Assyria)

히스기야(希西家)는 아버지와는 대조적으로 반 앗시리아(亚述)파다. 그러나 사르곤 2세(撒珥根 Sargon II)가 통치하는 동안에는(주전722-705) 이 동부세력에 대해 공공연히 반항하지 않았다. 다른 나라에서 잡은 포로들을 이끌고 이스라엘(以色列) 땅에 재정착한 사르곤(撒珥根)은 유능한 통치자로서 군사적인 인물이었다.

그는 사마리아(撒玛利亚 Samaria)가 무너진지 1년도 안되었을 때 하맛(哈马 Hamath)에서 일어나는 반란을 진압하기 위해 다시 서쪽으로 앗시리아(亚述) 군대를 이끌고 왔다. 사르곤(撒珥根)은 소아시아에서 승리한 후 갈그미스(迦基米Carchemish)의 혁명에 관심을 갖고 그곳 사람들을 추방시켰고, 또 북쪽의 우라투(乌拉图 Uratu) 왕국의 세력을 분쇄 하였다. 이곳은 그의 선임자들이 승리하지 못했던 나라들이다. 히스기야(希西家)에게 있어 보다 중요한 것은 사르곤이 주전 711년에 블레셋(非利士) 지역으로 들어와 당시 주도적인 블레셋(非利士) 도시인 아스돗(亚实突 Ashdod)의 반란을 진압한 것이다. 히스기야(希西家)는 아스돗(亚实突)의 동맹의 가담하도록 요청을 받았으나 거절하였다.

(3) 히스기야와 산헤립(希西家 与 西拿基立 Sannacherib)
(왕하18: 13-37, 19:14-19, 사36: 1-22, 37:8-38 대하 32: 1-8)

사르곤(撒珥根)이 죽고 그 아들 산헤립(주전705-681)이 왕위에 오르자 히스기야(希西家)는 아스돗(亚实突)동맹에 가담하였다. 히스기야(希西家)가 가담할 때는 더 많은 나라가 포함되어 두로(推罗)와 새로 등극한 애굽(埃及)의 샤바카(沙巴谷 Shabaka 주전710-696)가 돕기로 했으며, 히스기야(希西家)는 산헤립(西拿基立)의 보복에 철저히 준비(대하32: 1-8)를 하였다. 그는 더 많은 요새를 세우고 새로운 무기를 만들며, 군대의 힘을 강화하였다. 그는 적군이 사용할 물 공급의 근원을 막는데 특별히 관심을 두었고, 동시에 자기 백성에게 더 편리한 물 공급을 하기 위해서 실로암(西罗亚 Siloam) 터널을 만들었다. 이 샘은 기혼(基训 Gihon)샘으로부터 오벨 산지를 통하여 출발점 보다 더 높고 낮은 지대의 성읍까지 연결된 것으로서 놀라운 기술이다(왕하 20: 20, 대하32: 30).

(4) 산헤립(西拿基立 Sannacherib)의 침략
(왕하 18: 13-19, 37, 대하32: 1 - 19, 사38:)

산헤립(西拿基立)은 왕으로 등극한지 4년 동안 바벨론(巴比伦) 정복에 몰두하였으나 주전 701년에는 서쪽에서 일어나는 반란을 진압하기 위하여 주역으로 나선 두로(推罗)를 분쇄하고, 두로(推罗)의 왕 룰리(努尼 Luil)는 구브로(塞浦路斯 Cyprus)로 도망하였다. 동맹국 중 산헤립(西拿基立)에게 항복한 나라는 비블로스(比布罗斯 Byblos), 아르바드(亚瓦底 Arbad) 모압(摩押), 에돔(以东), 암몬(亚打) 등이다.

산헤립(西拿基立)은 지중해(地中海)를 따라 남쪽으로 내려와 아스글론(亚实基伦 Ashkelon)을 멸하고 이곳의 왕 시드기아(西奎亚 Sidqia)를 앗시리아(亚述)로 추방하였다. 지중해(地中海) 연안을 지배한 산헤립(西拿基立)이 세 번째로 예루살렘(耶路撒冷)을 향해 오는 도중 라기스(拉吉 Lachish)를 포위하고 있는 동안 유다(犹大)로부터 공물을 받았는데(은300달란트와 금 30달란트) 히스기야(希西家)가 반란을 포기하고 동맹국에서 탈퇴하겠다고 사죄함으로 공물로 대체해 준 것이다. 또한 히스기야(希西家)는 앗시리아 반란동맹의 가입을 거절한 에글론(伊矶伦) 전 왕의 이름은 바디(帕地 Padi)를 해금시켰다.

그러나 산헤립(西拿基立)은 이러한 히스기야의 굴복에 만족하지 않고 3명<다르단(他珥探 Turtannu 서열 둘째란 뜻), 랍사리스(拉伯撒利 rabsshareshi 환란대장이란 뜻),랍사게 (拉伯沙基 rabhaqu 관리 대장이란 뜻)>의 부관과 많은 군대를 보내어 히스기야(希西家)와 백성들에게 심리적인 전쟁을 하게 하였다(왕하18: 17-37, 대하32: 9-19, 사36: 1-21).

그러나 선지자 이사야(以赛亚 Jsaiah)를 통하여 하나님께서 위로해 주시고, 산헤립(西拿基立)은 구스(古实 Cush)의 디르하가(特哈加 Tirhakah)가 이끄는 애굽(埃及) 군대가 이 동맹을 도우려 온다는 소식을 듣고는 예루살렘(耶路撒冷)으로 직행하지 않고, 애굽 군대와 싸우기 위하여 갔다. 부관 랍사게(拉伯沙)가 위협적인 편지를 히스기야(希西 家)에게 보냈으나, 오히려 그것은 히스기야(希西家)로 하나님을 더욱 의지하게 하였다.

디르하가(特哈加 Tirhakah)는 당시 주전 701년 아직 왕이 되지 않았고, 성경 왕하 19: 9에는 구스(古实)왕으로 되어 있으나 그는 구스의 혈통을 가진 자로써 주전689년에 애굽의 바로 왕이 되었다.

하나님은 유다를 산헤립(西拿基立)의 손에서 구원할 뿐 아니라 그는 유다(犹大) 근처에도 오지 못할 것이라고 이사야 선지자(以赛亚Isaiah 왕하19: 8-34, 사37: 8-20)가 예언했다. 산헤립(西拿基立)의 보고에 의하면 그는 애굽(埃及) 군대를 격파하고 에그론(以革伦) 근처의 엘테케(以得卡 Eltekeh) 평야에서 패배시켰고, 엘테케(以得卡), 딤나(亭拿), 에그론(以革伦) 근처의 성읍들을 정복하고 에그론(以革伦)의 전(前) 왕(王) 바디 (帕地)를 이 전 지역의 왕으로 세웠다고 기록하였다. 산헤립(西拿基立)은 수 많은 마을과 20만 명이 넘는 포로들을 잡고 히스기야(希西家)의 성읍 총 46개을 점령하였다고 말했다. 성경에는 최후에 언급만이 주어져 있는데 즉 "여호와(耶和华)의 천사"가 산헤립(西拿基立)의 군대18만 5천명을 죽임으로써 이 모든 일이 갑자기 끝나 버렸다고 기록되어 있다.

이 일에 대하여는 산헤립(西拿基立)은 언급하지 않고 다만 히스기야(希西家)를 "새장의 새와 같이" 가두어 버렸다. 고 말하고 있다.

(5) 히스기야(希西家 Hezekeah)의 병과 명성
(왕하20: 대하 32: 24-26 사38: -39:)

① 히스기야(希西家)가 죽을 병에 걸렸는데 하나님은 병에서 그가 놓여 회복할 것이며 또 15년의 생명 연장을 해 주실 것을 약속하셨다.(이때가 산헤립(西拿基立)이 침략 중이거나 또는 바로 직전이다) 히스기야(希西家)가 병 회복을 위하여 하나님께 기도하였고, 하나님께서는 이사야(以赛亚)를 통하여 앗시리아(亚述)로부터의 구원뿐 아니라 삶의 연장을 약속하셨다. 하나님께서는 히스기야(希西家)의 병 회복의 증거로서 해 그림자가 10도나 물러가는 징조를 보여주셨다.

② 바벨론(巴比伦)왕 므르닥발라단(米罗达巴拉但 Merodach-baladan)의 사자들이 히스기야(希西家)가 병에서 회복 된 것을 축하하기 위하여 예루살렘(耶路撒冷)을 방문하였다. 본래의 이유는 유다(犹大)와 바벨론(巴比伦)의 공동의 적인 앗시리아(亚述)의 힘을 저지하는데 목적이 있었다. 바벨론(巴比伦)은 적어도 20년간 앗시리아(亚述)와 투쟁하였으므로 이제는 어디에서든 원조가 절실하게 필요하였다. 사자들은 많은 예물을 가지고 왔고 히스기야(希西家)는 자기의 부요함을 내창고(财宝)를 열어 보여주었다. 이 일로 인하여 이사야(以赛亚)는 왕을 몹시 책망하였으며 앞으로 바벨론(巴比伦)이 쳐들어 와서 이 모든 보화를 가져갈 것이라고 말했다. 이 말은 1세기 후 느부갓네살 2세(尼布甲尼撒 Nebuchad Nezzar)가 왕위에 올랐을 때 실현되었다.

3) 선지자 이사야(以赛亚 Isaiah)

이사야(以赛亚) 선지자는 유대 나라의 중요한 인물로 등장하였다. 그는 아하스(亚哈斯)가 앗시리아(亚述)와 연합할 때도 책망하였으며, 이번에도 히스기야(希西家)를 충고도 하고 위로도 하였다. 이런 일들과 비슷한 일 들이 이사야에게 많이 있었던 것을 간결하게 기록한 것이다. 이사야(以赛亚)는 일찍이 경건한 요담(约坦)과도 교섭이 있었고, 히스기야(希西家)가 단행한 훌륭한 개혁에도 많은 관계가 있었다. 이사야(以赛亚)를 노골적으로 멸시한 아하스(亚哈斯)에게 조차 이사야(以赛亚)의 영향은 그냥 지나칠 수 없는 것이었다. 사실 이사야(以赛亚)는 히스기 야(希西家)가 12살의 소년이었을 때 아하스(亚哈斯)의 섭정으로 세운 것과도 많은 관련을 맺고 있는 것 같다.

히스기야(希西家)가 조약을 거절하는 데도 영향을 주었으며, 여기에서 거짓 선지자들의 반대에 부딪쳤는데(사 30: 8-11) 분명 주전 711년에 히스기야(希西家)가 단독으로 다스리게 되었을 때에도 이사야(以賽亞)는 애굽(埃及)과 의 연합을 강하게 반대하였다. 히스기야(希西家)가 마음이 변하여 주전 701년의 동맹을 맺은 당시에는 이들의 영향이 일부 작용한 것 같다. 이 때 생긴 문제로 인해 히스기야(希西家)가 또 다시 이사야(以賽亞)의 도움을 요청하였을 때 이사야 선지자는 보복하지 않고 기꺼이 도와주었다.

4) 므낫세(玛拿西 Manasseh)
(주전697-642 왕하 21:1-16, 대하33: 1-20)

므낫세(玛拿西)는 히스기야(希西家)를 계승하여 55년을 통치함으로 남북의 어느 왕보다도 긴 기간을 집권하였다.

(1) 종교적 배반(왕21: 2-16, 대하32: 2-10)

므낫세(玛拿西)는 아버지를 닮지않고 하나님 앞에서 악을 행하던 할아버지 아하스(亚哈斯)의 전철을 밟아 악을 행하였다. 히스기야(希西家)가 제거했던 거짓제단들을 복구하고 바알(巴力) 제단을 온 나라 안에 두는 것도 모자라 암몬(亚扪)의 신 몰렉(摩洛 Molech)을 인정하여 힌놈의 골짜기(欣嫩子谷)에서 어린아이를 제물로 드렸다.

그는 여러 이방신을 인정하고 또 아세라(亚舍拉) 상을 성전 안에 세웠다. 이를 반대하는 사람을 죽이고 전설에 의하면 선지자 이사야(以賽亞)가 므낫세(玛拿西)에 의하여 톱에 썰려서 죽었다고 한다.

므낫세는 당시 앗시리아(亚述)의 종교관습과 또 페니키아(腓尼基)의 바알-메칼트(巴力美耳刻)를 숭배함으로 유일신 종교를 혼합종교로 만들었다. 므낫세(玛拿西)는 자기 백성으로 더 악을 행하도록 조장하였다고 한다(왕하23:11-20).

(2) 징벌과 회개(대하 33: 11-20)

하나님의 징벌로 므낫세(玛拿西)는 앗수리아(亚述) 왕에게 포로로 잡혀갔다. 이 사건에 대한 기록이 거의 없는데 아마도 앗시리아(叙利亚)의 전성기인 산헤립(西拿基立)의 아들 에살핫돈(以撒哈顿 Esarhaddon 681-669)이나 또는 손자 앗술바니팔(亚述巴尼帕 Ashurbainpal 669-663)에 의해 잡혀 갔을 것이다.

이 두 통치자는 앗시리아(亚述) 역사상 처음으로 멀리 남쪽 애굽(埃及)까지 성공적인 원정을 하였으며, 앗술바니팔(亚述巴尼帕)은 엘람(以拦)의 산지도 정복을 하였다.

<제1설> 므낫세(玛拿西)를 잡아간 왕이 에살핫돈(Esarhaddon주전681-669)일 것이라고 뒷받침하는 것은 에살핫돈이 자신의 봉신으로 21명의 여러 왕과 함께 므낫세(玛拿西)를 언급하고 있다는 점이다. 봉신들은 주전678년에 귀중한 건축재료를 앗

시리아로 가져가기로 했다고 언급되어 있다. 그러나 여기에 사용된 언어는 포로의 사건을 나타내고 있지 않다.

<제2설>은 앗술바니팔(亚述巴尼帕)일 것이라는 것으로서 그가 남쪽 지중해(地中海)의 나라들의 반란을 진압한 사건이 있었는데 므낫세(玛拿西)는 아마 이 반란에 관련되어 잡혀갔을 것이다.

이 반란은 광범위한 것으로 동쪽의 바벨론(巴比伦)도 포함되었으며, 5년 이상 지속 되었다(주전652-648). 성경에 군대장관이 붙잡아 갔다고 한 것으로 보아 앗시리아(亚述) 왕은 참전하지 않은 것 같다.

성경은 앗시리아(亚述)의 공적 기록에 언급이 없는 것을 설명해 준다. 제 2설은 성경의 내용과 상호 관련이 잘 맞는다. 므낫세(玛拿西)가 잡혀간 것은 오랫동안의 우상숭배를 한 후 재임 말년이었음을 의미한다. 1학설로 그가 잡혀간 것으로 본다면 그의 재임 55년 중 아마도 17년째일 것으로 보며, 제2학설로 본다면 재임 46년째가 될 것이다. 므낫세(玛拿西)는 포로로 있는 동안 회개함으로써 하나님의 은총을 받아 마침내 유다(犹大)로 돌아올 수 있었다. 왕권을 회복한 후 그는 이전의 사악한 행동을 고치려 하였으며 외국의 제단들을 제거하고 성전에서 참 예배를 수립하였다.

5) 아몬(亚们 Amon 주전 642-640 왕하 21:19-26, 대하33: 21-25)

아몬(亚们)은 아버지를 계승하여 2년을 다스렸다. 그는 자기 아버지가 말년에 행한 개혁으로부터 감명을 받지 못하고 므낫세의 초기에 행했던 우상숭배를 행하였다. 그의 신복들이 공모하여 그를 죽인 것을 보면 그는 이러한 행동으로 신복들을 쫓아낸 것 같다. 어쨌든 간에 이러한 암살을 인정하지 않은 백성들이 이 공모자들을 처형하였다. 아몬(亚们)의 8살 난 아들 요시야 (约西亚 Josiah)가 왕이 되었다.

5. 바벨론(巴比伦 Babylon)의 지배
(주전 640-586 왕하22: -25: 대하34: 36:)

요시야(约西亚)가 즉위하자 유다(犹大)는 마지막 역사로 접어 들었다. 앗술바니팔(亚述巴尼帕)은 말년에는 군사적 행동이 거의 없었고, 그 이후부터는 니느웨(尼尼微)가 몰락하는 주전 612년까지 연약한 왕이 계승하여 더 이상 앗시리아(亚述)를 두려워할 필요가 없었다. 그러나 바벨론(巴比伦)이 세계의 주역을 이어받아 신 바벨론(新巴比伦) 시대를 가져오게 되었다. 이러한 세대교체는 요시야(约西亚)의 통치말 인 31년이었다.

그 이후 새 후계자는 이 새로운 세력에 휘말리게 되었고 마침내 유다(犹大)는 바벨론의 포로가 되었다.

1) 요시야(约西亚 Josiah)
(주전 640-609 왕하22: 1- 23: -30:, 대하34: -35:)

요시야(约西亚) 30년 통치는 유다(犹大) 역사상 가장 행복한 시기였다. 이 시대의 특징은 평화, 번영, 개혁이었다. 외부와의 전쟁이 없었고, 백성들은 건축사업에 집중할 수 있었으며, 요시야(约西亚) 자신은 모세(摩西) 법에 명한 것들을 재수립함으로써 하나님을 기쁘시게 하려 하였다. 요시야(约西亚)는 8살에 왕이 되어 아몬(亚们) 왕이 므낫세(玛拿西)의 초기 관습으로 전환한 결과 우상숭배로 온 땅이 더럽혀진 것을 요사야는 전부 청소하였다. 요시야(约西亚)는 16살에 그 조상 다윗(大卫)의 하나님을 구하기 시작하였다(대하34: 3).

그는 20세 때 그의 아버지와 할아버지가 그 땅에 들여온 우상제단을 제거함으로써 예루살렘(耶路撒冷)과 유다(犹大)를 정결하게 하였다(대하34: 3-7). 자기 땅에서 성공을 거둔 요시야는 앗시리아(亚述)가 명목상 지배하고 있는 북방 이스라엘(以色列)에서도 거짓 신들의 제단과 우상을 제거함으로써 유다(犹大)와 같이 청결하게 하였다.

(1) 요시야(约西亚)의 개혁 (왕하22: 3-23: 25, 대하34: 8-35: 19)

요시야(约西亚)의 나이 26세 때(주전626) 그 동안에 행하여 이룩한 것을 기뻐함과 동시에, 더 한층 종교개혁의 필요성을 느낀 요시야(约西亚)는 유다(犹大)의 역사상 가장 철저한 개혁을 하기위해 노력을 하던 중 성전을 수리하던 대제사장(大祭司长) 힐기야(希勒家 Hilkiah)가 모세(摩西)의 율법 책을 발견하였다. 서기관 사반(沙番 Shaphan)이 이 책을 요시야(约西亚)에게 가져와 낭독을 하였으며 요시야(约西亚)는 모세(摩西)의 율법이 요구하고 있는 것과 그 땅에 실제적인 규례 사이에 변질이 있는 것을 깨닫고 옷을 찢으며 하나님 앞에서 회개하였다.

그리고 이 하나님 말씀의 참 뜻을 알기 위하여 대제사장과 서기관 외 왕의 측근들을 여선지자 홀다(户勒大 Hul dah)에게 보내어 물었다. 홀다(户勒大)는 하나님의 법을 변질함으로 인하여 하나님께서 이 땅에 재앙을 내릴 것이나 요시야(约西亚)가 힘을 다하여 하나님의 원하시는 바를 구하였으므로 요시야(约西亚) 시대는 재앙을 내리지 않기로 약속하셨다고 했다. 요시야는 성전에서 발견한 율법을 백성들에게 읽어주어 알게 한 후 개혁을 명령했다.

예루살렘(耶路撒冷) 성전과 온 땅에는 모든 이방 제단이 제거되며. 거짓 선지자(先知者)들이 제거되고 종교적인 음란의 가문(家門)이 제거되었다. 힌놈의 골짜기(欣嫩子谷)에서 어린아이를 몰렉(摩洛)의 제물로 바치던 것을 폐하였으며 태양에게 바친 말들을 성전 입구에서 제거하였고 그 마차들도 불태웠다.

예루살렘(耶路撒冷) 밖에서 솔로몬(所罗门)이 세운 신들의 산당도 파괴하였다(왕하 23: 4-14). 유다(犹大)에서 개혁을 단행한 요시야(约西亚)는 앗시리아(亚述)가 쇠약한 시기를 이용하여 북방 이스라엘(以色列)에도 우상을 제거할 것을 명령하였다. 오랫동안 금 송아지 숭배의 중심지였던 벧엘(伯特利)에 300년 전 유다(犹大)에서 젊은 선지자가 벧엘에 와서 예언하기를 요시야(约西亚)란 유다의 왕이 이 제단들을 훼파하고 불사를 것이라고 하였던 그 일을 요시야는 단행하여 여로보암1세(耶罗波安)가 세웠던 산당과 제단들을 멸하고 거짓 선지자들의 뼈를 불살랐다. 요시야(约西亚)의 개혁 중 가장 중요한 것은 유월절(逾越节)의 준수였다(왕하23: 21-23대하35: 1-19).

성경 기록에는 사무엘(撒母耳)선지자 이후 유월절(逾越节)을 이같이 주의깊게 지켜진 때가 없었다고 되어있다.

하나님의 본래의 명령은 이 절기를 해마다 지키도록 하였으나, 백성들이 그대로 하지 않았다.

요시야(约西亚)는 유다(犹大) 뿐 아니라 이스라엘(以色列) 사람들도 절기에 참여하여 유월절을 잘 지키도록 추진하였다.

(2) 요시야((约西亚 Josiah)의 죽음(왕하 23: 28-30, 대하 35:20-27)

요시야(约西亚) 는 유능한 왕이었다. 분명 있음직한 반대에도 불구하고 그가 이룩한 획기적인 개혁은 보통의 지도자로서는 불가능한 일이었다. 요시야(约西亚)의 죽음은 주전 609년 애굽(埃及)왕 느고 2세(尼哥)의 북방원정을 제지하려다 생긴 일이다. 느고(尼哥)는 바벨론(巴比伦)이 세계적인 주역으로 부상되는 것을 막기 위하여 앗시리아(亚述)를 돕는 원정을 하였다.

앗시리아(亚述)의 주요 도시 앗수르(亚述)와 니느웨(尼尼微 Nineveh)는 각각 주전 614년과 주전612년에 메대 (玛代 Medes)와 파사(波斯)의 공격으로 함락되었으며, 앗시리아(亚述) 군대의 나머지는 앗술(亚述) 우발릿 2세(乌巴列 二世 Ashur-uballit)의 인도로 하란(哈兰)으로 도망하였다. 주전 610년 베벨론 왕 나보폴라살(拿布波拉撒 NaboPolassar)이 하란 (哈兰)을 함락시킴으로써 앗시리아(亚述)는 거의 끝난 셈이 되었다.

이제 주전 609년 삼메티쿠스 1세(森美武库 一世 Psammetichus)를 계승하여 애굽(埃及)의 왕이 된 느고(尼哥)는 애굽(埃及)을 바벨론(巴比伦) 대신에 세계적인 위치로 올려 놓고자 하여 앗시리아(亚述)의 나머지 소수의 군대를 돕기 위해 북쪽으로 원정하고 있었다. 요시야는 전략적인 므깃도(米吉多 Megiddo)에서 애굽(埃及)을 막으려다가(요시야는 친 바벨론(巴比伦)파 임을 암시한다) 죽임을 당하였다.

그의 시체는 예루살렘(耶路撒冷)으로 가져다 장사지냈다.

2) 주전 7세기의 선지자(先知者) 들

요시야(約西亞) 시대는 뛰어난 선지자들의 시대였다. 예레미야(耶利米 Jeremiah)는 요시야(約西亞) 13년 곧 주전 627년에(렘1: 20) 활동을 시작하여 주전 586년 예루살렘(耶路撒冷)이 바벨론(巴比伦)에 함락된 후까지 활동하였다. 스바냐(西番雅 Zephaniah) 역시 그의 책에 요시야 때라고 적고 있으며, 예레미야(耶利米) 활동 시에 시작한 것 같다. 그 땅의 이방 제단에 대해 말하는 것으로 보아(습1: 4) 적어도 요시야(約西亞)의 개혁이 있기 전 같다. 나훔(那鴻 Nahum)은 그의 책에 어느 왕 때라고 적고 있지는 않지만 요시야(約西亞)가 죽기 3년 전 주전 612년에 함락된 니느웨(尼尼微)를 주요 주제로 하고 있는 점으로 미루어 요시야(約西亞)시대인 것 같다

하박국의 예언 또한 바벨론(巴比伦)침략이 가까웠다고 말하고 있으므로(합1: 5-6) 요시야(約西亞) 통치 말이나 또는 그 후 여호야김(約雅敬 Jehoiakim)의 통치 때일 것이다. 이스라엘(以色列)이나 유다(犹大)의 역사상 이처럼 예언자들이 집중되어 있던 때는 없었다. 이것은 하나님께서 유다(犹大)의 임박한 징벌에 대해 마지막으로 집중적인 경고를 하신 것임에 틀림없다. 요시야(約西亞)에 대한 많은 칭찬은 이 선지자들에게 돌아가야 한다.

개혁을 주도한 것은 왕이지만 그것을 격려하고 백성들에게 받아들이도록 자극시킨 것은 바로 이 선지자들이다. 예레미야(耶利米)는 그 땅에 가득한 우상숭배에 대해(렘2: 5-13) 회개하지 않으면 재앙이 올 것이라고 경고 하면서 크게 꾸짖고 있다(렘3: 1-5, 19-25). 스바냐(西番雅)는 유다(犹大)의 죄악에 대한 극심한 재앙을 예언하고 있고(습2: 4, 3: 7), 나훔(那鴻)의 경고는 간접적으로 장차 니느웨(尼尼微)의 멸망을 예언함과 동시 악을 행하는 모든 자에게 하나님께서 재앙을 내리실 것이라는 내용을 빼놓지 않았다. 하박국 역시 하나님의 심판의 도구로써 바벨론(巴比伦)이 쳐들어 올 것이라고 직접적으로 말하고 있다(합1: 1-11).

3) 여호아하스(約哈斯 Jehoahaz 주전609 왕하 23: 30-35, 대하36: 1-4)

요시야(約西亞)왕에게는 아들이 셋이 있었다. 그들은 각각 이 시기에 유다(犹大)를 다스렸다.

이스라엘(以色列)이나 유다(犹大)의 어느 왕에게도 이러한 예는 없었다. 이 세 사람은 모두 하나님께 복종하는 일에서 아버지 요시야(約西亞)를 따르지 못했다. 요시야 사후 첫 번째왕으로 둘째 아들 여호아하스(約哈斯)가 왕이 되었다. 백성들은 요시야(約西亞)의 후계자로 장자를 건너뛰어 23세의 여호아하스(約哈斯)를 선택하였다.

그러나 그가 3개월을 다스렸을 때 애굽(埃及)의 느고(尼哥)가 여호아하스를 폐하고 그의 형 엘리야김(以利亞敬 Eliakim)을 왕으로 대치시키고 이름을 여호야김(約雅敬)으

로 바꿀 것을 명령하였다. 분명 느고는 여호아하스가 자기와 협력을 하지않고 그의 형이 협력할 것이라 생각하여 그렇게 한 것이다. 또한 이 때의 느고는 유다(犹大)에게 은 100달란트의 공물을 요구하였다. 여호아하스는 애굽(埃及)으로 끌려가 예레미야(耶利米)의 예언대로(렘22: 11-12)거기서 죽었다(살룸은 개인 이름이고, 여호아하스는 왕위에 오른 후의 이름이다).

4) 여호야김(约雅敬 Jehoiakim)
(609-597 왕하23: 34-24: 7, 대하 36: 4-8)

여호야김(约雅敬)은 왕위에 오를 때 25세로서 쫓겨난 동생보다 2살이 더 많았다. 여호야김(约雅敬)은 하나님 앞에서 악을 행하였으며 효과적인 통치도 못하였다. 백성들이 그 아버지의 후계자를 택할 때 그 아우를 택한 것을 보면 이미 그의 무능력이 드러났던 것 같다. 예레미야(耶利米)는 여호야김(约雅敬)이 "나귀와 같이 매장 당할 것"이라고(렘22: 13-19) 선언하며 멸시했다. 이런 말을 한 것은 정치적으로 심각한 시기에 그가 새 궁전을 건축하는 어리석은 일을 하고 있는 것을 비난한 것이다. 그는 자기 아버지의 궁전에 만족하지 못하여 궁을 짓기 위해 국고금을 낭비하고 백성들을 억지로 부역에 동원하였다.

여호야김(约雅敬)은 또한 하나님의 지시로 쓴 예레미야서(耶利米书)를 찢어 불살랐으며, 여호야김은 그렇게 하므로 무서운 경고를 없이 할 수 있다고 생각한 것이다(렘 36:20- 26). 이런 식의 행동은 느고(尼哥Necho)의 공물로 인해 부과된 인두세와 함께 (왕하23: 35) 백성들을 분노케하고 불안감을 일으켰을 것이고 또한 새로운 세력으로 부상한 바벨론(巴比伦)으로 인해 이 불안한 상황이 더 가중되었을 것이다.

5) 바벨론(巴比伦 Babylon)의 부상

바벨론(巴比伦)이 609년에 애굽(埃及)의 느고(尼哥)와 싸웠을 때 바벨론(巴比伦)은 아직 지중해(地中海) 국가들을 지배하지 못하였었다. 이 때 애굽(埃及)의 왕은 주전 610에 바벨론의 왕 나보폴사살(拿布波拉撒 Nabopolassar)로부터 하란(哈兰 Haran) 땅을 탈환하지는 못했으나 바벨론(巴比伦)으로 하여금 그 이상 진출하지 못하도록 막는데는 성공하였다.

애굽(埃及)은 서쪽에서 3년간 계속 우세하였으며 나보폴라살(拿布波拉撒)과 그의 아들 느부갓네살(尼布甲尼撒 Nebuchadnezzar)은 장래를 예상하여, 현재의 위치를 강화할 수밖에 없었다(왕하24: 8-16, 대하36: 9-10). 드디어 주전 605년 이 두 나라는 유브라데스(幼发拉底)의 칼케미쉬(迦基米施Carchemish) 에서 세계를 변화시키는 전투에 임하게 되었다. 바벨론(巴比伦)에서는 나보폴라살(拿布波拉撒)이 병으로 앓고 있어 느부갓네살(尼布甲尼撒)이 전쟁을 이끌었다.

느부갓네살(尼布甲尼撒 Nebuchadnezzar)은 애굽(埃及)을 크게 패배시키므로 천재적인 힘을 과시하였다. 느고(尼哥)는 오론테스(俄隆提斯)(Orontse)강으로 물러나 재기를 기다렸으나 느부갓네살(尼布甲尼撒)은 그를 바짝 쫓아가 나머지 애굽(埃及) 군대를 거의 멸했다.

느부갓네살(尼布甲尼撒)은 그의 아버지가 원했던 지역을 획득하였고, 바벨론(巴比伦)은 새롭게 세계의 주역이 되었다. 애굽(埃及) 경계까지의 모든 수리아(叙利亚)와 팔레스틴(巴勒斯坦)을 의미하는 "전 하티(赫帝 Hatti) 〈이 이름은 느부갓네살이 붙였다〉의 땅" 은 이 새 정복자의 손에 있게 되었다. 그가 할 일은 정복한 나라들을 통제하여야 함으로 그는, 남쪽인 예루살렘(耶路撒冷)까지 내려와 여호야김(约雅敬)과 그 지역의 다른 왕들의 굴복을 강요하였다. 느부갓네살(尼布甲尼撒)은 새로 획득한 나라로 이동하면서 주요 도시의 굴복뿐 아니라 유능한 사람을 골라 장차 관리인으로 바벨론(巴比伦)에 배치시키고자 하였다. 예루살렘(耶路撒冷Jerusalem)에서는 다니엘(但以理 Daniel)과 그의 세 친구 하나냐(哈拿尼雅 Hananiah), 미사엘 (米沙利Mishael), 아사랴(亚撒利雅)등과 유능한 청년들을 포로로 잡아갔다.

느부갓네살(尼布甲尼撒)은 아버지 나보폴라살(拿布波拉撒)이 죽자(주전605년 8월) 바벨론(巴比伦)으로 돌아가 느부갓네살2세(尼布甲尼撒)로 왕위에 올랐다. 느부갓네살은 다시 서쪽으로 돌아와 주전604년 여름 격렬한 전쟁으로 불레셋(非利士)의 도시 아스글론(雅实基伦)을 얻었다(렘47: 57주전 601년). 느부갓네살(尼布甲撒)은 애굽(埃及)쪽으로 이동하여 그 경계에서 느고(尼哥)와 대전함으로 두 나라 모두 큰 손실을 보았으며 느부갓네살 (尼布甲尼撒)은 여기에서 쫓겨나 바벨론(巴比伦)으로 돌아갔다.

6) 여호야긴(約雅尺Jehoiachin)과 주전 597년의 예루살렘(耶路撒冷)의 포획사건(왕하24: 8-16, 대하36: 9-10)

느부갓네살(尼布甲尼撒)은 잠깐 휴식을 취한 후 주전 957년에 예루살렘(耶路撒冷Jerusalem)으로 다시 돌아왔다. 그 원인은 여호야김(约雅敬)이 다시 애굽(埃及)의 원조를 구하여(왕하24: 1) 반역했기 때문이다.

그 동안 바벨론(巴比伦) 왕은 반란을 제재하기 위해 아람(亚兰), 모압(摩押), 암몬(亚扪) 등에 강화된 군대를 보냈으나(왕하24: 2 렘35: 11) 더 강력한 군대의 필요성을 느끼고 자신이 온 것이다. 주전 598년 겨울에 느부갓네살(尼布甲尼撒)은 바벨론(巴比伦)을 떠났고 느부갓네살이 바벨론을 출발할 때에 여호야김(约雅敬)은 예루살렘(耶路撒冷)에서 죽었다. 여호야김(约雅敬)의 18살 난 아들 여호야긴(约雅斤)이 대신해서 왕이 되었고, 그 다음 해인 주전 597년 3월 바벨론(巴比伦)의 공격으로 여호야긴(约雅斤)은 황후, 왕자, 신복들 그리고 보물 등과 함께 바벨론(巴比伦)으로 잡혀갔다. 뛰어난 선지자 에스겔(以西结 Ezekiei)도 이 때에 붙잡혀 갔으며(겔 1:1-3) 만명의 용사들과 일천 명의 기술자와 대장장이도 이에 포함되었다(왕하 24: 11-16).

7) 시드기야(西底家 Zedekiah) 주전 586년의 포로사건
(왕하24: 17-25:21 대하36: 13-21 렘52: 3)

느부갓네살(尼布甲尼撒)은 여호야긴의 삼촌이며 요시야(约西亚)의 셋째 아들인 맛다니야(玛探雅 Mattanlak)를 왕위에 앉혔다. 그는 당시 21세로서 삼 형제 중의 맏형인 여호야김보다 15살이나 아래였다. 느고(尼哥)가 엘리야김(以利亚敬)의 이름을 여호야김(约雅敬)으로 바꾼 것처럼 맛다니야(玛探雅)의 이름을 시드기야(西底家)로 바꿨다. 유다(犹大) 백성들은 외국인 느부갓네살(尼布甲尼撒)이 지명했다고 하여 시드기야(西底家)를 그들의 진정한 왕으로 받아들이지 않았다 유대(犹大) 백성은 포로로 잡혀간 여호야긴(约雅斤 Jehoiachin)을 아직도 왕으로 여기고 있었다. 그리고 시드기야(西底家)의 판단력의 부족과 무능력으로 인해 그의 재임 기간은 계속적인 소송과 불안으로 점철되었다. 더욱이 시드기야(西底家)가 반 바벨론(巴比伦)파에 귀를 기울이므로, 백성들은 느부갓네살 (尼布甲尼撒)의 정복초기에 그가 예루살렘(耶路撒冷)을 가혹하게 다루었기 때문에 바벨론(巴比伦)에 대한 반항심이 컸다.

(1) 바벨론(巴比伦)에 대한 반란(왕하24: 20, 대하36: 13)

예루살렘(耶路撒冷)안의 반 바벨론(巴比伦)파들은 반란에 대한 압력을 주어 시드기야(西底家)로 하여금 애굽 (埃及)의 도움을 요청하게 하였다. 이 때 예루살렘 (耶路撒冷) 밖에서는 에돔(以东), 모압(摩押), 암몬(亚打), 페니키아(腓尼基)등이 새로운 동맹을 형성하고 있었다(렘27: 1-3). 예루살렘(耶路撒冷)파들은 바벨론의 멍에를 깨뜨리고 2년 안에 유다(犹大)의 포로들이 예루살렘(耶路撒冷)으로 돌아올 것이라고 선전을 함으로써(렘28: 2-4) 애굽(埃及)과의 동맹에 협력하였다. 예레미야(耶利 Jeremaih) 선지자는 그 말은 거짓이라고 반박하며 바벨론(巴比伦)을 섬기라고 촉구하였다(렘 27: 1-22).

(2) 이때 두 가지 사건이 유다(犹大) 밖에서 발생했다

① 애굽(埃及)에서 느고(尼哥)를 계승하여 삼메티쿠스2세((森美武库 Psammetichus)가 왕이 되었다.

② 바벨론(巴比伦) 자체에서 작은 반란이 일어났다. 유대(犹太)에서는 시드기야(西底家) 4년에 반 바벨론(巴比伦)의 혁명적 불길을 더욱 촉진시켰으나 시드기야(西底家)는 반 바벨론(巴比伦)파에 동조하지 않고 그는 바벨론(巴比伦)의 느부갓네살(尼布甲尼撒)에게 사신을 보냈다(렘29: 3, 51-59 자기 자신이 직접 갔다고 기록되었음).

시드기야는 바벨론(巴比伦)에게 유다(犹大)의 충성을 표하는 훌륭한 판단력을 보여주었다. 그러나 5년 후 시드기야(西底家)는 반 바벨론(巴比伦)파에게 설득당하여 반란을 일으켰으며 애굽(埃及)에게 원조를 요청하였다. 동맹국간의 상호방어 협정내용은 나타나 있지 않으나 유다(犹太)와 애굽(埃及)은 어떤 조약이 맺어져 있었다.

주전 588년 삼메티쿠스2세(森美武库)를 계승하여 그의 아들 호프라(合弗拉 Hophra)가 애굽(埃及)의 왕이 되었다. 그는 매우 공격적이어서 아시아 방어정책을 세우기까지 하였다. 그 결과 주전 588년 느부갓네살(尼布尼撒)은 또다시 서쪽으로 진군하여 예루살렘(耶路撒冷)을 포위하였다. 애굽(埃及) 군대가 도착하기 전에 바벨론(巴比伦) 사람들이 이들을 만나 패배 시켰고, 느부갓네살(尼布甲尼撒) 왕은 또 다시 예루살렘(耶路撒冷) 성을 포위하였다.

(3) 예레미야(耶利米 Jeremiah)가 유대(犹太) 백성에게 고통을 당하다

이 기간 동안에 예레미야(耶利米)는 자기 동포들에게 큰 고초를 당하였다. 포위가 잠시 해제 되었을 때 그는 바벨론(巴比伦)사람들이 곧 다시 침략 할 것이라고 경고 했으나, 이로 인해 예루살렘 耶路撒冷)의 방백들은 그를 옥에 가두었다(렘37: 11-16). 시드기야(西底家)는 예레미야(耶利米)를 은밀히 불러 바벨론(巴比伦)에 대해 물었고 예레미야는 시드기야에게 예루살렘(耶路撒冷)이 바벨론(巴比伦)에게 함락 될 것이라고 예언을 하였다.

시드기야(西底家)는 예레미야(耶利米)를 시위대 뜰에 있게 하고 매일 빵 한 덩어리씩 주라고 명하였고, 예레미야는 요나단(约拿单)의 집에 가두지 말아달라고 탄원을 하였다. 시드기야(西底家)는 예레미야를 풀어주며 군사들이 있는 뜰에 있게 하였다(37:17-21). 그러나 방백들은 또다시 예레미야(耶利米)를 물이 없는 우물 속에 던져 넣었다. 얼마 동안 우물 속에 있었는지 알 수 없으나 왕궁 환관 구스 사람 에벳멜렉(以伯米勒 Ebedmelech)이 시드기야에게 예레미야(耶利米)를 구해줄 것을 간하여 왕의 허락을 얻어 예레미야를 구출하였다(렘38: 7 -13). 이러한 수난이 계속 되어도 예레미야(耶利米)는 하나님의 경고와 충고를 거침없이 전하였다.

(4) 예루살렘(耶路撒冷 Jerusalem)의 함락
(왕하25: 1-21, 대하36: 13-21, 렘39: 1-10, 렘52:4-16)

예레미야(耶利米)의 예언대로 예루살렘(耶路撒冷)성은 주전 586년 7월에 바벨론(巴比伦)에게 함락되었다. 시드기야(西底家)는 도망하려 하였으나 여리고(耶利哥) 근처에서 붙잡혀 립나(利比拉 Riblah)에 있는 느부갓네살(尼布甲尼撒)의 본부로 끌려갔다. 시드기야(西底家)의 아들들은 그의 목전에서 죽임을 당하고 그의 두 눈은 느부갓네살(尼布甲尼撒)에게 뽑혔다. 시드기야(西底家)는 많은 백성과 함께 바벨론(巴比

倫)으로 잡혀갔으며 예루살렘(耶路撒冷)은 느부갓네살(尼布甲尼撒)의 장관 느부사라단(尼布撒拉旦 Nebuzaradan)의 손에서 큰 손상을 당했다.

또한 400년 동안 서 있던 솔로몬(所罗门)의 성전도 완전히 파괴 되었다.

라기스(拉吉)에서 발견된 서한에는 이때 유다(犹大) 전역이 황폐하게 되었다고 하였으며, 이 중 한 서한은 관망대에 있는 한 관리가 라기스(拉吉) 장관에게 쓴 편지로써 아세가(亚西加 Asekah)의 모습을 더 이상 찾을 수 없다고 했다. 이것은 아세가(亚西加)가 바벨론(巴比伦) 군대에게 함락되었음을 암시한다.

예레미야(耶利米)는 이 공포의 살육 앞에서 마지막까지 남아있던 두 도시가 아세가(亚西加)와 라기스(拉吉)였다고 기록하였다(렘34: 6-7). 바벨론(巴比伦)왕은 유다(犹大)가 또 다시 반란을 제기할 수 없도록 한 것이다.

제15장 포로기와 귀환

(왕하25: 18-21, 대하36: 22-23, 에스라, 느헤미야, 에스더, 예레미야
52: -24-27, 단1: 6 :)

　예루살렘(耶路撒冷)의 몰락과 주요 백성들의 추방은 유다(犹大) 역사에 급격한 변화를
가져왔다.

　종교활동의 중심지였던 성전이 파괴되고, 예루살렘(耶路撒冷)은 민간들의 생활에 중심
을 이어 왔었으나, 이제는 잊혀진 폐허가 되었다. 유능하고 영향력이 있는 사람들이 바
벨론(巴比伦)으로 잡혀 갔으므로 그 밑의 사람들이 결정하고 정책을 수립해야 했다. 비
록 생활양식이 바뀌었다고 할지라도 유다(犹大)의 역사는 계속되었으며 추방은 일부분
에 속한 것 이였고, 평민들이 구성하고 있는 대중성은 계속 이어져 갔다.

1. 유다(犹大)의 말기(왕하 25:22-26, 렘40: -44:)

1) 보편적 상황

　정복국가에서 유능한 인물을 포로로 잡아가는 처사는 앗시리아(亚述)에서 먼저 사용
하여 반란이 일어나는 것을 막았었다. 바벨론(巴比伦)에서도 이러한 방법을 채택하였
다. 앗시리아(亚述)가 주전 722년 이스라엘(以色列)사람을 추방시키고 타국인들을 이스
라엘(以色列) 영토로 들여와 혼합결혼을 시켜 사마리아인(撒玛利亚人 Samaritans)이라
는 새로운 족속의 명칭을 만들어냈는데 느부갓네살(尼布甲尼撒)도 포로로 유대(犹太)
인을 잡아 갔으나 혼합 결혼정책은 쓰지 않았다.

　유다(犹大)는 바벨론(巴比伦)의 하나의 주가 되었고, 더 이상 자국의 왕은 없고 정복
국가에서 지명한 총독이 다스리게 되었다. 첫 번 총독은 사반(沙番)의 손자이며 아히
감(亚希甘 Ahikam)의 아들인 그달리야(基大利 Gedaliah)(왕하25: 22, 렘40: 7-9, 41: 1
-3) 이다.

　예루살렘(耶路撒冷)이 파괴 되었으므로 그는 미쓰바(米斯巴Mizpah)를 새 수도로 정
하였으며, 그달리야(基大利)는 시드기야(書底家)의 통치기간에 유다(犹大)의 왕궁에서 활
동했던 것 같다. 라기스(拉吉)에서 발견된 도장에는 "왕가를 다스리는 그달리야(基大
利)에게 속한다" 라고 새겨져 있었다. 고고학적으로 탐색한 바 이 도장은 주전 586년
예루살렘의 파멸 시기로 간주된다.

이 새겨진 말이 총독인 그달리야(基大利)를 뜻하는 것이라면 이 사람은 시드기야(西底家)의 왕궁에서 감독의 위치를 맡았던 사람이었을 것이다. 그달리야(基大利)가 다스린 사람들은 "그 땅에 비천한 사람"들로서 땅을 경작 하도록 남겨졌다(왕하25: 12). 그 땅에는 많은 사람들은 전쟁으로 사망하였고 포로로 잡혀가 극소수의 백성들만

이 남겨져 있었다. 많은 사람이 주전 597년의 전쟁에 죽었으며 이때 여호야긴(約雅斤)과 만명의 포로들이 잡혀갔다. 탐사의 결과는 수 많은 도시가 이 당시 불태워졌다는 증거가 나타난 것으로 보아 바벨론(巴比伦)의 파괴는 유대(犹太) 전역에 달하였다. 라기스(拉吉)는 주전 597년에 황폐되었다는 증거가 있다. 그 땅은 인구 수나 외관상에 있어서 몇 년 전에 모습을 거의 찾아 볼 수 없었다.

2) 그달리야(基大利 Gedaliah)를 암살(왕하 25: 25, 렘 41: 18)하였다

그달리야(基大利)는 두 달 동안 남겨 진 유다 백성을 통치하다 왕족의 한 사람인 이스마엘(以实玛利Ishmael)에게 암살 당했다. 이스마엘(以实玛利)은 바벨론(巴比伦)의 처음 공격 당시에 암몬(亚扪)으로 도망가 있다가 그달리야(基大利)가 총독이 되었을 때 돌아와서 충성을 하겠다고 거짓고백을 했다. 그달리야(基大利)는 그의 군사 보좌관에게서 이스마엘(以实玛利)에 대한 경고를 받고도 믿지 않고 있다가 죽임을 당한 것이다(렘40:13-16).

이스마엘(以实玛利)은 암몬(亚扪)왕 바알리스(巴利斯 Baalis)를 배경으로(렘40: 14) 음모를 꾸며 그달리야 (基大利)를 죽이고, 미쓰바(米斯巴 Mizpah)에 주둔하고 있는 작은 바벨론의 군대와 약간의 유대(犹太)인 조수들을 죽였다. 둘째날 이스마엘 (以实玛利 Ishmael)과 그의 부하들은 순례 방문단을 죽이고 암몬(亚扪)으로 도망가며 몇 명의 인질을 데려갈 때 시드기야(西底家)왕의 딸까지 그들은 포로로 잡아갔다. 그달리야(基大利)의 군사 보좌관인 요하난(約哈难 Johanan)이 이 사건을 알아차리고 이스마엘(以实玛利)의 뒤를 쫓아가 기브온(基遍)에서 그들을 잡고 인질들을 석방했다. 그러나 이스마엘(以实玛利)과 그의 부하 8명은 빠져나가 암몬(亚扪)으로 도망하였다.

3) 예레미야(耶利米 Jeremiah)가 조언을 하다 (렘40: 1-6, 42: 1-43: 3)

예레미야(耶利米)는 거처를 자유롭게 결정해도 된다는 느부사라단(尼布撒旦 Nebuzaradan)의 말을 듣고 유다 (犹大)에 남아 총독 그달리야(基大利)가 있는 새 수도 미쓰바(米斯巴)에 거주하였으며, 그들은 총독이 암살되어 바벨론(巴比伦)의 보복이 있을까 두려워 요하난(約哈难)과 그의 동료들이 예레미야(耶利米)를 찾아와 하나님으로부터의 말씀을 구하며 무슨 말씀을 하든지 그대로 따르겠다고 약속을 하였다. 10일후 예레미야(耶利米)가 받은 하나님의 계시는 바벨론(巴比伦)이 보복하지 않을 것이니 백성들로 하여금 두려워하지 말고 그 땅에 남아 있으라는 것이었다. 예레미야(耶利米)는

이 소식을 백성들에게 전하면서 특히 애굽(埃及)으로 피신하지 말라고 경고하였다. 그러나 백성들은 약속을 깨고 이 말을 받아들이지 않을 뿐 아니라 예레미야(耶利米)를 비난하며 애굽(埃及)으로 갈 계획을 세웠다.

4) 애굽(埃及)으로 내려감 (렘 43: 4 - 7, 44: 1- 30)

많은 유다(犹大) 사람들이 애굽(埃及)으로 가려고 나섰는데 예레미야(耶利米) 43: 5-의 기록은 주변 국가들에서 돌아온 사람들과 그달리야(基大利) 책임 밑에 있던 사람들이라고 말하고 있다.

예레미야(耶利米)도 함께 데리고 갔다. 예레미야는 백성들 앞에서 하나님의 말씀을 전하기 위하여 따라 갔을 것이다. 유다(犹大) 땅에는 인구가 많이 감소되었고, 유다(犹大)를 떠나 애굽(埃及)의 동쪽 삼각지대 다비네스(答比匿 Tahpanhes)에 이르러 얼마간 거주하였다. 여기에서 예레미야(耶利米)는 하나님의 지시대로 왕궁 어귀의 벽돌 깔린 곳에 돌을 감추고 장차 바벨론(巴比伦)의 느부갓네살(尼布甲尼撒)이 이곳을 정복하여 장막을 세울 것이라는 예언을 전하였다(렘43: 8-13). 예레미야(耶利米) 44: 11-14에 이들이 서서히 애굽(埃及)의 각 도시로 흩어졌다고 했다. 예레미야(耶利米)는 이들이 하나님께 불순종하여 아무도 유다(犹大)로 돌아가지 못할 것이라고 예언하였다.

그 후기에 발견된 엘레판틴(伊里芬丁)의 파피루스(Elephantine papyri)에 유대(犹太)인들이 나일 강(尼罗河)의 첫 폭포(第一大瀑布) 지역인 엘레판틴섬에서 군사적인 정착을 하였다고 기록된 것이 나왔다.

이 종이의 연대는 주전 5세기 말엽의 것이다.

2. 바벨론(巴比伦 Babylon) 포로 시기(주전 605-539)

유대(犹太)인들이 포로로 잡혀 간 시기는 바벨론(巴比伦)의 전성기에 달한 신 바벨론(新巴比伦) 제국시대였다. 고레스(古列Cyrus) 대제의 지휘 아래 페르시아(波斯 개역성경엔 바사) 군대가 패배를 가져다 준 주전 539년까지 계속 되었다. 유대(犹太)인 포로들은 신 바벨론 초기부터 페르시아(波斯) 정복 후 까지 그곳에 남아 있었다.

1) 느부갓네살(尼布甲尼撒 NebuChanezzar 605 - 562)

느부갓네살(尼布甲尼撒)은 43년을 다스렸으며 그가 살아있는 동안 바벨론은 최고의 국가였다. 그는 고대의 위대한 통치자의 한 사람이었기 때문에 다니엘(但以理 Daniel)이 해석한 꿈의 형상에서 "금 머리"로 표현(단2: 38) 되었다. 느부갓네살(尼布甲尼撒)

후의 지도자들은 모든 면에서 그보다 못했으며 부패하기 시작하여 고레스(古列 Cyrus)에게 패배한 것이다.

① 군사적 활동

느부갓네살(尼布甲尼撒)은 전쟁에 뛰어난 인물이었다. 예루살렘(耶路撒冷) 멸망시에 두로(推罗)섬을 포위하여 13년이나 계속 되었다. 그는 끝내 이 섬을 취하지는 못했으나 종주권은 획득하였다(렘52: 30). 그가 주전 582년에 다시 유다(犹大)에 남은 백성들의 추방을 강요했다는 기록이 있으나 그 이상의 다른 기록은 없다.

같은 해에 그는 코엘레-수리아(柯里叙利亚), 모압(摩押), 암몬(亚扪)등을 장악하는데 성공하였다. 주전 568년 애굽(埃及) 왕 아마시스(亚马西士 Amasis)가 호프라(合弗拉 Hophra)를 계승한 직후 애굽(埃及)이 혼란한 틈을 타 침략하여 과거 수리아(叙利亚)와 팔레스틴(巴勒斯坦)을 애굽(埃及)이 간섭한 것에 대한 보복을 하였다. 그 이후 애굽(埃及)과 평화적 관계를 이루었다.

② 건축 사업

느부갓세살(尼布甲尼撒)은 바벨론(巴比伦) 자체의 수비와 수도를 남북으로 연결한 요새를 포함하여 복잡한 구조의 건축물을 건축하였다. 또한 성전, 궁전, 운하 도로 등을 세우고, 도시의 성역(聖域)으로 이어지는 길은 찬란한 색깔과 에나멜(光泽眩)칠을 한 벽돌, 황소와 용의 부조로 장식한 것들이 행렬을 이루었다. 유명한 이스타르(伊施他 Istar)의 문으로 이어지는 길 역시 이와 비슷하게 장식 되었다.

성역 본부에는 느부갓네살(尼布甲尼撒)이 이전의 것을 다시 세운 대신전(Ziggurat)과 마찬가지로 다시 복구한 마르둑(玛尔杜克 Marduk) 대신전이 있었다.

가장 유명한 것으로는 미디안(米甸) 왕비가 산을 좋아함으로 이를 위해 느부갓네살(尼布甲尼撒)이 테라스 위에 매달아 세운 공중정원(空中花园 hanging gardens)이다. 희랍 사람들은 이 정원에 큰 감명을 받아 세계의 7대 불가 사이 중의 하나로 간주하였다.

(2) 느부갓네살(尼布甲尼撒 Nebu Chadnezzar)의 후계자(주전 562 - 539)

느부갓네살(尼布甲尼撒)의 후계자들은 그의 능력에 크게 못미치므로 그가 죽은 후 바벨론(巴比伦)의 영광은 곧 사라지기 시작하였다. 그의 아들 아멜마르둑(亚美玛尔杜克 Amel-marduk)이 그를 계승하여 2년간 다스렸다 (주전562-560).

성경에 그의 이름이 에빌므로닥(以未米罗达 Evilmerodach)으로 기록 되었고 여호야긴(约雅斤)을 옥에서 풀어내어 바벨론(巴比伦) 왕국에 거할 특권을 주었다고 언급하고 있다(왕하 25:27-30 렘 52:31-34). 아멜-마르둑(亚美玛尔杜克)은 그의 매부 네리글리살(尼力里沙 Neriglissar, Nergal-shar-usur)에 의해 살해 되었고 대신 네리글리살

(尼力里沙)이 왕위에 올랐다. 이 인물은 느부갓네살 (尼布甲尼撒)의 관리였으며, 주전 586년 예레미야(耶利米)를 옥에서 풀어주는 데 일역을 담당했다. 예레미야(耶利米)39: 3,13,의 네르갈살레셀 (尼甲沙利薛 Nergalsharzer)로 보통 받아들여지고 있다. 이것이 확실하다면 그가 즉위했을 때는 적어도 중년기였을 것이다.

왕으로서 그는 주로 건축사업과 군사모험가로 알려져 있다. 그는 이 군사 원정에서 처음에는 성공을 하였으나, 곧 패배를 당해 그가 죽기 바로 직전 주전 556년에 바벨론(巴比伦)으로 철수했다.

그의 아들 라바시 마르둑(拉巴施玛尔杜克 LabahiMarduk)이 계승하였으나 몇 개월 후 나보니두스(拿波尼度 Nabonidus)를 포함한 신하들에 의해 암살되었고, 나보니두스(拿波尼度)가 왕권을 잡게 되었다.

3) 나보니두스(拿波尼度 Nabonidus 주전556 - 539)

하란(哈兰) 출신인 아람(亚兰) 귀족의 아들 나보니두스(拿波尼度)는 느부갓네살(尼布甲尼撒) 이후 가장 유능한 통치자였다. 달신(月神 辛 Sin) 제사장의 후손으로 달신의 적극적인 신봉자였던 그는 오랫동안 방치해 왔던 달신의 신전을 하란 (哈兰)에 재건하여 유기되었던 예식을 회복하였다. 그는 서슴치않고 종교예식을 개혁하여 많은 부분이 마르둑(玛尔杜克) 제사장들이 세운 것과 맞지가 않았다.

사실 그가 바벨론(巴比伦)의 신인 마르둑 보다 달신인 신(月神 辛 Sin)을 더 애호함으로 많은 분노를 일으켰고 이제는 직접적으로 반대에 부딪히게 되었다. 군사적 행동에 대하여는 언급되어 있지않고 재임 초기에 실리시아(基利家 주전 554년)와 수리아(叙利亚 주전 553년)에 대항하여 두 번의 원정을 하였다. 특기할 일로는 그가 아라비아 사막(阿拉伯沙漠)에 있는 에돔(以东)의 남동쪽 테마(提玛 Tema)로 주거지를 옮겼는데 추측으로는 그의 종교적 관심과 관계가 있는 것으로 보인다. 그는 그의 아들 벨사살(伯沙乌苏 Bel-sharuzur)에게 나라를 맡기고 테마에 10년간 기거하였다.

나보니두스(拿波尼度)가 없는 바벨론에서는 오랫동안 연례적으로 있던 새해의 잔치가 중단되자 백성들의 불만이 커졌다. 주전 553년 나보니두스(拿波尼度)는 바벨론(巴比伦)으로 돌아와 축제의 부활을 명하였지만 그동안의 공백으로 생긴 불신을 회복하기는 너무 늦었다. 나보니두스(拿波尼度)는 통치자로 부적절하다고 많은 사람들이 간주하여 고레스(古列 Cyrus)의 반란 분위기가 고조되어 정복시기가 무르익게 되었다.

3. 유다(犹大)인의 포로생활

1) 다니엘(但以理 Daniel 단1:-6:)

유대(犹太)인 포로 중에 가장 중요한 인물은 다니엘(但以理)로서 그는 다니엘(但以理)서를 기록한 사람이다.

① 다니엘(但以理 Daniel)의 명예

다니엘(但以理 Daniel)은 그의 세 친구와 자기 또래의 다른 사람들과 함께 주전 605년 여름에 바벨론(巴比伦)으로 잡혀왔다. 느부갓네살(尼布甲尼撒)이 이 젊은이들에게 교육을 받게 한 이유는 자기 왕국의 여러 부서의 관리로 쓸 유능한 인물을 그들 중에서 뽑고자 함이었다(단1: 4). 3년이 지나지 않아서 다니엘(但以理)은 느부갓네살(尼布甲尼撒)의 꿈을 해석한 결과(단2: 1-45) 중요한 위치로 승진하였다. 곧 왕을 자문하는 현인들의 장이 된 것이다. 몇 년 후 느부갓네살(尼布甲尼撒)이 다니엘(但以理)을 박수장이라고 계속 부른 것을 보면(단4: 9) 그는 분명 오랫동안 이 지위를 유지한 것으로 여겨진다. 그러나 벨사살(伯沙乌苏 Belshazzar)의 통치 때에는 변화가 있었음을 알 수 있다. 그것은 다니엘(但以理)이 왕궁 벽의 글씨를 해석하도록 태후가 벨사살에게 상기시킨 것으로 알 수 있다(단5: 10-12). 이때는 다니엘(但以理)이 첫 번 임명을 받은 지 63년이 경과한 후였다.

그 이후 그는 수 많은 지위를 거쳤고, 바벨론(巴比伦)이 페르시아(波斯)에 정복당할 당시 다니엘(但以理)은 80세였으며, 그는 페르시아(波斯)에서도 계속 높은 지위를 보유했다. 실제로 그는 페르시아(波斯)의 120방백들을 감독하는 세 총리 중의 한 사람이 되었다(단 6:1-2).

② 나보폴라살(拿布波라撒 Nabopolassar)에서 벨사살(伯沙撒 Belshazzar)까지의 연대표

나보폴라살(拿布波拉撒)의 아들은 느부갓네살(尼布甲尼撒) 느부갓네살의 아들은 아멜마르둑(亚美玛尔杜克)<성경 에는 에빌므르닥(以未米罗达)>아멜마르둑은 그의 매부 네리글리살(尼力里沙)에게 암살당했다.

네리글리살(尼力里沙)은<성경엔 네리글리살(尼力里沙)은 예레미야를 옥에서 풀어준 네르갈살레셀(尼甲沙利薛 Nergal-shazer) 렘39:3, 13>이 왕위에 오름. 그의 아들은 라바시마르둑(罗巴施玛杜克)이 네리글리살(尼力里沙)을 계승하였으나 몇 개월 후 암살당했음. 추천에 의해 나보니두스(拿波尼度 Nabonidus)가 왕이 됨. 그의 아들은 벨사살(伯沙撒 Belshazzar) (다니엘5장에서 손가락이 나와 글씨를 쓰는 환상을 본 왕이다)이다.

③ 다니엘(但以理 Daniel)의 영향

다니엘(但以理)이 궁전에서 높은 지위에 있었기 때문에 포로 생활하는 동포들의 편의를 위하여 노력하여 좋은 영향을 주었을 것이며, 옥에 갇힌 여호야긴(约雅斤)의 석방에도 영향을 주었을 것으로 본다(왕하25: 27-30). 포로인 왕에게 예절을 갖춘 대접을 한다는 것은 그를 대신해 활동하는 특별한 사람이 배후에 있

다는 것을 암시하는 것이다. 더 더욱 다니엘은 유대(犹太)인들이 고국으로 돌아가게 하는 선포에도 많이 관련을 했으리라 보며 그는 큰 영향을 행사할 수 있는 높은 지위에 있었다. 다니엘(但以理)이 예레미야(耶利米)가 예언한 70년이 된 것을 알고 하나님께 특별 기도로 고국을 위하여 간구한 것을 보아(단 9:1-19) 고국으로의 귀환허락이 내려지기를 바란 것을 알 수 있다. 우리는 그가 페르시아(波斯) 왕을 대면하여 간청한 것을 생각하면서 그 실현을 위해 자기가 할 수 있는 모든 일을 했을 것으로 본다.

2) 일반 포로들

① 숫자

유다(犹大)에서 바벨론(巴比伦)으로 잡혀 간 포로들은 가늠하기가 어렵다. 두 번째 추방(주전 597년)에 관해서만 명확한 숫자가 주어져 있다, 용사 7,000명과 기술자 1,000명을 포함한 만 명이였다(왕하 24:14-16). 첫 번 추방에 관해서는(주전605) 적어도 다니엘(但以理)과 그 세 친구 이외에 다른 젊은이들이 포함 되었다고 말할 수 있다. 세 번째의 추방(주전 586년)에 관해서는 그 땅에 비천한 자(왕하 25:11-12, 21)만 남았다고 했으니 다소 많은 숫자의 사람들이 잡혀 갔을 것이다. 주전 538년에 포로생활에서 돌아온 사람의 숫자가 42,360명이였다는 것으로 볼 때(스 2: 64 느 7: 66) 총 수만 명이 잡혀갔다는 것을 알 수 있다.

에스더(以斯帖 Esther) 시대에 동부쪽에서 많은 사람이 살고 있던 것으로 보아 포로로 잡혀 간 유대인 전부가 돌아온 것은 아니었다.

② 에스겔(以西结 Ezekiel)

다니엘(但以理)과 여호야긴(约雅斤) 이외에 가장 유명한 포로는 선지자(先知者)이며 제사장인 에스겔(以西结)이다.

포로생활 이전에는 그에 관해 나타나 있는 것이 없으나, 포로 생활 중에 그는 포로의 한 사람으로서 중요한 역할을 담당하였다. 그는 포로 가운데 하나님의 사자로서 죄를 꾸짖기도 하고 구원의 약속으로 위로를 하기도 하였다. 그의 설교로 인해 백성들은 포로생활이 하나님의 능력이 부족하여 온 것이 아니라 그들의 죄를 징벌하기 위해 하나님께서 허락하신 것임을 깨달았다.

에스겔(以西结)은 하나님께서 그들을 구원하시고 바벨론(巴比伦)을 책망하기 위해 그의 주권을 행사하실 것이라고 선언함으로써 유대인들을 격려하였다. 나이들은 관리들에게 조언을 하며 또 하나님의 말씀을 듣기위해 에스겔(以西结)에게 많은 사람들이 찾아온 것을 보면 그는 전의 선지자(先知者)들 보다 하나님으로부터 더 많은 말씀을 받은 것 같다(겔 8: 14 - 20). 포로기간 동안 백성들은 정신적인 변화를 일으키며 하나님과의 개인적 관계를 계속적으로 유지하는데는 분명히 에스겔(以西结)의 영향이 있는 것이다.

3) 바벨론(巴比伦 Babylon) 에서의 생활

유대(犹太)인 포로들은 그의 조상이 애굽(埃及)에서 당한 속박의 상태와는 달리 비교적 안락한 생활을 했다는 증거가 있다.

① 조직이 유지 됨

유다(犹大) 자체의 몇몇 조직이 유지되었다. 예를 들어 유다(犹大)의 지방 행정에서 일했던 사람들이 계속 활동을 한 점이다. 백성들의 대표로 활동하고 있는 사람들이 에스겔에게 조언을 구하기 위하여 찾아왔다(겔8:1). 또한 선지자와 제사장들의 조직도(각각의 교육적인 임무에서) 보유되고 있었던 것 같다. 예레미야(耶利米)가 포로들에게 편지를 썼을 때 처음에 장로들에게, 그리고 선지자 제사장들에게, 마지막으로 일반 백성들에게 썼다는 점에서 드러난다(렘 29: 1).

② 이주의 자유

유대(犹太)인들은 비록 포로생활이지만 이주의 자유를 누렸으며 에스겔(以西结)도 자기의 집을 소유하였고 이동도 자유롭게 하였으며 장로들은 이러한 에스겔(以西结)을 자유롭게 방문하였다.

여호야긴(约雅斤)도 아멜마르둑(亚美玛尔杜克)에 의해 옥에서 풀려 난 이 후 이와 비슷한 자유가 주어졌다고 증언하고 있다. 그는 나머지 생애 동안 궁정에서 음식과 다른 용품들을 받았으며 바벨론(巴比伦)에 있는 다른 왕들보다 위의 자리에 앉았다고 한 것으로 보아 통치의 권력까지 허락되었던 것 같다(왕하25: 28).

E .F. Weidne에 의해 발견된 바벨론(巴比伦)의 설형문자의 서판도 이런 점에서 성경의 내용과 일치하고 있다.

이 서판엔 여호야긴(约雅斤)이 "유다(犹大) 땅의 왕" 으로 나와 있으며, 그의 다섯 아들들이 양식과 기름을 자유로이 공급 받았다고 지적되어 있고, 또 이 서판에는 여호야긴의 아들들이 수행원의 보호를 받았다고 기록되어 있다.

이것은 그들에게 실제로 몸종이 있었음을 암시한다.

③ 서신의 특권

유대(犹太)인들은 서신의 특권까지 누릴 수 있어서 유다(犹大)에 있는 친구들에게 편지를 쓸 수 있었다.

예레미야(耶利米)는 이러한 서신에 대해 말하고 있으며(렘29: 25) 바벨론(巴比伦)에 있는 포로들에게도 직접 편지를 썼다(렘 29: 1). 이러한 교류가 계속되었다는 것은 유다(犹大) 백성들이 여호야긴(约雅斤)의 상황을 알고 왕으로 다시 돌아오기를 희망했다는 것도 증명된다(렘 28: 3- 4).

④ 고용의 기회

　가장 중요한 증거는 포로들에게 좋은 고용의 기회가 열려 있었다는 사실이다. 한 증거로 느부갓네살(尼布甲尼撒)이 포로로 선택한 사람들의 여러 종류의 직업에서도 발견된다.

　그는 주전 597년의 추방에서 특별히 대장장이와 기술자들을 뽑았다(왕상24: 14- 16). 분명 느부갓네살(尼布甲尼撒)은 이들을 기술적인 무역에 종사시키려 하였던 것이다. 또 한 가지는 카바리(卡巴尼 Kabari) 운하의 니풀(尼普尔 Nippur)에서 발견된 많은 상업 서판에서도 찾을 수 있었는데 이 서판에는 유대(犹太)인 이름이 많이 포함된 것으로 보아 세를 내었다든가 사고파는 상업에 활동했음을 암시한다. 이 서판이 주전 5세기경의 것이므로 바벨론(巴比伦)으로 추방된 지 100년 이후까지 유대(犹太)인들의 상황이 얼마 동안 계속되어 있었음을 알 수 있다.

⑤ 비옥한 땅

　유대(犹太)인들은 비옥하고 좋은 땅에서 살도록 허락 되었다. 많은 사람들 그발강(겔 1: 1 - 3, 3:- 15, 23,) 근처에서 살았는데 이는 카바리 운하(卡巴尼运河 nari Kabari 큰 강이라는 뜻)를 말하는 것 같다. 이 강은 바벨론(巴比伦) 위쪽의 유브라데스(幼发拉底)에서 흘러나와 니풀(尼普尔)을 통과하여 다시 유브라데스(幼发拉底)로 들어간다. 한때 에스겔(以西结)이 포로들과 7일 동안 유하였던(겔3: 15) 텔 아빕(提勒亚毕 Tel-abib)은 이 운하상에 있는 도시이다. 현대의 텔 아부브(提亚毕 Tel-abub)는 이 지역을 뜻하는데 이 근처에서 이스라엘(以色列)의 자기류가 발견되었다. 이 운하는 농경지에 물을 공급하여 땅이 비옥하여 진 농장을 유대(犹太)인들이 경작을 하였든 또는 남의 일을 하였든 간에 좋은 농경지에서 일한 것을 알 수 있다.

⑥ 계속적인 징벌

　하나님의 징계로 포로로 잡혀왔다고 하여 이러한 안락한 생활을 거부할 필요는 없는 것이다.

　백성들이 그들의 고향에서 쫓겨나 포로생활을 한다는 것이 곧 징계인 것이다. 이러한 모욕감은 이 기간 초기에 가장 통렬히 느꼈을 것이다. 바벨론(巴比伦) 강들이 슬피 울었다고 말하고 있는 시편(诗篇)의137편은 아마도 이때에 쓰여진 것 같다. 바벨론(巴比伦)에 대항하여 반항할 것을 촉구한 거짓 선지자들은(렘 29: 4-10) 포로 초기에 더욱 더 슬퍼했을 것이다. 예레미야(耶利米)는 이들과 일반적인 포로들에게 그들의 위치를 받아들이고 가능한 한 삶을 즐겁게 살라고 권했다.

4. 페르시아(波斯 Persia) 시대

　구약성경의 선지자들은 유대(犹太)인들이 포로로 사로잡혀 갈 것과 그들이 다시 귀향할 것에 대해서도 예언 하였다. 이들의 징계는 70년의 외국생활 후에 끝날 것이다 (렘2: 11-12 29: 10). 여기에 관련된 역사를 살펴보면

　이들의 귀향이 이루어지기 전에 세계 주도권의 변화가 있었다. 페르시아(波斯)가 바벨론을 패배 시키고 주권을 장악하게 되었으며, 유다(犹大)의 귀향과 그 이후 역사는 이 새 세력 밑에서 이루어질 것이다.

1) 페르시아(Persia)가 바벨론(巴比伦)을 정복 하였다

　① 고레스(古列 Cyrus)의 계속적인 승리

　　페르시아(波斯)는 바벨론(巴比伦)을 정복함으로 그 세력이 고조에 달하게 되었다.

　　이것은 고레스(古列 주전539- 530)대제에 의하여 이룩되었는데, 고레스의 아버지는 아카메니안(阿垦米尼 Achaemenian)으로서 엘람 지역의 아산(安珊 Anshan) 왕 캄비세스(剛比西斯) 1세였다. 그의 아버지가 죽자 고레스(古列)가 계승하여 그 근방을 페르시아(波斯岭 Persia)령으로 첨가시켰다.

　　바벨론(巴比伦)의 나보니두스(拿波尼度)는 메디아(玛代) 왕 아스티아게스 (亚士他基 Astyages 주전 585-550)에 대항하여 고레스(古列)를 도와주었는데, 이는 고레스(古列)가 자기의 큰 적이 될 것을 몰랐기 때문이다. 주전 550년 고레스(古列)는 아스티아게스(亚士他基)를 해임시키고 넓은 메디아 (玛代) 지역의 통치를 맡았다.

　　그러자 나보니두스(拿波尼度)는 고레스(古列)를 두려워하여 애굽(埃及)의 아마시스 (亚马西士 569-525)와 리디아(吕底亚 Lydia)의 크로이수스(克罗苏斯 Croesus 560-546)와 동맹을 맺었다.

　　세계 주도권을 누리는 고레스(古列)는 그에게 대항하여 북 메소포타미아(米所波大米) 건너편에 그의 군대를 진군시키고 크로이수스(克羅尼(斯)와 접전하였다. 아무도 그와 대항할 수 없었으므로 그는 거의 장애를 받지않고 진입하였다. 혹한 겨울에(547-546) 할리스(Halys) 강을 건넘으로 수도 사르디스(撒狄 Sardis)에 있는 크로이수스(克羅尼(斯)를 놀라게 했고, 또 낙타의 냄새로 하여금 크로이수스(克羅尼(斯)의 말들을 꼼짝달싹도 못하게 만든 고레스(古列)는 적을 통과하여 에게 해(爱琴海)에 서방국가를 세웠다.

② 바벨론(巴比伦 Babylon)을 함락

나보니두스(拿波尼度)가 연합한 동맹이 패배하고 또 다른 동맹이 잠잠하자 바벨론(巴比伦)은 곧 이 정복자 앞에 함락되게 되었다. 처음으로 서방쪽에서 승리하고 돌아온 고레스(古列)는 동쪽에서 인도(印度)까지 진출하여 경계를 넓히고 주전539년 단독으로 바벨론(巴比伦)의 주요 도시로 진군하였다.

바벨론(巴比伦) 안에서는 마르둑(马尔杜克) 제사장들과 백성들이 나보니두스(拿波尼度)로 인하여 불만을 품고서 외국인에 의해서라도 어떤 변화가 있어지기를 바라고 있는 매우 불안정한 형편이었다.

고레스(古列)는 바벨론(巴比伦)의 북쪽 티그리스강(底格里斯河)의 오피스(Opis)에서 승리를 거두었다.

고레스(古列)의 장관 우그바루(吾巴鲁 Ugbaru)가 전투도 하지 않고 바벨론(巴比伦)을 쟁취하였는데, 이때가 주전 539년 10월이었다. 페르시아(波斯)의 군대가 진입하기도 전에 미리 도망친 나보니두스(拿波尼度)는 얼마 후 곧 체포되었다. 몇 주일 후에 고레스(古列)는 개인적으로 바벨론(巴比伦)에 들어가 마르둑(马尔杜克) 제사장들과 일반 백성들로부터 실제로 해방자로서 환영을 받았다. 고레스(古列)는 그 곳 백성들에게 호감을 얻기 위해 도시도 약탈하지 않았고 종교 제도나 민간인의 제도도 크게 변화시키지 않았다. 그 결과 반란이나 소동을 최소한으로 줄일수 있을 뿐만 아니라 자기에게 충성을 하도록 만든 것이다. 고레스(古列)는 가장 큰 나라인 바벨론(巴比伦)을 정복함으로 이전의 어느 통치자보다도 더 넓은 영토 곧 에게 해(爱琴海)로부터 인도까지를 장악할 수 있었다.

2) 페르시아(波斯 Persia) 통치자

고레스(古列)는 바벨론(巴比伦)에서의 승리 후 최고의 군주로서 9년간 다스렸다. 그는 정복자로 능수능란했던 것같이 통치에 있어서도 능력을 발휘하였다. 그는 백성과 신하들을 대할 때 언제 강하게 대할지 유순하게 대할지를 알고 있었다. 고레스(古列)는 주전 530년 북쪽까지 나가 군대를 지휘하다가 치명적인 부상을 입고 전사하였다. 시체는 페르시아(波斯)의 수도 파사르가대(巴萨加台 Pasargadae)에 옮겨져 장사되었다.

① 캄비세스(刚比西斯 Cambyses 주전 530-522) 2세

바벨론(巴比伦)에서 아버지의 부관으로 활동했던 캄비세스 2세가 아버지 고레스(古列)를 계승하였다. 캄비세스는 그의 형 스메르디스(斯麦尔地 Smerdis혹은 바르디야 巴底亚 Bardiya 라고도 함)를 그의 적으로 여겨 제거시키고 왕위에 올랐다.

캄비세스(刚比西斯)의 큰 업적은 주전 525년 애굽(埃及)을 정복함으로써 이미 확보된 넓은 영토를 더 확장시킨 일이었다. 캄비세스(刚比西斯)는 펠루시움(帕路

斯奄 Pelusium)에서 처음으로 애굽 (埃及)과 접전하여 승리를 거두었는데, 그에게 애굽의 아마시스(亚马西士) 왕이 고용한 그리스 용병장군이 결함이 많음으로 인해 오히려 도움이 되었다. 이 때 아마시스(亚马西士)가 죽고 그의 아들 삼메티쿠스3세 (森美武庫三世 Psammetichus)가 계승하였다. 이 애굽(埃及)의 새 왕이 페르시아(波斯)를 이기지 못함으로 페르시아(波斯)는 비옥한 삼각주를 장악하게 되었으며, 캄비세스(剛比西斯)는 전 국토를 지배하여 제국의 관구(satrapy)로 포함시켰으나, 서쪽으로 카르타고(迦太基 Carthago)나, 남쪽으로 누비아(努比亚 Nubia), 에디오피아(埃提阿伯) 등의 지역을 확장하는데는 성공하지 못하였다.

그가 주전 522년 본국으로 돌아오는 길에 팔레스타인(巴勒斯坦) 갈멜산(迦密山 Carmel)근처에 진을 치고 있을 때에 자신이 제거한 형 스메르디스로 가장한 가우마타(高馬他 Gaumata)가 페르시아에서 왕권을 잡았다는 소식을 듣고 자살한 것으로 전해진다.

② 다리오 히스타스페스(大利烏, 舒士他斯伯 Darius Hystaspes. 주전 522 - 486)

캄비세스(剛比西斯)의 장군이며 태수 히스타스페스(舒士他斯伯)의 아들인 다리오(大利烏) 1세는 페르시아(波斯) 왕가의 혈통으로 볼 때 고레스(古列)의 외가 자손이다. 다리오(大利烏)는 이 반란을 진압하고 왕위를 획득하고자 군대를 이끌고 본국으로 진입하여 반란을 진압한 후 반란자를 사형에 처하였으나, 반란은 곳곳에서 계속되었다.

그러나 다리오(大利烏)는 왕위를 획득하던 대담함과 용기로 2년만에 모든 것을 손안에 넣을 수 있었다.

다리오(大利烏)는 이런 승리를 중요하다고 여기고 후세대를 위해 엑바타나(伊克巴他拿 Ecbatana)로 가는 길 옆의 높은 산벽에 세가지 언어(페르시아어, 엘람어, 아카디아어)로 비문을 세웠다. 이 비문을 베히스툰(贝西斯敦 Behistun)이라 한다. 이 비문(Inscription)은 오늘날 구 아카디아(亚喀得 Akkadian)어를 해독하는 귀중한 열쇠가 되었다.

다리오(大利烏)는 페르시아(波斯)의 유능한 통치자 중의 한 사람이다. 전 제국을 재조직하고 새로 정한 관구로 (省份)로 구분함으로 국경선을 수정하였다. 고정적인 순회판사가 임명되었고, 효과적인 교류를 위해 복잡한 우편 조직을 세웠다. 그는 초기의 전쟁경험을 이용하여 자기 군대로하여금 계속적인 성공을 거두도록 지시하였다. 그러나 주전 490년 유명한 마라톤(马拉松 Marathon)전투에서 그리스의 손에 모욕적인 패배를 겪고서 그는 보복하려 하였으나 애굽(埃及)의 반란으로 인해 그곳에 얼마동안 관심을 쏟다가 주전 486년에 죽었으므로 보복을 하지 못했다.

③ 크세로크세스 1세(薛西 一世 Xerxes l 주전 486-465 성경에는 아하수에로. 에 1: 1)

크세로크세스 1세가 그 아버지를 계승하였다. 그는 첫 2년 동안 반란을 진압시키는 일에 몰두하여 마침내 바벨론(巴比伦)을 앗시리아(亚述)와 통합시켰다. 그리고 3년에는 그리스에 패배한 아버지의 보복을 위해 대대적인 군사원정을 계획하여 진군하였으나 처음에는 성공하여 아테네(雅典) 사람을 포로로 잡고 성채(Acropolis)를 불태우기까지 하였으나 그의 함대는 살라미스 만(撒拉米湾 Salamis)에서 참패를 당했고 마리도니우스(马东纽 Mardonius)에게 맡겨진 그의 군대는 그 다음해(주전479년) 플라타이아(帕拉提亚 Plataea)에서 산산히 흩어졌다.

크세로크세스(薛西)는 살라미스(撒拉米)에서 패배한 후 수도로 돌아와서 엄청난 건축사업을 시작하였다.

④ 아닥사스다 롱기마누스(亚达薛西 浪金缦努士 Artaxerxes Longimanus 주전 465-424)

아닥사스다 롱기마누스는 그의 아버지가 궁중 수위대장 아르타바누스(亚他巴努士 Artabanus)에게 암살당하자 왕위를 계승하게 되었다. 아닥사스다(亚达薛西)의 첫번째 과업은 왕위를 탐내는 모든 적수들을 없애는 일이었다.

그리고 주전 460년에 애굽(埃及)에 큰 혁명이 일어났는데, 이 혁명을 아바르나하라(亚巴那哈拉 Abarnahara)와 수리아(叙利亚) 팔레스틴(巴勒斯坦))의 태수 메가비수스(麦加比苏 Megabyzus)가 몇 년 동안 걸려서 겨우 진압 시켰다. 주전 449년 아테네와 동맹을 맺도록하는 조약에 싸인함으로 더욱 큰 모욕이 생겨나게 되었다.

아닥사스다(亚达薛西)나 크세로크세스(薛西亚哈随鲁)는 모두 그의 선조 다리오(大利乌)만큼 능력을 나타내지 못하였다. 이 후 알렉산더(亚历山大)의 출현으로 그리스에게 멸망하고 말았다.

5. 첫 번째 귀환 (스 1: -6 :)

이런 페르시아(波斯)의 역사 가운데서 유대(犹太)인에게 중요한 사건이 생겨났다. 그것은 세 번에 걸친 고국으로 의 귀환이다.

첫째 페르시아(波斯)의 바벨론(巴比伦) 정복 직후(주전583년스1: 1)의 세스바살(设巴萨 Sheshbazzar)이 이끌었다.

둘째 번은 첫번 귀환 80년 후로서 아닥사스다 롱기마누스(亚达薛西 浪金缦努士주전 458년 스 7: 7) 왕의 7년째 해로 에스라(以斯拉)가 이끌었다.

셋째 번 은 둘째 귀환 후 13년이 지나서 아닥사스다(亚达薛西) 20년에(주전 444 느 2: 1) 느헤미야(尼希米 Nehemiah)가 이끌고 왔다.

1) 고레스(古列)의 칙령 (대하36: 22-23, 스1: 1-4,)

고레스(古列)가 바벨론(巴比伦)의 포로들을 고향으로 돌아갈 수 있도록 허락한 것이다. 고레스(古列)의 즉위 원년에 유다(犹大)와 같이 작은 나라의 백성에게 이러한 허락을 내린 것은 놀라운 일이지만 다니엘(但以理)의 영향이 작용하였다고 본다.

유대(犹太)인에 대한 고레스(古列)의 칙령은 에스라(以斯拉) 1: 2과 6: 3- 5에 두 번 기록되었다. 이 내용들을 요약하면 고레스(古列) 자신의 비용으로 예루살렘 (耶路撒冷)에 성전을 다시 지을 것을 명하였으며 모든 유대(犹太)인들은 일을 경제적으로 도와줄 것과 또한 느부갓네살(尼布甲尼撒)이 탈취하였던 금, 은, 성전의 제기들을 예루살렘(耶路撒冷)에 돌려보낼 것 등이다. 이 칙령에 나타난 유대(犹太)인들에 대한 호의는 놀라운 것이다.

2) 귀환 (스 1: 5-2: 70)

이 칙령이 발표된 직후 주전 538년이나 537년에 귀환이 이루어진 것 같다. "유다(犹大)의 총독" (스1:8)이라고 한 세스바살(设巴萨 Sheshbazzar)이 인도하였다. 이 때 귀환한 사람은 42,360명 이외에 노비가 7,337명이라고 에스라(以斯拉) 2: 64-65에 기록되었다. 이것은 실질적인 숫자이지만 동부에 살고 있는 모든 유대(犹太)인은 아니었다.

사실 대다수는 이에 포함되지 않은 것 같다. 그것은 약 반 세기 후 에스더(以斯帖) 시대에 이틀 동안의 싸움으로 유대인의 적 75,000명을 죽일 정도로 유대(犹太)인이 많이 살고 있었던 것으로 알 수 있다(에9: 16). 이미 언급하였듯이 유대(犹太)인들은 좋은 조건 밑에서 동부에 살고 있었으며 많은 이들이 상업에 종사하였다. 이들이 그 동안 안정을 얻고 살던 바벨론(巴比伦)을 떠난다는 것은 쉽지 않음으로 많은 유대(犹太)인들이 바벨론(巴比伦)에 남아 있었고, 귀환하기로 결정한 사람들은 바벨론(巴比伦)의 제지를 받지 않고 갈 수 있었다.

3) 성전 건축 사업을 재개 (스 3: 6)

본국으로 돌아와 첫 번으로 해야 할 일은 성전을 건축하는 일이다. 곧 바로 성전을 건축한다는 것은 하나님 숭배에 있어서 모세(摩西)의 법을 부활시키는데 필수적인 것이었으며 유대(犹太)인들의 여호와(耶和华) 숭배를 백성에게 나타내 보이는 것이다.

① 훌륭한 시작

성전 건축은 팔레스틴(巴勒斯坦)에 돌아온 직후 시작하였다. 에스라(以斯拉) 3: 8절에는 스룹바벨(所罗巴伯 Zerubbabel)과 대제사장 여호수아(约书亚 Joshua, Jeshua)가 백성들을 이끌었다고 기록되어 있다.

스룹바벨이 전 책임을 맡은 것 같다(스5: 16). 돌아온 첫 해 7월에 먼저 제단을 세우고 율법에 명한 번제를 드렸다. 그 달 중순에 백성들은 기록된 규례대로 초막절을 지켰으며 이듬해 2월에는 성전을 본격적으로 짓기 시작하였고 성전의 기초를 다지며 빨리 공사를 할 수 있어서 이스라엘(以色列 Israel) 백성들은 서로 축하하며 기뻐하였다. 솔로몬(所罗门)의 성전을 기억하는 노인들은 지금의 성전이 너무나 초라한 것을 보고 대성통곡을 하였다(스3: 8-12). 그런데 문제가 생겼다. 북쪽 사마리아(撒玛利亚) 사람들이 유대(犹太)가 사마리아에 속해 있는 줄 알고 성전건축에 반대를 하며 나섰다. 이것은 사마리아(撒玛利亚) 사람들의 오해이다. 또 다른 문제는 유대 사람들은 성전보다 자신들의 집과 농경을 재건하는 일에 더 많은 시간을 보내기 시작하였다(학 1:3-11).

성전 짓는 일이 중단되어 다리오(大利乌) 2년까지 (주전 520년 학1: 1) 16년 동안 기초 단계에 머물러 있었다.

② 성전 건축사업을 재개

다리오(大利乌) 2년에 선지자 학개(哈该 Haggai)와 스가랴(撒迦利雅 Zechariah)는 건축사업을 재개할 것을 촉구하였다. 이 선지자들은 일반 백성들과 함께 책임을 맡고 있는 스룹바벨(所罗巴伯)과 대제사장인 예수아(约书亚)에게 재촉하였다. 학개(哈该)와 스가랴(撒迦利雅)의 노력이 열매를 맺어 그 해 6월에 (학1: 15 스 5:1-2) 다시 작업이 시작되었고 반대는 또 다시 일어났는데 이번에는 보다 공격적이었다. 아발나하라(亚巴那哈拉 Abarna-hara)의 태수 닷드내(达乃 Tattenai)가 제기하였다. 그는 처음 이 건축에 대한 것을 유대(犹太)인에게 묻고 그 확인을 위하여 직접 편지를 다리오(大利乌)에게 써서 보내어 유대(犹太)인들이 페르시아(波斯)의 공인을 얻었다는 응답을 받자 그는 반대를 멈추고 다리오(大利乌)의 명령에 따라(스5: 3-6:14) 원조까지 하였다.

4년 후 곧 다리오(大利乌) 6년에(주전 515년 3월, 스 6:15) 성전이 완공 되었다.

6. 두 번째 귀환(스 7: -10:)

성전이 완공 된 후 58년이 경과하여 유대(犹太)인의 두 번째 귀환이 있었다. 이 사이의 역사에 관해서는 약간의 실마리가 있을 뿐이다.

1) 1차 귀환과 2차 귀환의 사이

다리오(大利乌)가 주전 496년 까지 통치하고 크세르크세스(薛西)가 주전456년까지 다스렸다. 에스더(以斯帖)의 이야기는 크세르크세스 때 생긴 일이다. 아닥사스다(亚达薛西 良金缕努士 Artaxerxes Logimanus)왕이 등극한 후 7년에 두 번째의 귀환이 이루어졌다. 인솔은 아론(亚伦)의 자손으로 모세(摩西)의 가르침에 능숙한 학사 겸 제사장인 에스라(以斯拉 Ezra)였다.

2) 이 사이에 유다(犹大)에서는 세 가지 사건이 있었다.

① 성전을 완성치 않아서 학개(哈该) 선지자에게 책망을 들은 일(학1: 3-11)

② 주전 444년 느헤미야(尼希米)가 예루살렘(耶路撒冷) 성벽을 건축하러 돌아온 것을 보면 성전뿐 아니라 수도를 재건하는 일에도 등한시 했었다.

③ 이방인들과 결혼을 할 뿐 아니라 나쁜 종교적 영향을 받고 있었다.

정치적으로는 아발나하라(亚巴那哈拉)라는 페르시아(波斯) 관구의 한 구(区)로서 이는 유브라데스(幼发拉底)의 남서쪽으로부터 애굽(埃及)경계까지 주로 수리아(叙利亚)와 팔레스타인(巴勒斯坦)을 포함한 지역을 말한다.

이런 넓은 지역에서 유다(犹大)는 보통 총독("백성이 두려워하는 사람"의 뜻인 可畏的人 tirshaths 스 2: 63, 느 8: 9, 10: 1)이 다스리는 한 영(嶺)이다. 가끔 유다(犹大)는 총독이 아니라 태수가 다스린 것 같다.

주전 520년 성전을 다시 건축할 때 닷드내(达乃 Tattenai)가 간섭한 것 같이 태수들은 어느 때나 관여할 권한을 갖고 있었다.

3) 왕의 조서 (스 7: 11-26)

80년 전에 세스바살(设巴萨 Sheshbazzar)과 같이 에스라(以斯拉) 역시도 페르시아(波斯) 왕으로부터 귀환에 대한 주목할 만한 특권을 받았다.

① 이 특권은 원하는 모든 사람들을 귀환 시킬 수 있는 것

② 아닥사스(亚达薛西)왕은 왕뿐 아니라 궁정의 조언자들 또 페르시아(波斯)에 있는 유대(犹太)인으로부터 예루살렘(耶路撒冷)의 성전을 위하여 금이나 은을 요구할 수 있는 권한을 주었다.

③ 아발나하라(亚巴那哈)의 관구의 국고금에서 금, 은을 끌어 낼 수 있는 권한

④ 성전에서 일하는 사람은 페르시아(波斯)의 세금 납부를 면제 받는다

⑤ 유다 땅에서 치안 판사를 임명하여 율법을 지키게 하고 율법을 범하는 자의 생명을 다루는 권한이다

에스라(以斯拉)의 관심과 임무는 백성들을 사회적으로 정신적으로 재건시키는 일로서 다시 하나님께 징계를 받지 않기 위해서는 개혁이 반드시 필요했다.

4) 귀환과 활약 (스 7: 27-10: 44)

① 귀환여행

에스라(以斯拉)는 고향으로 돌아갈 사람들을 아하바(亚哈瓦 Ahava)강에 집합시켰는데 모인 수는 1,500 가량 밖에 안되었다. 에스라(以斯拉)는 레위(利末)인을

설득하여 레위인38명과 수종드는 느다님(尼提宁 Nethinim)사람 220명을 첨가시켰다. 주전458년 첫 달 12일에 출발하여 5월 첫날에 예루살렘 (耶路撒冷)에 도착하였다(스 7: 9, 8: 31). 고국 땅에 3개월 15일이 걸려 도착한 것이다.

② 이방인과의 결혼문제(스 9:)

에스라(以斯拉)가 부딪친 주요 개혁문제는 유대(犹太)인들과 그 주위에 있는 이방 백성들과의 결혼이었다. 유대(犹太) 백성들은 그들의 아들들이 이웃나라의 이방 여자들과 결혼하는 것을 허락하였으며 심지어 제사장과 레위(利未)인들도 포함되었고 민간 지도자도 예외는 아니었다. 에스라(以斯拉)는 도착 직후에 이러한 죄에 대하여 듣고 죄책감으로, 그는 옷을 찢고 머리털을 뜯으며 기가 막혀 저녁때까지 앉아 있다가 범죄한 백성의 죄를 고백하는 기도를 드렸다. 기도를 끝마쳤을 때 옆에 서 있던 사람들은 크게 감동하여 이 결혼이 취소되어야 한다고 말하였고, 이에 동의한 에스라(以斯拉)는 보다 동조적인 종교인, 민간인들의 동의를 요청하였다.

③ 결혼의 취소(스 10:)

각 마을의 결혼을 따로 다스리기로 결정하였으며, 공정을 기하기 위해 각 마을에서 임명된 판사들과 장로들이 맡아 결정하기로 하였다. 이러한 결정이 이루어지자 재판이 시작되어 3개월 만에 마쳤다(스 10:16-17). 이방인과의 결혼한 사람들을 분리시키는 일이 의심할 것도 없이 곤경과 상처를 주었지만 이스라엘(以色列) 사람들이 하나님을 떠나 이방 신을 섬기게 되지 않도록 하기위해 모세(摩西)때부터 하나님의 법은 외국 백성들과의 분리를 요구하였다. 아무리 어려워도 이 일을 감행하고 가야만 했다. 아마도 에스라(以斯拉)는 바벨론(巴比伦)에서 이 혼합결혼의 소식을 듣고 급히 귀환을 하였을 것으로 본다.

7. 세 번째 귀환(느 1: -13:)

느헤미야(尼希米)가 이끈 세 번째 귀환은 아닥사스다(亚达薛西 Artaxerxes) 20년에 이루어졌다(주전 444년 느1: 1).

이 때 돌아온 유대(犹太)인의 숫자는 나타나 있지 않으나 페르시아(波斯) 왕이 호위병으로 "군대 장관과 마병"을 보낼 정도의 숫자(느2: 9)는 되었던 것 같다. 물론 느헤미야(尼希米) 자신이 우두머리로 그목적은 예루살렘(耶路撒冷) 성벽을 재건하는데 있었다. 백성들이 팔레스틴(巴勒斯坦)으로 돌아온 지 거의 백 년이 되는 데도 아직 성벽이 복구되지 못하였던 것이다.

1) 성 건축 시도의 좌절 (스 4: 6-24)

느헤미야(尼希米)가 돌아오기 얼마 전에 성 건축의 시도가 한 번 좌절된 일이 있었다. 그것은 에스라(以斯拉) 4: 6-23에 기록된 대로 사마리아(撒玛利亚) 사람들이 아닥사스다(亚达薛西) 왕에게 편지를 썼다는 것으로 알 수 있다. 이 편지는 예루살렘(耶路撒冷)에서 "기초와 벽"을 세우고 있는 유대(犹太)인들의 건축을 중단하도록 요구하였다. 아닥사스다(亚达薛西) 왕이 이에 응하여 중단 명령을 내린 것이다.

이 사건이 일어난 것은 아닥사스다(亚达薛西) 왕 기간 중 에스라(以斯拉)와 느헤미야(尼希米) 귀환(458-445) 사이에 13년의 간격이 있었다. 이 사건은 에스라(以斯拉)의 귀환후 느헤미야(尼希米)의 귀환 바로 직전에 일어난 것이라면 느1: 1-4에 나와 있는 대로 건축문제로 하나니(哈拿尼 Hanani)가 그의 형 느헤미야(尼希米)의 도움을 구하기 위해 페르시아(波斯)에 갔던 일부 동기가 될 수 있을 것이다. 느헤미야(尼希米)는 하나니(哈拿尼)의 말을 듣고 기도하고 왕에게 요청을 하였던 것이다.

2) 느헤미야(尼希米 Nehemiah 느1: 1-2: 10)

느헤미야(尼希米)는 페르시아(波斯) 궁에서 아닥사스다(亚达薛西) 왕의 술잔을 올리는 사람이었다.

그가 예루살렘(耶路撒冷)으로 돌아가는 일에 관해 왕에게 은밀히 말한 점, 왕이 그를 유다(犹大)로 보냈을 때 유다(犹大)의 총독으로 활약할 능력이 있다고 여긴 점, 그리고 왕이 느헤미야(尼希米)에게 임무를 마치고 다시 현 위치로 돌아오라고 요청한 점(느2: 4-6) 등에서 나타났듯이 그는 단순한 신하가 아니라 그 이상의 대접을 받고 있었음을 알 수 있다. 또한 느헤미야(尼希米)는 이전에 세스바살(设巴萨)이나 에스라(以斯拉)와 같이 흔치않은 특권을 받은 사람이다.

하나니(哈拿尼)가 예루살렘(耶路撒冷)의 소식을 가지고 느헤미야(尼希米)에게 온 것은 주전444년 기슬르월(基斯流月Chisleu 12월)이었다. 느헤미야(尼希米)는 며칠동안 민족과 예루살렘(耶路撒冷)을 위하여 기도하고 넉 달이 못되어 왕에게 귀환허락과 원조를 요청하였다. 하나님께서 역사하심으로 왕이 먼저 느헤미야(尼希米)의 수심을 눈치채고 그 이유를 물었고 느헤미야(尼希米)는 예루살렘(耶路撒冷)의 곤경을 왕에게 말하였으며 그는 고국으로 귀환을 원하는 것과 아발나하라(亚巴那哈)의 관리들에게 공문을 보내어 느헤미야 자신의 안전과 예루살렘(耶路撒冷)성을 건축하는데 필요한 물질 원조를 그들이 하도록 해달라고 요청하였다.

왕은 기꺼이 승락함과 동시에 그가 요청한 모든 것을 들어 줌으로써 그 신실한 신하의 마음에 용기를 주었다. 왕은 먼 길에 느헤미야(尼希米)의 안전을 위하여 군대장관과 마병까지 내주었다.

3) 느헤미야(尼希米 Nehemiah)의 성벽 건축 (느 2: 11-6: 19)

느헤미야(尼希米)는 도착하자마자 예루살렘(耶路撒冷)의 성벽 건축 임무에 착수하였다.

① 준비

그는 정확한 상황을 파악하기 위해 3일 동안 밤에 몰래 나가 성을 탐색하였는데 그는 가장 효과적인 업무 계획을 세우기 위해 사전지식이 필요하였다. 이 지식을 입수한 그는 예루살렘(耶路撒冷) 지도자들을 모으고 자신의 의견을 제시하였다. 이전의 계획과 좌절이나 또는 무관심으로 인해 어떤 반대가 있었던 간에 느헤미야(尼希米)의 열성과 상세한 계획 앞에 모든 것을 극복할 수 있었다. 좋은 방법이 나왔고 긍정적인 결정이 이루어졌다. 예루살렘(耶路撒冷)과 그 주위 성읍으로부터 일 할 만한 사람들이 곧 모여졌고, 이들은 모두 구체적인 노동지역을 할당 받았다.

② 반대

작업은 급속히 진행되었지만 〈느헤미야(尼希米)는 왕으로부터 건축 허가를 받았다〉 외부로부터 심한 반대 속에서 계속 일을 할 수 밖에 없었다. 이 반대의 선봉장은 사마리아(撒玛利亚) 총독인 호론 사람 벧호론(伯和伦 느2: 10) 산발랏(参巴拉 Sanballat 이란 바벨론의 이름)이었다.

산발랏(参巴拉)의 딸이 후에 예루살렘(耶路撒冷)의 대제사장 엘리아십(以利亚实 Eliashib)의 손자 요하난(约哈难) 에게 시집왔다(느13: 28). 느헤미야(尼希米)가 이 사실을 알고 제사장직에서 해고하여 쫓아내고 산발랏(参巴拉)은 암몬(亚扪)의 종이라고 불리우는 도비야(多比雅 Tobiah)의 도움을 받았다〈도비야(多比雅)는 암몬(亚扪)의 총독임〉 세 번째로 예루살렘(耶路撒冷)성벽 건축을 방해한 적은 아라비아(阿拉伯)사람 게셈(基善Gashmu느2: 19, 6: 5 - 6)이다. 그는 북동 아라비아(阿拉伯)의 그달(성경엔 게달 迦达地 Kedar)족으로 권력을 가진 두목으로 여겨진다. 대항자들은 처음에는 단순히 비웃는데 만족했으나(느2: 19-60) 곧 예루살렘(耶路撒冷)을 공격하는 계획으로 바뀌었다. 암몬(亚扪), 아라비아(阿拉伯), 아스돗(亚实突) 사람들이(느4: 7-8) 가담하여 공격함으로 일하는 사람을

둘로 나누어 일부는 건축을 계속하고 일부는 무기로 수비하였다. 건축을 빨리 완공하기 위하여 새벽부터 저녁까지 계획을 짜서 일하고 밤에 적들이 와서 일한 것을 파손할까 봐 단단히 호위하였다.

역사가 요세푸스(约瑟夫 Josephus)는 이 일을 위해 많은 사람이 목숨을 잃었다고 기록했다. 느헤미야(尼希米)가 반란을 일으킨다고 페르시아(波斯) 왕에게 고발

하겠다고 적들은 위협을 하였으나 느헤미야(尼希米)는 이 모든 역경을 잘 이기고 예루살렘(耶路撒冷)성 건축을 52일만에 완공하였다.

4) 총독이 된 느헤미야(尼希米 Nehemiah) (느 7:-12 :)

성을 완성한 후 느헤미야(尼希米)는 아닥사스다(亚达薛西) 왕의 임명에 따라 유다(犹大)의 총독으로 계속 남았다.

① 유다(犹大)의 규모

이 당시 유대(犹大)의 규모는 실질적으로 포로 생활 이전 보다 훨씬 작았다. 남쪽의 경계선이 브엘세바(別是巴)에서도 훨씬 북쪽인 헤브론(希伯仑) 바로 위에서 대략 동서로 그은 선이고, 북쪽 경계선은 기브온(基遍 느 3: 7)과 미쓰바(米期巴 느3: 15,19)를 포함하여 포로 때와 동일하였고, 동쪽은 여리고(耶利哥 느3: 2) 서쪽은 의문으로 남아있다. 전체의 지형은 사각형인데 남북으로 40km 동서로 51.2km 넓이가 약128km^{2}로 이 지역은 느헤미야(尼希米)가 도착했을 때 두 구획으로 나뉘어 있었다. 느헤미야(尼希米)는 이것을 이용하여 백성들의 작업량을 할당하였다(느3: 2-27)

② 빛을 사면하여 주도록 권면(느5: 1-19)

느헤미야(尼希米)의 뛰어난 통치의 능력이 나타난 것은 가난한 사람들의 빛을 탕감하는 일이었다. 빛을 탕감한 일이 건축사업에 포함된 것을 보아 아마도 느헤미야(尼希米) 활동 초기에 일어난 것 같다.

페르시아(波斯)인들의 높은 세금과 계속적인 흉작으로 인하여 유다(犹大)지역은 극심한 빈곤에 처해 있었다.

몇몇 부유한 사람들이 고리대금을 하다가 갚지 못하면 자녀들을 종으로 빼앗아 갔다. 느헤미야(尼希米)는 이들의 양심에 호소하여 그런 일을 그만두고 빼앗은 것을 돌려주도록 하나님 앞에 맹세하게 하였다.

느헤미야(尼希米) 자신은 지방장관으로 관례적인 보수를 거절함으로써 훌륭한 모범을 보였다.

③ 보안의 방법 (느7: 1-4, 11:1-36)

성이 완성되자 보안이 필요하게 되어 느헤미야(尼希米)의 동생 하나니(哈拿尼)와 하나냐(哈拿尼雅)를 전체 책임자로 지명하였다. 성과 문을 지키는 문지기를 돕기 위해서 노래하는 사람과 다른 레위(利未)인들을 뽑았다.

느헤미야(尼希米)가 다른 도시의 인구에서 1/10을 제비 뽑아 수도로 이주하게 한 것을 보면 예루살렘(耶路撒冷) 본토의 인구가 적은 숫자였음을 알 수 있다. 이러한 행동과 함께 주민등록을 검사하였다. 이로써 느헤미야(尼希米)는 이전의 세스바살(设巴萨)과 함께 유다(犹大)로 돌아온 사람들의 명단을 얻을 수 있었다.

이 명단은 에스라(以斯拉) 2: 1-70의 명단과 거의 변형이 없이 느헤미야(尼希米) 7: 6-73에서 반복되고 있다.

④ 율법의 낭독(느8: -10 :)

　백성들의 종교생활에 관심을 가지고 있던 느헤미야(尼希米)는 율법낭독을 위해 백성을 모이게 하였다,

　이 때는 주전 444년 가을로서 성을 완성한 후였다. 유다(犹大)로 돌아온 후 13년 동안 계속 활약하는 에스라 (以斯拉)가 율법낭독을 맡았다. 에스라(以斯拉)와 다른 레위(利未)인은 작은 분단으로 백성들을 나누어서 하나님의 뜻을 설명하였다. 초막절의 관한 부분이 낭독되자(레23: 39-43) 백성들은 바로 그 기간이 초막절이므로 철저히 지켰다. 백성들은 죄를 고백하고 이방세력으로부터 분리되었으며, 이제 하나님이 요구한 모든 것을 충실히 지키겠다는 언약이 느헤미야(尼希米)와 많은 백성들의 대표에 의해 서명되었다(느10: 1-9).

⑤ 봉헌식(느12: 27-47)

　봉헌식은 주전 444년말 이루어졌는데 각처에서 민간 지도자와 종교 지도자들이 모여왔다. 이들은 두 행렬로 성 주위의 양쪽에서 행진하여 성전에서 만나게 되어 있었다. 백성들은 멀리서도 들릴 정도로 소리를 높여 열성적으로 찬양을 불렀고 봉헌식에 이어서 제사장과 레위(利未)인을 재조직하였으며 이것은 특히 백성들의 십일조와 헌금을 수납하고 관리하는 일에 관한 것이었다(느12: 44-47).

5) 느헤미야(尼希米)의 두번째 임기 (느13 :)

　느헤미야(尼希米)는 예루살렘(耶路撒冷)에서 두 기간을 봉직하였다. 첫 기간은 12년으로 아닥사스다(亚达薛西) 왕 20년에서 32년까지 총독으로 있었다(주전444-432 느1: 1, 13: 6) 느헤미야(尼希米)는 본래의 협정대로 페르시아(波斯) 궁정의 이전 위치로 돌아갔으나(느2: 6) 1, 2년 후에 다시 예루살렘 (耶路撒冷)으로 돌아왔다.

　그가 다시 예루살렘(耶路撒冷)에 돌아오게 된 사유는 언급 되어있지 않으나 그는 백성들을 떠나있는 것이 불안하였고, 왕은 그의 원하는 곳으로 돌아가도록 허락한 것 같다.

① 개혁

　다시 돌아온 느헤미야(尼希米)는 자신이 잠시 없는 동안 백성들이 하나님의 율법에 대해 해이해져 있는 것을 보고 슬퍼했다. 가장 놀라운 것은 대제사장 엘리아십(以利亚实)이 성 건축 때의 적이였던 암몬(亚扪) 사람 도비야 (多比雅)를 백성들의 1/10조를 저장하는 성전의 한 방에서 살도록 허락한 것이다.

　첫 번째는 느헤미야(尼希米)는 즉시 도비야(多比雅)의 물건들을 치우도록 명하였으며 그 방을 본래의 목적대로 환원했다(느13: 4-9).

두 번째는 안식일에 대한 것이다(느13: 15-22).

유대(犹太)인 자신들이 안식일에 일을 하고 사업을 할 뿐 아니라 그곳에 거하는 두로(推罗) 사람들로 하여금 물건을 가져와서 상행위를 하도록 허락하였던 것을 느헤미야(尼希米)는 성문을 닫고 수비대를 두어 그런 장사를 금하도록 강행하였다.

세 번째는 혼합결혼에도 개혁을 강행하였다(느13: 23-28). 주전 458년의 에스라(以斯拉)의 개혁과 느헤미야가 단행한(주전444년)개혁에도 불구하고 주전 430년에도 혼합결혼의 문제가 생겨났기 때문이다.

유대(犹太)인들은 아스돗(亚实突), 암몬(亚扪), 모압(摩押) 사람들과 결혼하였으므로 히브리(希伯来) 말조차 하지 못하는 아이들이 생겨났다. 에스라(以斯拉)의 개혁처럼 결혼이 취소되지는 않았지만 다시는 그런 결혼을 하지 않겠다고 맹세케 하였다.

② 알려져 있지 않은 기간

이 당시 느헤미야(尼希米)가 얼마나 오랫동안 유다(犹大)에 남아 있었는지 또는 페르시아(波斯)수도로 다시 돌아갔는지에 대해서는 언급이 없다. 언제 죽었는지도 알려져 있지 않다. 그가 적어도 주전407년에는 유다(犹大)의 총독이 아니라는 증거로 엘레판틴(伊里芬丁) 파피루스 사본에 이때의 총독은 바고아스(巴阁阿斯 Bagoas)라고 나 와 있다.

6) 구약성경의 마지막 선지자 말라기(玛拉基 Malachi 하나님의사자, 나의 사자)

마지막 선지자인 말라기는 아마 느헤미야(尼希米) 시대에 활동하였던 것 같다. 느헤미야(尼希米)는 그를 언급하고 있지 않으나 말라기(玛拉基)의 어떤 구절은 이러한 가능성을 보여주고 있다.

말라기(玛拉基)는 성전이 존재한 것을 언급(말1: 7-10, 3: 3, 8)하였고 성전재건을 촉구한 학개(哈该)나 스가랴(撒迦利雅) 선지자의 이후의 선지자인 것은 분명하다. 말라기(玛拉基)는 총독과 백성들이 가까이 있었음을 암시하고 있다(말1: 8). 대체적으로 그의 시대가 페르시아(波斯) 시대임을 알 수 있다.

말라기(玛拉基)가 그 시대에 죄를 기록한 것은 느헤미야(尼希米)가 겪는 것과 동일한 것으로 특히 제사장들에게 만연되어 있던 개인적인 경건성의 부재(말1: 6-8), 외국인과의 혼합결혼(말2: 10-12), 성전 부양에 필요한 십일조의 경시(말3: 7-10) 등이다.

8. 에스더(以斯帖 Esther)의 이야기(에1: -10:)

유대(犹太)인은 포로 이후에 많은 사람들이 유다(犹大) 밖에서 살았다. 구약성경은 이 시대 동부 지역에서 계속 살고 있던 유대(犹太)인들의 관한 중요한 정보를 제공하였다. 그것은 에스더<以斯帖 유대명 하닷사(哈大沙)> 란 한 유대의 처녀가 페르시아(波斯) 왕국의 왕후로 지명되어 살인자의 계획에서 유대(犹太)인들을 구원하는데 섭리적인 역할을 한 사실을 기록한 것이다. 에스더서(以斯帖书)가 기록된 시대는 아하수에로(亚哈随鲁 Ahasueru or Xerxes 크세로크세스)왕 3년에서 12년 동안에 있었던 일이었다(주전483-471 에 1: 3, 3: 7).

1) 내용

아하수에로(亚哈随鲁)왕 3년부터 잔치가 왕국에서 계속 될 동안 왕은 왕후 와스디(瓦实提 Vashti)의 미모를 잔치에 참석한 손님들에게 자랑하고 싶어서 왕후의 의상을 갖춰 입고 나오라고 요청했다,

와스디(瓦实提)가 왕의 명령에 불복함으로 그녀를 폐하고 아하수에로(亚哈随鲁)7년에 에스더(以斯帖)가 왕후로 간택되었다. 에스더(以斯帖)의 사촌 오라비 모르드개(末底改 Mordecai)가 궁중의 높은 지위에 있는 하만(哈曼)에게 경의를 표하지 않음으로 하만(哈曼 Haman)이 분개하였고 또 하만(哈曼)은 모르드개(末底改)가 유대(犹太)인임을 알고 유대(犹太)인 모두를 처형할 허락을 은 일만 달란트를 왕의 곳간에 넣고 아달월(亚达月 열 두 번째 달)13일 하루 동안에 일제히 유대(犹太)인 전부를 처형하기로 결정하였다. 이에 에스더(以斯帖)가 왕과 하만(哈曼)을 잔치에 초청한 후 왕에게 자기의 생명과 유대(犹太)인의 생명을 구해주길 탄원하여 유대민족은 구원되고 하만은 처형되었다. 유대(犹太)인들은 왕의 허락을 얻어 적 7만 5천 명을 죽였다(에 9: 16).

2) 의미

① 유대(犹太)인의 수(数)와 자유

유대(犹太)인은 전국에서 몇군데 모여 살았을 것이며 이전에 상업으로 생계를 하였던 바벨론(巴比伦)을 페르시아(波斯)가 점령한 후에는 수산(Susa) 같은 제국의 중심지인 대도시에서 살았을 것이다.

또 일부는 주전 722년에 포로로 잡혀온 구 앗시리아(亚述) 도시에서 계속 살았을 것이며, 유대(犹太)인이 그들의 적7만5천명을 죽인 곳은 바로 이러한 주요 지역이었다. 유다(犹大) 지역에서도 왕의 조서가 발표되었을 것이며 아무런 언급도

없는 것으로 보아 본국의 유대(犹太)인들은 강력했기 때문에 어느 적들도 감히 그들을 처형하려 들지는 못했을 것이다. 여기에 나타난 또 다른 사실은 유대(犹太)인들이 계속하여 자유로운 생활을 누렸다는 것이다. 모르드개(末底改)는 궁중에서 뛰어난 지위에 있었으며 후에는 하만(哈曼)이 차지했던 자리로 승진까지 했다. 왕이 에스더(以斯帖)의 국적을 알지 못하고 왕후로 택했다는 사실은 유대(犹太)인들이 눈에 띠는 백성이 아니었음을 증언하는 것임을 알 수 있다. 유대(犹太)인들은 아무런 차별 없이 다른 백성들과 마찬가지로 살고 이주하도록 허락되어 있었다.

② 유대(犹太)인의 적

유대(犹太)인들의 적이 계속하여 있었던 것 같이 유대(犹太)인은 독특한 백성이라는 것을 알고 그들을 멸시의 대상으로 삼을 뿐 아니라 모르드개(末底改) 한 사람을 미워하는 마음이 유대(犹太)인 전체를 죽일 생각을 하만(哈曼)이 하였다는 것은 다수의 민족들이 당시의 유대(犹太)인을 바람직하지 않은 사회의 적으로 간주하였던 것으로 짐작된다.

3) 섭리적인 보호

여기서 우리에게 주는 교훈은 하나님께서 선택한 백성을 어디서나 어느 때나 보호하여 준다는 변치않는 진리를 깨닫게 하신다. 바로 이 위기에 하나님은 특별하신 보호로 동부의 유대(犹太)인들을 은혜로 감싸주신 점이다.

이 유대인들은 하나님이 본국으로 돌아갈 기회를 주었을 때에도 돌아가지 않고 남아있던 사람들이다.

이들을 구원하고 보호하기 위해 사건들이 정확한 시간에 들어맞게 일어난 것을 증명하는 이 섭리는 사실상 이 이야기의 뛰어난 특징이다. 하만(哈曼)의 음모를 좌절시켜 유대인을 지키기 위해 바로 그 때에 에스더(以斯帖)를 왕후가 되게 하셨고, 왕의 암살에 대한 음모사건을 모르드개(末底改)가 고발하여 왕의 생명을 구한 사실을 왕으로 하여금 가장 적절한 때에 알리기 위하여 왕에게 불면증을 주어서 그 시간에 왕으로 궁중일기를 읽게하여 모르드개(末底改)가 왕의 생명을 구하여 준 선한 행위에 대하여 보상을 하지 않은 것을 왕으로 깨닫게하여 왕이 모르드개(末底改)에 대한 감사의 마음으로 감격하고 있는 바로 그 순간에 모르드개(末底改)의 처형을 요청하려고 하만(哈曼)이 궁중에 도착하게 하는 방법 등으로 그 밤에 하나님은 구원의 섭리를 나타내신 것이다.

하나님께서 모르드개(末底改)를 높이실 때 하만에게는 가장 수치와 모욕적인 방법으로하여 이 중요한 시간적 전개로 인해 계획된 사건은 완전히 뒤바뀌는 결과가 되었다. 하만(哈曼)이 자기에게 돌아오길 바랐던 영광들은 모르드개(末底改)에게 돌아갔으며 하나님이 그 백성을 보호하기 위해 섭리하시는 은혜와 궁휼의 하나님이심을 마지막 역사서인 에스더(以斯帖)의 기록으로 구약 전체 속에서 그의 백성과 함께하신 하나님의 사랑과 보호하심을 우리에게 재 조명해 주신다.

4) 부림절(普珥节 Feast of Purim)

이 사건으로 인해 유대(犹太)인의 명절 부림절이 생겨났다. 부림(普珥节 Purim)이라는 말은 "제비뽑기" 라는 뜻으로 부르(普珥 Pur)에서 나온 말이다. 하만(哈曼)은 유대(犹太)인을 살해할 구체적인 날을 결정하기 위해 제비뽑기하였다(에3: 7). 유대(犹太)인에게는 이 사건이 좋은 일로 바뀌었으므로 절기로 정하고 부림절이라고 명명 하였다.

9. 엘레판틴(伊里芬丁 Elephantine) 집단

유대(犹太) 밖의 또 다른 유대(犹太)인 정착지는 애굽(埃及)의 나일 강(尼罗河)에 있는 엘레판틴(伊里芬丁Elephantine)섬이다. 이 섬은 첫 폭포(第一大瀑布)의 하단에 위치하며 지중해(地中海)에서 남쪽으로 800km 지점에 있다. 아람어로 쓰여진 많은 파피루스(蒲纸)가 이곳에서 발견되었다. 대부분 1903년에 발견된 것으로 주전 5세기경의 것으로 추정된다. 이 유대(犹太)인들은 이전에 바벨론(巴比伦)을 두려워하여 예레미야(耶利米)을 데리고 애굽으로 갔던 유다(犹大)인들의 후예일 것이다. 이 집단은 애굽(埃及)에 설치한 페르시아(波斯)의 남방 군사기지 역할을 하였다. 이 집단은 주전4세기 초 직후에 그 존재가 없어진 것 같다. 파피루스(蒲纸)의 내용은 여러 가지 성격으로 나타났다.

어떤 것은 다리오2세(大利乌)가 페르시아(波斯)의 엑바타나(伊克巴他拿 Ecbatana) 근처 높은 산벽에 기록한 베히스툰(贝希斯敦 Behistun) 비문을 적고 있다. 어떤 것은 결혼서류인 것도 있다.

어떤 것은 주전 419년경의 것으로 페르시아(波斯) 정부가 엘레판틴(伊里芬丁) 섬의 유대(犹太)인들로 하여금 예루살렘(耶路撒冷) 성전에서의 관례대로 유월절(逾越节)을 지키도록 지시한 내용을 담고 있다. 그것의 중요점은 이곳의 유대인들이 여호와(耶和华 Jahu)께 예배 드릴 수 있는 성전을 갖고 있었다는 것이다. 이것은 이들이 예루살렘 (耶路撒冷)과 멀리 떨어져 있었음에도 불구하고 진정한 하나님을 잊지 않았다는 것을 의미하기도 한다.

그러나 몇몇 거주민들이 섬긴 다른 신의 이름이 최소 3개나 발견되는 것으로 보아 순수한 여호와(耶和华)의 숭배는 아니었다. 주전 410년 페르시아(波斯) 대장과 결탁한 애굽(埃及)의 제사장 그눔(赫农 Khnum)의 주동으로 반란이 일어났고 여호와(耶和华)의 성전이 파괴되었다. 이로 인해 엘레판틴(伊里芬丁) 섬의 유대(犹太)인들이 예루살렘(耶路撒冷)에 있는 대제사장 요하난(约哈难)에게 편지를 보내어 성전재건을 위한 도움을 요청했으나 아무 응답이 없었다. 주전 407년 당시의 유다(犹大) 총독 보고스(阁阿斯 Bogoas)에게 그리고 사마리아(撒玛利亚) 총독 산발랏(参巴拉)의아들 들라야(第来雅 Delaiah)와 슬레미야(示玛雅 Shelemiah)에게 또 다시 편지를 보냈다. 이것이 태수 아르사메스(阿撒米斯 Arsames)의 관심을 끌어 최근에 발견된 파피루스(蒲纸)에 의하면 적어도 주전 402년까지 성전이 재건되었다는 기록이 있는 것으로 보아 분명 이 태수가 도움을 준 것 같다.

또 다른 역사적인 사실들을 이 파피루스를 통해 알 수 있었던 것은 유다(犹大)에 있는 유대(犹太)인들과 애굽(埃及)의 유대(犹太)인 사이에 정규적인 교류가 있었다는 것이다. 또 다른하나는 이 애굽(埃及)의 유대(犹太)인들이 모국으로부터 재정적인 도움을 기대했고 때로는 이 도움을 받았다는 사실이다. 세 번째로 성경에 기록된 어떤 인물에 관해 상호 관련적인 정보가 주어지고 있다는 것이다. 그러한 인물로는 사마리아(撒玛利亚)의 총독이며 들라야(第来雅)와 슬레미야(示玛雅)의 아버지인 산발랏(参巴拉)을 들 수 있다.

이는 분명 느헤미야(尼希米)의 적과 동일인물 일 것이다. 또한 예루살렘(耶路撒冷)의 대제사장으로 언급된 요하난(约哈难)은 느헤미야(尼希米) 12:10-11, 22-23에 느헤미야(尼希米) 시대의 대제사장이었던 엘리아십(以利亚实)의 손자로 나타난다(느3: 1). 세 번째 사람으로는 소위 주전 419년의 유월절(逾越节) 파피루스의 저자인 하나냐(哈拿尼雅 Hananiah)를 들 수 있는데 이는 느헤미야(尼希米)가 자기의 형제가 하나니(哈拿尼 Hanani)와 함께 예루살렘(耶路撒冷)성을 감독하도록 지명한 인물(느7: 2)과 동일 인물일 것이다.

10. 구약 역사의 종말

구약성경에는 느헤미야(尼希米)시대 이후의 역사에 관해서 주어진 것이 없다. 신약성경 시대가 시작되기 까지 약 4세기 동안 아무런 언급이 없었다. 아브라함(亚伯拉罕) 탄생 때부터 느헤미야(尼希米) 시대까지 17세기가 경과되었다. 인간의 계산으로 볼 때 이것은 긴 시간이다. 단 1세기뿐인 신약성경과 비교해 볼 때 이것은 특히 긴 기간으로서 하나님의 아들 구세주가 오시는 신약시대의 준비과정으로 그런 시간이 필요하였던 것이다.

그 일이 매우 귀중하여 하나님은 아들을 영접하도록 17세기 동안 그가 살아 계심을 또 그 목적하심과 계획을 한 호리의 어긋남이 없이 인류역사를 계속 이끌어 오셨음을 증언하여 우리로 하여금 이후의 역사의 흐름도 구약에 나타나 일하시던 바로 그 하나님께서 관계와 간섭으로 선히 이루실 것을 믿게 하신다.

그림 1 : 팔레스티나의 지형도

그림 2 : 족장시대의 고대동방세계

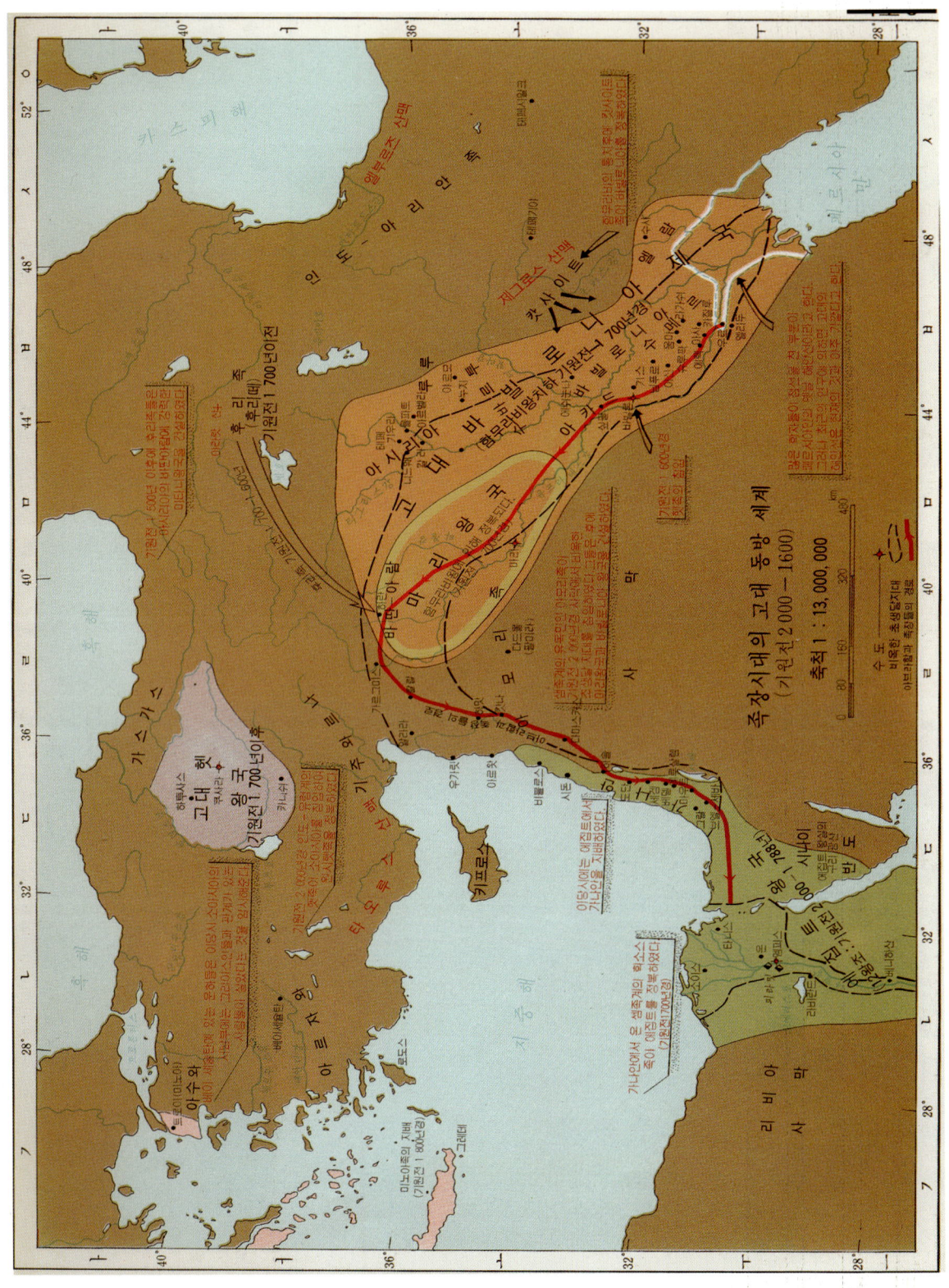

그림 3 : 출애굽경로와 가나안정복

그림 4 : 12지파에게 분할된 가나안

그림 5 : 다윗과 솔로몬 제국

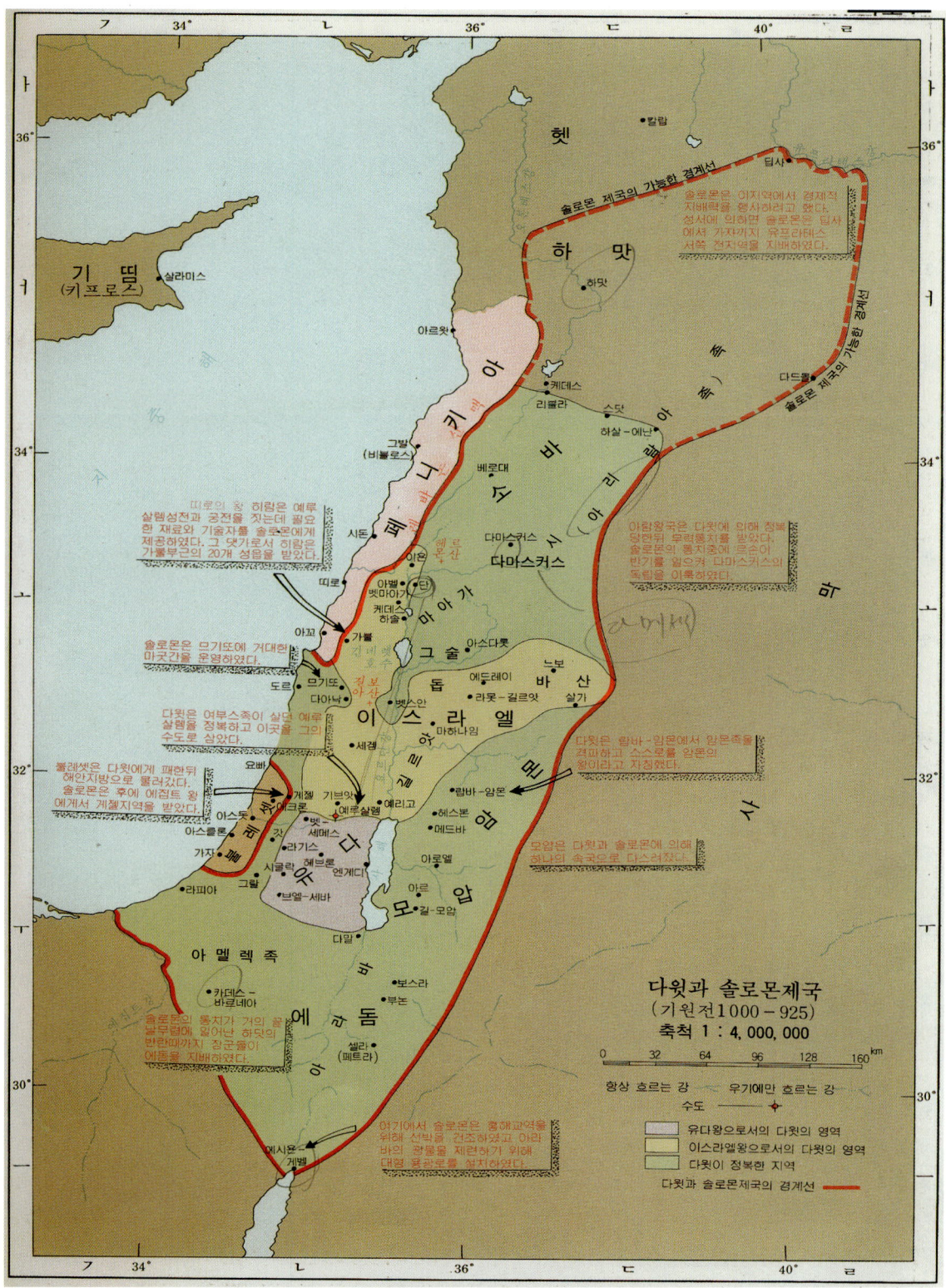

다윗과 솔로몬제국
(기원전 1000 - 925)
축척 1 : 4,000,000

그림 6 : 이스라엘과 유다왕국

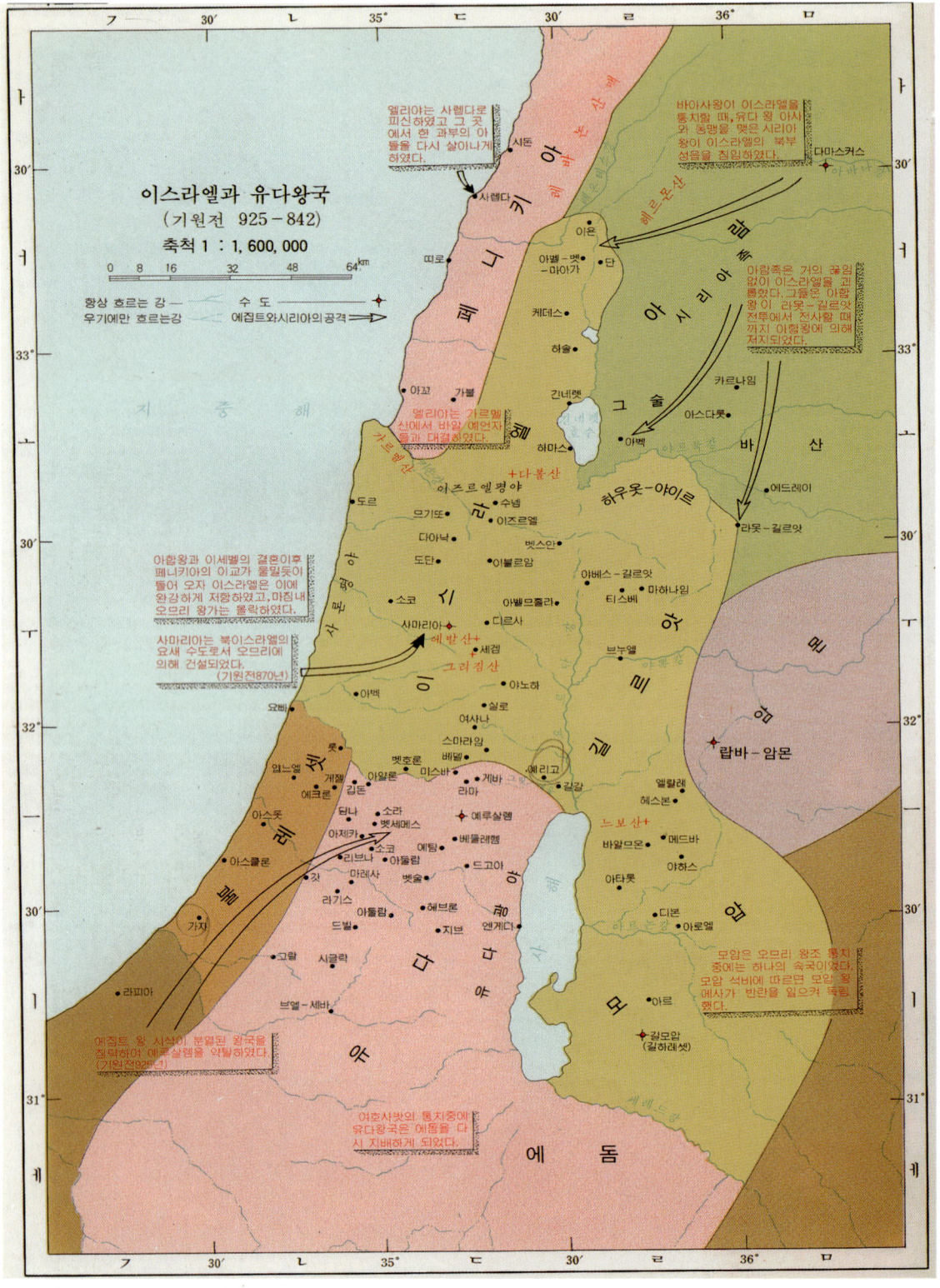

이스라엘과 유다왕국
(기원전 925-842)
축척 1 : 1,600,000

그림 7 : 아시리아 제국

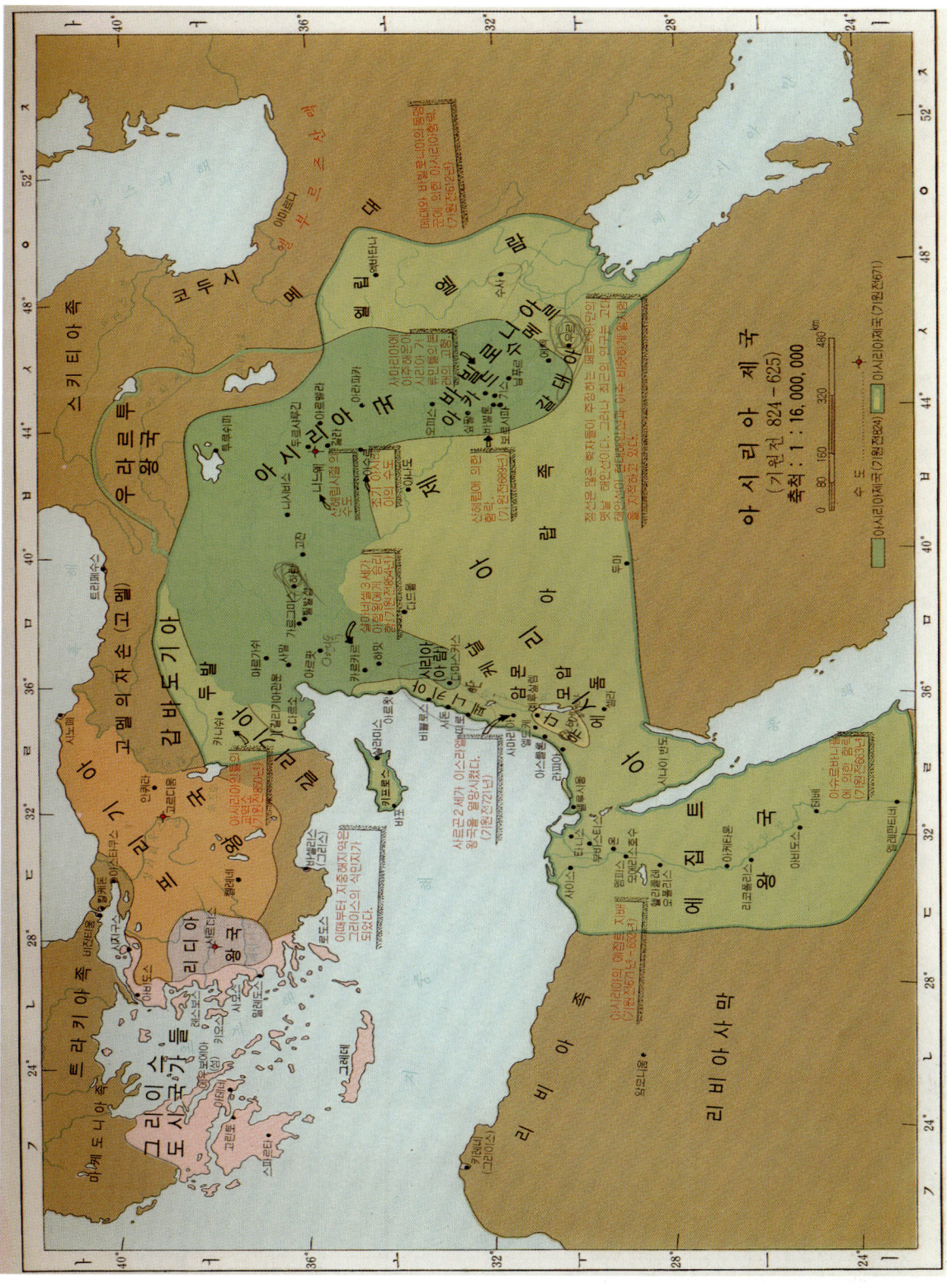

그림 8 : 기원전 6세기의 동방세계

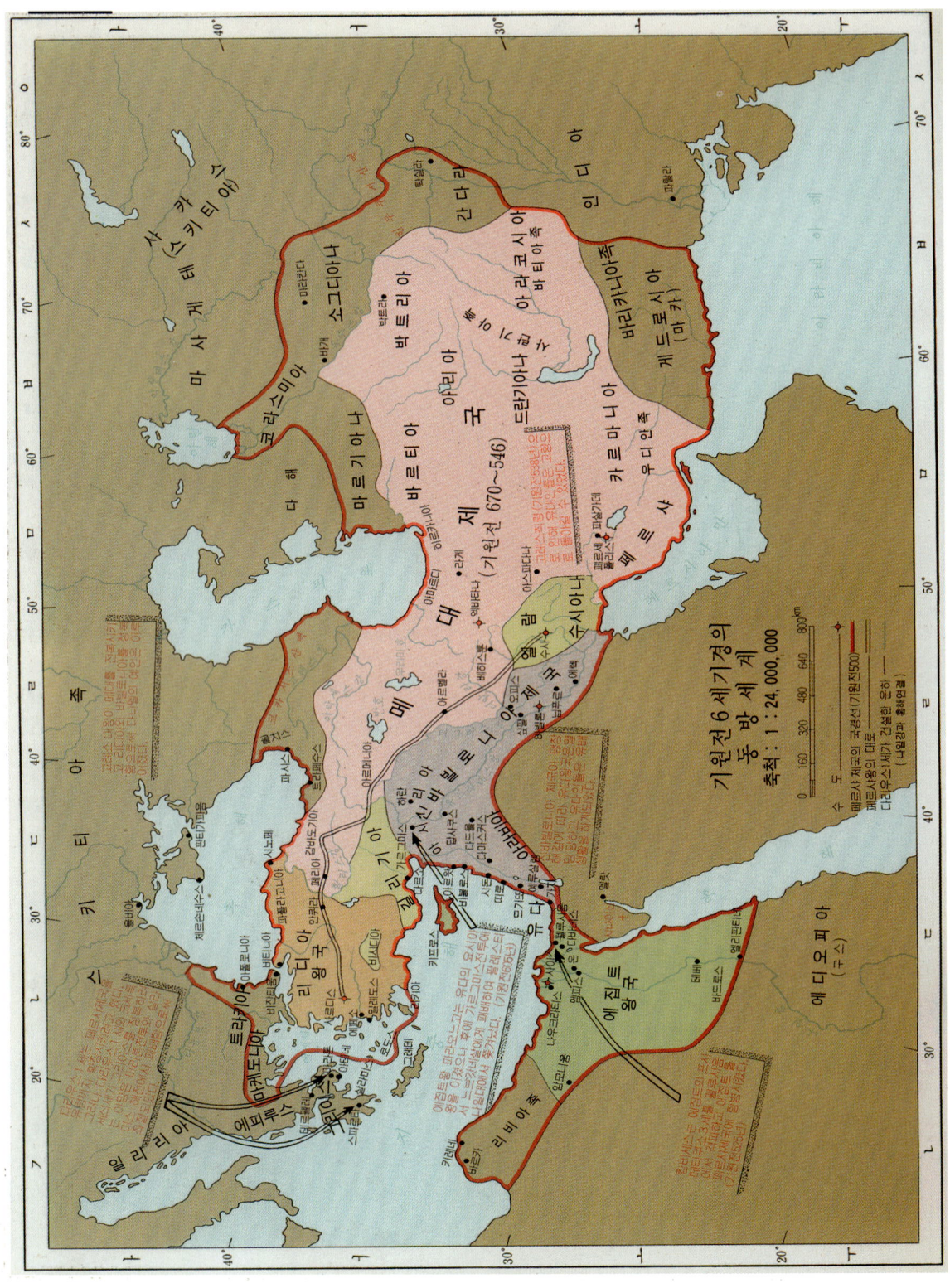